合规管理重点问题研究
及典型创新经验

国家电网有限公司　编

图书在版编目（CIP）数据

合规管理重点问题研究及典型创新经验 / 国家电网有限公司编 .— 北京：中国电力出版社，2023.8
ISBN 978-7-5198-7685-2

Ⅰ.①合… Ⅱ.①国… Ⅲ.①电力工业—工业企业管理—创新管理—中国 Ⅳ.① F426.61

中国国家版本馆 CIP 数据核字（2023）第 058456 号

出版发行：中国电力出版社
地　　址：北京市东城区北京站西街 19 号（邮政编码 100005）
网　　址：http：//www.cepp.sgcc.com.cn
责任编辑：赵　鹏　王　欢
责任校对：黄　蓓　郝军燕
装帧设计：郝晓燕
责任印制：钱兴根

印　　刷：廊坊市文峰档案印务有限公司
版　　次：2023 年 8 月第一版
印　　次：2023 年 8 月北京第一次印刷
开　　本：787 毫米 ×1092 毫米　16 开本
印　　张：21.75
字　　数：388 千字
定　　价：60.00 元

版权专有　侵权必究
本书如有印装质量问题，我社营销中心负责退换

编委会

主　任　吕海平

副主任　李瑞庆　刘春端　唐明毅

委　员　刘树根　李伟　刘颖　任聪颖　霍润正　李萌
于向君　刘京卫　王春月　李宗英　门小文　杨建
白卫东　李文强　赵建红　王谦　房恒东　马广
查小云　郑洁沁　林雷军　屠孝杰　张蓓蕾　王国亮
叶继宏　林新　郑晶　梁瑜珏　蒋晓燕　李博
蔡莹若　徐鑫　高志军　廖潇竹　王虎松　王梦蝶
王雁杰　仇聪君　刘洋　陈泽龙　崔于福　刘渊博
刘静　丁宁　张睿喆　姜琳　唐露甜　刘峻
李媛媛　牛萱　万雅丽　廖楠　余嘉庆　石长清
李会芝　贺捷　吴疆　冯凯　李显　高来龙
王娜　杨扬　王赟　黄煜杰　谷胜男　郑涵文
朱智恒　霍聪慧　李向红　刘美　邹瑞轩　张凯
艾梦楠　黄建波　冯涛　张伟　谢潜　王冰丹
邵柄雯　杜沛霖　杨程程　张博程　靳海诚　白如伟
吴继旸　付玉婷　林令淇

前言

国家电网有限公司（简称国家电网公司）严格贯彻国务院国资委法治央企建设部署，围绕打造合规管理“免疫系统”和“自愈体系”，通过探索试点（2016—2018）、全面推进（2019—2020）和强化提升（2021—2023）三个阶段接续建设，已建成了具有组织体系完善、制度体系完备和运行机制健全等典型特征的合规管理体系。

为促进各单位合规管理工作成果共享，推进公司系统合规管理水平提升，国网法律部征集了各单位合规管理工作成果，并按照具有推广借鉴意义或者在落地执行过程中确有创新且取得实效的标准，组织有关专家进行了评选，共评选出包括研究报告、实践案例在内的49项合规管理创新经验成果。其中，18项为问题研究成果、31项为创新经验，主要内容包括合规管理体系建设、运行机制建设、重点领域等方面，供学习参考。

因水平所限，本书中不足之处在所难免，恳请各方专家批评指正。

目录

前言

一、问题研究

二、创新经验

一、问题研究

优化营商环境涉电合规问题研究报告

国网法律部

◆成果简介◆

一、背景

随着电力体制改革的深入推进，社会资本积极参与电力市场竞争，供电企业经营环境发生了重大变化，客户对个性服务、精准服务和综合服务的需求日益提高，为适应当前竞争形势，需要进一步精简业扩手续提高办电效率，主动顺应客户关注、社会关切的问题，转变服务理念，简化手续流程，加快接电速度，创新服务方式，营造出一个法治化、便利化的营商环境。

二、目的

本报告从涉电优化营商环境合规的基本内容、我国涉电优化营商环境的法律法规分析和国家电网公司在优化营商环境方面作出的公开承诺、国家电网在涉电优化营商环境领域的责任及风险、国家电网优化营商环境合规执行情况分析等方面就优化营商环境涉电合规问题进行论述，并根据相关问题提出建议。

三、意义

基于报告中分析的国家电网公司在涉电优化营商环境领域的责任和风险，考虑到优化营商环境合规管理自身的特点，通过我们的建议，帮助公司进一步推进、落实优化营商环境的合规要求和长效机制。

一、概述

党的十八大以来，习近平总书记多次强调要营造稳定公平透明、可预期的营商环境，加快建设开放型经济新体制，推动我国经济持续健康发展。在近年来的政府工作报告中也多次提及营商环境，提出要“激发市场主体活力，着力优化营商环境”。

近年来，我国不断在各个方面持续优化营商环境，在给市场主体提供切实便利的同时，也逐步提高了我国在世界银行每年发布的营商环境报告中的排名。在世界银行 2019 年 10 月 24 日公布的《2020 年营商环境报告》中，我国营商环境全球排名由第46位提升至第31位，连续两年入列全球优化营商环境改善幅度最大的十大经济体。

“获得电力”为世界银行评价营商环境的标准之一。在《2020年营商环境报告》中，我国在“获得电力”方面的指标得分为95.4分，比2019年提高3.39分，排在全球第12名，相较2019年度提升2名。世界银行对中国在“获得电力”方面改革的评价为“中国通过简化申请程序使用户更容易获得电力。中国也提高了电费的透明度。这些改革措施在北京和上海都已展开。”

国家电网公司作为中国最主要的电力供应企业之一，其自身以及各地方分公司所提供的供电服务直接影响着我国在世界银行评价“获得电力”方面的各项指标。此外，国家电网公司作为公用事业企业，在涉电优化营商环境问题方面，合规也是其在供电服务过程中必须遵守的原则之一。

本报告从涉电优化营商环境合规的基本内容、我国涉电优化营商环境的法律法规分析和国家电网公司在优化营商环境方面作出的公开承诺、在涉电优化营商环境领域的责任及风险、在优化营商环境合规执行情况分析等方面就优化营商环境涉电合规问题进行论述，并根据相关问题提出建议。

二、涉电优化营商环境合规的基本内容

（一）优化营商环境的含义

营商环境从狭义上讲，是指企业在开设、经营、贸易、纳税、执行合约、注销等方面办理相关手续所需要的时间、环节和成本等。从广义上讲，营商环境不仅包括企业从开办、营运到结束全过程各环节的各种影响因素和条件的总和，还包括市场准入、要素流动、投融资制度、经贸制度、政务环境、法治环境、生活环境、文化氛围等方方面面制度法规的影响。

随着电力体制改革的深入推进，社会资本积极参与电力市场竞争，供电经营环境发生了重大变化，客户对个性服务、精准服务和综合服务的需求日益提高，为适应当前竞争形势，需要进一步精简业扩手续提高办电效率，主动顺应客户关注、社会关切的问题，转变服务理念，简化手续流程，加快接电速度，创新服务方式，营造出一个法治化、便利化的营商环境。

（二）世界银行在涉电营商环境方面的评价标准

在世界银行评价一个国家/地区营商环境的指标中，只有一项与电力直接相关，即“获得电力”。就“获得电力”而言，世界银行在“获得电力”方面的评价又进一步分为如下具体的指标，即：获得电力接入的手续、时间和成本；电力供应的可靠性；电费的透明度。

从世界银行2020年营商环境报告的角度出发，优化营商环境中涉及电力的

方面主要为与电力接入相关的要素，包括优化接电手续、接电时间、接电成本、供电可靠性和电费透明指数五个方面。

（三）我国现行法律体系下涉电优化营商环境的含义

从《优化营商环境条例》的角度出发，涉电优化营商环境的核心内容应为供电企业不断优化“获得电力”方面的服务，包括公开服务标准、资费标准等信息，为市场主体提供安全、便捷、稳定和价格合理的服务，不得强迫市场主体接受不合理的服务条件，不得以任何名义收取不合理费用，优化报装流程以及在国家规定的报装办理时限内确定并公开具体办理时间等方面。国家电网公司作为自然垄断企业，而供电业务作为国家电网公司的核心业务，提供公平无歧视服务，也是电力体制深化改革的核心要求。因此，优化与“获得电力”相关的供电服务亦是国家电网公司优化涉电营商环境中最重要的部分。

由于国家电网公司经营的业务和业务模式具有相对确定性，从电力吸纳和电网建设的角度出发，国家电网公司在与发电企业和施工企业进行市场活动时的做法和制度在某种程度上亦具有普遍性，即也可以将国家电网公司在与发电企业和施工企业进行市场活动时具有普遍性的做法和制度理解为涉电营商环境的一部分。因此，在我国现行法律体系下，涉电优化营商环境除国家电网公司在电力供应方面的体制机制性因素之外，还应包括国家电网公司在电力吸纳和电网建设方面的体制机制性因素。

（四）涉电优化营商环境合规的含义

2022 年 10 月 1 日实施的《中央企业合规管理办法》将中央企业的合规定义为：中央企业经营管理行为和员工履职行为符合国家法律法规、监管规定、行业准则和国际条约、规则，以及公司章程、相关规章制度等要求。

在本报告语境下，涉电优化营商环境合规主要参考《中央企业合规管理办法》中关于合规的定义，可被解释为电力企业的经营管理行为和员工履职行为符合法律法规、监管规定、行业准则和企业章程、规章制度以及国际条约、规则中有关优化电力供应、电力吸纳和电网建设方面营商环境的要求，而不应包括电力企业正常经营管理中需要普遍符合的要求。

三、国家电网公司在涉电优化营商环境领域的责任

结合世界银行在涉电优化营商环境方面的要求，我国现行法律、法规对涉电方面优化营商环境的规定及国家电网公司自身作出的与优化营商环境相关的公开承诺和文件，国家电网公司在涉电优化营商环境领域的责任主要分为三大方面，即电力供应、电力吸纳和电网建设。其中电力供应是国家电网公司涉电优化营商环境领域的核心方面。此外，由于电力行业性法规规定的都是国家电

网公司在经营业务时的普遍合规义务，因此本报告在总结国家电网公司在优化营商环境领域的责任时，将重点论述与营商环境优化方面相关的责任，对于电力行业的普遍责任将不进行展开。另外，对于与涉电优化营商环境相关的法律、法规中涉及的服务创新、优化投诉处理、健全工作机制、中小企业保护等方面，虽然从广义上讲也可以被列入优化营商环境方面国家电网公司的责任，但这些责任往往不具有明确指标，或是属于供电企业在正常运营过程中应做到的持续性优化义务，因此简单地将法律、法规中的相关规定及国家电网公司作出的全部承诺均列为国家电网公司在涉电优化营商环境领域的义务，就本报告的目的而言，并不具有参考意义。

因此，本报告从电力供应、电力吸纳和电网建设三个方面重点梳理和分析国家电网公司在涉电优化营商环境领域比较重要且有可操作性的指标或要求。

（一）电力供应方面

1. 主动信息公开

《优化营商环境条例》《电力企业信息披露规定》和《供电企业信息公开实施办法》均规定了供电企业应按照规定的方式进行主动信息公开，而国家电网公司的“十项承诺”和《国家电网有限公司关于印发持续优化营商环境提升供电服务水平两年行动计划的通知》（简称“两年行动计划”）也对主动信息公开作出了承诺。

国家电网公司在主动信息公开方面的主要义务为主动在供电营业场所、网上国网 App（微信公众号）和“95598”网站等线上线下渠道公开相关信息，包括供电企业基本情况、供电企业办理用电业务的程序及时限、供电企业执行的电价和收费标准、供电质量和“两率”情况、停限电有关信息、供电企业供电服务所执行的法律法规以及供电企业制定的涉及用户利益的有关管理制度和技术标准、供电企业供电服务承诺、投诉电话、用户受电工程相关信息。在上述信息发生变化之后，国家电网公司还应在规定的时限内就相关信息的变化及时更新。

此外，根据《供电企业信息公开实施办法》的要求，国家电网公司就主动信息公开的内容，还应编制信息公开指南和目录。

2. 提供合理的服务条件

根据《优化营商环境条例》的规定，公共事业单位不得强迫市场主体接受不合理的服务条件。《供电监管办法》进一步规定了电网企业应遵循平等自愿、协商一致、诚实信用的原则，与用户、趸购转售电单位签订供用电合同，按照合同约定供电。因此国家电网公司在提供合理的服务条件方面的主要义务为遵循平等自愿的原则与用户签订供用电合同，并不得为提供服务设置不合理的前置条件或要求等，亦不得强迫用户接受该条件。

3. 压减用电报装环节

用电报装环节主要源于《供电监管办法》第十一条规定的五个环节，其中2017年的《压缩用电报装时间实施方案》已对居民用户取消了设计审查和中间检查两个环节。而《关于全面提升“获得电力”服务水平持续优化用电营商环境的意见》则要求在2020年底前将居民用户和实行“三零”服务的低压非居民用户的用电报装进一步压减为“受理签约、施工接电”两个环节，而对于未实行“三零”服务的低压非居民用户的用电报装环节压减至“业务受理、供电方案答复和接装电表”三个环节。

目前国家电网公司“两年行动计划”规定在2020年底前：对大中型企业客户，合并现场勘查与供电方案答复、外部工程施工与竣工检验、合同签订与装表接电环节，取消非重要电力客户设计审查和中间检查环节，压减为申请受理、供电方案答复、外部工程实施、装表接电四个环节；对于延伸电网投资界面至客户红线的新装项目，不涉及外部工程的增容项目，进一步压减为申请受理、供电方案答复、装表接电三个环节。对小微企业客户，引导客户在申请用电时确定装表位置，在现场查勘时启动外部工程实施，在装表接电时签订供用电合同，办电环节压减为申请受理、外部工程实施、装表接电三个环节。

因此，在压减用电报装环节，国家电网公司的主要义务为在2020年底前根据《关于全面提升“获得电力”服务水平持续优化用电营商环境的意见》（简称《优化用电营商环境的意见》）的压减要求压减接电环节，以及按照“两年行动计划”的要求，在2020年底前按照不同的用户和项目类别对接电环节进行压减。

4. 压减用电报装申请资料

目前用户用电报装申请资料为《压缩用电报装时间实施方案》中规定的“用电报装各环节申请资料清单目标表”，而《优化用电营商环境的意见》在《压缩用电报装时间实施方案》的基础上进一步压减了用电报装申请资料要求，包括：

（1）低压用户在业务受理环节仅需提供用电人有效身份证件和用电地址物权证件，高压用户需同时提供用电工程项目批准文件，因此在业务受理环节取消了提供用电申请书或用电业务表的要求。

（2）高压用户在设计审查环节仅需提供设计单位资质证明材料和用电工程设计及说明书，在中间检查环节仅需提供施工单位资质证明材料和隐蔽工程施工及试验记录。这两项与《压缩用电报装时间实施方案》的规定并无差别。

（3）高压用户在竣工检验环节仅需提供工程竣工报告（含竣工图纸），取消了提供交接试验报告的要求。

此外，国家电网公司应根据“两年行动计划”的要求，除法规明确要求客户必须提供的资料、证照外，不得要求客户额外提供其他证明材料；对于国家电网公司已有的客户资料或资质证件尚在有效期内，不得要求客户再次提供。

5. 压缩接电时间

国家电网公司应确保办理接电服务过程中的每个环节均符合《优化用电营商环境的意见》规定时限，即到2020年底前，对居民用户、实行“三零”服务的低压非居民用户的全过程办理时间分别压减至5个、25个工作日以内。到2021年、2022年底前，对实行“三零”服务的低压非居民用户全过程办理时间分别压减至20个、15个工作日以内。

对于其他用户，到2020年底前其接电各环节及合计办理时间应达到表1所列的报装时限。

表1　　报装时限

用户类型	各环节办理时限（个工作日）						合计办理时间（个工作日）
	业务受理	供电方案答复	设计审查	中间检查	竣工检验	装表接电	
未实行“三零”服务的低压非居民用户	1	3	—	—	—	2	6
高压单电源供电用户	1	10	3	2	3	3	22
高压双电源供电用户	1	20	3	2	3	3	32

此外，国家电网公司除应按照《优化用电营商环境的意见》的规定达到时限要求外，还应根据“两年行动计划”的要求在2020年达到接电平均时间的目标，即在2020年对大中型企业客户平均接电时间分别控制在60天内，小微企业客户平均接电时间分别控制在15天内。

6. 降低接电成本 / 不收取不合理费用

国家电网公司除应对“三零”客户群体实施“零投资”政策之外，还应按照《优化用电营商环境的意见》的规定扩大“零投资”客户群体的范围，即：2021年底前，城市地区用电报装容量160千伏安及以下、农村地区100千伏安及以下的小微企业用电报装“零投资”；2022年底前，全国范围160千伏安及以下的小微企业用电报装“零投资”。

此外，国家电网公司还应确保按照《国家发展改革委办公厅关于清理规范电网和转供电环节收费有关事项的通知》的规定取消相关收费项目，包括变电站间隔占用费、计量装置校验费、电力负荷管理终端设备费等收费项目，以及电卡补办工本费、复电费、更名过户费和与之服务内容相似的其他收费项目。

7. 保证供电可靠性

在供电可靠率和电压合格率方面，《供电监管办法》规定的要求为：城市地区年供电可靠率不低于99%，城市居民用户受电端电压合格率不低于95%，10千伏以上供电用户受电端电压合格率不低于98%；对农村地区年供电可靠率和农村居民用户受电端电压合格率符合派出机构的规定。

国家电网公司《国家电网公司供电服务“十项承诺”》（简称“十项承诺”）中作出的承诺为：城市电网平均供电可靠率达到99.9%，居民客户端平均电压合格率达到98.5%；农村电网平均供电可靠率达到99.8%，居民客户端平均电压合格率达到97.5%；特殊边远地区电网平均供电可靠率和居民客户端平均电压合格率符合国家有关监管要求。

此外，《优化用电营商环境的意见》从压减停电时间的角度对供电可靠性提出了要求，即：在2022年底前，将直辖市、计划单列市、省会城市的中心区、市区、城镇、农村地区用户年均停电时间分别压减至1小时、2小时、5小时、11小时以内，或年均同比压缩8%以上；将其他地级行政区的中心区、市区、城镇、农村地区用户年均停电时间分别压减至2小时、5小时、9小时、15小时以内，或年均同比压缩8%以上。

国家电网公司在“两年行动计划”中进一步对供电可靠率和停电时间作出了规划，即：到2020年，A+、A、B、C、D类供电区域用户年平均停电时间分别不超过5分钟、1小时、3小时、9小时和15小时，供电可靠率分别达到99.999%、99.989%、99.965%、99.897%、99.828%；北京、上海城市地区率先实现户均停电时间、次数分别不超过1小时/年和1次/年的目标。

国家电网公司“十项承诺”中承诺的供电可靠率和电压合格率优于《供电监管办法》中规定的供电可靠率和电压合格率，而国家电网公司“两年行动计划”中规划的停电时间区域与《优化用电营商环境的意见》并不一一对应。我们理解该不对应并不构成“两年行动计划”与《优化用电营商环境的意见》的冲突。供电可靠率和电压合格率与电力设施的状况密切相关，需要通过实际提供的供电服务来最终确定供电可靠率和电压合格率。

8. 提高电费透明度

在提高电费透明度方面，国家电网公司作为供电企业应做好电价政策信息的宣传、告知和解释工作，严格遵守相关政策规定及执行时间。此外，国家电网公司应严格执行价格主管部门制定的电价和收费政策，及时在供电营业场所、网上国网 App（微信公众号）、“95598”网站等渠道公开电价、收费标准和服务程序。

（二）电力吸纳方面

作为电网企业，除了提供供电服务之外，还担负着吸纳发电企业电力的任务。从电力吸纳角度出发，与电网企业优化营商环境相关的责任主要包括两方面：清洁能源消纳和电网公平开放。

1. 清洁能源消纳

电网企业在清洁能源消纳方面的主要责任如下。

（1）确保清洁能源利用率。到 2020 年，国家电网公司应确保：全国平均风电利用率达到国际先进水平（力争达到 95% 左右），弃风率控制在合理水平（力争控制在 5% 左右）；光伏发电利用率高于 95%，弃光率低于 5%；全国水能利用率 95% 以上；全国核电实现安全保障性消纳。

（2）信息报送。国家电网公司所属省级电网企业应于每年 1 月底前向省级能源主管部门、经济运行管理部门和所在地区的国务院能源主管部门派出监管机构报送上年度本经营区及各承担消纳责任的市场主体可再生能源电力消纳量完成情况的监测统计信息。电网企业还应按月向国家能源主管部门提供发电计划和跨省跨区通道的送电曲线、各类电源逐小时实际出力情况和清洁能源交易情况备查。

（3）组织消纳责任权重实施。国家电网公司所属省级电网企业应依据有关省级人民政府批准的消纳实施方案，负责组织经营区内各承担消纳责任的市场主体完成可再生能源电力消纳。各承担消纳责任的市场主体及用户均须完成所在区域电网企业分配的消纳量，并在电网企业统一组织下协同完成本经营区的消纳量。

2. 电网公平开放

国家电网公司在电网公平开放方面的主要责任包括主动实施的行为和禁止性行为两方面。建议国家电网公司仔细研究《电网公平开放监管办法》中对电网企业在电源接入和电网互联两个方面的要求，提前制订相应计划。

（1）建立工作制度。电网企业应建立（包括新建、扩建和改建）电源项目接入电网和电网互联的工作制度，明确办理接入系统服务和联网服务的有关工作部门、工作流程、工作时限，以及新建电源项目配套送出和联网服务工程建设有关工作部门、工作流程。电网企业制订的新建电源项目接入电网和电网互联工作制度还应报所在地能源局派出机构备案。

（2）禁止性行为。电网企业不得实施下列行为：（一）无正当理由拒绝电源项目业主或电网互联提出方提出的联网申请，或拖延接入系统或联网；（二）拒绝向电源项目业主或电网互联提出方提供接入电网须知晓的输配电网络的接入位置、可用容量和实际使用容量、出线方式、可用间隔数量和相关技术参数等必要的信息；（三）对分布式发电等符合国家要求建设的发电设施，除保证电网和设备安全运行的必要技术要求外，接入适用的技术要求高于国家和行业技术标准、规范；（四）违规收取不合理服务费用。

（3）时限要求。

1）就电源接入项目，电网企业应在收到电源项目业主向电网企业提交接入系统设计方案报告后 5 个工作日内（分布式新能源发电 2 个工作日）出具受理与否的书面回复。电网企业受理电源项目接入系统设计方案报告后，应根据接入系统电压等级分别于 40 个、20 个和 10 个工作日内对接入系统设计方案组织研究并出具接入系统方案书面回复。

2）就电网互联项目，电网企业收到电网互联提出方提交的联网意向书后，应于 5 个工作日内给予书面回复。在受理联网通知书出具后 20 个工作日内，电网互联双方互相向对方提供开展联网设计所需的电网现状（包括相关主变压器的负载率和间隔情况等）、运行方式、电网规划（包括电网投资建设方案等）、电源分布、联网条件等基础资料。电网企业收到电网互联提出方向电网企业提交的电网互联系统设计方案报告后，应于 5 个工作日内出具受理与否的书面回复。电网企业受理电网互联提出方提交的电网互联系统设计方案报告后，应根据电网互联系统电压等级分别于 30 个和 20 个工作日内对设计方案组织研究并出具互联方案书面回复。

（4）信息公开。

1）就电源接入项目，电网企业应公开电源接入制度，为发电企业查询相关信息提供便利，并通过门户网站等方式每月向发电企业公布下列信息：①当期及累计各期发电企业申请接入的项目列表（配套送出工程未投产），配套送出工程前期工作进展情况，各项目发电企业提交并网意向书、接入系统设计方案报告时间，电网企业相应地出具受理通知书、接入系统方案书面回复时间；②新建电源项目配套电网工程项目概况、计划及工程建设进度；③与新建电源项目接入电网相关的其他信息。

2）就电网互联项目，电网企业应公开电网互联制度，为电网互联提出方查询相关信息提供便利，并通过门户网站等方式每月向电网互联提出方公布下列信息：①当期及累计各期申请电网互联的项目列表（联网工程未投产），电网互联工程前期工作进展情况，电网互联提出方提交联网意向书、电网互联系统设计方案报告时间，电网企业相应地出具受理通知书、电网互联系统方案书面回复时间；②电网互联工程项目概况、计划及工程建设进度；③与电网互联相关的其他信息。

（三）电网建设方面

在《优化用电营商环境的意见》和“两年行动计划”等文件中均提到了电网企业应加强配电网规划建设，提升电网运行精益化管理水平等，从保证供电服务的角度对加电网建设提出了要求。由于在电网建设环节，国家电网公司经常作为发包人向施工单位招标，因此还应注意招投标环节的合规。此外，还有一点需要额外注意的是“三指定”行为，《国家能源局用户受电工程“三指定”行为认定指引》明确了“三指定”行为的认定行为，国家电网公司应注意。

实质上，以上几点责任均可以理解为不得滥用市场支配地位方面义务的延伸，尤其国家电网公司作为自然垄断企业，国家对于自然垄断企业在滥用市场支配地位方面的监管会更为严格。国家电网公司如果滥用市场支配地位，也会对消费者权益产生损害，可能会受到主管部门更为严厉的处罚。

四、国家电网公司在涉电优化营商环境领域执行情况分析

（一）国家电网公司优化营商环境方面作出的公开承诺及公布的文件

国家电网公司近年来在优化营商环境方面作出的公开承诺及公布的文件主要包括“十项承诺”“两年行动计划”以及“2020年重点工作任务”。

经审查，在“十项承诺”第六条中，国家电网公司承诺的为高压客户供电方案答复期限：单电源供电15个工作日，双电源供电30个工作日；高压客户装表接电期限，受电工程检验合格并办结相关手续后5个工作日。而根据《优化用电营商环境的意见》，压减后的高压客户供电方案答复期限为单电源供电10个工作日、双电源供电20个工作日。高压客户装表接电期限为3个工作日。因此，国家电网公司在“十项承诺”中作出的关于高压客户供电方案答复期限和装表接电期限的承诺不符合《优化用电营商环境的意见》规定的压减后的相关时限。

除前述“十项承诺”中个别接电环节的承诺时限不符合新生效的《优化用电营商环境的意见》的规定之外，其他国家电网公司作出的公开承诺和发布文件中的内容均符合目前与优化营商环境相关的法律、法规的规定。

（二）国网优化营商环境合规实际情况排查

1. 国家电网公司对调查问卷的书面答复

根据国家电网公司对调查问卷的答复，在优化营商环境合规方面的执行情况如下：

（1）在信息公开方面，目前国家电网公司主要通过营业厅、“网上国网”App、95598 网站等线上线下渠道，向社会广泛公开电费电价、收费项目及标准、服务规范、验收标准等公示类信息。电价信息变更提前一个月公布，其余信息随政策文件即时更新。

（2）在用电报装手续方面，国家电网公司目前执行的是根据《压缩用电报装时间实施方案》压减后的用电报装手续。目前办电需要提交的资料见表 2。

表 2　　办电需要提交的资料

序号	资料名称	备注
一、居民客户		
1	用电人有效身份证明，包括居民身份证、临时身份证、户口本、军官证或士兵证、台胞证、港澳通行证、外国护照、外国永久居留证（绿卡），或其他有效身份证明文书等。提供原件	申请时必备
2	用电地址权属证明，包括房屋产权所有证（或购房合同）、租赁协议（还需同时提供承租户房屋产权证明）、法院判决文书（必须明确房屋产权所有人）等。 房屋产权所有证、购房合同、租赁协议提供原件，承租户房屋产权证明、法院判决文书可提供复印件	对于实现政企信息联动，自动获取客户用地权属证明的，可不需要客户提供；对于未实现政企联动，如客户申请时未提供用地权属证明的，在签署承诺书后受理申请
二、非居民客户		
1	用电人有效身份证明，包括营业执照、组织机构代码证等。营业执照、组织机构代码证原则上应提供原件（副本也可），提供复印件时企事业单位应加盖公章	申请时必备。已提供加载统一社会信用代码的营业执照的，不再要求提供组织机构代码和税务登记证明

续表

序号	资料名称	备注
2	用电地址权属证明，包括房屋产权所有证（或购房合同）或土地使用证、租赁协议（还需同时提供承租户房屋产权证明或土地使用证）、法院判决文书（必须明确房屋或土地产权所有人）等。 房屋产权所有证、土地使用证、购房合同、租赁协议原则上应提供原件，承租户房屋产权证明或土地使用证、法院判决文书可提供复印件，提供复印件时企事业单位应加盖公章	
3	企业、工商、事业单位、社会团体的申请用电委托代理人办理时，应提供： （1）授权委托书或单位介绍信（原件）； （2）经办人有效身份证明（包括身份证、军人证、护照、户口簿或公安机关户籍证明等）	非企业负责人（法人代表）办理时必备
4	当地发展改革委关于项目立项的批复、核准、备案文件，或当地规划部门关于项目的建设工程规划许可证	高危及重要客户、高耗能客户必备
5	煤矿客户需增加以下资料： （1）采矿许可证； （2）安全生产许可证	煤矿客户必备
6	非煤矿山客户需增加以下资料： （1）采矿许可证； （2）安全生产许可证； （3）政府主管部门批准文件	非煤矿山客户必备
7	对学校、敬老院等涉及国家优待电价的应提供当地教育部门、民政部门等政府有权部门核发的办学许可证、社会福利机构设置批准证书等资质证明	享受国家优惠电价的客户必备

在接电时间方面，国家电网公司在2020年客户平均接电目标时限为：小微企业15天，大中型企业60天。

2020年国家电网公司为不同类别客户办理接电办理目标时限见表3。

表3　2020年国家电网公司为不同类别客户接电办理目标时限

用户类别	小微企业	大中型企业（工作日）（单电源）	大中型企业（工作日）（双电源）
供电方案答复	—	12	25
设计审查	—	5	7
中间检查	—	3	3
装表接电	3	5	5
合计	3	25	40

在接电成本方面，根据国家电网公司的答复，目前除国家规定高可靠性供电费外，无其他收费项目。

在供电可靠性方面，国家电网公司主要在以下四方面保证和提高供电可靠性：强化配网标准化建设；强化配网精益化运维；强化配网智能化管控；开展供电可靠性提升专项工作。

在电费透明度方面，目前国家电网公司主要在以下两方面来保证电费透明度：① 在电价政策信息宣传、告知和解释方面，通过营业厅和“网上国网”、95598网站等线上线下渠道，主动宣传电价政策，确保客户应知尽知；② 在执行电价和收费政策方面，建立了总部—省—市—县四级稽查机制，常态开展在线稽查和现场检查，同时定期组织明察暗访，确保电价执行准确无误。

2. 国家能源局《2019年重点专项监管报告》

根据国家能源局于2020年7月公布的《2019年重点专项监管报告》统计，监管中共发现各类问题717项，主要为以下十大类：

（1）用电业务办理时间超出国家规定时限或业务办理“体外循环”，时间信息不真实。

（2）办电资料或环节精简不到位，线上报装系统功能不完善或推行力度不够。

（3）接电和抄表收费不规范，违规收费情况依然存在。

（4）配电网网架结构薄弱，低电压频繁停电问题较为突出。

（5）用户受电工程市场公平开放不到位，市场竞争不充分。

（6）信息发布不规范，办电透明度有待进一步提高。

（7）调度运行和并网管理不严格，未平等对待清洁能源发电企业。

（8）组织交易不规范，交易规则执行不到位。

（9）电费结算和补贴发放不及时，承兑汇票比例偏高。

（10）对群众投诉举报重视不够，处理质量不高。

在上述十大类问题的每个问题下，亦披露了具体存在问题的公司和表现形式，具体内容可参考《2019 年重点专项监管报告》。

3. 12398 热线典型投诉举报事项具体处理情况

国家能源局官方网站“12398 能源监管热线”栏目会公布每个月 12398 能源监管热线投诉举报处理情况通报。尽管用户拨打 12398 进行投诉反馈的问题不一定完全归责于国家电网公司各地方分公司，但仍有一部分问题经过核查后是客观存在的。

根据近年来每月的情况通报，国家电网公司各地方分公司在提供供电服务时存在的问题主要表现在以下几方面：用电高峰时段低电压现象较为多发；个别地区频繁停电问题较为严重；供电企业工作人员服务不规范，如存在电费估抄、漏抄、错抄的情况，故障报修不及时等现象；电力设施受外力破坏，存在安全隐患，未被供电企业及时发现；报装用电服务不规范不及时等。

4. 其他反映的问题

根据我们了解，国家电网公司在实践中还遇到了一些其他问题，包括：

在“三零”服务下，虽然客户接电是零投资，但由于电网设施是由政府和电网企业出资建设，因此在政府投资不到位的情况下，电网企业为遵守客户接电零投资的要求，需要面临垫付资金建设电网设施及是否追究政府相关责任的问题。

由于推广线上签约，因此有些地方的分公司对供用电合同无法加盖电子签章，也没有客户签字，因此该供用电合同的效力存在不确定性。另外用电报装业务的办理人不是用电人本人的情况亦可能导致合同无效。

在电网建设方面，法律规定的强制标准可能并不能符合某些地方的实际标准，可能导致该地区停电频繁或者高峰期电压不稳。

此外，还有客户反映电费预付费过高，以及供用电合同中违约金过高等问题。

五、国家电网公司在涉电优化营商环境领域的风险

国网在涉电优化营商环境领域的风险主要为未能履行或未能完全履行法律、

法规中对于供电企业在优化营商环境方面的要求，以及未能履行或未能完全履行国家电网公司自身作出的承诺可能面临的风险。在此基础上，除了规定有明确罚则的行政责任之外，在某些方面国家电网公司可能还会面临民事责任及声誉损失。

此外，根据我们对国家电网公司在涉电优化营商环境领域执行情况的分析，国家电网公司在制度层面大多数均符合或优于现行法律、法规中的相关规定，但在执行层面确实存在一些不符合法律、法规或国家电网公司自身承诺的情况。

（一）不符合优化营商环境合规要求可能面临的后果

1. 未能履行或未能完全履行法律、法规中要求的风险

对于相关法律、法规中规定有明确罚则的，若国家电网公司违反了相关要求，主管机关可直接对国家电网公司进行处罚。法律、法规中规定有明确行政处罚的国网在涉电优化营商环境领域的责任包括以下几个方面：

（1）信息公开方面。如国家电网公司未按照《供电企业信息公开实施办法》和《电力企业信息披露规定》等法律、法规的规定公开有关信息，则可能被电力监管机构责令改正。拒不改正的，处 5 万元以上 50 万元以下罚款，对直接负责的主管人员和其他直接责任人员，依法给予处分；构成犯罪的，依法追究刑事责任。

（2）压缩接电时间方面。如国家电网公司未能达到《供电监管办法》中对各环节接电时间的要求，则可能被电力监管机构责令改正，给予警告；情节严重的，电力监管机构还可能对直接负责的主管人员和其他责任人员，依法给予处分。

（3）提供合理的服务条件方面。如国家电网公司未能提供合理服务条件或提供的服务条件不合理，则可能被有关部门责令改正并追究法律责任；电力监管机构也可以责令改正并向有关部门提出行政处罚建议。

（4）不收取不合理费用方面。如国家电网公司未履行或未完全履行相关责任，则可能被有关部门责令改正，依法追究法律责任；电力监管机构也可以责令改正并向有关部门提出行政处罚建议。

（5）提高供电可靠率方面。如国家电网公司未能根据《供电监管办法》的规定保证供电可靠率或对停限电提前通知，则电力监管机构可责令改正，给予警告；情节严重的，对直接负责的主管人员和其他直接责任人员，依法给予处分。

（6）提高电费透明度方面。对于国家电网公司未能按照《电力企业信息报送规定》的规定报送相关信息的，电力监管机构可以责令改正；情节严重的，给予通报批评。因此，若国家电网公司违反了上述法律、法规的要求，主管机关

可根据违反的具体程度采取不同的行政处罚，而若构成犯罪的，相关人员还可能被依法追究刑事责任。

（7）滥用市场支配地位方面。如国家电网公司违反了滥用市场支配地位方面的法律法规，可由反垄断执法机构责令停止违法行为，没收违法所得，并处上一年度销售额百分之一以上百分之十以下的罚款。反垄断执法机构作出行政处罚决定后，依法向社会公布。其中，行政处罚信息应当依法通过国家企业信用信息公示系统向社会公示。

（8）招投标方面。如国家电网公司以不合理的条件限制或者排斥潜在投标人，对潜在投标人实行歧视待遇的，强制要求投标人组成联合体共同投标的，或者限制投标人之间竞争的，主管机关可要求国家电网公司责令改正，并可以处一万元以上五万元以下的罚款。

此外，由于涉电优化营商环境的具体要求往往是由部门规范性文件作出的规定，而根据我们的立法规则，部门规范性文件不可以设定行政处罚，因此如果国家电网公司违反了部门规范性文件中的相关规定，还需要进一步判断具体的违规行为是否可以被认定为在法律、法规中规定有明确罚则的条款中规定的情形。如被认定为违反了前述规定有明确罚则的情形，则主管机关可参照相关罚则进行处罚。而如果不构成前述规定有明确罚则的情形，则主管机关可依据其职权要求电力企业对违法 / 违规行为进行改正，并可公开其违法 / 违规的信息，进而可能对国家电网公司的声誉造成不利影响。

2. 未能履行或未能完全履行国网自身作出的承诺的风险

供电企业违反自身作出的承诺可能并不会直接导致企业直接承担不利法律后果。如果供电企业违反了自身作出的承诺且同时也违反了相关法律、法规中的要求，则供电企业可能直接面临主管机关根据相关罚则作出的处罚。

虽然在国家电网公司违反了自身作出的承诺，却仍符合法律、法规的情况下，我国现行相关法律并无具体针对性的规定，但国家电网公司在具体情况下可能还会面临民事责任。如国家电网公司若违反了与用户之间签订的供用电合同，则用户可依据《民法典》要求追究国家电网公司的民事责任。

此外，由于市场主体可能会依赖国家电网公司作出的部分承诺进行其生产经营活动。因此，如国家电网公司违反了自身作出的公开承诺，可能会影响市场主体的生产经营活动，损害其信赖利益。因此，若国家电网公司违反了自身作出的公开承诺而对市场主体造成了不利影响，须根据供电企业违反承诺行为的具体样态，对其法律性质、构成要件、法律后果等问题做全面的分析和界定，从而判定国家电网公司需要承担的法律后果。

最后，由于国家电网公司作为天然垄断性企业及我国最主要的供电企业，其作出的公开承诺可能会受到众多市场主体的关注，因此国家电网公司违反自身作出的承诺可能会给国家电网公司带来声誉上的损失，或产生不利社会评价。

（二）国家电网公司可能存在的不符合优化营商环境合规要求的地方

结合上述法律、法规对涉电优化营商环境的要求、国家电网公司的公开承诺，并根据国家电网公司对调查问卷的答复以及《2019 年重点专项监管报告》“情况通报”和我们了解到的情况，认为国家电网公司在优化营商环境合规方面可能存在以下风险。

1.“十项承诺”中作出的部分接电环节时限承诺不符合《优化用电营商环境的意见》对于接电时间的压减要求

目前，国家电网公司“十项承诺”中作出的接电时限承诺为：低压客户平均接电时间，居民客户 5 个工作日，非居民客户 15 个工作日；高压客户供电方案答复期限，单电源供电 15 个工作日，双电源供电 30 个工作日。高压客户装表接电期限，受电工程检验合格并办结相关手续后 5 个工作日。而根据《优化用电营商环境的意见》，压减后的高压客户供电方案答复期限为单电源供电 10 个工作日，双电源供电 20 个工作日。高压客户装表接电期限为 3 个工作日。

可见，国家电网公司在“十项承诺”中作出的关于高压客户供电方案答复期限和装表接电期限的承诺不符合《优化用电营商环境的意见》规定的压减后的相关时限。

但需要注意的是，《优化用电营商环境的意见》中规定的压减要求为到 2020 年底，从国家电网公司作出的公开承诺与现行法律、法规要求一致性的角度出发，国家电网公司应在 2020 年底前完成对“十项承诺”的修订，以确保无违反《优化用电营商环境的意见》的地方。

2. 国家电网公司目前执行的办理接电的办理目标时限不符合《优化用电营商环境的意见》的规定

根据国家电网公司对调查问卷的答复，目前国家电网公司执行的办理接电的办理时限目标见表 4。

表 4　　国家电网公司办理接电的办理时限

用户类别	小微企业	大中型企业（工作日）（单电源）	大中型企业（工作日）（双电源）
供电方案答复	—	12	25
设计审查	—	5	7

续表

用户类别	小微企业	大中型企业（工作日）（单电源）	大中型企业（工作日）（双电源）
中间检查	—	3	3
装表接电	3	5	5
合计	3	25	40

但根据《优化用电营商环境的意见》，到 2020 年底，国家电网公司在办理接电时间方面应达到的压减目标见表 5。

表 5　　2020 年底国家电网公司办理接电时间应达到的压减目标

用户类型	各环节办理时限（个工作日）						
	业务受理	供电方案答复	设计审查	中间检查	竣工检验	装表接电	合计办理时间（个工作日）
未实行“三零”服务的低压非居民用户	1	3	—	—	—	2	6
高压单电源供电用户	1	10	3	2	3	3	22
高压双电源供电用户	1	20	3	2	3	3	32

可以看出，国家电网公司目前执行的接电时限目标并没有单独区分未实行“三零”服务的低压用户，且对于高压单电源及双电源用户各办理环节的时限亦不符合《优化用电营商环境的意见》的压减要求。

因此，国家电网公司应在 2020 年底前按照《优化用电营商环境的意见》的要求执行新的办电时限以及用户分类。

3. 信息公开的个别方面可能不符合法律要求

根据《供电企业信息公开实施办法》，国家电网公司应主动公开供电企业的基本情况，包括企业性质、办公地址、营业场所、联系方式、电力业务许可证（供电类）及编号等。根据我们的公开查询，目前在“网上国网”和 95598 网站等公开来源未能在明显的地方看到相关企业的电力业务许可证（供电类）及编号。

4.《2019 年重点专项监管报告》和“情况通报”披露的不符合国网承诺或法律、法规的情况根据《2019年重点专项监管报告》和“情况通报”，可以看出在执行层面，国家电网公司及其各地方子公司仍然存在众多不符合优化营商环境相关法律、法规要求的情况。

对《2019年重点专项监管报告》中披露的属于国家电网公司的问题，能源局与国家电网公司进行了会商，并要求国家电网公司制定了专项工作方案进行整改。虽然如此，但仍可能存在其他形式的不符合国家电网公司承诺或法律、法规要求的情形。

对于“情况通报”中可归责于国家电网公司地方分公司的问题，能源局派出监管机构通过责令整改、监管约谈和行政处罚等方式，对相关公司采取了相应的行政措施。

此外，根据国家电网公司提供的客户投诉及反馈情况，国家电网公司各具体业务部门可能存在执行不到位的情况，包括：在营业厅办理居民（非居民）新装用电，按照要求交了材料后，一直都无人帮其安装电能表，超出规定时限的情况；在网上国网申请非居民新装用电业务，业务办理进度缓慢；办理新装，但地方供电公司需要其提供村大队开具的证明等。对于95598热线收到的反馈问题，如果国家电网公司仍未采取解决措施，则可能面临能源局及其派出机构的问责和处罚。

5. 其他风险

关于“三零”服务下的电网建设政府出资不到位的问题，若国家电网公司坚持由政府出资，则可能会导致相关电网设施不能按时建设完毕；若国家电网公司选择垫付资金，则需要面临是否要起诉政府部门以及起诉后是否能取得足额赔偿的风险。

关于网签合同无签名公章及存在代办的问题，按照我国现行《民法典》及相关司法解释，合同生效虽不以双方签字盖章为条件，但若国家电网公司的供用电合同模板中存在相关条款约定以双方签字盖章为生效条件，则确实存在通过线上签约的电子合同可能会被认定为无效的风险。

关于电网设施符合法定建设标准但不符合用电需求的问题，若因为电网设施不符合当地实际用电需求而导致停电频繁或电压不稳定，则会导致国家电网公司违反关于保证供电质量和供电可靠率方面的法律规定。

而关于预付费问题，2016年原国家工商行政管理总局在《关于公用企业限制竞争和垄断行为突出问题的公告》中指出，强制或变相强制向用户收取最低用水（电、气）费用、强行向收取用户“用水(电、气)押金”“保证金”或者强行指定、收取“预付水(电、气)费”的最低限额等行为可能涉及垄断行为。

由于预付费本身属于双方合同安排，但若国家电网公司强制收取预付费，则可能违反《反垄断法》及其配套规则，进而受到处罚。

六、建议

基于本报告中分析的国家电网公司在涉电优化营商环境领域的责任和风险，考虑到优化营商环境合规管理自身的特点，我们建议国家电网公司考虑从以下几个方面进一步推进、落实优化营商环境的合规要求和长效机制。

（一）尽快修订“十项承诺”

“十项承诺”中作出的部分接电环节时限承诺不符合《优化用电营商环境的意见》对于接电时间的压减要求。因此，我们建议国家电网公司在2020年底前完成对“十项承诺”的修订，以符合《优化用电营商环境的意见》中规定的压减后时限要求，包括高压客户供电方案答复期限为单电源供电10个工作日、双电源供电20个工作日，高压客户装表接电期限为3个工作日。

（二）制定新的用电报装业务时限表

我们建议国家电网公司重点关注《优化用电营商环境的意见》，落实《优化用电营商环境的意见》中规定的关于办电时限的进一步优化要求。尤其对于要求供电企业在2020年底之前完成的目标，国家电网公司应尽快出台或修订现有文件，并在执行层面落实《优化用电营商环境的意见》中的要求。这些要求包括在2020年底前，将低压、20千伏及以下高压电力接入工程审批时间分别压减至5个、10个工作日以内；将供电企业办理用电报装业务各环节合计时间在现行规定基础上压缩40%以上，未实行“三零”服务的低压非居民用户、高压单电源用户、高压双电源用户的合计办理时间分别压减至6个、22个、32个工作日以内；将居民用户、实行“三零”服务的低压非居民用户从报装申请到装表接电的全过程办电时间分别压减至5个、25个工作日以内。将居民用户、实行“三零”服务的低压非居民用户的用电报装压减至2个环节，未实行“三零”服务的低压非居民用户的用电报装压减至3个环节。在全国范围实现用电报装业务线上办理。而对于要求国家电网公司在2021年底及2022年底完成的任务，国家电网公司亦应提早作出工作部署，确保可以按照《优化用电营商环境的意见》在相关时间节点之前达到要求。

（三）优化主动信息公开

我们建议国家电网公司严格按照《供电企业信息公开实施办法》的规定继续优化主动信息公开，尤其需要在“网上国网”和95598网站等线上线下渠道公开相关企业的电力业务许可证（供电类）及编号。在上述信息发生变化之后，国家电网公司还应在确保规定的时限内就相关信息的变化及时进行更新。

（四）做好电网公平开放

建议国家电网公司仔细研究《电网公平开放监管办法》中对电网企业在电源接入和电网互联两个方面的要求，提前制订相应计划。

（五）加强电网建设

我们建议国家电网公司在电网建设方面进一步优化招投标流程及监管，尤其要关注《禁止滥用市场支配地位行为规定》中规定的滥用市场支配地位的几种表现形式，做到坚决杜绝滥用市场支配地位行为的发生。

此外，对于国家电网公司已知的已经存在电网设施不能达到当地供电要求的情形，及时修缮、改进电网设施，并在新建电网设施时，充分调研现时及将来当地的用电需求，提前按照实际需求进行电网建设。

（六）评估供用电合同模板以及完善电子合同签名机制

我们建议国家电网公司结合现有用户的反馈及新生效的法规，进一步评估现行供用电合同模板中条款的合理性，并对其中的格式条款充分提示，确保不会发生《民法典》中规定的可能导致格式条款无效的情形。

此外，鉴于有些国家电网公司下属企业反映的电子合同没有签字盖章的情形，建议国家电网公司与相关企业进一步了解情况，并从技术和制度上落实电子合同的签名机制，避免由于没有电子签章而导致的合同无效的情形。

（七）加强中小企业保护

我们建议国家电网公司可以从多个角度加强对中小企业的保护：一是在供电方面，进一步为中小企业接电提供便利，落实对符合条件的中小企业实现“零投资”。二是在招投标角度，避免对中小企业设置额外的投标条件或变相排除其竞争。

（八）及时梳理新出台的法规要求

推进优化营商环境合规的过程是一个动态过程。就合规的依据而言，国内法律法规、世界银行营商环境报告的评比标准乃至国家电网公司公布的相关承诺都会随着社会的发展和技术的进步而进行相应地调整。就合规的执行情况而言，国家电网公司自身推进优化营商环境各项措施的执行情况也应是动态变化的。这就要求国家电网公司对于优化营商环境的考察和评估也要动态进行。我们建议国家电网公司定期进行内部调研并同时聘请第三方机构进行外部调研，以便可以及时掌握优化营商环境合规要求及执行情况最新动态。

优化营商环境下的供电合规风险及对策调研报告

国网法律部

◆成果简介◆

一、成果背景

党中央、国务院高度重视营商环境，《优化营商环境条例》的颁布，意味着近些年来被实践检验、行之有效的改革探索经验以法规的形式固定下来，从制度层面为优化营商环境提供了更为有力的保障和支撑。供电服务是各级政府优化营商环境工作的重要组成部分，供电行为合规是政府监管的重要内容，防范供电服务过程中的法律合规风险也就成为国家电网公司的一项重点合规管理工作。

二、研究目的

为贯彻落实国务院常务会议关于提升“获得电力”服务水平的部署要求，进一步提升电力营商环境水平，促进优化营商环境供电服务工作的开展，研究优化供电服务过程中有哪些合规风险、还存在哪些问题，这是本次报告研究的目的。

三、成果意义

提升优化电力营商环境水平是激发市场活力推动构建新发展格局的客观需要，改善我国营商环境，对留住产业、发展产业、稳定经济至关重要。提升优化电力营商环境水平是主动适应电力体制改革对电网企业的客观要求，是践行公司战略目标实现卓越服务的具体体现和国家电网公司生存发展的基础。未来随着电力体制改革进一步深化，输、配、售分开，供电企业的竞争会越来越激烈，监管政策也将会越来越严格。国家电网公司只有通过合规经营、严格执行政府监管要求，通过优质服务才能获得客户认可、赢得生存空间。

十八大以来，党中央、国务院对营商环境高度重视，作出了一系列重要部署。《中共中央关于全面深化改革若干重大问题的决定》提出，建立公平开放透明的市场规则，建设法治化营商环境。2019 年 10 月国务院审议通过《优化营商环境条例》，意味着近些年来被实践检验、行之有效的改革探索经验以法规的形式固定下来，从制度层面为优化营商环境提供了更为有力的保障和支撑。

2020 年 7 月，国务院办公厅发布《国务院办公厅关于进一步优化营商环境更好服务市场主体的实施意见》；同年 9 月，国家发展改革委、国家能源局《关于全面提升“获得电力”服务水平 持续优化用电营商环境的意见》（发改能源规〔2020〕1479 号，简称 1479 号文）就进一步压减办电时间、简化办电流程、降低办电成本、提高供电可靠性提出了更加明确的目标与要求。

供电服务是各级政府优化营商环境工作的重要组成部分，供电行为合规是政府监管的重要内容，防范供电服务过程中的法律合规风险也就成为国家电网公司的一项重点合规管理工作。研究优化供电服务过程中有哪些合规风险、还存在哪些问题，是本次报告研究的目的。

1 对优化营商环境供电服务的总体认识

1.1 概念及调研范围

营商环境包括影响企业活动的社会要素、经济要素、政治要素和法律要素等方面，是一项涉及经济社会改革和对外开放等众多领域的系统工程。良好的营商环境是一个国家或地区经济软实力的重要体现，是一个国家或地区提高综合竞争力的重要方面。

由于《优化营商环境条例》未对供电服务的具体范围进行明确规定，1479 号文提出，要从压减办电时间、简化办电流程、降低办电成本、提高供电可靠性 4 个方面优化用电营商环境。本报告按照上述主要内容，围绕用电报装时间、环节、成本、供电可靠性等方面，并结合在新兴业务领域、传统供电领域中可能产生的合规法律风险进行分析，将研究范围确定为申请新装、增容等业扩服务的电力接入及履约、清洁能源消纳、电源项目并网等业务中产生的相关合规法律风险。

1.2 提升优化电力营商环境水平的重要意义

（1）提升优化电力营商环境水平是激发市场活力推动构建新发展格局的客观需要。当前，国内正处于经济转型高质量发展的关键阶段，境外疫情快速蔓延、国家保护主义和单边主义盛行。2020 年 8 月 24 日习近平总书记在主持召开的经济社会领域专家座谈会上，明确提出要以畅通国民经济循环为主构建新发展格局，要推动形成以国内大循环为主体、国内国际双循环相互促进的新发展格局，扭住扩大内需这个战略基点，提升供给体系对国内需求的适配性。同时，我国同世界经济的联系会更加紧密，为其他国家提供的市场机会将更加广阔。在此背景下，改善我国营商环境，对留住产业、发展产业、稳定经济至关重要。

（2）提升优化电力营商环境水平是主动适应电力体制改革对电网企业的客观

要求。党中央、国务院连续出台《关于构建更加完善的要素市场化配置体制机制的意见》《关于新时代加快完善社会主义市场经济体制的意见》等文件，进一步推进市场化改革。当前，电力改革、国企改革和公司内部变革交织叠加，统一电力市场建设及增量配电改革进入攻坚期，混合所有制改革、三项制度改革等亟待更大突破，要求电网应当向各类电源和电网互联提出方公平无歧视开放，对电力营商环境优化提出更高要求。

（3）提升优化电力营商环境水平是践行国家电网公司战略目标实现卓越服务的具体体现。公司党组高度重视优化电力营商环境工作，作为重要举措纳入公司“卓越服务工程”，不断提升“获得电力”服务水平，打造国际领先电力营商环境，彰显国有企业“六个力量”重要作用。

（4）提升优化电力营商环境水平是国家电网公司生存发展的基础。未来随着电力体制改革进一步深化，输、配、售分开，供电企业的竞争会越来越激烈，监管政策也将会越来越严格。公司只有通过合规经营、严格执行政府监管要求，通过优质服务才能获得客户认可、赢得生存空间。

1.3 国家电网公司优化电力营商环境工作的宏观评价

2018 年 11 月，国家电网公司出台了《关于印发持续优化营商环境提供供电服务水平两年行动计划的通知》，部署了 24 项具体措施，全面开展业扩报装提质提效行动，实行 10 千伏及以上大中型企业客户“三省”服务，推广低压小微企业客户“三零”服务，减少办电时间、压缩办电环节、提高供电可靠性。

2020 年 9 月 18 日，国家电网公司坚决贯彻落实国务院常务会议关于提升“获得电力”服务水平的部署要求，出台办电更省时、办电更省心、办电更省钱、服务更便捷、服务更透明、服务更温馨、用电更可靠、用电更经济、用电更安全 9 项措施，三年将累计为经营区内企业节省投资超 1000 亿元。

伴随着国家电网公司近几年优化营商环境供电服务工作的开展，国内“获得电力”水平显著提升，世界银行营商环境报告中国“获得电力”排名指标从 2018 年的 98 名上升至第 12 名，助力我国在全球 190 个参评经济体中的排名从 2018 年的 78 位跃升至 2020 年的 31 位。

2 世界银行指标及国内法律、法规、政策对优化营商环境供电服务的主要要求及趋势

随着我国法治的不断进步，《民法典》《公司法》《合伙企业法》《个人独资企业法》《票据法》《保险法》《证券法》《反不正当竞争法》《反垄断法》《价格法》《招标投标法》《优化营商环境条例》等一系列民商事法律法规相继实施，对维护正常市场秩序、促进市场主体公平竞争、保障各类产权利益，发挥了积极作

用。在供电服务领域，《电力法》《电力供应与使用条例》《电网调度管理条例》《电力监管条例》《供电营业规则》《供电监管办法》等一系列法律、法规、规章的实施，对电力建设、调度、供应、监管等全流程全领域进行了细致的规定，保障了我国电力事业及供电服务的高水平发展。

2.1　世界银行“获得电力”指标要求

为评估各国私营企业发展状况，世界银行于2001年成立“Doing Business”项目小组构建营商环境评价指标体系，并在2003年发布第一份全球营商环境报告。经过十几年发展，世界银行的全球营商环境报告已覆盖世界190个经济体，成为目前国际上认可度最高的营商环境评估报告。从2011年开始，“获得电力”加入一级指标中，与开办企业、办理施工许可、登记财产、获得信贷、保护少数投资者、纳税、跨境贸易、执行合同、办理破产共同组成营商环境评价体系。

营商环境报告中，“获得电力”指标主要由四个二级指标进行评估，其权重各占25%，这四个二级指标分别是获取电力的手续、获取电力的时间（天数）、完成获得电力的成本（电力接入费用占该经济体人均收入的百分比）以及供电可靠性和电费透明度（涵盖在加总的前沿距离分数及营商便利度排名中）指数。

“获得电力”指标评价体系构成如图1所示。

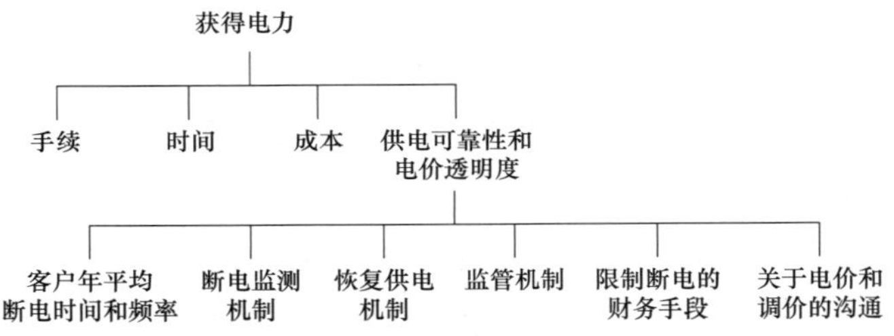

图1　“获得电力”指标评价体系

经济体获得电力便利度排名由它们前沿距离分数的排序决定。这些分数是每个分指标（除了电力价格）前沿距离分数的简单平均值。

（1）获得电力的手续。手续指企业员工或其主要电气技师或电气工程师（即可能已经完成内部布线的人员）与公共电力配送公司、供电公司、政府机构、电力承包商和电力公司等外部各方之间的任何互动；公司员工之间的互动以及内部布线的相关步骤，如内部电气安装计划的设计与执行等不视为手续。必须在同一个公共事业公司的不同部门完成的手续才被视为不同的手续。

（2）获得电力的时间。时间按日历天数记录。这一指标取完成一项手续所需时间的中间值，这个时间是电力公共事业公司和专家们指出的，在实际生活中后续工作最少且没有额外付款的情况下需要的时间，而不是法律规定的完成手续的时间。这里还假设每项手续所需的时间至少为1天。尽管不同的手续可能会同时办理，但它们不可能在同一天开始（即同时办理的手续，在连续不同的日期开始）。这里假设国家电网公司不会浪费时间而且承诺将尽快完成每项剩余手续。国家电网公司收集信息所用的时间不计算在内。这里假设国家电网公司从一开始便了解接通电力的所有要求和它们的顺序。

（3）完成获得电力的成本。成本按经济体人均收入的百分比记录。记录的成本不含增值税。完成仓库接通电力手续的所有相关成本和费用均记录在内，其中包括在政府机构办理审批手续、申请电力连接、接受现场和内部布线检查、采购材料、实施实际接线作业以及缴纳保证金。当地专家提供的信息以及具体的法规和收费明细表为成本的来源依据。如果当地合作伙伴提供了不同的估算数据，则采用报告值的中值。在任何情况下，贿赂均不含在成本之中。

（4）供电可靠性和电费透明度指数。供电可靠性和电费指数透明度指数包含了断电的持续时间和发生频率的量化数据及以下方面的质化信息：监控断电及恢复电力供应的机制；供电系统向主管部门报告断电的报告机制；电费信息的透明度及可获取性以及供电系统是否面临针对减少断电的财务阻碍举措（比如当断电超过一定的限度，要求赔偿消费者或者支付罚款）。营商环境报告用系统平均中断时长指数（SAIDI）和系统平均中断频率指数（SAIFI）来衡量每个经济体最大商业城市停电的时长和频率。SAIDI是接受服务的一个客户一年当中停电的平均总时长，而SAIFI是一个客户一年中经历的服务中断的平均次数。有关SAIDI和SAIFI的年度数据（日历年）是从输配电公司和国家监管机构处获取的。SAIDI和SAIFI都包含了负荷的数据。

2.2 国家发展改革委营商环境评价“获得电力”指标要求

2019年国内营商环境“获得电力”指标由低压接入样本、高压接入样本、供电可靠性和便利度4个分指标构成。其中低压接入样本包括低压环节、低压时间和低压成本三个子指标，每个子指标权重均为10%；高压接入样本包括高压环节、高压时间和高压成本三个子指标，每个子指标权重均为10%；供电可靠性权重为20%；便利度权重为20%。指标及权重见表1。

表1　指标及权重

序号	指标名称	子指标名称	权重
1	低压客户样本	低压环节	10%
		低压时间	10%
		低压成本	10%

续表

序号	指标名称	子指标名称	权重
2	高压客户样本	高压环节	10%
		高压时间	10%
		高压成本	10%
3	供电可靠性		20%
4	便利度		20%
总计	—	—	100%

2.3 国家法律、法规和监管政策文件对供电服务的新要求

2.3.1 《民法典》

《民法典》是人民权利的百科全书，也是商事活动的行为准则。就优化营商环境而言，《民法典》更多的是建立公平高效的法律制度环境。《民法典》对于流质、流押的认可，对抵押财产可转让的新规定，扩大动产抵押范围，新增应收账款质押等内容安排，相当程度上破解中小企业融资难的问题，补齐了我国在获得信贷方面的法律制度短板。

在供用电合同及供电企业义务强化方面，《民法典》第六百四十八条规定，进一步明确供电人的强制缔约义务；第六百五十四条规定，进一步明确供电人中止供电的事先告知义务；第六百五十一条、第六百五十二条、第六百五十三条、第六百五十五条规定，进一步明确赔偿责任承担方式，供电人与用电人可自主选择侵权之诉或违约之诉；第一千二百四十条、第一千二百四十三条规定，进一步明确高度危险责任中可减轻经营者责任的认定标准，从受害人“有过失”到“有重大过失”的标准认定，加强了供电企业的安全防范及警示义务，在结果上增加了供电企业的赔偿责任。

在个人信息保护及公开方面，《民法典》要求供电企业在开展线上应用办理业务、利用电力大数据开展精准营销以及向第三方提供电力数据时，需要采取必要的保护措施，确保用户信息数据不被非法利用。

2.3.2 《优化营商环境条例》

《优化营商环境条例》分为总则、市场主体保护、市场环境、政务服务、监管执法、法治保障、附则等章，对全国优化营商环境工作提出了新的要求。在供电服务方面，该条例明确供水、供电、供气、供热等公用企事业单位应当向社会公开服务标准、资费标准等信息，为市场主体提供安全、便捷、稳定和价

格合理的服务，不得强迫市场主体接受不合理的服务条件，不得以任何名义收取不合理费用。各地区应当优化报装流程，在国家规定的报装办理时限内确定并公开具体办理时间。

2.3.3 国家发展改革委 国家能源局《关于全面提升“获得电力”服务水平持续优化用电营商环境的意见》（发改能源规〔2020〕1479 号）

1479 号文对营商环境供电服务的七个方面提出了详细的要求。2022 年底前，在全国范围内实现居民用户和低压小微企业“三零”服务、高压用户“三省”服务。

（1）办电更省时。2020 年底前，将低压、20 千伏及以下高压电力接入工程审批时间分别压减至 5 个、10 个工作日以内；将供电企业办理用电报装业务各环节合计时间在现行规定基础上压缩 40% 以上，未实行“三零”服务的低压非居民用户、高压单电源用户、高压双电源用户的合计办理时间分别压减至 6 个、22 个、32 个工作日以内；将居民用户、实行“三零”服务的低压非居民用户从报装申请到装表接电的全过程办电时间分别压减至 5 个、25 个工作日以内。2021 年、2022 年底前，将实行“三零”服务的低压非居民用户全过程办电时间进一步分别压减至 20 个、15 个工作日以内。

（2）办电更省心。2020 年底前，将居民用户、实行“三零”服务的低压非居民用户的用电报装压减至 2 个环节，未实行“三零”服务的低压非居民用户的用电报装压减至 3 个环节。在全国范围实现用电报装业务线上办理。

（3）办电更省钱。2021 年底前，实现城市地区用电报装容量 160 千瓦及以下、农村地区 100 千瓦及以下的小微企业用电报装“零投资”；2022 年底前，实现全国范围 160 千瓦及以下的小微企业用电报装“零投资”。

（4）用电更可靠。2022 年底前，将直辖市、计划单列市、省会城市的中心区、市区、城镇、农村地区用户年均停电时间分别压减至 1、2、5、11 小时以内，或年均同比压缩 8% 以上；将其他地级行政区的中心区、市区、城镇、农村地区用户年均停电时间分别压减至 2、5、9、15 小时以内，或年均同比压缩 8% 以上。

2.4 地方政府对优化营商环境下供电服务的新要求

《优化营商环境条例》出台前后，各省、自治区、直辖市陆续出台本省条例或者实施办法。北京、上海、天津、山东、山西、河北、辽宁、吉林、黑龙江、安徽、湖北、云南、陕西、广西 14 个省、自治区、直辖市出台了本省、市优化营商环境地方性法规，对优化营商环境具体工作进行了制度安排。其余省份尚在起草或通过地方政府规范性文件对优化营商环境工作进行部署。

压减办电时间方面，北京、上海两地要求对于接入低压供电的时限不得超过8个工作日和10天；山东区分有无外线接入工程，对低压电力接入时限分别为不超过7个和3个工作日；江苏要求对用户申请新装、增容用电，到2020年底实现10千伏高压用户平均接电时间压减至40个工作日，400V低压非居民用户平均接电时间压减至15个工作日；浙江要求到2020年底用电业务平均时间压减至35天以内，其中小微企业电力接入平均总时长不超过15天；福建要求低压客户办电时间不超过15个工作日，10千伏单、双电源分别压减至38、45个工作日；湖南要求中大型企业客户业务办理时间压减至28天，小微企业客户压减至9天；四川要求到2020年底用电业务平均时间压减到40个工作日，低压办电直接装表的压减至2个工作日内，外线不涉及行政审批的压减至5个工作日内，涉及行政审批的力争压减至7个工作日内，高压单电源1250千伏安及以下的压减至10个工作日内，单电源1250千伏安以上的压减至21个工作日，双电源压减至43个工作日；重庆要求低压小微企业平均接电时间压减至15天，10千伏非居民压减至60天以内；宁夏要求低压客户平均接电时间控制在20天以内，其中小微民营和外资工商业企业控制在5天以内，高压客户控制在70天以内（其中中小微民营和外资工商业企业控制在35天以内）；辽宁目前正在征求意见中，要求0.4千伏小微企业接电总时限压缩至15个工作日，10千伏企业接电时限压缩至25个工作日。

提高办电便利度方面，上海强调公用事业单位实施网上办理业务，推行接入和服务标准化；山东要求全面推行由电网企业“一窗受理”用户接电行政审批申请；浙江进一步拓展用户线上办电渠道，大力推进房电水气联动过户线上联办，坚持“最多跑一次”；福建要求推动供电企业业务系统与政务平台融合；四川力争到2020年底，推动电力事项入住政务大厅办理，推行“一站式”办理、并联审批；宁夏拓展线上办电服务，推行“一证办理”“免填单”，实施外线接入“一链办理”；辽宁推进供电服务接入“一网通办”政务服务平台。

降低办电成本方面，北京要求对市场主体投资的建设项目需要附属接入市政公用设施的小型工程项目，由供电等市政公用企业直接上门提供免费服务；山东要求省级以上园区和纳入省级新旧动能转换项目库的10千伏企业用户、济南和青岛城市规划区内的10千伏企业用户，电网企业投资界面延伸至用户规划红线。城市规划区用电容量160千伏安、农村地区100千伏安及以下的小微企业用电，实现零收费；江苏要求为低压用户投资建设外线工程至资产分界点，到2020年底逐步实现20千伏及以下新装、增容用电（不含居配工程项目、临时用电）由供电企业投资建设至用户资产分界点。

提高供电能力和供电可靠性方面，北京要求供电企业应当保障供电设施的正常、稳定运行，低于上年城市电网年供电可靠率的要对供电企业进行行政罚款；上海、重庆要求根据电力公司每一年度的供电可靠率与上一年度的比对情况，实行奖惩100万元准许收入的措施；福建要求全面推行不停电作业，业扩不停电接线率达到90%以上；四川要求中心城区年平均停电时间降低至1.8小时/户，年平均停电频率降低至0.4次/户。

2.5　国家对优化营商环境下供电服务要求趋势分析

通过总结近年来电力营商环境的优化提升工作，分析国家对优化营商环境下供电服务要求的变化趋势，主要有以下三个方面。

一是服务对象由低到高，向大中型企业用户升级。目前的供电服务主要面向居民向低压非居民小微企业，但随着这项工作的常态化开展，势必会将“获得电力”服务优化推广至大中型企业用户，届时办电成本、环节、时间、可靠性等要求将进一步提档升级，给供电服务带来更严峻的考验。

二是服务要求由弱转强，向强制性法律法规演变。当前，1479号文尚属规范性文件，所提要求更多地是指导性、提倡性的，但随着电力营商环境持续深入推进，这些要求极可能会演变上升为强制性的行政法规，甚至是法律。

三是服务内容由点及面，向无歧视电网服务推广。优化电力营商环境，某种程度上来说是提升电网公司综合服务能力的开端，结合国家能源局2021年底发布的《电网公平开放监管办法》及其他涉及新能源消纳、增量配电市场等的政策法规，可以看出，今后电网公司将向社会更多地提供公平无歧视的电网服务，逐渐面临电力体制改革带来的一系列影响。

同时，上述变化趋势将进一步倒逼电网公司主动适应、自我变革。一方面，电网公司必须开展内部管理变革，要坚持问题导向、目标导向，通过对现有的战略规划、财务、营销、建设、运营、绩效考核等管理方式进行革命，适应不断升级的优化电力营商环境要求，探索合法合规的管理模式，着力压降成本。另一方面，必须调整对外策略，对政府要加强沟通汇报，争取有利于电力事业、有利于电网公司、有利于多方共赢的政策和举措；对电力用户要持续打造服务型企业，在现行法律法规体系下，做好办电接电服务、供电保障、电网公平无歧视开放等工作。

3 电网公司在优化电力营商环境的工作举措及评价

3.1　国网北京市、国网上海市电力公司（参与世行评价的单位）参与优化营商环境工作情况

国网北京市电力公司（简称北京公司）2018年2月8日，推出“三零”服

务，对报装容量160千瓦及以下的小微企业客户采用低压供电，北京公司负责表箱及以上电源侧设备设施的投资和建设。北京公司全程代替客户办理涉及占掘路行政审批手续，升级线上服务功能，增加表箱位置定位拍照上传功能，减少与客户的互动环节。

2019年北京公司将供用电合同线下签订改为线上签订，客户在线报装申请同步完成电子合同签订。北京市涉及占掘路行政审批时长压缩为5天。北京公司出台接电时长不超过15天的规定。国家发展改革委和北京市发展改革委出台政策，明确电价调整信息提前一个月进行公示。

2020年4月10日，北京公司印发《关于落实〈北京市优化营商环境条例〉公开六项服务承诺的通知》（京电营〔2020〕21号）。一是承诺“受理签约、施工接电”2个环节；二是承诺低压接电时间10天以内；三是承诺“三零”服务，客户接电“零投资”；四是承诺保障供电设施正常、稳定运行，确保供电质量符合国家规定，接受北京市城市管理委员会对年度供电可靠率的监督和奖惩；五是承诺主动公开信息，并且提前一个月向社会公布电价调整信息；六是承诺“网上国网”App提供电子账单，优化用电情况查询、同期对比、能源构成等功能。

国网上海市电力公司（简称上海公司）聚焦小微企业办电需求，实施延伸投资界面至客户电能表、压减办电环节、提高供电可靠性等多项改革措施。2018年办电环节由5个压减为2个，接电时长由145天压缩至公开承诺的30天以内，接电成本由人均国民收入的355.8%下降到0，实现客户“零投资”。供电可靠性指标方面，用户平均停电时间（SAIDI值）由1.24小时/户下降到0.988小时/户、用户平均停电频率（SAIFI值）由0.226次/户下降到0.196次/户。

2019年上海公司在压减办电环节、压缩接电时长、降低接电成本、提升供电可靠性、提升电价透明度和完善供电中断赔偿机制6个方面，创新推出16项改革提升举措，并同步印发7项配套改革文件。客户接电时长进一步压缩至15天内，城市供电可靠率提升至99.9892%，SAIDI值降低至0.947小时/（年·户），SAIFI值降低至0.168次/（年·户）。

2020年上海公司进一步实施压缩政府行政审批时间、优化内部施工管理、建立中断供电财务遏制机制等多项改革举措：最长接电时间压缩至10天内；客户办电保持“零投资”“零保证金”；供电可靠性指标进一步提升，用户平均停电时间（SAIDI值）达0.485小时/户，用户平均停电频率（SAIFI值）达0.124次/户；电价调整信息提前一个月发布；建立中断供电财务遏制机制，政府通过供电可靠性管制措施，对电力公司准许收入奖励或罚款人民币100万元。

3.2 其他 9 家网省电力公司参与优化营商环境工作情况

3.2.1 国网山东省电力公司

国网山东省电力公司（简称山东公司）2018 年起全面构建简化获得电力工作体系，积极推进简化获得电力专项行动，与省能源局共同牵头编制《简化获得电力专项行动方案》，全面实行报装日例会制度和不停电接线，持续扩大电网投资界面，对各级园区客户、列入新旧动能转换重大工程实施规划的客户，由山东公司投资建设供配电设施至客户红线，推动供电服务窗口进驻 143 个政务服务大厅，实现新装、减容等 17 类业务“一次都不跑”，销户、迁址等 9 类业务“最多跑一次”；开通政务平台接口，获得营业执照、身份证件等 4 项信息，在威海、泰安率先上线获得电力行政审批“一链办理”。2019 年山东公司持续压减办电环节和时间，10 千伏、低压办电环节分别压减至 4（3）个、2 个，电网环节时间分别压减至 11 天、3 天，平均接电时长分别不超过 40 天、7 天。2020 年开通“爱山东”政务 App、“掌上电力”App 以及彩虹营业厅多种线上办电服务渠道，全省城区 160 千伏安及以下、农村 100 千伏安及以下小微企业，低压接入由供电企业投资到电能表，实现小微企业“零投资”城乡全覆盖。山东省 16 市基本实现“网上办”“零证办”“一链办”市县全覆盖。在新装、增容、更名过户等用电业务办理过程中，全省累计调用政务信息共享接口 16.62 余万次，在线查验身份证件、营业执照、社会信用代码证、不动产证等信息，为 7000 余位用户提供了“零证办”“一链办”服务，提升山东用户“获得电力”便利度。

3.2.2 国网江苏省电力公司

国网江苏省电力有限公司（简称江苏公司）结合世界银行及国家发展改革委优化营商环境评价指标，积极开展优化电力营商环境工作。一是问题导向，聚焦关键要素。制定 50 余项精准优化举措，推动省市政府出台支持政策 30 余项，全面推行“三零三省”服务，切实解决实际问题。二是协同推进，形成内外合力。组建供电服务指挥中心，统一指挥调度电力接入服务过程中涉及的各专业服务资源，实施政企业务联办，在所有行政服务大厅设置办电窗口，实现办电“只进一扇门”以及营业执照、项目批文、规划许可等客户电力接入所需证照和资料的线上共享与查验。三是突出重点，服务重大项目。成立工作专班，提前开展配套电网建设、改造项目储备，确保重大项目早开工、早送电。四是加强管控，固化工作成效。建立基于线上办电、信息共享、移动作业等业扩全过程服务管控体系，保障公司优化电力营商环境举措落地固化。目前江苏全省高、低压用户报装接电环节分别压减至 4 个和 2 个，报装资料压降至 4 种和 2 种，平均接电时长压降至 35 个和 5 个工作日以内，不停电作业率及供电可靠率稳步提升，政企信息互联互通、行政审批线上办理和信息共享、业扩服务全过程可视化等亮点频出，优化电力营商环境工作取得了明显成效。

3.2.3 国网浙江省电力公司

国网浙江省电力公司（简称浙江公司）深入贯彻“跑一次是底线、一次不用跑是常态、跑多次是例外”的服务理念，先后推出持续优化营商环境提升供电服务水平两年行动计划、“阳光业扩”服务工作十项举措等举措，实现大中型企业客户省力、省时、省钱、省心“四省”服务，低压小微企业客户零上门、零审批、零投资“三零”服务。大力助推企业复工复产，首创的“企业复工电力指数”“转供电费码”等做法在全国广泛推广效仿。实施“阳光业扩”十项举措，试点上线“阳光业扩一站通”平台。

一是多措并举提质提速。小微企业办电环节从 4 个压缩至 2 个，全流程时长压缩至 10 天。大中型企业办电环节从 6 个压缩至 4（3）个，办电时长缩短至 35 天。中断供电赔偿制度、电费价格透明公示制度、电费账单公示制度等一系列制度规定为供电企业提高供电质量提供了制度保障。二是创新模式赋能增效。推动不停电作业向全地形、全天候拓展，并优化业扩接入计划安排，优先安排业扩项目停送电计划，非停电接电需求“随报随排”，提升业扩接电及时性。三是政企联动形成合力。主动融入各级政府优化营商环境工作，拓展线上办电渠道，入驻各级行政服务中心，全面推广电力接入项目行政联合审批平台，实现在线并行审批、限时办结，合力打造最优营商环境。

3.2.4 国网福建省电力有限公司

国网福建省电力有限公司（简称福建公司）先后出台了《关于印发开展业扩报装接电专项治理行动优化营商环境实施方案的通知》《关于印发提升电力营商环境行动方案的通知》《关于印发落实国家电网公司持续优化营商环境提升供电服务水平两年行动计划工作方案的通知》等一系列规定制度，从办电环节、办电成本、办电时长、供电可靠性等方面制定了相关优化营商环境条例制度，提升了客户获得电力感知，切实优化了电力营商环境。制订实施“阳光业扩”专项工作方案，率先开发应用“供电能力可视化平台”，实现电网资源公开透明，提升供电方案编制效率，推动阳光业扩；实现业扩报装嵌入政府多规合一平台，实现行政服务中心房产与电能表联动过户，通过政务渠道及时获取客户资料，减少客户提交资料、避免客户往返；全省市县一体同步提升低压接入容量至 160 千瓦；创新成立业扩联合服务中心，“一站通办”强化服务协同；推出小微企业“不见面办电”服务。在 2019 年省政府组织开展的营商环境评价中“获得电力”指数实现大幅提升，名列各行业第一，相当于世界银行标准全球第 14 名。

3.2.5 国网湖南省电力有限公司

2018年，国网湖南省电力有限公司（简称湖南公司）开展报装接电专项治理行动优化营商环境，围绕“三压减、二加强、一提高”六方面工作，开展为期两年的报装接电专项治理行动。高压客户压减为4个环节；低压客户压减为3个环节，进一步压缩公司内部环节办理时间，明确配套工程投资界面，降低客户工程造价，全面推广不停电作业，开展故障主动抢修。开展办电主动服务，优化整合服务渠道，推行全业务线上办理，推行移动作业终端应用。2019年湖南公司全面推广低压小微企业客户“三零”服务，办电环节压减至3个以内、平均接电时间压减至9天以内、客户红线外投资由供电企业承担。积极争取政府政策支持，代政府拟定《进一步优化电网工程建设审批流程的意见》和《进一步优化电力接入营商环境的实施办法》初稿并由省委办公厅正式印发。2020年湖南公司实施“阳光业扩”服务，推广线上全天候服务，实现17项简单业务“一次都不跑”，5项复杂业务“最多跑一次”，推动行政审批速度，持续压缩客户办电时间。延伸电网投资界面，压减工程造价、降低后续运维成本。通过营业厅、“网上国网”App、95598网站等线上线下渠道，公示电网资源、电费电价、服务规范、验收标准等信息，充分保障客户知情权和自主选择权。深化业扩全流程系统应用，实现业扩全环节实时流转、全过程线上管控、全流程监督预警、跨层级闭环管理。

3.2.6 国网四川省电力公司

国网四川省电力公司（简称四川公司）深入推进优化营商环境两年行动计划，着力在办电成本、办电环节上做减法，在服务手段和服务渠道上做加法，切实让客户享受到实惠、便利和舒心。大力推行“阳光业扩”服务，在打赢疫情防控阻击战、助力企业复工复产方面发挥了重要作用。截至2020年6月底，公司低压客户平均接电时间为1.6天、10千伏高压客户为35天，分别较2018年初压减46%、81%。一大批重点项目相继投运，业扩净增容量同比增加37.06%。

3.2.7 国网重庆市电力公司

国网重庆市电力公司（简称重庆公司）成立由主要负责人任组长的领导小组和本部+基层供电单位两级责任体系；组建工作专班，对上联系总部专业部门，对外对标京沪兄弟单位，对内强化专业协同。坚持目标导向和结果导向，构建了获得电力“1+3+7”制度流程体系，围绕环节、时间、成本、供电可靠性及电费透明度四个方面，推出十项改革举措，全面实施低压小微企业“三零”服务，以“办电2个环节，接电时间15天以内，外线接入0成本”为目标，持续提升“获得电力”服务水平。环节方面，办电全流程压减为“申请签约”“施工接电”2个环节；时间方面，低压小微企业15天以内接电，其中架空接入的客户（无立杆工程）在4天之内接电，架空接入的客户（有立杆工程）在10天之内接电，地下电缆接入的客户在15天之内接电；成本方面，对全市需用容量在160千伏安及以下的小微企业实行低压就近接入，由电网企业负责实施电能表（含计量表箱）及表前接电工程。供电可靠性与电费透明度方面，通过加快配网标准化目标网架建设、推行配电网网格化管理、积极开展主动抢修、建立停电预算管理制度以及拓展不停电作业项目和范围等措施，持续压减客户平均停电时间和次数。

3.2.8 国网辽宁省电力有限公司

国网辽宁省电力有限公司（简称辽宁公司）通过聚焦“三压减、二加强、一提高”六个方面开展工作，社会反响良好，社会效应显著。一是推动客户办电更省力。高、低压客户申请资料简化为3种和2种，办电环节压减为4个和2个，18类主要业务一网通办，移动终端应用推动营业窗口前移，10千伏大中型企业客户办电“最多跑一次”、小微企业客户办电“一次都不跑”。二是推动客户办电更省时。进一步压缩高、低压业扩各环节业务办理时限，压缩供电企业责任环节办理时间20%以上，高、低压客户平均接电时间控制在50天和15天以内。三是推动客户办电更省钱。大中型企业客户平均办电成本明显下降，小微企业客户接入工程平均节省投资9.27万元/户，全面取消带电接线费、负控设备材料及安装调试费，免费提供计费电能表。四是推动客户用电更可靠。持续减少客户年均停电时间和停电次数，实现城、农网供电区域用户年平均停电时间分别不超过4.47小时、22.43小时，供电可靠率分别达到99.949%、99.744%。五是推动客户办电服务更优质。推动办电服务水平持续提升、客户体验不断增强。

3.2.9 国网宁夏电力有限公司

国网宁夏电力有限公司（简称宁夏公司）大力实施“八大服务工程”，推出“三零三快三早”九大服务，持续开展“进园区、访客户、讲政策、提服务、促和谐、树形象”用电服务专项活动，对35千伏及以上业扩项目“全走访”，为用户提出优化用电建议，持续优化供电营商环境。办电业务接入“网上国网”，业务办理“一网通办”。打通与自治区政务外网连接通道，实现电子营业执照在线获取。低压客户办电环节压减为“申请受理、装表接电”2个环节；具备直接装表条件的客户，自客户提出用电申请后，2个工作日内完成装表接电；需实施低压业扩配套工程的，原则上5个工作日内完工，涉及更换变压器及低压公用线路延伸的，10个工作日内完工，高、低压客户全流程平均办电时间分别缩短至57.08天和4.13天；利用掌上电力、95598网站、电话、移动作业终端等线上办电渠道，推广线上全天候服务，确保线上办电率100%；延伸电网投资界面，省级及以上各类园区以及电能替代、电动汽车充换电设施等项目由公司投资至客户红线；省级及以上各类园区外220千伏及以上电压等级供电客户，原则上输电线路工程由公司投资。全面推广不停电作业，2019年业扩工程带电接线率达到80%以上，带电作业消缺率达到50%以上。按照“能转必转、能带不停、先算后停、一停多用”的原则，科学合理制定停电计划，最大限度减少停电时间和次数。自治区首府银川市荣登国家发展改革委评选的“2019年营商环境测评指标全国前十标杆城市”。

3.3 南方电网相关公司参与优化营商环境工作情况

一、深圳、广州“获得电力”指标整体情况

深圳和广州在全面学习上海、北京优化营商环境做法的基础上，结合两座城市的实际情况，加快提升办电环节、时间、成本、供电可靠性及电价透明度指数等关键指标。

（一）办电环节方面

低压小微企业客户：深圳和广州将签订电子供用电合同并入申请环节，实现办电环节减至2个。

高压客户：深圳、广州通过简化、合并内部流程，实现高压办电环节减至3个，分别为用电申请、供电方案答复和竣工检验及装表接电（涉及外部工程实施的，环节为4个）。

（二）办电时间方面

低压小微企业客户：深圳接电时长为13天以内，其中占据路面行政审批时间5天以内。广州采用免行政审批方式《广州市社会投资简易低风险工程获得用水获得电力工作指引（试行）的通知》（穗水资源〔2019〕46号），将接电时长压缩至8天以内。

高压客户：一是接电总时长方面，深圳、广州供电局根据南方电网要求，10千伏客户接电时限为70天。二是行政审批时限方面，深圳、广州市政府分别发布《深圳市人民政府办公厅关于印发优化水电气报装流程改革实施方案的通知》（深府办〔2019〕6号）和《广州市电水气外线工程建设项目并联审批实施细则（试行）的通知》（穗工信函〔2019〕814号），明确10千伏及以下电力外线工程建设项目采用线上平台并联审批，审批时限压缩为5个工作日内。三是施工建设方面，深圳、广州市政道路同步建设电缆管沟（管廊），发布《市城乡建设委员会、市规划局、广州供电局印发关于市政道路同步建设电缆管沟实施方案的通知》(穗建公共〔2013〕503号)和《深圳市地下综合管廊管理办法(试行)》[深圳市人民政府令(第296号)],主要由政府投资建设(或政府与电网企业共同投资),电网企业使用,大大缩减电力接入工程施工规模,降低了行政审批难度,加快电力接入工程的建设时间。

(三)办电成本方面

低压小微企业客户:深圳、广州低压“零投资”适用范围为200千伏安及以下客户。

高压客户:深圳、广州已延伸投资界面至10千伏客户红线,对于需要建设110千伏电业变电站的,由客户提供变电站土地,电网企业负责投资建设变电站土建、电气和进线,电力接入工程全部纳入输配电价核价范围;其他110千伏及以上专用变压器客户(如机场、地铁、高铁等),电力接入工程由客户自行建设并负责后期运维。

10千伏供电容量方面,因为深圳、广州已经全面取消35千伏电压等级,故10千伏客户报装容量为200～40 000千伏安。电缆载流量方面,深圳、广州在编制方案时根据计算负荷确定用户站进线电缆,一般采用300平方毫米或400平方毫米电缆。深圳300平方毫米埋管电缆最大载流量为423安(排管方式),400平方毫米埋管电缆最大载流量为482安(排管方式),广州300平方毫米埋管电缆最大载流量为368安(排管方式)(《深圳电网导线及电缆允许载流量取值表》和《广州供电局10千伏馈线载流量管理工作报告》)。

(四)供电可靠性及电价透明度指数方面

一是供电可靠性方面,深圳、广州平均停电时间和停电频率均满足世行满分标准[1小时/(户·年),1次/(户·年)以内]。二是电价透明度方面,广东省发改委于2021年发布《关于进一步做好电价政策发布有关事项的通知》明确,向用户代理售电的,应公告满一个月后执行代理购电电价。

二、深圳、广州优化电力营商环境特色亮点

(一)投资至客户红线,并全部纳入输配电价核价

2015年起,南方电网深圳、广州供电局将电力接入工程投资界面延伸至客户红线,在降低客户投资成本的同时,电网投资部分(包括高压、低压)全部纳入政府输配电价核定。在延伸策略方面,主要注重对国家支持、鼓励的产业以及普遍服务的客户电力接入工程,对用电有特殊要求的(如机场、高铁、地铁等)以及国家限制性、产能过剩的客户并不延伸投资界面。

（二）线上并联审批、容缺受理，简易低风险项目免行政审批

广州市工信局牵头建设的“电水气外线工程并联审批平台”于2019年4月29日上线《广州市电水气外线工程建设项目并联审批实施细则（试行）》（穗工信函〔2019〕814号），实现“一窗式”审批服务，政务服务部门统一受理供电公司申请，推送至对应审批部门并汇总审批结果，实现“统一收件、统一出件、资料共享、同步审批”的线上并联审批，将10千伏及以下电力接入工程建设项目审批时限压缩至5个工作日以内。平台上线至今，已成功收到线上并联审批结果近百例。同时，网上并联审批系统推行“容缺受理、信任审批、全程管控”，对于有规定需要将其他部门审批结果作为前置条件的，允许申请人作出具有法律效力的书面承诺后即可获得审批，缩短行政审批总时长。

深圳、广州试行简易低风险工程项目[电压等级在10千伏以下（不含10千伏），报装容量不大于200千伏安，管线长度不大于200米的电力外线工程]免行政审批，供电企业施工前将电力施工方案、交通疏解方案通过联审平台推送至各审批部门即可。

（三）政企联动，政务互通，拓展互联网+线上渠道体系

广州将办电服务融入政府政务服务平台，客户可通过“粤省事”微信小程序、“粤商通”App及广东政务网等直接办理用电，政企共享客户信息，实现企业规划许可信息同步推送电网企业，办电资料平台调取，客户无须向供电企业重复提交申请资料，缩短办电时间。

此外，广州供电局推行“线上+线下”双向移动服务渠道，建立了“三厅一宝”（即网上营业厅、掌上App营业厅、微信营业厅和支付宝生活号）电子服务渠道体系，实现电力报装“一次都不跑”。

（四）市政道路同步建设电缆管沟

深圳、广州在建设市政道路时同步建设电缆管沟（管廊），减少后期占掘路行政审批和施工时间，大大缩减了客户接电时长。广州市政府颁文明确规定，在市政道路新建、扩建、改建同时，出资同步新建、扩建电缆管沟，并无偿提供给电网企业使用，政策覆盖广州市黄埔区、南山区，其他区域不全由政府出资建设。深圳市新建主干道时，政府按照供电企业建设标准要求出资同步建设电缆沟，电缆沟建成后将资产移交给供电企业。

4 优化营商环境供电服务过程中可能导致的法律合规风险

根据12398能源热线典型投诉举报处理情况统计，2019年至2020年8月12398热线共处理涉电事项907件，其中办电成本事项2件，占比0.221%；办电时间事项20件，占比2.205%；办电便利度事项11件，占比1.213%；工程前

期项目核准事项 2 件，占比 0.221%；供电能力和供电可靠性事项 492 件，占比 54.245%；电力设备致损事项 6 件，占比 0.662%；设备产权或管理责任不清事项 17 件，占比 1.874%；施工管理不善事项 7 件，占比 0.772%；施工质量事项 16 件，占比 1.764%；违规“三指定”事项 2 件，占比 0.221%；信息公开事项 15 件，占比 1.654%；政府协同事项 2 件，占比 0.221%；其他事项 315 件，占比 34.727%。具体见表 2。

表 2　　12398 能源热线典型投诉举报处理情况

序号	投诉类型事项	数量（件）	占比
1	办电成本	2	0.221%
2	办电时间	20	2.205%
3	办电便利度	11	1.213%
4	工程前期项目核准	2	0.221%
5	供电能力和供电可靠性	492	54.245%
6	电力设备致损	6	0.662%
7	设备产权或管理责任不清	17	1.874%
8	施工管理不善	7	0.772%
9	施工质量	16	1.764%
10	违规“三指定”	2	0.221%
11	信息公开	15	1.654%
12	政府协同	2	0.221%
13	其他	315	34.727%
总数		907	100%

可以看出，供电能力和供电可靠性投诉占总数的 50% 以上，是投诉的重点。办电时间、办电便利度、设备产权或管理责任不清、施工质量、信息公开等问题也有相当数量。根据上述情况，结合 1479 号文要求，以及各单位日常工作中碰到的情况，提出以下法律合规风险及应对建议。

4.1　供电企业负责人对外承诺不能的合规法律风险

【风险描述分析】供电企业负责人对社会承诺实现某些供电服务义务，若无法兑现，可能造成合同违约或缔约过失责任的法律风险。更重要的是，若供电企业负责人是通过媒体、广告等形式向社会承诺，因其未履行其承诺所产生的商誉损失将是更大的损失。

【责任与后果】供电企业负责人在相关新闻发布会向社会大众承诺实现一系列优化供电服务的举措的行为在法理上是一种单方允诺行为，这种民事行为所产生的后果属于《民法典》合同关系调整范畴，引发的法律后果可能是缔约过失责任或合同违约责任。

当承诺针对的相对人是已与供电企业建立供用电合同的主体，且承诺的内容已非常详细具体，其性质是一项要约而且是变更供用电合同“抢修达到时限”内容的一项要约。虽然这种措施有利于用户，但法律上不能直接确定其有效。若要使这项要约生效，用户要满足《民法典》中承诺的要件，一般是供用电双方签订变更协议或用户向供电企业作出同意要约的意思表示。如果用户主动提出要求变更该部分内容，理论上供电企业即不得拒绝。紧急情况下，用户直接报修，并口头提出要求供电企业遵守“抢修达到时限”的承诺，也可以被视为合同已发生有效变更。

当承诺针对的相对人是尚未与供电企业建立供用电合同的主体，其性质是要约邀请。同时，需要注意的是，供电企业的对外承诺内容视具体程度，比如对于“160千瓦及以下低压非居民申请用电‘零投资’承诺”举措，从业务申请条件、业务办理、供电条件、电费价款、违约责任等内容承诺得很细致，那就有可能转化为要约性质。

【合规建议】不管是要约还是要约邀请，供电企业应恪守信用、自觉受其约束，企业负责人对外宣传时更应谨言慎行。

应对供电企业的对外承诺，建议做到如下几点：

一是严格履行对外承诺内容。供电企业应对已经对外承诺的义务严格履行，例如《国家电网公司供电服务“十项承诺”》。

二是变更对外承诺要依法依规。公司要变更承诺，要依据法律规定或广泛征求用电客户的意见，有合同的要以书面方式进行变更。

三是无法兑现承诺的，及时告知受影响的相对人。例如，对于因不可抗力、意外事件等情形不能完成承诺事项时，供电企业应及时以电话、短信、信函、新闻公告等方式告知受影响的相对人。

4.2 压减办电时间

4.2.1 供电企业未能在规定期限内按时供电的合规法律风险

【风险描述分析】供电企业未能在优化营商环境供电服务相关政策时限要求

内完成报装、增容业务，可能导致相关行政责任以及民事违约责任。

【责任和后果】《供电监管办法》第十一条规定，电力监管机构对供电企业办理用电业务的情况实施监管。

供电企业办理用电业务的期限应当符合下列规定：

（一）向用户提供供电方案的期限，自受理用户用电申请之日起，居民用户不超过 3 个工作日，其他低压供电用户不超过 8 个工作日，高压单电源供电用户不超过 20 个工作日，高压双电源供电用户不超过 45 个工作日；

（二）对用户受电工程设计文件和有关资料审核的期限，自受理之日起，低压供电用户不超过 8 个工作日，高压供电用户不超过 20 个工作日；

（三）对用户受电工程启动中间检查的期限，自接到用户申请之日起，低压供电用户不超过 3 个工作日，高压供电用户不超过 5 个工作日；

（四）对用户受电工程启动竣工检验的期限，自接到用户受电装置竣工报告和检验申请之日起，低压供电用户不超过 5 个工作日，高压供电用户不超过 7 个工作日；

（五）给用户装表接电的期限，自受电装置检验合格并办结相关手续之日起，居民用户不超过 3 个工作日，其他低压供电用户不超过 5 个工作日，高压供电用户不超过 7 个工作日。

前款第（二）项规定的受电工程设计，用户应当按照供电企业确定的供电方案进行。

《供电监督办法》第三十四条规定，供电企业违反本办法……第十一条……规定的，由电力监管机构责令改正，给予警告；情节严重的，对直接负责的主管人员和其他直接责任人员，依法给予处分。

同时，1479 号文在《供电监管办法》基础上对供电企业提出了更高的办电时限要求：将居民用户、实行“三零”服务的低压非居民用户从报装申请到装表接电的全过程办电时间分别压减至 5 个、25 个工作日以内。2021 年、2022 年底前，将实行“三零”服务的低压非居民用户全过程办电时间进一步分别压减至 20 个、15 个工作日以内。

若在供电企业与用户就办结时限有具体约定的，用户可以根据《民法典》第五百七十七条规定，当事人一方不履行合同义务或者履行合同义务不符合约定的，应当承担继续履行、采取补救措施或者赔偿损失等违约责任。用户可向供电企业主张合同违约责任。

【合规建议】一是加强沟通，降低审批时间。依托政府电子化并联审批平台，积极推进 10 千伏高压用户电力接入工程占掘路等行政审批时间按照低压小微企业时限标准执行；优化有效作业时间，并推动35千伏高压用户电力接入工程占掘路等行政审批参照执行，进一步优化审批流程，缩短证照办理时间。二是降低建设时间。进一步压缩业扩报装各环节的完成时限。通过下沉项目实施权限、实现提升物料标准化和典型设计标准化、推行可研设计一体化，先签后建、合理采用设计采购施工总承包模式等措施，持续压缩建设时间。三是完善关于办结时限的约定，对于因政府审批或其他不可抗力因素造成无法按时送电的，应明确排除违约责任适用。

4.2.2 供电企业未获批准即违规施工的合规法律风险

【风险描述分析】电力外线工程或接入工程施工需要相关行政审批的，供电企业未取得而开工的，可能导致相关行政处罚责任。

【责任和后果】《建筑法》第七条规定，建筑工程开工前，建设单位应当按照国家有关规定向工程所在地县级以上人民政府建设行政主管部门申请领取施工许可证；但是，国务院建设行政主管部门确定的限额以下的小型工程除外。《建筑工程施工许可管理办法》第三条规定，本办法规定应当申请领取施工许可证的建筑工程未取得施工许可证的，一律不得开工。《建筑法》第六十四条规定，违反本法规定，未取得施工许可证或者开工报告未经批准擅自施工的，责令改正，对不符合开工条件的责令停止施工，可以处以罚款。《建设工程质量管理条例》第五十七条规定，违反本条例规定，建设单位未取得施工许可证或者开工报告未经批准，擅自施工的，责令停止施工，限期改正，处工程合同价款1%以上2%以下的罚款。

【合规建议】项目前期对于电网建设项目是否能顺利取得核准至关重要，而且前期工作如果出现疏漏，往往会给项目建设埋下隐患。目前，全国各地相继出台了对于小型工程简化行政审批的措施，例如直接免除任何行政审批手续的，《关于优化新建社会投资简易低风险工程建设项目审批服务的若干规定》（京政办发〔2019〕10号）规定，建设项目需要附属小型市政公用设施接入服务的，实行零上门、零审批、零投资的“三零”服务，建设单位无需办理任何行政许可手续，由供水、排水、供电等市政公用服务企业负责建设。又如不免除审批要求但压缩审批时限的，《上海市进一步优化电力接入营商环境实施办法》（沪发改规范〔2019〕15号）用户接入外线工程如涉及道路开挖，需办理规划、掘路和占路等行政许可，涉及绿化的还需办理临时使用绿地许可，无需道路开挖但有外线工程的需办理占路许可。实行告知承诺审批方式。各审批部门应在2天内作出接入工程的行政审批决定。对道路交通安全或道路设施有较大影响的复杂工程可继续采用原审批方式。由于各地目前出台的政策不一，对于各地供电企业在实际操作中应把握遵守上位法的主线，在具体工作中按照当地政策执行并加强用户资料审核、严控施工质量和妥善处置施工纠纷。

4.2.3　外线工程施工受阻影响时效的合规法律风险

【风险描述分析】外线工程施工因受到外力或其他因素干扰，导致施工质量、时效违反相关优化营商环境的规定所产生的合规法律风险。

【责任和后果】虽然 1479 号文要求，将居民用户、实行“三零”服务的低压非居民用户从报装申请到装表接电的全过程办电时间分别压减至 5 个、25 个工作日以内，全国各地政府在推出优化营商环境的法规、政策中明确了供电企业办电的时限要求，但由于供电企业工程物资配送、施工工艺、违法阻碍或者其他不可抗力的原因，或者用户接入工程的配合等原因导致外线工程施工受阻，从而违反相关营商环境文件要求的有关时限规定，是影响获得电力指标一个很重要因素。需要注意的是，供电企业在加速办电期限的工作中仍要遵守法律、法规的要求。《建设工程安全生产管理条例》第七条规定，建设单位不得对勘察、设计、施工、工程监理等单位提出不符合建设工程安全生产法律、法规和强制性标准规定的要求，不得压缩合同约定的工期。

若在供电企业与用户就施工质量、期限有约定的，造成用户损失或违约的，用户可以依据《民法典》及双方的约定，向供电企业主张违约或经济损失责任。《民法典》第八百零四条规定，因发包人的原因致使工程中途停建、缓建的，发包人应当采取措施弥补或者减少损失，赔偿承包人因此造成的停工、窝工、倒运、机械设备调迁、材料和构件积压等损失和实际费用。《民法典》第五百七十七条规定，当事人一方不履行合同义务或者履行合同义务不符合约定的，应当承担继续履行、采取补救措施或者赔偿损失等违约责任。

【合规建议】一是留存相关证据。外线工程建设遭遇信访和阻挠的工程时，供电企业及时与行政管理部门沟通，注重信访和阻挠的相关证据留存。二是实施限时管理。倒排工期计划，供电企业明确时间节点和责任人，按时完成工程建设。三是加强物资供应。供电企业加强物资实物储备，确保施工物资按需不间断供应。四是降低审批时间。进一步优化审批流程，依托政府电子化并联审批平台，优化有效施工作业时间。五是积极推进主动维权。对于电网建设中遭遇到违法阻挠合法工程进度的行为，可以采取向政府行政管理机关主动举报，请公权力介入消除违法阻碍行为。

4.3　提高办电便利度

4.3.1　线上平台申请或者签署电子合同时申请人与实际操作人不一致或者非本人签署的合规法律风险

【风险描述分析】供电企业通过线上与用户签约的，需要通过技术手段确定用户身份信息、真实意思表示等内容，否则可能导致签署的合同无效。例如，“网上国网”和微信公众号等线上办电渠道都是基于移动终端，面临着老龄客户、非智能手机客户难以推广应用的情况，可能造成其子女亲属或朋友代绑定账号处理，或用自身账号提申请，进而导致申请人与实际操作人不一致情况。

【责任和后果】《民法典》第四百六十九条明确了数据电文，电报、电传、传真、电子数据交换和电子邮件等表现形式属于书面形式，因此可以确认从合同分类来讲，电子合同属于书面合同。根据《电子合同在线订立流程规范》的定义，电子合同是指平等主体的自然人、法人或其他组织之间以数据电文为载体，并利用电子通信手段设立、变更、终止民事权利义务关系的协议，故供用电双方可以采取电子数据交换的方式订立合同。根据《电子签名法》第十三条和第十四条的规定，可靠的电子签名，其签订的效力与传统手写签名或者盖章具有同等的法律效力。

需要注意的是，《电子签名法》第三条规定，民事活动中的合同或者其他文件、单证等文书，当事人可以约定使用或者不使用电子签名、数据电文。但是涉及停止供水、供热、供气等公用事业服务的，不适用电子文书。因此，用户办理销户、暂停等业务时，是否可以采取线上平台申请并签订书面合同的方式，应当保持谨慎的态度。《民法典》第一千一百九十四条规定，网络用户、网络服务提供者利用网络侵害他人民事权益的，应当承担侵权责任。法律另有规定的，依照其规定。因此，电子合同若非本人签署，将产生合同未生效的法律后果，若对相关当事人造成损失的，将依法承担侵权责任。

【合规建议】一是完善办理流程。用户委托第三人代为网上办理用电申请时，供电企业应当对合同签约方的主体资格进行严格和全面的审查。若是企业主体，应当要求企业明确或登记在线签约的操作代表信息，并出具合法有效的授权文件。二是推进技术升级和政务平台联网，利用人脸识别技术比照身份证件信息和办理用电人员的身份信息。三是使用数字证书认证。逐步推进法人单位使用有资质的数字证书认证进行电子签名，要求签约主体对电子身份的控制能力进行确认。四是注重风险及责任提示。在用户进行电子合同签署前，应当对使用该账户或数字证书的权利、义务、责任、风险及后果以及在系统平台上签署合同的效力进行特别提示。五是建立回访和问题反馈机制。建立类似订立保险合同后的回访机制，在用户申请完成电子合同签订后及时进行录音回访，对身份、重要条款、服务质量等内容再确认，并向用户做相关供电常识科普及技术风险提示。

4.3.2 不履行电力社会普遍服务义务的合规法律风险

【风险描述分析】供电企业违反履行电力社会普遍服务义务，可能受到相关行政处罚的责任。

【责任和后果】根据《民法典》第六百四十八条规定，向社会公众供电的供电人，不得拒绝用电人合理的订立合同要求。《电力法》第二十六条规定，供电营业区内的供电营业机构，对本营业区内的用户有按照国家规定供电的义务；不得违反国家规定对其营业区内申请用电的单位和个人拒绝供电。《中共中央、国务院关于进一步深化电力体制改革的若干意见》中明确提出，电网企业保障电网公平无歧视开放，按国家规定履行电力普遍服务义务。获得电力服务的权利是公民的基本权利，应当得到切实保障。《电力法》《供电监管办法》均规定对于供电企业违反电力社会普遍服务义务的，由电力管理部门责令改正，给予警告；情节严重的，对有关主管人员和直接责任人员给予行政处分。上述条款及政策明确供电企业作为供电人的强制缔约义务，赋予用电人可通过行使强制缔约权利保障其用电的权益。

【合规建议】一般情况下，供电企业无正当理由不得拒绝用户用电申请，但《民法典》《电力法》也明确了，只有有“合理理由”，供电企业方可拒绝履行强制缔约义务。目前，合理理由主要包括以下几种情况：不属于本营业区内的用户申请用电的；供、受电设施的设计、施工、试验和运行，不符合国家标准或者电力行业标准；拒不办理相关手续或交纳相关费用的；用户存在违法行为情形，例如“两违”、高耗高污染、明令禁止或淘汰的项目申请用电等。

4.3.3 简化报装、验收审核环节的合规法律风险

【风险描述分析】国务院《优化营商环境条例》要求减环节、减材料、减时限，进一步压缩相关政务服务。根据《压缩用电报装时间实施方案》（国能监管〔2017〕110号）（本部分简称《方案》）明确简化用电报装申报资料，设计环节和中间检验环节无需提供用电负荷分布图等资料、低压无需提供负荷组成和用电设备清单，竣工资料环节已无需提供运行管理的有关规定和制度等材料。因用户简化申请资料和中间验收环节、可不提供相关设计、负荷组成、竣工资料，可能造成的供电企业违规接电以及接电后因未尽安全验收职责产生安全事故，所承担民事赔偿、行政处罚的合规法律风险。

【责任与后果】对于用户申请用电资料方面，根据《供电营业规则》第十八条规定，用户申请新装或增加用电时，应向供电企业提供用电工程项目批准的文件及有关的用电资料，包括用电地点、电力用途、用电性质、用电设备清单、用电负荷、保安电力、用电规划等，并依照供电企业规定的格式如实填写用电

申请书及办理所需手续。而根据《方案》规定，用电申请环节提供材料：①用电申请书或用电业务表；②用电人有效身份材料；③用电地址物业权属证明；④用电容量需求清单（仅限高压）；⑤用电工程项目批准文件（仅限高压）。对于低压用户，仅需提供相关身份证或房屋土地产权证明即可申请，供电企业应当受理。加之各地对于低压非居民的接电时限严格限制，供电企业一般受理后就需要开始设计并出具供电方案。根据1479号文附表2规定：对于居民用户和实行“三零”服务的低压非居民用户，用电报装压减为受理签约、施工接电2个环节，该规定实际上就意味着“受理即签约”，这就导致个别不符合用电申请的用户将与供电企业签约，一旦事后发现不符合接电条件的，用户将以缔约过失为由向供电企业索赔；若供电企业违规接电，用户在日后发生污染、人身安全等事故的，供电企业还可能被行政、司法机关追责。

对于用户在接电中间、竣工验收环节，根据《供电营业规则》第三十九条规定，用户受电工程设计文件和有关资料应一式两份送交供电企业审核。高压供电的用户应提供13项资料；低压供电的用户应提供负荷组成和用电设备清单。第四十三条规定，用户受电工程施工、试验完工后，应向供电企业提出工程竣工报告。而根据《方案》规定，设计文件和有关资料包括：①设计单位资质证明材料；②用电工程设计及说明书。中间检查：①施工单位资质证明材料；②隐蔽工程施工及试验记录。竣工检验申请资料：①用电工程竣工报告；②交接试验报告。1479号文在此基础上更进一步规定，压减用电报装环节和申请资料。各供电企业要按照附件2的规定要求，进一步压减现有用电报装环节，取消低压用户的设计审查、中间检查和竣工检验环节。但《供电监管办法》，仍要求供电企业履行技术指导、中间检查及安全验收义务：第十二条规定，供电企业应当对用户受电工程进行中间检查和竣工检验，发现安全隐患的，应当指导其立即消除，在隐患消除前不得送电。第三十四条规定，供电企业违反本办法第十二条规定的，由电力监管机构责令改正，给予警告；情节严重的，对直接负责的主管人员和其他直接责任人员，依法给予处分。由于放松了对中间环节以及用户工程验收审核，用户内部用电问题完全由其自行负责，但《供电监管办法》作为上位法仍然有效，万一发生因用户内部工程所导致的人身安全事故、电网停电事故，供电企业仍要承担民事、行政责任。

【合规建议】由于优化营商环境的相关政策加大了供电企业的义务及安全责任，但此趋势已无法改变，所以供电企业应当在现有的政策条件框架下，通过强化自身内部管理、补充协议等方式来弥补可能存在风险。一是革新现有的各项流程与制度，强化人、财、物的投入，以保证按照优化营商环境工作的各项要求去执行；同时，更为重要的是，在原有环节上细化工作流程，例如虽然受理环节不能向用户索取其他材料，但可以在接电环节要求其补齐；二是通过承诺、协议等契约方式进行补强。虽然 1479 号文取消了中间检查、竣工验收环节，但供电企业可以告知用户中间检查、竣工验收对后续安全用电的重要性，用户认可后可以与供电企业签订相关协议，协议中可以约定相关检查以及收资内容，从而补强相关安全措施；三是供电企业向电力监管机构建议，加强电力设计、施工、监理单位资质能力的监管和审查，并制定相关配套的政策与法规，要求这些单位在用户内部接电工程细化相关要求，推荐采用监管部门统一制定的格式合同，从而使优化营商环境中的接电工作从内至外确保安全。

4.4　降低办电成本

4.4.1　对应出资的电力建设项目未出资或不完全出资的合规法律风险

【风险描述分析】投资界面环节主要存在以下法律合规风险：一是有的供电企业受投资计划影响未能执行政策规定，对应当出资的电力建设项目未出资或未完全出资，随之引发的是供电企业“乱收费”的问题。二是由于历史原因，原有部分用户申请用电时，用户自行投资红线到电源点的电力设施建设，但是产权分界点又约定用户投资部分归供电公司所有，引发资产归属和责任分界的合规法律风险。

【责任与后果】根据《供电监管办法》第十九条规定，供电企业不得自立项目或者自定标准收费；对国家已经明令取缔的收费项目，不得向用户收取费用。供电企业违反上述规定的，电力监管机构可以责令改正并向有关部门提出行政处罚建议。因此可能导致相关民事及行政合规风险：一是民事责任，要求用户扩大投资界面，可能导致供电企业因违反政策要求和社会承诺，用户增加投资负担后，引发民事诉讼赔偿责任。二是行政责任，供电企业未执行投资至红线的政策要求，可能受到监管机构行政处理。若被行政管理部门认定违反《供电监管办法》第十九条，供电企业违规收取相关费用，则会遭受相关行政处罚。三是由于投资界面不清导致设备产权不清，引发后续供电设备维护费用争议以及因设备故障、事故引发的民事赔偿问题。

【合规建议】根据 1479 号文要求，各供电企业要逐步将电网投资界面延伸至居民用户和低压小微企业用户红线（含计量装置），鼓励和支持适当延伸高压用户电网投资界面优化营商环境的要求。故供电企业应顺应 1479 号文潮流，要求做好以下准备工作：一是严格执行政策要求，履行应当由供电企业投资建设的电力设施的投资义务。如因投资计划影响，建议供电企业对于此类项目计划同意先办理后补办审批或报备手续，确保及时满足用户需求。二是严格落实政府有关收费政策，严禁收取国家已明令取缔的收费项目，严格执行公司对外公开承诺相关内容，对于应出资的电力建设项目应履行相应的出资义务。三是对于因历史原因产生的产权分界点与实际投资不一致，或者产权分界点不明的，可以根据《民法典》或双方实际投资范围，与用户重新签订《供用电合同》或签订《补充协议》，明晰产权及维护责任。

4.4.2　供电企业加收不合理费用或变相提高用户接电成本的合规法律风险

【风险描述分析】供电企业违反相关规定，向用户收取相关费用，可能导致退还不合理收费以及行政处罚的责任。在实际操作中，供电企业可能出于为了保障电网安全运行、电费回收便利以及其他保障自身权益的目的，要求用户执行高于现行标准的供电方案，预交押金或保证金，或者对其受电设施增加检测项目，或未能提供最经济、最合理的供电方案给用户，以上情形客观上造成用户办电成本增加或收取了不合理费用。

【责任和后果】《电力法》第四十四条规定，禁止任何单位和个人在电费中加收其他费用；但是，法律、行政法规另有规定的，按照规定执行。《优化营商环境条例》第二十八条规定，供水、供电、供气、供热等公用企事业单位应当向社会公开服务标准、资费标准等信息，为市场主体提供安全、便捷、稳定和价格合理的服务，不得强迫市场主体接受不合理的服务条件，不得以任何名义收取不合理费用。各地区应当优化报装流程，在国家规定的报装办理时限内确定并公开具体办理时间。

《电力法》第六十六条规定，违反本法第三十三条、第四十三条、第四十四条规定，未按照国家核准的电价和用电计量装置的记录向用户计收电费、超越权限制定电价或者在电费中加收其他费用的，由物价行政主管部门给予警告，责令返还违法收取的费用，可以并处违法收取费用五倍以下的罚款；情节严重的，对有关主管人员和直接责任人员给予行政处分。《优化营商环境条例》第七十条规定，公用企事业单位有下列情形之一的，由有关部门责令改正，依法追究法律责任：（一）不向社会公开服务标准、资费标准、办理时限等信息；（二）强迫市场主体接受不合理的服务条件；（三）向市场主体收取不合理费用。

【合规建议】一是严格执行政府有关部门发布的电价标准，严禁在电费中加收其他费用。根据政府电价文件明确的执行时间开始执行新的电价标准，并通过“网上国网”App、95598网站，95598供电服务热线、交费通知单等形式及时通知客户。二是严格依据有关技术规程规定要求用户使用合格的设施设备，但不得指定用户使用相关厂商的设备和收取相关推荐、验收、保证金等费用。三是排查清理在用电工程设计、施工、监理和验收、送电以及供用电合同的履行环节中，是否存在以下情形：加收国家政策规定以外的其他费用；自立收费项目，或者自定标准收费；仍在继续收取国家已经明令取缔的收费项目；应用户要求对用户的电气设备提供有偿服务时，政府对该项服务是否有出台定价或者指导价。没有政府定价和政府指导价的，是否符合市场价。四是部分地区采用预存电费方式收费的，应当获得当地政府物价部门的同意，同时留给用户选择缴费方式的权利。

4.4.3 不能公平对待电源接入户的合规法律风险

【风险描述分析】供电企业未履行公平、无歧视地对待电源接入户，设置要求高于国家和行业技术标准、规范，约定特殊的电费结算方式、收取不合理的验收费用等。

【责任和后果】《电网公平开放监管办法》（简称《办法》）使公共电网企业在如何公平、无歧视地允许其他电源接入带来了合规方面的挑战。《办法》第七条规定，电网不得从事的行为：电网应公平无歧视为电源项目提供电网接入服务，指出不得从事的一些行为，主要是从接入角度，包括无正当理由拒绝接入申请、拒绝向电源项目业主提供接入相关信息、提出高于国家和行业技术标准的要求、违规收取不合理服务费用等。违反上述规定，《办法》对未按要求提供电源接入电网、电网互联服务的，由国家能源局及其派出机构责令限期改正；拒不改正的，处 10 万元以上 100 万元以下罚款；并可对直接负责的主管人员和其他直接责任人员提出处分建议或依法给予处分。

【合规建议】一是在电网接入方面要平等对待各类投资主体，给予各种类型发电企业生产的各种类型电力以公平、无歧视接入电网待遇。在购售电合同中摒弃霸王条款，严格按照电力调度法律法规及规程规定与发电企业签订并网调度协议，按照政府政策要求及双方确认购电费及时支付相应电费。二是在电力交易方面做到公平开放。配合政府和监管机构完善政策和规则，公开公平开展各类市场化交易，加强内控管理，杜绝出现市场操纵、内幕交易和滥用交易规则等行为；条件要求允许情况下要公平地向直接交易双方提供输配电服务，并根据国家批复的输配电价收取输配电费用。

4.4.4 在“三零”服务中，实际的用电方式跟产权不匹配的合规法律风险

【风险描述分析】针对实际的用电方式跟产权不匹配中商业楼宇分割产权用户申请一户一表的问题，由于电力供应、电力规划、供配电设施投资界面等原因，对于部分产业园区、综合体、写字楼等商业实体，供电企业未向分割产权用户单独供电，而是实行整体统一供电，再由园区、综合体或写字楼物业向具体用户供电的模式。在优化电力营商环境的大背景下，供电企业未能向商业楼

宇分割产权用户直接供电，可能承担用户投诉、行政监督的合规法律风险。

【责任与后果】《电力法》第二十六条规定，供电企业有对本营业区内的用户有按照国家规定供电的义务，不得拒绝向申请用电的用户供电。《电力供应与使用条例》第二十条规定，供电方式应当按照安全、可靠、经济、合理和便于管理的原则，由电力供应与使用双方根据国家有关规定以及电网规划、用电需求和当地供电条件等因素协商确定。在公用供电设施未到达的地区，供电企业可以委托有供电能力的单位就近供电。非经供电企业委托，任何单位不得擅自向外供电。

对于部分产业园区、综合体、写字楼等商业实体，供电企业与商业楼宇产权人或管理人签订供用电合同，商业楼宇产权人或管理人与其内部的实际租户签订转供电协议。若内部的租户取得商业楼宇内分割产权的房屋，认为商业楼宇向其收取的转供电电价过高，会要求与供电公司直接订立供用电合同。但此类用电申请既不符合已规划的供电条件，也不符合经济、合理和便于管理的原则，且交叉供电更易带来安全隐患。同时，对于供电企业需要经过其他产权区域或公共产权区域的电力线缆、设施设备建设、安装，需要经过商业楼宇产权人或全体分割产权用户同意方可实施，在实际施工协调工作中是一项几乎不可能完成的任务。由于该类型用户拥有相关合法产证且多为低压非居用电属性，在理论上可以向供电企业申请用电，供电企业不能拒绝。按照1479号文规定，小微企业用电报装“零投资”且有接电时限要求，但供电企业因未经同意途经他方产权区域和交叉供电引起的安全问题，事实上无法施工完成接电，故容易引发用户向12345、12398、95598热线等渠道投诉，进而导致监管部门行政监督通报。

【合规建议】根据《国家发展改革委办公厅关于切实做好清理规范转供电环节加价工作有关事项的通知》（发改办价格〔2018〕1491号）要求：“国家电网公司、南方电网公司要进一步增强责任感，提高为任何用电主体需求服务的意识，部署各级电力公司尽快摸清辖区内具备一户一表改造条件的电力用户数，主动服务，加大改造力度，尽快实现直接供电，并按照目录销售电价直接结算。对于意愿强烈、产权关系清晰的转供电主体，要优先安排，抓紧落实改造。”不管是出于监管部门的政策建议，还是供电企业的立身之本，向电力用户直接供电是供电企业化解转供电矛盾、提升供电满意度的最佳做法。在受理商业楼宇分割产权用户申请一户一表的问题上，建议供电企业采取如下措施：

（1）针对具体申请区别不同情况，对不经过其他产权区域具备改造条件的用户，尽量安排接电；对于需要其他产权人或者全体产权人同意的申请，由供电企业、地方政府或其他组织牵头，协调解决同意安装建设问题。

（2）对于不满足改造条件的申请，争取政府政策支持，对商业实体供电设施安全改造，并整体移交供电企业后，由供电企业直接向分割产权用户供电。

4.5 提升供电能力和供电可靠性

4.5.1 供电企业违反法律、法规规定使用户停电的合规法律风险

【风险描述分析】根据《民法典》《电力法》《电力供应与使用条例》《供电监管办法》等法律法规规定，供电企业具有连续供电义务，非法定原因不得停止供电。供电企业未按照停电通知约定的时间停送电、非计划停电等原因造成用户或者第三方财产、人身伤害的，可能会承担违约、民事赔偿和行政处罚责任。

【责任与后果】《民法典》第六百五十二条规定，供电人因供电设施计划检修、临时检修、依法限电或者用电人违法用电等原因，需要中断供电时，应当按照国家有关规定事先通知用电人；未事先通知用电人中断供电，造成用电人损失的，应当承担赔偿责任。《电力法》第五十九条规定，电力企业或者用户违反供用电合同，给对方造成损失的，应当依法承担赔偿责任。电力企业违反本法第二十八条、第二十九条第一款的规定，未保证供电质量或者未事先通知用户中断供电，给用户造成损失的，应当依法承担赔偿责任。《电力法》第六十条规定，因电力运行事故给用户或者第三人造成损害的，电力企业应当依法承担赔偿责任。

《供电监管办法》第十三条规定，在电力系统正常的情况下，供电企业应当连续向用户供电。需要停电或者限电的，应当符合下列规定……第三十四条规定，供电企业违反本办法……第十四条……规定的，由电力监管机构责令改正，给予警告；情节严重的，对直接负责的主管人员和其他直接责任人员，依法给予处分。

所以供电企业违反法律、法规使用户停电，除了民事责任外，还要承担相应行政责任。这就要求，供电企业不仅要停电程序合法，还要实施不间断合理抢修并且对及时抢修要做好证据留存，才能确保供电企业不承担相应法律责任。

【合规建议】解决不停电或少停电的问题，在技术上需要建设坚强的电网，但在部分地区电网建设不足的条件下，仍要从工作管理上下功夫：一是规范停电审查程序。严格履行停电审批程序，对于重要电力用户、有重大活动区域的停电应按照国家相关政策报监管机构审批。二是落实停电通知送达流程。规范停电通知送达流程，确保用户能够及时准确地收到停电信息。送达方式包括直接送达、邮寄送达或者通过其他方式送达，但必须符合合同约定和法律法规规定的方式。三是落实停电流程中的证据存留方案。停电在通知送达完成后，存

留必要的证据，避免用户提出没有收到通知造成供电企业违法停电的法律风险。四是在停电事由消除后供电公司应立即恢复供电，避免因抢修不及时或复电不及时造成用电人损失而产生法律纠纷。五是确保抢修合法及时。加强抢修队伍建设和抢修人员培训，提高抢修人员专业技能，缩短抢修时间。抢修人员必须符合法律法规规定到达抢修时间并且要保留相关的证据。

4.5.2　供电设施故障抢修管理违规的合规法律风险

【风险描述分析】供电企业未配备合理的抢修力量，并未在规定时间到达现场，将受到行政监管及处罚。另外，供电企业到达现场后发现发生故障的电力设备非供电企业资产或约定维修的资产，此时用户与供电企业因资产归属及维护责任产生的认知分歧从而影响了抢修恢复供电的开展，进而导致因停电导致财产损失而产生的民事赔偿纠纷问题。

【责任与后果】对于属于供电企业资产设备故障所导致的停电，应当及时抢修。由于一般供电企业接到报修时，无法辨别是否属于供电资产设备的故障，故应当按照《供电监管办法》的规定在法定时限内抵达现场进行查验，否则可能会受到相应的行政处罚。根据《供电监管办法》第十四条规定，供电企业应当建立完善的报修服务制度，公开报修电话，保持电话畅通，24 小时受理供电故障报修。供电企业应当迅速组织人员处理供电故障，尽快恢复正常供电。供电企业工作人员到达现场抢修的时限，自接到报修之时起，城区范围不超过 60 分钟，农村地区不超过 120 分钟，边远、交通不便地区不超过 240 分钟。第三十四条规定，供电企业违反本办法……第十四条……规定的，由电力监管机构责令改正，给予警告；情节严重的，对直接负责的主管人员和其他直接责任人员，依法给予处分。

对于设备产权维护责任的界定，根据《民法典》的原则“谁的资产谁负责”或供用电合同约定进行明确，进而界定抢修责任。目前矛盾较为突出的是居民小区的表前设施维护问题，由于部分省市出台的住宅物业管理办法或条例将表前设施维护管理、更新责任通过地方立法的形式直接划给供电企业，例如《上海市住宅物业管理规定》《吉林省物业管理办法》《甘肃省物业管理办法》《新疆维吾尔自治区物业管理条例》《内蒙古自治区物业管理条例》《宁夏回族自治区物业管理条例》等，导致了对于涉及此类的抢修供电企业与居民用户存在较大的矛盾，甚至引发相关诉讼、投诉及信访。

【合规建议】一是对于供电企业有维护义务的电力设备，应当及时进行抢修。在因客观因素无法到达现场抢修时，应通过照片、录像等设备，记录未能及时抢修的原因，如用户提出抢修不及时的，应向用户说明迟延原因，必要时可向用户提供相关材料证明。二是涉及非供电企业产权设备的抢修时，尤其是面对居民用户，供电企业本着责任央企的定位和优化营商环境的总体要求，避免用户的损失进一步扩大，配合甚至承担抢修职责恢复用户供电，待恢复供电后双方就抢修责任界面以及所产生的费用进行协商。用户要求供电企业进行抢修的，供电企业可按如下步骤进行：

（1）可以及时核查明确产权的，应当向用户说明设备产权属于用户，由用户自行抢修。

（2）暂时无法明确产权的，可以与用户先行签署《抢修协议》，明确由供电企业先行抢修，如最终确认抢修设备产权属于用户的，用户应当支付抢修费用。

（3）暂时无条件签署的，可以先行抢修，抢修后如确认设备产权属于用户的，可以要求用户支付必要费用。根据《民法典》第九百七十九条规定，管理人没有法定的或者约定的义务，为避免他人利益受损失而管理他人事务的，可以请求受益人偿还因管理事务而支出的必要费用。

4.6 加大信息公开力度

4.6.1 信息公开流程未规定或明确的合规法律风险

【风险描述分析】公司规章制度和业务流程中未按照国家法律法规和行业监管的规定，向社会公开服务标准、资费标准、办理时限等信息以及对于依申请信息公开办理的流程不具体不明确。

【责任与后果】根据《优化营商环境条例》《电力企业信息披露规定》《供电企业信息公开实施办法》等规定，供电企业是信息公开的责任主体，信息公开的范围是提供社会公共服务过程中制作、获取的信息，信息公开应在15个工作日内答复。《优化营商环境条例》第二十八条规定，供水、供电、供气、供热等公用企事业单位应当向社会公开服务标准、资费标准等信息，为市场主体提供安全、便捷、稳定和价格合理的服务，不得强迫市场主体接受不合理的服务条件，不得以任何名义收取不合理费用。《供电企业信息公开实施办法》第八条规定，供电企业应当建立健全信息发布保密审查机制，明确审查的责任和程序，依照《中华人民共和国保守国家秘密法》以及有关规定对拟公开的信息进行保密审查和管理。

供电企业未依法履行信息公开义务的行为，根据相应法律法规，可能会被监管部门责令改正，依法追究责任。《优化营商环境条例》第七十条第一款规定，公用企事业单位不向社会公开服务标准、资费标准、办理时限等信息，由有关部门责令改正，依法追究法律责任。《供电企业信息公开实施办法》第十四条第四款规定，供电企业未按照本办法公开有关信息或者公开虚假信息的，国务院能源主管部门及其派出机构依法追究其责任。

【合规建议】供电企业应严格按照《优化营商环境条例》《政府信息公开条例》《电力企业信息披露规定》《供电企业信息公开实施办法》规定，明确相应信息公开部门职责、业务流程、时间节点，确保信息公开落到实处。目前，国家电网公司制定了《国家电网有限公司信息公开管理办法》[国网（办/2）993—2019]和《国家电网有限公司网站信息发布管理办法》[国网（外联/3）943—2018]等制度，健全了信息公开体系、完善了工作机制、规范了流程职责、提高了业务能力，助力公司打造适应市场化、现代化、国际化和互联网化发展需要的“阳光央企”；各省市供电企业应当结合当地政府的政策以及自身工作实际，依法、主动公开与人民群众利益密切相关的信息。

4.6.2　供电企业违反监管部门信息公开内容和要求的法律风险

【风险描述分析】供电企业未按照《优化营商环境条例》《供电企业信息公开实施办法》《电力企业信息披露规定》等规定要求，信息公开不达标、不透明，未按规定公开供电“两率”、停限电信息、用户受电工程信息及收费标准信息等与人民群众密切相关等信息，供电企业违反上述监管办法的规定，可能会受到电力行政监管部门的行政处罚风险。

【责任与后果】根据《电力企业信息披露规定》第十六条规定，电力企业、电力调度交易机构未按照本规定披露有关信息或者披露虚假信息的，由电力监管机构给予批评，责令改正；拒不改正的，处5万元以上50万元以下的罚款，对直接负责的主管人员和其他直接责任人员，依法给予处分。同时，根据《供电监管办法》第三十八条：对于违反本办法并造成严重后果的供电企业主管人员或者直接责任人员，电力监管机构可以建议将其调离现任岗位，3年内不得担任供电企业同类职务。《优化营商环境条例》第七十条第一款规定，公用企事业单位不向社会公开服务标准、资费标准、办理时限等信息，由有关部门责令改正，依法追究法律责任。

【合规建议】首先，供电企业应加强主动公开和长期公开的法治意识。供电企业应当按照《优化营商环境条例》《供电企业信息公开实施办法》《电力企业信息披露规定》的要求全面、清晰公开应当公开的信息。将信息公开工作纳入常规工作，不能仅仅将信息公开工作视作是完成阶段性、突击性任务。其次，各供电企业要严格执行信息公开相关工作制度，认真抓好信息公开工作落实，特别是要建立完善信息公开审核机制，做到信息的整理、审核、发布都有专人负责，保证每一条信息都能够在网上真实、准确、及时发布，真正将信息公开作为一项日常工作纳入制度化、规范化、常态化的轨道。再次，供电企业要规范用电报装服务，制定用电报装工作流程、办理时限、办理环节、申请资料等服务标准和收费项目目录清单，及时作优化调整并向社会公开；要及时公布本地区配电网接入能力和容量受限情况。

依照1479号文要求，在2020年底前，供电企业要完成服务标准和收费项目目录清单制定工作，并在移动客户端、营业场所等渠道予以公开；要将12398能源监管热线和95598等供电服务热线同步、同对象公布到位，保障用户知情权。各地电力接入工程审批相关部门要按照《优化营商环境条例》要求，通过政府网站、全国一体化在线政务服务平台，向社会公布电力接入工程审批相关政策文件；各省级价格主管部门制定或调整涉及终端电力用户用电价格政策文件时，提前一个月向社会公布，提高电费透明度。

4.7 清洁能源消纳

4.7.1 分布式能源（微网）不能或按时并网导致的合规法律风险

【风险描述分析】电网企业违反相关规定，未按要求为分布式能源提供电源接入电网、电网互联服务的，可能受到监管机构的行政监督甚至处罚。同时，在民事层面，可能会引发后续的违约责任。

【责任和后果】分布式能源（微网）接入电网是受到行政监管和民事协议的双重规制。在行政层面，根据《分布式发电管理暂行办法》第十九条规定，国务院能源主管部门派出机构负责建立分布式发电监管和并网争议解决机制，切实保障各方权益。虽然目前供电企业（电网企业）若有违反向各市场主体公平、无歧视开放供电市场行为的，尚未有明确的行政罚则，但其行为仍受政府监管部门监管。更为重要的是，国家能源局、国家发展改革委的《供电监管办法（修订征求意见稿）》第十八条、《电网公平开放监管办法》第七条已经明确了电网企业应公平无歧视为电源项目提供电网接入服务，不得从事下列行为，归纳为：一是电网企业违反“公平无歧视”开放电网原则，无正当理由拒绝分布式能源项目业主提出的接入申请，或拖延接入系统；二是拒绝向电源项目业主提供接入电网须知晓的输配电网络的接入位置、可用容量和实际使用容量、出线方式、可用间隔数量和相关技术参数等必要的信息；三是违规收取不合理服务费用。若供电企业（电网企业）违反上述规定，《电网公平开放监管办法》第三十六条规定，由国家能源局及其派出机构责令限期改正；拒不改正的，处10万元以上100万元以下罚款；并可对直接负责的主管人员和其他直接责任人员提出处分建议或依法给予处分。《供电监管办法（修订征求意见稿）》第三十四条在《电网公平开放监管办法》第三十六条基础上，增加了吊销电力业务许可证的罚则。

在民事层面，供电企业（电网企业）与电源接入单位在发生纠纷时，可以按照双方协议或合同约定进行处置。根据《电网公平开放监管办法》第十八条规定，电网企业、发电企业应严格执行接网协议，相互配合，确保电源电网同步建成投产。因单方原因违反接网协议约定并给对方造成损失的，违约方应根据约定标准进行经济赔偿。

【合规建议】虽然目前《供电监管办法（修订征求意见稿）》尚未正式施行，但国家监管机构的立法意图已经明确和清晰，新规落地只是时间问题，所以供电企业（电网企业）应当做好公平无歧视为电源项目提供电网接入服务的准备工作。

一是根据法律法规规定，建立完善分布式能源（微网）接入工作流程和技术规范。二是向发电企业做好信息公开。公开电源接入制度和流程，为分布式能源查询相关信息提供便利。三是主动对接监管要求。作为随之而来的新规，在执行层面可能有模糊地带，供电企业（电网企业）应当主动对接监管机构，做好沟通明确相关执行细则和流程，确保不发生违规事件。

4.7.2　用户清洁能源发电上网后，供电企业未能实现全额保障性收购导致的合规法律风险

【风险描述分析】根据《可再生能源法》第十四条规定，国家实行可再生能源发电全额保障性收购制度。供电企业在受理客户电网接入业务时，应当全额保障性收购，否则将受到行政监管处罚，承担民事赔偿责任，甚至有可能被公益组织提起环境公益诉讼。

【责任和后果】《可再生能源法》第二十九条规定，违反本法第十四条规定，电网企业未按照规定完成收购可再生能源电量，造成可再生能源发电企业经济损失的，应当承担赔偿责任，并由国家电力监管机构责令限期改正；拒不改正的，处以可再生能源发电企业经济损失额一倍以下的罚款。

【合规建议】供电企业为避免违反因无法全额保障性收购而面临的相关诉讼或行政监管处罚，需要做到以下几方面：一是加强与政府的沟通，从清洁能源发展规划、煤电有序清洁发展等方面优化电源布局，合理控制电源开发节奏。二是发挥市场调节功能，从电力中长期交易、清洁能源跨省区市场交易、现货交易等方面加快电力市场化改革。三是严格落实国家再生能源电力配额制度、清洁能源优先发电制度，例如落实《国家发展改革委国家能源局关于印发各省级行政区域2020年可再生能源电力消纳责任权重的通知》，形成有利于清洁能源消纳的体制机制。四是电源、电网接入公共电网时依法开展审核机制。依照《电网公平开放监管办法》规定，接入公共电网的电源、其他电网应符合国家产

业政策、列入政府能源主管部门批准的电力发展规划或专项规划、纳入省级及以上政府能源主管部门年度实施方案。五是发挥跨省输电通道作用，优化跨省输电通道方式，提高新能源外送比例，优先安排新能源外送。

4.8 用户信息保护

未采取用户信息保护措施的合规法律风险

【风险描述分析】供电企业对用户信息的采集、储存、使用和披露等方面违反相关法律、法规要求，可能承担民事、行政，甚至刑事责任。

【责任和后果】根据《优化营商环境条例》第三十七条规定，国家依托一体化在线平台，推动政务信息系统整合，优化政务流程，促进政务服务跨地区、跨部门、跨层级数据共享和业务协同。政府及其有关部门应当按照国家有关规定，提供数据共享服务，及时将有关政务服务数据上传至一体化在线平台，加强共享数据使用全过程管理，确保共享数据安全。该条款指明了信息共享工作的方向，对于建设法治政府、创新政府、服务型政府以及发展壮大数字经济、共享经济具有重要意义。

在具体执行公共信息共享工作中，要严格依照法律、法规的规定执行，以免产生纠纷及合规法律风险。《民法典》第四编第六章规定了公民隐私权和个人信息保护制度，受害人有权依照法律的规定请求行为人承担侵权责任，《反不正当竞争法》建立了商业秘密保护机制，受害者可以对侵害商业秘密的行为人主张侵权责任、行政监管部门可以对违法主体进行行政罚款，《刑法》确立了侵犯公民个人信息罪和侵犯商业秘密罪。综上，供电企业对外共享、公开相关用户信息、经营信息等数据时应当采取谨慎态度，即使是相关政府部门要求提供的信息数据也应当采取分析、审核及采取相关措施（数据加工、签订保密协议等）后予以提供，否则可能会承担民事、行政甚至刑事责任。

【合规建议】一是与互联网服务提供方签订信息保密协议，要求网络服务供应商应当承担用户信息保密系统地建立、维护和管理。二是对于行政、司法机关向供电企业调取用户信息的，应当核实行政、司法机关相关信息，要求提供加盖公章的介绍信，取证人员应当提供工作证，对于无法明确是否有调查取证权的，应当要求其提供调查取证权利的法律规定。三是对外提供相关数据时应遵循相关法律、法规及有关办法规定，且应当征得用户的同意。对外提供数据信息的，严格执行《国家电网有限公司信息公开管理办法》[国网（办/2）993—2019]和《国家电网有限公司保密工作管理办法》[国网（办/2）101—2019]等制度，健全完善工作机制，强化部门协同，明确工作流程和职责界面，坚持“谁形成谁公开、谁公开谁负责”，确保依法合规、口径合理、内容真实、数据准确、时机得当。

4.9 政府行政协同

4.9.1 政府部门落实相关政策不到位导致供电企业服务违规的合规法律风险

【风险描述分析】该风险主要是用户与供电企业签订了相关接电工程协议或出具了相关施工方案后，由于政府自身未落实相关优化营商环境的有关要求，导致供电企业未能履约，从而产生民事违约的责任以及舆情、稳定等问题。

【责任和后果】由于政府自身未落实相关优化营商环境的有关要求，或政策立法滞后，导致供电企业服务违反相关规定以及舆情、稳定问题。其中存在问题：一是不同法律、法规规定和政策之间存在冲突，原有法律、法规规定和优化营商环境政策要求冲突。如《上海市进一步优化电力接入营商环境实施办法》中，用户接入外线工程如涉及道路开挖，需办理规划、掘路和占路等行政许可……各审批部门应在5天内做出接入工程的行政审批决定。对道路交通安全有较大影响的复杂工程可继续采用原审批方式。但是事实上，相关审批部门是否能够5天内作出行政审批决定，还要根据实际情况而定，若无法按时作出，办电超时可能产生的民事责任由供电企业承担。

二是法律、法规滞后，相关规定不符合客观现状。关于政策、法律冲突和滞后的问题：一种是按照政策要求实施的优化营商环境的举措，可能违反上位法法律规定。如，供电企业根据优化营商条件的政策要求，减少甚至免除用户业扩申请需要提交的材料，可能存在违反《供电营业规则》中要求供电企业审查用户资格的相关工作。又如，《电子签名法》第三条规定，涉及停止供水、供热、供气等公用事业服务的，不适用电子文书。但目前政府积极推进“一网通办”业务，供电企业相关业务也在线上办理，但相关注销、暂停等业务依法仍不能同步线上办理。另一种是立法滞后引发的法律风险。如供电公司依照“一证办电”“网上办电”和“网上签约”的政策要求，但是根据《最高人民法院关于民事诉讼证据的若干规定》虽然确立了对电子数据的认定规则，但是网络签约对于签约主体的审查仍然存在困难。在电子签名尚未推广的情况下，缔约主体容易产生法律纠纷。

【合规建议】一是供电企业加强与政府相关部门的沟通，解决相关技术问题，提高行政审批的时效。积极沟通、督促政府相关部门按照优化营商环境的要求，积极办理审批业务。强化政府监管不到位情形相关证据留存，维护公司合法权益，避免承担相应的责任。二是对于立法滞后问题，供电企业可以在现行法律规范内，制定相应的规章制度并将相关内容作为“供用电合同”的条款，用民事合意的方式以弥补立法领域滞后的问题。三是法律法规和政策存在冲突的，应当按照优先适用上位法、新法优于旧法、特别法优于普通法的原则选择适用相应的法律法规。在无法判别其法规、政策效力时，供电企业应加强与立法机构和政府部门的沟通，请求立法机构释法和政府部门完善政策。

4.9.2　优化营商环境中相关法规政策与现有电力行业法规、规章之间冲突的合规法律风险

【风险描述分析】供电企业在落实监管部门优化营商环境工作要求的过程中，执行的具体政策要求与现有电力行业法规、规章规定相冲突，可能导致供电企业面临民事、行政责任的合规法律风险。

【责任与后果】1479 号文对优化营商环境供电服务的诸多规定，与《供电营业规则》《供电监管办法》的规定相冲突。比如在设计审查、中间检查、竣工验收环节，1479 号文直接取消了低压用户的设计审查、中间检查和竣工检验环节，同时还大幅减少了提交资料的数量，设计审查环节仅需设计单位资质证明材料和用电工程设计及说明书，中间检查环节仅需施工单位资质证明材料和隐蔽工程施工及试验记录，竣工检验环节仅需工程竣工报告。而根据《供电营业规则》第三十九条规定，用户受电工程设计文件和有关资料应一式两份送交供电企业审核。……低压供电的用户应提供负荷组成和用电设备清单。第四十三条规定，用户受电工程施工、试验完工后，应向供电企业提出工程竣工报告等供电企业认为必要的其他资料或记录。《供电监管办法》第十二条规定，供电企业应当对用户受电工程进行中间检查和竣工检验，发现安全隐患的，应当指导其立即消除，在隐患消除前不得送电。第三十四条规定，供电企业违反本办法……第十二条……规定的，由电力监管机构责令改正，给予警告；情节严重的，对直接负责的主管人员和其他直接责任人员，依法给予处分。由于《供电营业规则》《供电监管办法》均属于部门规章，而 1479 号文属于规章以下的其他规范性文件，根据《立法法》确认的效力规则，1479 号文只有在不与《供电营业规则》《供电监管办法》相抵触时才可适用，一旦发生抵触则优先适用《供电营业规则》《供电监管办法》的规定。

供电企业在受理用电申请时简化了报装、设计中间竣工验收环节的资料和环节，一旦发生用户工程导致人身安全财产损失事故、电网停电事故，供电企业除了要承担民事责任外，可能还会被监管部门责令承担行政责任。

【合规建议】优化营商环境供电服务并非单纯的公司行为，更是一项政治任务，供电企业必须按照政府制定的新政策或文件坚决且完整执行。供电企业在落实政府优化营商环境要求的过程中，要通过其他形式规避因政策、法规、规章之间的冲突而可能产生的问题。比如，对于政策要求减少的申报资料，供电

企业可以通过要求签署承诺书或者补充协议（条款）的形式进行补强，要求用户在后续工作中提交或持有，并明确责任承担方式。再如，对于设计中间竣工验收环节减少资料导致供电企业对工程质量把控不强的问题，供电企业可以加强过程监督，发现问题时及时发出整改通知。

4.10 传统供电服务领域的合规风险

4.10.1 施工现场管理不善的合规法律风险

【风险描述分析】因供电企业接入工程施工现场管理不善，导致第三人人身伤害，可能引发行政监管、人身伤害赔偿的合规法律风险。

【责任和后果】施工现场管理不善导致第三人人身伤害的，首先是民事责任。《民法典》第一千二百五十二条、第一千二百五十三条、第一千二百五十五条、第一千二百五十六条、第一千二百五十八条的规定，建筑物、构筑物或者其他设施倒塌、塌陷造成他人损害的，由建设单位与施工单位承担连带责任，但是建设单位与施工单位能够证明不存在质量缺陷的除外。同时规定，搁置物、悬挂物发生脱落、坠落，堆放物倒塌、滚落或者滑落，公共道路上堆放、倾倒、遗撒妨碍通行的物品造成他人损害的，由行为人承担侵权责任，公共场所或者道路上挖掘、修缮安装地下设施等造成他人损害，根据过错推定原则即在无法证明自己没有过错的情况下，建设单位、施工单位、管理人就应当承担责任。

其次是行政责任，根据《安全生产法》第九十九条规定，生产经营单位有下列行为之一的，依法追究相应责任：①未在有较大危险因素的生产经营场所和有关设施、设备上设置明显的安全警示标志的；②安全设备的安装、使用、检测、改造和报废不符合国家标准或者行业标准的；③未对安全设备进行经常性维护、保养和定期检测的；④未为从业人员提供符合国家标准或者行业标准的劳动防护用品的。

再次是刑事责任，若发生严重人身伤害事故的，根据《安全生产法》第九十四条规定，生产经营单位的主要负责人构成犯罪的，依照刑法有关规定追究刑事责任。

【合规建议】一是完善管理机制。供电企业应当以法律法规和既有规章制度为基础，以具体工程项目特点为抓手，深挖施工现场管理工作要点，优化管理机构，明确责任分工，细化岗位职责，制定详尽的管理制度，确保现场施工安全、高效、稳步推进。二是加强材料设备精细化管理。进场材料设备要按照其性能、种类进行分类堆放；材料、设备使用前要做好性能、运行状态检测，使用过程中要检查操作人员是否严格按照操作规范施工，使用后要及时保养、检修，保证安全、质量、经济利益最大化。三是优化施工方案。施工过程中要加大质量检查、监督力度，做好质量检查、验收、管理资料备案等工作，便于及时发现问题及时解决，并严格按照规章制度追究相关责任人的责任，有效控制工程质量、安全风险。四是加强人员培训。供电企业要定期组织各部门人员开展施工现场关键控制点研讨会及技术管理培训会，提高管理人员现场监管力度，降低安全、事故隐患。五是加强数字化建设。通过技术手段及时收集归纳施工问题及处理措施，减少现场协调问题及施工文件中的错误、遗漏，从而增加施工项目的施工文明和安全性。

4.10.2　因施工质量不达标导致的合规法律风险

【风险描述分析】因接入工程施工质量不达标、现场施工，将导致民事赔偿、相关行政处罚，造成严重后果的甚至要承担刑事责任。

【责任和后果】一是民事责任。根据《建筑法》第八十条规定，在建筑物的合理使用寿命内，因建筑工程质量不合格受到损害的，有权向责任者要求赔偿。《安全生产法》第一百一十一条规定，生产经营单位发生生产安全事故造成人员伤亡、他人财产损失的，应当依法承担赔偿责任。

二是行政责任。根据《建设工程质量管理条例》第五十六条规定，违反本条例规定，建设单位有下列行为之一的，责令改正，处 20 万元以上 50 万元以下的罚款：……（三）明示或者暗示设计单位或者施工单位违反工程建设强制性标准，降低工程质量的；……（七）明示或者暗示施工单位使用不合格的建筑材料、建筑构配件和设备的。第五十八条规定，违反本条例规定，建设单位有下列行为之一的，责令改正，处工程合同价款 2% 以上 4% 以下的罚款；造成损失的，依法承担赔偿责任：（一）未组织竣工验收，擅自交付使用的；（二）验收不合格，擅自交付使用的；（三）对不合格的建设工程按照合格工程验收的。第七十三条规定，依照本条例规定，给予单位罚款处罚的，对单位直接负责的主管人员和其他直接责任人员处单位罚款数额 5% 以上 10% 以下的罚款。

三是刑事责任。根据《建设工程质量管理条例》第七十四条规定，建设单位、设计单位、施工单位、工程监理单位违反国家规定，降低工程质量标准，造成重大安全事故，构成犯罪的，对直接责任人员依法追究刑事责任。《刑法》第一百三十七条规定，建设单位、设计单位、施工单位、工程监理单位违反国家规定，降低工程质量标准，造成重大安全事故的，对直接责任人员，处五年以下有期徒刑或者拘役，并处罚金；后果特别严重的，处五年以上十年以下有期徒刑，并处罚金。

【合规建议】一是制定本单位安全生产规章制度，建立安全生产长效机制。建立安全监督体系，在企业安全第一责任人负总责的前提下，在内部建立自上而下安全生产监督组织机构，形成整体运作的安全监督管理机制，安全生产主体责任。二是严格按照电力工程建设质量要求法律法规及技术标准、设计要求，从勘察、设计、施工全过程做好质量管控，提升相关人员质量意识，在工程勘察、设计、施工、监理合同中与参与方约定质量标准及管理责任。三是完善施工检验制度和工序管理程序，严格按照工序质量要求，开展检验。四是工程建设按“谁主管、谁负责”的原则实行全过程质量管理。安监部门、基建部门、物资部门按照职责分工，分别做好各环节质量监督管理。五是明确各相关部门责任和验收标准。在客户告知书、供电方案中明确客户组织受电工程建设应遵循的标准，在受电工程竣工验收过程中，对受电工程施工质量、接线工艺和正确性、设备对地距离、线路通道等方面进行细致审核验收，确保受电工程质量达标，并对相关竣工验收资料证据留存。

4.10.3　供电企业违规“三指定”的合规法律风险

【风险描述分析】供电企业滥用独占经营权，直接、间接或者变相制定用户受电工程的设计、施工和设备材料供应单位，限制和排斥其他单位的公平竞争，侵犯用户自由选择权。供电企业违反“三指定”规定，存在滥用市场支配地位的垄断风险，将导致电力监管部门、反垄断执法部门对其进行行政处罚。

【责任和后果】《供电监管办法》第十八条规定，电力监管机构对供电企业公平、无歧视开放供电市场的情况实施监管。供电企业不得从事下列行为：……（四）对用户受电工程指定设计单位、施工单位和设备材料供应单位。《优化营商环境条例》规定，政府有关部门应当加大反垄断和反不正当竞争执法力度，有效预防和制止市场经济活动中的垄断行为、不正当竞争行为以及滥用行政权力排除、限制竞争的行为，营造公平竞争的市场环境。供电企业利用具有市场支配地位的经营者的主体条件，指定用户只能与其指定的经营者进行交易，从而导致用户受电工程市场公平开放不到位，市场竞争不充分，不符合法律法规以及优化营商环境的要求。

《供电监管办法》第三十五条规定，供电企业违反本办法第十八条规定，由电力监管机构责令改正，拒不改正的，处10万元以上100万元以下罚款；对直接负责的主管人员和其他直接责任人员，依法给予处分；情节严重的，可以吊销电力业务许可证。

《反垄断法》第四十七条规定，经营者违反本法规定，滥用市场支配地位的，由反垄断执法机构责令停止违法行为，没收违法所得，并处上一年度销售额百分之一以上百分之十以下的罚款。

【合规建议】一是加强员工培训，明确“三指定”行为存在的重大廉政风险和监管风险，进一步重申违反“三指定”应承担的法律责任。二是加强业务管控，严格执行《国家电网有限公司业扩报装管理规则》[国网（营销/3）378—2019]，强化市场意识、竞争意识，认真贯彻国家法律法规、标准规程和供电服务监管要求，严格遵守公司供电服务“三个十条”规定，按照“主动服务、一口对外、便捷高效、三不指定、办事公开”原则，开展业扩报装工作。主动告知客户自行查询设计单位、施工企业等资质方式，由客户自行选择。三是落实责任追究，对涉嫌因“三指定”侵害客户利益的事件，按照公司相关规定严肃追究相关单位或个人的责任并针对追责事项开展内部流程及制度整改。

4.10.4　因供电设备致使用户或第三方财产、人身伤害的合规法律风险

【风险描述分析】因供电设备致使用户或第三方财产损失、人身伤害的，将可能承担相关民事赔偿责任。

【责任和后果】触电事故需根据电压等级区别处置。低压设备引起的侵权纠纷，按照产权及法律、法规定的管理责任来判别。由于供电企业维护、管理的供电设备属于特殊物品，在以高、低压作为区别[《供电营业规则》第六条：供电企业供电的额定电压：1. 低压供电：单相为220伏，三相为380伏；2. 高压供电：为10、35（63）、110、220千伏]，分别产生无过错责任以及一般侵权责任的归责原则。因属于供电企业产权或管理的低压设备引起的第三方人身、财产的伤害的，按照下列规定处置。《民法典》第一千一百六十五条：行为人因过错侵害他人民事权益造成损害的，应当承担侵权责任。依照法律规定推定行为人有过错，其不能证明自己没有过错的，应当承担侵权责任。《供电营业规则》第五十一条：在供电设施上发生事故引起的法律责任，按供电设施产权归属确定。产权归属于谁，谁就承担其拥有的供电设施上发生事故引起的法律责任。但产权所有者不承担受害者因违反安全或其他规章制度，擅自进入供电设施非安全区域内而发生事故引起的法律责任，以及在委托维护的供电设施上，因代理方维护不当所发生事故引起的法律责任。

因属于供电企业产权或管理的高压设备引起的第三方人身、财产的伤害的，按照下列规定处置：高压设备引起的侵权纠纷，供电企业承担无过错责任，只要在法定条件下可以减轻或免除责任。《民法典》第一千二百四十条规定，从事高空、高压、地下挖掘活动或者使用高速轨道运输工具造成他人损害的，经营者应当承担侵权责任；但是，能够证明损害是因受害人故意或者不可抗力造成的，不承担责任。被侵权人对损害的发生有重大过失的，可以减轻经营者的责任。

【合规建议】一是明确用户、供电企业的设备产权归属及管理维护责任。供

电企业应当保留供配电设备投资建设相关审批资料、采购建设合同以及竣工投运后双方签订的供用电、维护管理等合同。二是供电企业对自身产权以及负有管理责任的供配电设备采取安全措施并尽到警示义务。供电企业在投资建设属于自身产权的供配电设施时应当严格按照国家标准建设，在竣工投产后按照国家法律法规开展巡视维护并采取相关安全措施避免发生触电事故。三是因第三人行为导致电网安全隐患的，供电企业应及时发放安全隐患告知书并留存证据，对拒不整改的，可上报公安、电力执法部门，请求政府部门介入；若情况紧急，供电企业可依据《电力法》第三十二条进行制止，包括中止供电的措施。四是运用法律的免责条款，减轻或不承担相关责任。在发生触电事故后，供电企业应当立即接入事故调查，配合相关部门查清事实，并根据事实适用相关减责、免责条款。

5 需要国家立法和政府统筹协调的重大问题

5.1 根据上位法修订《供电营业规则》以明确供电设施产权及维护责任划分标准

从事高压活动需承担特殊侵权责任，尤其在《民法典》颁布后。因电力设施维护不到位引发的法律风险相对增加，此时电力设施产权归属尤为重要。目前，电力设施归属判断主要有约定和法定两种。根据《民法典》第六百四十九条规定，供用电合同的内容一般包括供电的方式、质量、时间，用电容量、地址、性质，计量方式，电价、电费的结算方式，供用电设施的维护责任等条款。根据《供电营业规则》第四十七条规定，供电设施的运行维护管理范围，按产权归属确定。责任分界点按下列各项确定：1. 公用低压线路供电的，以供电接户线用户端最后支持物为分界点，支持物属供电企业。2. 10 千伏及以下公用高压线路供电的，以用户厂界外或配电室前的第一断路器或第一支持物为分界点，第一断路器或第一支持物属供电企业。3. 35 千伏及以上公用高压线路供电的，以用户厂界外或用户变电站外第一基电杆为分界点。第一基电杆属供电企业。4. 采用电缆供电的，本着便于维护管理的原则，分界点由供电企业与用户协商确定。5. 产权属于用户且由用户运行维护的线路，以公用线路分支杆或专用线路接引的公用变电站外第一基电杆为分界点，专用线路第一基电杆属用户。在电气上的具体分界点，由供用双方协商确定。

供用电合同中约定的产权分界点属于双方约定的条款，《供电营业规则》第四十七条规定。不属于法律法规禁止性或者强制性规定。根据法律效力高低、《供电营业规则》四十七条规定是否属于法律强制性规定而产生不同的适用结果。因此在优化营商环境工作中，为了提高用户的用电体验以及解决纠纷实效，当双方的供用电合同与《供电营业规则》规定不一致时，明确应当以双方约定优先；同时，在将来条件成熟时，对《供电营业规则》相关条款进行修订。

5.2　关于住宅小区供电设施折旧费和运维成本问题

国务院《物业管理条例》第五十一条规定，供水、供电、供气、供热、通信、有线电视等单位，应当依法承担物业管理区域内相关管线和设施设备维修、养护的责任。各地对于住宅小区表前供电设施（简称共用管线）如何管理规定不一，主要有三种形式：第一种是共用管线产权不移交的模式，广东、湖南、江西、广西四地由物业公司依照《物业服务合同》承担对共用管线的维护；福建、陕西、西藏三地共用管线的维护义务移交给供电公司，但维护费用由共同使用的业主分摊承担；第二种是共用管线产权移交给专业经营单位的模式。江苏、青海、四川、辽宁、安徽、天津、浙江、山东、重庆、河南、湖北等地采用这种方式；第三种共用管线产权是否移交不明确模式。山西省仅将共用管线维护管理的主体指向为供电单位，但要求共用管线的产权或维护义务转移过程要依法进行。上海、吉林、甘肃、新疆、内蒙古、宁夏等地通过地方性法规规定直接将共用管线的维护管理义务转移至供电单位。

上述第三种不移交共用管线产权但将维护管理义务转移至供电单位的情况，一是与物权的基本法律相冲突，二是极大增加了供电企业的法律责任，三是供电企业维护和管理费用无资金来源。但是，根据《输配电价成本监审办法》第十四条规定，用户或者地方政府无偿移交、由政府补助或者社会无偿投入等非电网企业投资形成的资产不得计入输配电价定价成本。因此，住宅小区供电设施资产产权即使移交给供电企业也不能计提折旧且运维成本不能计入输配电价定价成本，客观上导致供电企业参与小区共用管线运行维护无依据或积极性不高。

2020 年 7 月 10 日国务院发布的《国务院办公厅关于全面推进城镇老旧小区改造工作的指导意见》，对老旧小区共用管线改造也有相关政策规定。文件按照上述第二种“共用管线产权移交给专业经营单位”的模式，强调由专业经营单位履行社会责任，出资参与小区改造中相关管线设施设备的改造提升；改造后专营设施设备的产权可依照法定程序移交给专业经营单位，由其负责后续维护管理。综上，将共用管线产权和维护责任一并移交或仅移交维护责任给专业经营单位的做法是目前国内各省市立法主流；同时，考虑到最新发布的《国务院办公厅关于全面推进城镇老旧小区改造工作的指导意见》，国家政策对于小区共用管线产权移交专业单位并由其进行维护将是立法趋势。

建议供电企业应按照优化营商环境工作要求和顺应立法趋势，推动有关输配电价成本核价的立法，将住宅小区供配设施折旧费和运维成本纳入输配电价定价成本，从而保障供电企业为居民用户提供更可靠的用电服务。同时，建议积极推动在行政法规层面明确维修养护责任和产权移交的流程，通过较高位阶的法律条款统一规范各地区的不同做法。

5.3　关于行政审批中告知承诺制的适用与限制问题

优化营商环境工作开展以来，全国各地纷纷对涉企经营许可事项实行告知承诺制并逐步向全国复制推广。这些改革实践取得了积极成效，对减少证明事项、简化行政审批、方便企业和群众办事创业发挥了重要作用。根据《国务院办公厅关于全面推行证明事项和涉企经营许可事项告知承诺制的指导意见》（国办发〔2020〕42 号）（简称《告知承诺制 42 号文》）告知承诺制适用范围为：有针对性地选取与企业和群众生产生活密切相关、使用频次较高或者获取难度较大的证明事项实行告知承诺制，特别是在户籍管理、市场主体准营、资格考试、社会保险、社会救助、健康体检、法律服务等方面，要抓紧推行、尽快落实。直接涉及国家安全、国家秘密、公共安全、金融业审慎监管、生态环境保护，直接关系人身健康、生命财产安全，以及重要涉外等风险较大、纠错成本较高、损害难以挽回的证明事项不适用告知承诺制。目前，告知承诺制存在一定问题，主要如下：

一是与《行政许可法》的潜在冲突。在行政许可领域实行告知承诺制度意味着，行政机关可以“规避”法律为其设定的实质审查义务，转而通过申请人的承诺免除自身审查责任。告知承诺与《行政许可法》之间冲突的原因在于行政许可事项本身设定的必要性，即是否符合“设定的适度性原则”。如果只需要通过加强日常监管即可达到行政管理目的，便无需设定行政审批事项，也因此没有了适用告知承诺制以达到提高审批效率目的的空间。因此，对告知承诺制适法性的讨论须与行政许可事项的设定问题联系起来。

二是适用范围的任意扩展性。告知承诺制在实践中的适用范围不断扩张，这在提升行政效能的同时，可能存在违反行政审批实质目的的风险，将一些原本不应或不宜适用告知承诺的事项纳入其中。例如《告知承诺制 42 号文》中明确将“生态环境保护、直接关系人身健康、生命财产安全等”的行政审批事项排除在告知承诺的适用范围之外。然而，2019 年 6 月颁布实施的《上海市建设项目环境影响评价文件行政审批告知承诺办法（试行）》却明确将特定区域和行业范围内的建设项目环评审批纳入了告知承诺范围。

三是审查义务及不当许可的责任分配。告知承诺制降低了市场准入的门槛，可能使实际上不符合法定条件的主体获得许可，从而产生不当许可的问题。虽然《告知承诺制 42 号文》强调了“加强事中事后核查”，进行撤销行政决定，但纠错可能会使相对人、第三方的合法权益受损。《行政许可法》第六十九条规定，对不具备申请资格或者不符合法定条件的申请人准予行政许可的，行政机关可以撤销行政许可；被许可人的合法权益因此受到损害的，行政机关应当依法给予赔偿。在告知承诺制下，若申请人错误地认为自己符合法定条件而作出承诺，行政机关也认可了该判断，授予许可；在后续检查中，行政机关又以实际情况与承诺不符为由撤销许可，行政机关应当赔偿被许可人的合法损失。尽管《告知承诺制 42 号文》规定了探索引入责任保险制度，降低实行告知承诺制可能引发的行政赔偿风险，但仍需上位法的支持。

在办理快速接电环节，根据 1479 号文规定，对于符合条件的低压短距离电力接入工程，积极探索实行告知承诺、审批改备案或取消审批等方式。由于告知承诺所引发的行政许可错误，可能会波及供电企业。例如，用户不符合用低压电申请条件但完成告知承诺，供电企业为其完成接电并签订了供用电合同，事后行政机关撤销了相关许可决定，供电企业就可能要面对与用户的解约及索赔事宜。

另外，在部分政府文件中已经取消了低压电力接入工程的行政审批，例如《关于优化新建社会投资简易低风险工程建设项目审批服务的若干规定》（京政办发〔2019〕10 号）规定，建设项目需要附属小型市政公用设施接入服务的，实行零上门、零审批、零投资的“三零”服务，建设单位无需办理任何行政许可手续，由供水、排水、供电等市政公用服务企业负责建设。这种“一步到位”完全取消行政事前监管的做法，不仅与《行政许可法》的立意相矛盾，同时也将用电申请的审核责任落实到供电企业之上，供电企业可能面临将来与用户相关合同纠纷以及违规帮助用户完成接电行政监管的风险。

6 公司应对措施及建议

优化营商环境，既存在于国内改革的语境中，也立足于对外开放的背景下，是一项没有休止符的系统性工程。供电企业应当树立大局意识，将自身的革新提升效率融入这项浩大的社会改造系统工程中。优化营商环境中“不同类型的企业”的享受的权利和履行的义务不同。

供电企业虽然作为企业，但更重要的是公共事业单位角色身份，在优化营商环境工作中承担了一个“准政府”部门的作用。供电企业的相关行为明确受到国家、地方优化营商环境法规及政策的规制，例如《上海市进一步优化电力接入营商环境实施办法》办理环节缩减为用电申请和竣工装表两项，时限不得超过 10 天，其中政府审批时间不得超过 2 天。具体办理流程中，申请和工程设计环节不超过4天，行政审批不超过2天，外线施工不超过4天。又如，在疫情期间，各地封城商业停滞，但供电企业积极响应国家抗疫工作，反而提速电网建设、降低工业电价、暂停欠费停电、加快抢修服务等。这种“义务”不管是外部加压还是自我要求，都需要供电企业进一步优化内部管理、加快物资供应、优化施工环节等工作，无疑加大了供电企业的运营成本，明显与优化营商环境降低企业运行成本目的是相左的。所以在优化营商环境工作中，承担社会公共管理职能的企业有别于普通营利性企业。

供电企业应以强化自身内功为主，勇于承担央企责任。近年来，由于以美国为首的西方国家不断打击、围堵中国的发展，中国政府正以前所未有的开放姿态欢迎各国资本投资和人员交流，中国政府这三年来积极参与世界银行优化营商环境评价工作就是典型一例。优化营商环境工作正是在这一大背景下不断深化和提速，所以国家频繁出台了一系列优化营商环境的法规、政策来提升促进公平竞争、增强市场活力和经济内生动力，这无疑对供电企业管理带来了革命性的挑战和巨大的成本压力。虽然这些优化营商环境的法规、政策与现行的行业法规、政策有一定的摩擦，但只要不是完全对立的条文冲突，供电企业都应本着责任央企的使命与担当勇于承担优化营商环境工作的要求，通过完善自身管理、提高工作效率等方式做好该项工作。建议供电企业可以采取如下应对策略：

一是内部流程和制度要修订。对于营商环境工作要求，在不违反现行法律、法规的基础上，应当制定自身内部的实施细则来应对。例如，压缩办电时间后，供电企业的电气设备供货流程和规则将随之改变，为响应更快的供货需求，由原来的“零库存管理”转变为“库存常备状态”。供电企业应当针对优化营商环境工作中的新要求，主动调整内部流程和规章制度。

二是对外承诺要慎重且明确。由于承担社会公共管理职能的企业出于社会责任和政绩需要，会积极响应政府颁布的政策对社会进行相关承诺。此类承诺具有民事约束力，若承诺企业无法达成有合同违约或缔约过失责任，供电企业对外应慎作承诺，但承诺后要“一诺千金、言出必行”。尤其是个别地方供电企业未经报备，对社会作出超出国家电网公司统一部署的“社会承诺”，可能引发不同地区的政府学习并制定政策要求所在地的供电企业也比照执行。

三是通过合同来补强相关风险。优化营商环境工作中要求承担社会公共管理职能的企业达到相关标准或实现相关义务。例如在“获得电力”方面，中小企业申请用电简化资料就可以办理用电。由于简化资料可能造成用户事实上是不具备申请用电资格的风险，后续供电后可能会引起一系列的纠纷。供电企业不能违反优化营商环境的政策规定，但能够要求用户签订相关承诺或协议，让用户事后补足相关资料并全部承担相关资料不全所导致不能用电责任。

四是积极参与政府政策制定。由于优化营商环境是一项社会系统性工程，涉及政务环境、市场环境、企业发展环境和社会环境等内容，所以政府需要在各个领域制定大量的政策或实施细则；作为承担社会公共管理职能的供电企业，由于其专业性，在所涉及的领域政策制定时具有相当影响力的话语，所以供电企业应当本着社会责任和大局意识，积极向政府建言献策完善实施细则，同时将相关不适合本行业、权利义务明显失衡、可能涉及安全隐患或违背上位法的相关政策条款向政府解释原因、表明立场。

五是针对各地优化营商环境的差异，企业内部应制定不同的绩效考核指标。中国幅员辽阔，东西部经济发展差异较大，例如北京、上海等沿海地区与内地例（如四川、宁夏、陕西）在用电可靠性方面就存在着较大差异。按照 1479 号文规定，2022 年底前，在全国范围内实现居民用户和低压小微企业用电报装“三零”服务。对于上海，由于电网建设密度高，小微企业接电成本较低，但是对于四川山区中一家小型养殖场接电，若最近的电源点在几座山外，那么对于当地供电企业的接电成本将远高于上海。因此，国家电力网公司应差异化调整各省之间的业绩考核指标，以使各省供电企业能落实优化营商环境的工作要求。

六是妥善应对纠纷舆情。优化营商环境对用户而言是更方便、更优惠的让利措施，然而在具体工作中也可能由于用户不符合政策条件、供电企业工作人员对政策理解不透彻等诸多原因引发矛盾纠纷。如果放任纠纷升级成舆情或诉讼案件，既无法改变用户当前矛盾问题的现状，又与当前优化营商环境的基调相违背。供电企业在日常工作中碰到的用户疑难问题以及在处理投诉中，应当主动协助解决用户报装、增容过程中碰到的困难，积极研判分析总结，化解共性矛盾；对于正在发生的案件诉讼以及舆情事件，积极沟通用户诉求，满足合理要求，耐心解释原因，全力化解供电服务矛盾。

《劳动法》视角下外包合规管理研究

国网冀北电力有限公司

◆成果简介◆

从《劳动法》视角下对外包合规管理进行研究，准确识别外包的法律特征，归纳司法实践中对外包的认定标准，提出外包合规管理措施，指导各单位依法合规开展外包用工管理，正确适用外包形式，维护发包企业及承包方劳动者合法权益。一是从劳动法的视角明确外包定义。针对外包概念不清晰的问题，明确劳动法视角下所讨论的外包范围，从相关研究的普遍共识中归纳总结出外包的基本法律特征，结合司法实践和学术理论中对于外包的观点，明确提出劳动法视角下外包的概念。二是从实践案例分析外包存在的法律风险。选取35个典型案件的50份裁判文书作为样本进行研究，总结归纳案件审理过程中关于是否构成外包的审查标准，按照其对案件审理结果的影响进行重要性等级划分，共总结形成“日常用工管理主体”等13个审查要点。三是从形式和实质两个角度提出外包的合规管理措施。根据对司法实践中审查要点的分析，着眼于企业外包管理实际过程，从健全形式要件和完善实质要件两个角度，就完善外包合规管理提出了九点详细的管理措施和注意事项，最大限度地降低外包管理风险。

党的十八大以来，党中央明确提出全面依法治国，并将其纳入“四个全面”战略布局予以有力推进。要适应新技术新业态新模式的迅猛发展，不断提高运用法治思维和法治方式深化改革、推动发展，化解矛盾、维护稳定、应对风险的能力，结合外部监管环境变化和公司内部治理实际，国网冀北电力有限公司（简称公司）全面落实国家电网公司合规管理总体要求，强化责任落实，防范合规风险，努力提升公司合规研究水平，由法律部组织开展了外包合规管理专项研究工作。

一、研究背景

在司法实践中，对于劳务派遣和外包的认定存在一定的争议。在用工管理中，劳务派遣和外包在一定程度上具有相似性，二者的区分又缺乏明确的法律规定。部分企业存在外包运作不规范、假借外包之名行劳务派遣之实侵害劳动者权益的现象；部分承包方的劳动者，在与承包方发生劳动争议时，为了获得赔偿，承包方的劳动者跨越外包关系，要求发包方承担连带责任，甚至要求确认其与发包方存在事实劳动关系的情况也时有发生，给发包方的用工合规管理提出了更高的要求。

此次开展的劳动法视角下的外包合规管理研究，旨在通过准确识别外包的法律特征、归纳司法实践中对外包的认定标准，指导公司依法开展用工管理、正确适用外包形式。这对于维护公司及承包方合法权益都具有重要意义，有效践行适应公司战略的合规管理路径。

二、公司外包管理现状

近年来，公司严格执行《国网冀北电力有限公司业务外包管理办法（试行）》，对外包业务加强管控，注重核心外包单位培育，严格外包单位审核、选用等全过程管控，外包管理相对规范。

在外包领域，仅有个别单位出现了相关劳动争议案件。如张某某与秦皇岛供电公司、中京保安服务有限公司秦皇岛分公司劳动争议案；丁某某与送变电公司劳动争议案等。尽管公司都取得了胜诉的结果，但通过分析公司发生的外包纠纷案件，仍然可以发现公司各单位不同程度存在外包与劳务派遣的区分不明、对外包标准界定不清晰等问题。这些问题需要纳入公司合规管理的大框架下进行有效解决。

三、外包的法律概念及特征

外包是一种管理模式，其法律关系的相对方通常被称为“发包方”和“承包方”。在绝大多数情况下，法律对于发包方和承包方并没有设定限制条件，自然人、法人和非法人组织，都有可能会成为发包方或承包方。外包并不必然会产生劳动用工上的法律纠纷，当发包方和承包方都是符合劳动法律规定的用人单位且实际完成外包事务的是发包方的职工时，发包方、承包方和劳动者便有可能产生一定的联系。

在劳动法的框架下，并没有关于外包的明确概念，甚至对于“外包”一词的使用，也存在“外包”“劳务外包”“服务外包”“业务外包”“人事外包”等不同表述。而这些表述的内涵和外延也并不清晰，在使用过程中存在混用的情况。虽然外包的概念在劳动法的框架下并无定论，但对于外包的法律特征的认识却存在较为普遍的共识，主要包括以下三点：

（1）外包的当事人之间不属于劳动关系，适用的法律是《民法典》。外包的当事人之间通常不适用《劳动合同法》或《劳务派遣暂行规定》等劳动法律法规。

（2）外包的标的物通常是服务或劳务，而其对价应当是针对提供的服务或劳务所收取的费用，承包方的内部管理通常不会作为计算费用的依据。

（3）承包方与劳动者存在劳动关系，而发包方与劳动者并无劳动关系。这也就意味着，作为用人单位，承包方需要按照《劳动法》《劳动合同法》等法律法规的规定，履行与劳动者签订劳动合同、发放工资、缴纳社会保险等义务，同时对劳动者从事外包事务的具体事项进行自主管理。而发包方虽然可以对承包方或劳动者进行必要的监督检查，但一般认为发包方不能对承包方的劳动者进行劳动法框架下的直接管理行为。

从上述法律特征来看，倾向于认为外包是指发包方将自己的工作项目发包给承包方，由承包方安排自己的劳动者完成承包工作项目并从发包方获得外包费用的经济活动。

四、劳动法视角下外包可能存在的法律合规风险

（一）外包领域法律合规风险分析

通常情况下，从劳动法视角看外包对发包方来讲似乎并不涉及法律风险。因为承包方与发包方之间的争议不属于劳动争议，而承包方的劳动者与发包方又不存在法律关系。即便承包方劳动者的合法权益受到侵害，劳动争议的当事人也应当是劳动者与承包方，与发包方无关。

但实际上，因为发包方外包给承包方的事务是由承包方的劳动者实际完成，发包方与承包方的劳动者是有可能存在关联性的。在实践中，相当一部分承包方是将劳动者外派至发包方现场工作，这种发包方办公地点与承包方劳动者劳动合同履行地一致，会进一步增强双方的关联性。如果发包方或承包方对外包的管理不合规，在发生劳动争议时，发包方就有可能被认定与承包方的劳动者存在劳务派遣关系，甚至被认定与承包方的劳动者直接存在劳动关系，进而被要求承担劳动法框架下用工单位或用人单位的法律责任。因此，在劳动争议案件中，发包方违法使用外包的法律风险主要是被认定为劳务派遣后，需要作为用工单位就劳动者的主张承担连带赔偿责任，只有在极特殊的情况下，发包方才会被判令与劳动者直接形成劳动关系。所以，此研究重点关注外包被认定为劳务派遣的法律合规风险。

（二）外包领域典型案件分析

通过在全国范围公开的审判文书中搜索整理涉及外包、劳务派遣的审判文书，选取了35个典型案件的50份裁判文书作为样本进行研究。在50份裁判文书中，一审25份、二审22份、再审3份，其中认定为外包的21份、认定为劳

务派遣的23份、认定发包方与劳动者直接构成劳动关系的6份。其中审查要点归纳为13个要点，按照审查的频次降序排列后如图1所示。

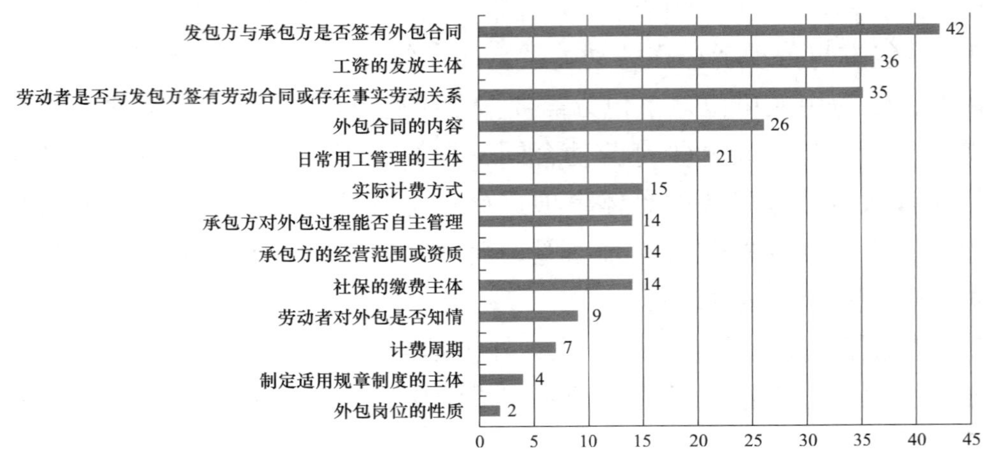

图1　审查要点归纳示意图

（1）“发包方与承包方是否签有外包合同”项，属于较为一般的审查事项，对案件结果的影响更取决于其内容及实际履行情况。

（2）“工资的发放主体”项，属于较为重要的审查事项。不但绝大多数法院都会审查该事项，而且当实际由发包方发放工资时，案件的结果通常会不利于发包方。在36份对此进行审查的裁判文书中，有3份裁判文书查明工资系发包方直接发放给劳动者，有1份裁判文书载明承包方虽主张由其向劳动者支付工资但承包方未能就此举证。这4份裁判文书都没有支持外包方关于外包的主张，其中1份裁判文书将发包方与劳动者认定为劳务派遣关系，另外3份直接认定发包方与劳动者存在劳动关系。

（3）“劳动者是否与发包方签有劳动合同或存在事实劳动关系”项，属于较为重要的审查事项。不但绝大多数法院都会审查该事项，而且当劳动者未与承包方签订书面劳动合同时，案件的结果通常会不利于发包方。在35份对此进行审查的裁判文书中，有7份裁判文书查明劳动者未与承包方签订书面劳动合同。而这7份裁判文书中，仅有1份认可了发包方关于外包的主张，另外6份裁判文书都没有支持外包方关于外包的主张。

（4）“外包合同的内容”项，属于较为重要的审查事项。不但有一半以上的裁判文书对此项内容进行了审查，而且当外包合同内容中存在可能与外包法律特征不相符的权利义务约定时（例如：发包方负责劳动者的选取、发包方有权对劳动者进行调换、发包方有权对劳动者进行考勤或绩效考核、发包方支付的费用按照人员成本及管理费计算、承包方提供的是人员而非服务、由承包方代发工资代缴社保等），案件的结果通常会不利于发包方。在 26 份对此进行审查的裁判文书中，有 9 份裁判文书查明外包合同内容存在此种情形。这 9 份裁判文书都没有支持外包方关于外包的主张。其中 7 份裁判文书认定发包方与劳动者为劳务派遣关系，另外 2 份直接认定发包方与劳动者存在劳动关系。

（5）"日常用工管理主体"项，属于非常重要的审查事项。不但有近一半的裁判文书对此项内容进行了审查，而且该项内容的审查结果对案件的结果具有直接的影响。在 21 份对此进行审查的裁判文书中，有 6 份裁判文书明确认定劳动者日常用工管理主体为承包方（有 1 份判决载明承包方设有专人负责现场管理），这 6 份判决都支持了发包方关于外包的主张。在 21 份对此进行审查的裁判文书中，有 13 份裁判文书明确认定劳动者日常用工管理主体为发包方，这 13 份判决都没有支持发包方关于外包的主张。另有 2 份裁判文书认为虽然发包方在日常管理中对劳动者进行了部分管理行为，但该管理行为系发包方管理所必须，不宜直接认定为劳务派遣，进而支持了外包方关于外包的主张。

（6）"实际计费方式"项，属于较为重要的审查事项。虽然仅有近三分之一的裁判文书对此项内容进行了审查，但当发包方实际采用"劳动者用工成本＋管理费"的方式计算费用时（共有 8 份裁判文书认定发包方按照此种方式实际计算费用），法院均未支持发包方关于外包的主张。

（7）"承包方对外包过程能否自主管理"项，属于非常重要的审查事项。虽然仅有近三分之一的裁判文书对此项内容进行了审查，而且该项内容的审查结果对案件的结果具有直接的影响。当法院审查后认为承包方可以自主管理外包工作人员和工作进程时，法院会更倾向于支持外包的主张；但当法院审查后认为承包方对外包过程无法自主管理，诸如劳动者选聘、日常管理、工作任务布置、辞退劳动者等均系发包方实际决定时，法院会更不倾向于支持发包方关于外包的主张。仅有 1 份裁判文书的内容与以上内容不符，在来自上海的裁判文书中，法院认定发包方对劳动者存在日常管理及工作布置，但这是基于司机驾驶的劳务外包服务关系，故仍然支持发包方关于外包的主张。考虑到上海关于外包认定的规定，我们倾向于认为该案例对于其他地区的参考意义较为有限。

（8）"承包方的经营范围或资质"项，属于较为重要的审查事项。虽然仅有近三分之一的裁判文书对此项内容进行了审查，但当承包方不具有外包的经营范围或资质时，法院更倾向于不支持关于外包的主张；而如果承包方具有外包的经营范围或与外包事项相契合的资质，法院似乎更容易接受关于外包的主张。

（9）"社保的缴费主体"项，虽然审查次数少于对"工资的发放主体"的审查，但重要性与其相仿。

（10）“劳动者是否知情”项，属于一般的审查事项，其审查结果与案件结果之间无明显关联。

（11）“计费周期”项，属于一般的审查事项，但如果计费周期不是按照月为单位支付而是按照外包事项的工作进度支付，法院会更容易接受关于外包的主张。

（12）“制定适用规章制度的主体”项，我们倾向于认为属于较重要的审查事项，但实际对此进行审查的裁判文书数量较少。我们倾向于认为对该项的审查可以参考对“承包方对外包过程能否自主管理”一项的审查意见。

（13）“外包岗位的性质”项，属于一般的审查事项，其审查结果与案件结果之间无明显关联。

（三）影响案件结果的其他因素分析

（1）通过对比分析，发现河北省认定劳务派遣的比例较高，法院说理部分内容偏少。在 16 份河北省裁判文书中，认定为外包的仅有 3 份，而认定为劳务派遣的却高达 13 份。其中很多裁判文书对于审查事项和判决结果之间的因果关系的论证较少，部分案件关于外包或劳务派遣的认定理由不明确。在就外包或劳务派遣发生争议时，河北省内各级法院可能更倾向于认定为劳务派遣。

（2）以往劳动关系处理是否妥当。部分案例存在劳动者以前被外包方直接雇佣、双方存在劳动关系，之后劳动者再转为外包的情形。我们发现，如果外包方此前未对劳动关系给予妥善地处理（例如未解除或终止原劳动关系），则法院更倾向于不支持关于外包的主张。

（3）劳动者是否处于需要特别救助的状态。在对案例进行研究后，发现当劳动者属于患病或受到工伤等特别需要救助的状态时，则法院更倾向于不支持关于外包的主张。

（4）二审维持一审判决的概率较大。可能是因为在司法实践中认定外包还是劳务派遣属于存在争议的事项，且缺乏全国层面的、明确的法律标准，所以二审法院会更倾向于维持一审法院的判决。

五、合规管理建议

如前所述，在规范的外包关系中，发包方通常无需就承包方与劳动者之间的纠纷承担法律责任。因此，完善外包过程中的合规管理，对于发包方来讲尤为重要。

（一）外包合规管理形式要件

（1）根据外包事项选择具有资质的承包方。

（2）与承包方签订外包协议需注意以下事项：协议中的外包事项应为服务或

劳务；避免使用“工作”“加班”“工资”等劳动法律概念；避免约定按照“人工成本＋管理费”的方式计算费用；尽量避免按月为单位支付费用；避免出现关于承包方劳动者遵守发包方规章制度的内容，代之以遵守发包方企业文化、自觉维护现场办公秩序等非强制性表述；应包括劳动争议的处理及责任由承包方承担的条款，并增加如发包方代为承担可向承包方追偿的约定。

（3）要求承包方必须按照劳动法律规定对劳动者履行用人单位的法定义务：与劳动者签订书面劳动合同；要求外包方将外包事项告知其劳动者（例如，通过在劳动合同中列明、发布通知等方式告知劳动者，使其知悉发包方与承包方之间的外包业务关系）；按月为劳动者发放工资并为其缴纳社会保险及住房公积金；针对劳动者患病、生育、工伤等情形给予相应的法定待遇；做好劳动合同变更、解除、终止的相关事宜。

（二）外包合规管理实质要件

（1）尊重承包方对承包事项的自主管理和工作安排。绝对避免对劳动者进行直接用工管理。建议设立现场管理人防火墙。

（2）要求承包方指定现场负责人，如发包方想要掌控生产过程并确保承包方劳动者按照发包方的意图和计划进行生产，或者基于消防、安全生产、产品服务质量、工作场所秩序等方面管理需要而对承包方的劳动者行使必要的部分指挥管理权的，发包方可以与现场负责人进行沟通，并由该现场负责人对其他劳动者进行直接管理，以这种方式实现间接管理。

（3）如承包方委托发包方对劳动者的工作进行评价，发包方应审慎决定，如确需开展此类评价，应明确告知劳动者该评价系承包方委托，结果只作为对外包成果的评价，不属于对其个人的管理行为。

（4）随时了解劳动者的劳动关系状况，避免出现劳动者与承包方解除或终止劳动关系后仍在发包方工作的情况。

（5）在为劳动者提供现场服务所需的办公用品或权限时（例如进出办公场所的门禁卡、访问内网的权限等），应与本单位员工有明显的区别，避免直接向劳动者提供能够显示为发包方员工的标识或权限。

（6）如劳动者此前曾在发包方处工作过，发包方应对原用工涉及的法律关系处置清楚。

合规工作评价体系构建与应用课题

国网上海市电力公司

◆成果简介◆

一、课题研究背景

本课题从理论支撑和实践借鉴两个层面，研究构建国网上海市电力公司（简称公司）合规工作评价体系。合规工作评价体系将定期对合规管理体系的有效性进行分析，对重大或反复出现的合规风险和违规问题，深入查找根源，完善相关制度，堵塞管理漏洞，强化过程管控，持续改进提升。

二、课题研究目的

项目研究形成的评价体系，核心目标在于可以用来客观揭示上海公司合规管理现状和水平。评价合规体系设计是否完善，合规执行是否到位以及合规管理实效是否有效。

三、课题主要内容

课题研究对标最佳实践，借鉴可行经验，系统设计了公司合规管理有效性评价的指标框架和指标内容，完整阐述了合规管理有效性评价的实施组织和实施流程，将合规管理有效性评价的工作流链条化，形成了有机的闭环。

课题报告将合规管理有效性的评价的要素进行了结构化和相关性程度的选择，确立合规管理体系的完备性、合规运行过程的有效性、合规运行结果的有效性三大指标作为一级框架，符合关键少数法则；对三大指标进行权重设置，体现了全面性和重点论的结合；设置基础默认分值，对过程性指标主要以加分为主要导向，体现了正向激励价值；对少数事项实行合规有效性一票否决评价，体现了结果导向的工具价值。

一、合规管理有效性评价指标实践

（一）美国司法部《合规体系有效性评价160问》

2019年《企业合规管理体系有效性评价指南》简称《指南》从企业合规体系的设计是否完善、实施是否有效、实际运行是否有效三个方面进行评估，设置了12个评估主题48个评估要素，包含160个评估问题。《指南》为企业进行有效的合规建设提供了明确指引，也为中国企业的合规建设提供了借鉴。通过回答指引中的160个问题，可以对自己企业合规体系的有效性进行初步评估，从而找准体系漏洞与薄弱环节，为企业下一步的合规建设明确路径和方向。

（二）证券行业系列评价文件

《证券公司合规管理有效性评价指引》主要有三方面特点：一是将证券公司合规管理有效性评价定位为证券公司自我约束、自我修复和自我完善的重要手段，强化公司在评估中的主导地位，在法律、法规和准则允许的范围内，采用弹性条款，给证券公司发展留足空间；二是秉承“全员合规、主动合规”的理念，注重发挥一线业务部门的作用，建立业务部门自评与评估小组复核相结合的评估模式，重点关注各业务的合规管理状况；三是着力细化评估程序和评估方法，高度重视合规风险信息收集工作。

（三）经合组织《内控、道德与合规最佳行为指南》

经合组织《内控、道德与合规最佳行为指南》指出，有效的合规措施包括内部报告制度，针对的问题是公司董事、职员、雇员和商业伙伴迫于上级压力，但是又不愿意违反职业标准或道德，给相关人员提供一个报告途径。

（四）ISO 19600：2014《合规管理体系　指南》

ISO 19600：2014《合规管理体系　指南》在第九章“效能评估”明确持续监督的重要性。合规监督的目的是通过收集信息、评估合规管理体系的有效性，包括培训、控制、责任分工等方面的有效性。

（五）《瑞士有效合规管理的原则》

“有效性检验和持续改进合规措施”和“正确的激励和惩罚”属于《瑞士有效合规管理的原则》有效合规管理的五大要素之二，把合规风险评估作为合规程序的组成部分。《瑞士有效合规管理的原则》中的第一个有效合规管理要素即为企业高层的重视；在第二个有效合规管理要素中提到了合规组织和合规制度建设。在第三个有效合规管理要素“合规过程”中提到了合规培训与教育的重要性，以及合规报告和内部举报制度。

（六）合规有效性评价的可借鉴模型

企业的合规管理部门应牵头或聘请第三方专业合规咨询机构加强合规管理体系有效性审核，一年至少一次。审核的内容包括如下：

（1）企业员工是否都认知到其岗位所履职的业务对应的合规管理制度（措施）。

（2）不同业务对应的合规管理制度（措施）是否充分覆盖业务“启动—计

划—实施—完成”行为全过程。

（3）不同业务行为是否严格遵守对应的合规管理制度（措施）。

（4）不同业务的合规管理目标是否真正实现。

（5）不同业务的合规管理激励机制是否明确和形成，建立和公示举报渠道，企业员工出现违规，有责罚，有合规诚信积分考核评价等。

（6）不同业务流程对应的合规管理制度（措施）是否适宜。

（7）企业员工对合规管理的认同与积极性。

从七个维度来测试评价企业合规管理体系在培训宣贯、制度措施、组织行为、目标方针、适度适宜、合规动力、合规文化等方面的真实实施落地情况，用客观证据来比较客观地证明企业合规管理体系建设与运行的真实情况，评判企业合规管理体系实现合规管理目标的绩效，并为企业合规管理体系的持续改进提供专业的问题诊断和改进建议。

二、国网上海市电力公司构建合规管理有效性评价体系的背景和思路

（一）构建合规管理有效性评价体系的背景

构建科学、合理、适用的合规工作评价指标体系，是企业开展合规管理工作的深层要求，也是检验合规管理有效性的试金石。

通过构建合规工作评价体系，可以实现合规管理部门对合规管理体系或者某一构成要素的自我检查、监督检查或补充、完善；实现第三方（包括公司的监督机制、外聘专家等）对合规管理体系或某一构成要素的有效性、适当性、充分性进行评价；实现公司合规管理监督部门对合规管理体系或某一构成要素的有效性、适当性、充分性进行监管。

1. 评价企业合规水平

通过评价指标体系，评价企业总体合规水平或治理成熟程度；通过对企业历年总体合规风险水平指数对比，明确企业风险分布和管控变化方向。

2. 诊断企业合规短板

进行整体与局部比对，通过各评价指标与整体指标体系对比，明确指标短板；进行整体与区域比对，通过各地区评价指标与整体对比，明确区域短板；进行预警各领域和地区趋势，通过各评价指标历年值对比，预警变化趋势。

3. 体系衔接，实现管控合力

合规工作评价体系可以导入其他管控体系，例如，合规管理评价指标短板如涉及法律风险领域，可作为法律风险管控体系的有效输入，由法律风险体系进行管控。

（二）构建合规管理有效性评价体系的思路

1. 构建一整套适应性强的体系化的合规工作评价方案

通过设定合规工作评价指标及评价细则，定期对合规管理体系的有效性进行分析，对重大或反复出现的合规风险和违规问题，深入查找根源，完善相关制度，堵塞管理漏洞，强化过程管控，持续改进提升。

2. 充实和补充合规管理体系的环节和要素

合规管理有效性评价既是一个有效的合规管理体系的重要组成部分，又是保障合规管理体系持续健康运行的一个必要而有效的手段。通过对合规管理有效性进行评估，可以及时发现合规管理的不足并促使其持续改进。

3. 探索和构建以结果为导向的风险管控模式

用结果导向的评估模式，通过评估合规管理的结果或目标实现程度来推定合规管理的有效性。要求公司进行充分的作为，一旦发生违规，公司就不能简单地证明已制定了标准来证实其已经进行了充分的监督，或者进行了充分有效的合规管理来覆盖和屏蔽了合规风险。

4. 借鉴企业绩效评价模型，构建合规评价指标池

借鉴企业运营绩效管理评价模型经验，按照企业战略目标的若干个重要方面，建立监控企业运营状态的绩效指标体系，对于企业运营状态进行定期检查，及时发现问题并予以关注和解决，保证企业正常运转，使企业可以按照战略目标保持可持续运营和发展状态的绩效管理方法。

（三）构建合规管理有效性评价体系的重点

构建合规管理有效性评价体系的重点在于构建适合于电网行业特点和上海电力企业实际的合规工作评价指标体系，重点研究的对象聚焦在指标的设定上，即：①指标的科学性；②指标的匹配性；③指标的明确化；④指标的细致化。

三、国网上海市电力公司合规管理有效性评价指标体系原则和框架

（一）合规管理有效性评价指标设立原则

1. 结果导向，过程修正

用结果导向的评估模式，通过评估合规管理的结果或目标实现程度来推定合规管理的有效性。

2. 数据说话，兼顾公平

通过量化或半量化的分析评价，大幅度减少纯人为判断的主观性，同时细化评价维度的颗粒度，避免评价工作走过场。

3. 链接业务，有机融合

合规评价的指标要实现功能分级分类的设计，既评价体系本身的要素，也评

价体系运用于实际业务管理中的效果，比如对电力交易合规、电网运行安全合规、供电质量及营销服务合规，应当指导业务链条进行多级指标的构建。

（二）国网上海市电力公司合规管理有效性评价指标体系框架

1. 指标分级框架

指标体系共分为三级，共包含 3 个一级指标 10 个二级指标若干个三级指标。

（1）一级指标。一级指标包括：体系建设完备性指标；体系运行过程性指标；体系运行结果性指标。

（2）二级指标。

1）体系建设完备性指标的二级指标包括合规制度、合规组织、合规运行机制和合规文化。

2）体系运行过程性指标的二级指标包括：业务活动中开展合规实质性工作的次数内容。

3）体系运行结果性指标的二级指标包括：案件诉讼情况；监管处罚情况；内控评价情况；审计合规情况；监督执纪追责情况。

（3）三级指标。在各二级指标项下，根据评级要求收集各类数据信息。

2. 指标分类框架

（1）正向指标（激励性）。主要针对体系建设完备性指标中的多数指标，以正向激励为主。做到相应要求加分，未做到相应要求不做负面减分评价（加权否定除外）。

（2）负向指标（否定性）。以结果为导向的合规管理有效性评价，强调以结果验证合规管理有效性。主要针对案件诉讼、监督执纪追责、风险事件、内部监督体系（审计等）发现问题等，属于合规问题的，进行减分评价。本类指标在 0 ～ 100 分内评分，在基础分（100 分）下减分评价，减完为止，不设负分，但在评价结果栏中备注。

（3）加权指标（一票否决或加重否定）。

1）一票否决。主要针对重大级别以上合规事件以及企业内部监督执纪追责事项（属于合规问题）的影响范围达到国家电网公司总部及以上层面的，实行合规有效性一票否决制。

2）加权否定。针对某项合规负面结果，评估是否属于设计缺陷问题，可参考内部控制报告结论。若属于设计本身缺陷，如合规制度或流程本身不合规，与上位法律或制度相抵触。或合规制度流程本身不明确导致执行出现偏差的原因率在 50% 以上的，对该项体系完备性指标项下相应指标的应得分进行扣除相减。

3. 指标权重研究

对各项指标的重要性并非等量齐观，借助科学的量化技术，通过层次分析法的程序，比较各种关联因素的重要性，来确定3项一级指标的权重。

综合以上因素，体系建设完备性指标的权重为30%，体系运行过程性指标的权重为30%，体系运行结果性指标的权重为40%。

4. 与业务指标的融合和替换

（1）指标融合。对于业务专项问题进行评价时，重点参考业务部门的绩效考核指标和内部奖惩指标，对于指标内容相似的，从合规角度进行评价赋分。

（2）指标替换。对于本身高度蕴含合规管理内涵要素的部分管理循环已有的考核指标，直接纳入为合规评价指标，不再单独制定。如：安全风险管理、财务管理、采购监督等业务指标，可直接替换应用为合规指标。

5. 基础分设置

基于结果导向和合规激励的原则，对三项一级指标评价设置前提基础分值100分，各级指标在此分值基础上进行加分减分评价，最终得出分值之和即为合规有效性水平。在横向和纵向之间可以进行排名，出具合规有效性水平排行榜，以资激励。

6. 避免重复评价规则

对于同一合规结果问题，不做重复评价。如既属内控重大缺陷，又属审计发现问题，还属于监督执纪问责事项，取三者中应扣最高分值进行减分。

四、国网上海市电力公司合规管理有效性评价指标体系内容

（一）合规体系建设完备性指标

主要评价在合规制度、合规组织、合规运行机制和合规文化4项内容上是否进行了相应的规划建设或资源配置等情况。

1. 合规制度

设定分数为5分，合规制度的评价标准和内容是看企业是否具有合规行为准则、合规管理办法以及合规管理工具和程序等方面的内容，得分规则考虑三项制度覆盖面和其重要性。

2. 合规组织

设定分数为5分，合规组织的评价标准和内容是看企业是否具有合规管理委员会、合规负责人（合规官）、合规部门以及合规专员等管理机构，得分规则考虑机构权力层级和其重要性。

3. 合规机制

设定分数为5分，合规机制的评价标准和内容是看企业是否具有合规培训沟

通机制、合规考核机制、合规举报机制、合规调查机制、合规处理和改进机制以及合规信息管理等方面的运行机制，得分规则考虑各项运行机制的畅通性和操作性。

4. 合规文化

设定分数为 5 分，合规文化评价标准和内容是看企业领导者的作用，查看领导者的重视程度，是否发表过关于合规的重要讲话和指示等，另外还要看企业提倡的核心价值观是否具有反腐倡廉等合规文化的内容，得分规则考虑二者的重要程度。

（二）合规执行过程性指标

1. 合规执行过程性指标规则和要素

评价企业（主要是第一防线部门）是否开展了反腐、环保、劳工人权、反垄断、贸易管制、金融规则、IT 安全、知识产权保护、生产安全、产品质量等领域的实质合规工作。对在具体领域开展的工作进行数量统计，在每一项合规专项管理领域，发现一次有明确合规管理行动内容的记 2 分 / 次，发现一次有模糊合规管理行动内容的记 1 分 / 次，无相关内容的记 0 分，最后根据各个领域发现次数的多少累计求和，但各领域最高得分不得超过 10 分，最终合规执行过程得分不超过 80 分。

2. 公司治理领域评价要素

根据法律法规规定以及相关监管部门的行业要求，包括公司法人治理、关联交易、对外担保、控制权交易、印章管理、股份股票、证券等内容。重点评价内容股权与决策合规；上市公司的独立性；股东知情权保合规；中小股东权益保护合规；“三会一层”运作合规；反财务欺诈合规；关联交易合规；大宗交易或重大变更事项披露合规等。

3. 反垄断领域评价要素

在开展业务过程中，应遵守《反垄断法》及相关监管规定，不得滥用市场支配地位实施以下行为：无正当理由拒绝交易或拒绝提供服务；无正当理由排除、限制竞争；无正当理由限定交易、搭售或附加不合理交易条件，对条件相同的交易相对人实行差别待遇等。

4. 反腐败领域评价要素

主要包括反贪污、贿赂、利益冲突、礼品 / 招待，以及赞助 / 捐赠政策和程序执行合规等。

5. 市场交易领域评价要素

（1）关联交易评价要素。突出反欺诈、反商业贿赂、反垄断、反不正当竞争，规范资产交易、招投标等活动。

（2）电力市场交易评价要素。主要包括：市场准入和退出合规；执行电力交易规则合规等。

6. 数据与信息安全领域评价要素

（1）网络安全合规评价要素。评价是否执行网络安全法等法律法规和监管规定，开展网络安全等级保护，防范病毒入侵和网络攻击。

（2）数据信息保护评价要素。对用户商业信息或个人信息、技术信息、商业秘密严格保护，严禁泄露给任何无关的第三人/互联网，以及尽义务采取措施不致被网络窃取或收集。

7. 安全环保领域评价要素

（1）安全管理评价要素。

（2）环境保护评价要素。

8. 劳动用工领域评价要素

（1）公司与员工关系合规。

（2）员工使用和退出合规。

9. 采购招标领域评价要素

主要评价以下合规负面行为清单：采购使用质次价高、不符合标准规范的材料和设备；擅自与名录外的供应商签订材料采购合同；未定期进行供应商诚信等级评估；未实施公开透明的比价竞标采购制度；原材料和周转设备材料的验收把关不严、手续不全；违规处置废旧物资；虚构采购业务，虚列费用成本等。

10. 投资领域评价要素

主要包括：相关部门监管要求，在并购的报批程序、资产评估程序、转让资产的定价方式、并购合同的形式要件、内部控制、财务舞弊等方面的内容。重点关注投资并购的全流程合规问题。

11. 资本运作评价要素

主要包括：不得违反规定提供赊销信用、资质、担保或预付款项，利用业务预付或物资交易等方式变相融资或投资；不得违反规定集资、发行股票或债券、捐赠、担保、委托理财、拆借资金或开立信用证、办理银行票据等；不得未履行决策和审批程序擅自投资；按规定进行可行性研究或风险分析；避免项目概算未按规定进行审查，严重偏离实际；不得擅自变更工程设计、建设内容和追加投资等。

12. 知识产权评价要素

主要包括：保护公司知识产权、防止侵犯他人知识产权。

研发立项前履行专利检索义务；遵守企业的专利布局，专利申请与企业技术秘密保护决策程序合规；在对外委托专利申请中，不得故意或重大过失泄露核心技术，更不得与第三方合谋串通，导致企业专利申请失败或被抢申。

遵守保密规定；防止在对外往来中泄密；按照档案管理规定，执行档案查阅，借出，复印，销毁等授权权限。

界定涉密岗位，遵守涉密协议；完善脱密期的管理和监控，违反脱密期内义务的，视为泄密。

遵守离职的后合同义务，严守企业技术秘密和商业秘密。

未经允许，不得擅自向外界透露活动计划；发表文章或研讨交流，遵守保密审查程序，严守保密范围的内容。

13. 财务资金与税收领域评价要素

主要包括：财经纪律合规政策执行；财务信息和报告须真实准确完整；严格发票管理；妥善保存会计资料。

依法纳税，税收筹划合理，不致发生或潜在存在违规风险。

资金管理合规，杜绝违反决策和审批程序或超越权限筹集和使用资金；违反规定以个人名义留存资金、收支结算、开立银行账户等；设立“小金库”；虚列支出套取资金；违反规定超发、滥发职工薪酬福利；因财务内控缺失或未按照财务内控制度执行，发生资金挪用、侵占、盗取、欺诈等。

资产交易合规，按规定履行决策和审批程序；不得超越授权范围转让或交易资产；执行财务审计和资产评估规定；按规定执行回避制度。

14. 第三方合规管理评价要素

主要包括：在与利益相关方（客户 / 建设 / 施工 / 监理 / 材料供应商等）日常关系中，不得有利益不正当输送、勾兑或违反廉洁等行为；对重要商业伙伴开展合规调查，通过签订合规协议、要求作出合规承诺等方式促进商业伙伴行为合规。

（三）合规执行结果性指标

1. 案件诉讼情况

发生法律纠纷事件且确属不合规导致，根据事件严重程度每次扣（0～5 分）。

2. 监管处罚情况

被国家监管机构作出处罚决定的记 4 分 / 次，被地方监管机构作出处罚决定的记 2 分 / 次。

3. 内控评价合规情况

（1）存在重大内部控制缺陷的（属于合规问题的），扣 5 分。

（2）存在重要内部控制缺陷的（属于合规问题），每个控制点扣 2 分，最多扣 6 分。

（3）一般缺陷（属合规问题）综合考虑其属性和影响程度进行扣分，最多扣 2 分。内部控制测试中发现的每个 A 类无效控制点扣 0.1 分，每个 B 类无效控制点扣 0.05 分，每个 C 类无效控制点扣 0.01 分。

4. 审计合规情况

根据外部审计师发表意见情况，每次扣 0～2 分：对属于合规问题导致且外部审计师发表否定审计意见或无法发表审计意见，扣 1～2 分；对属于合规问题导致外部审计师发表保留审计意见，扣 0.5～1 分。

5. 监督执纪问责情况

发生不上升到国家电网公司甚至国务院国资委层面的纪检监察问责、通报等，每次扣 0～5 分。上升到国家电网公司或国务院国资委层面的，实行一票否决。

五、合规管理有效性评价数据来源和采集

数据渠道来源

1. 年度总结报告

查询公司年度总结报告、法务合规审计内控等报告和企业高管、领导者讲话等内容，看是否能找到合规管理建设方面的工作内容，如合规行为准则、合规管理办法、合规委员会、合规部门、合规官、合规举报、合规文化等内容，也包括是否进行了反腐、环保、社会责任等方面的治理建设工作内容等。

2. 社会责任报告

查找领导者讲话、组织架构等方面是否包括合规管理组织，或领导者提倡合规管理建设，还包括进行的法律倡廉等合规管理领域的工作。

3. 司法文书

主要通过 α 检索系统进行检索。

4. 市场监督管理处罚记录

通过国家市场监督管理总局网站，查询企业的违规处罚情况等记录。

5. 环保系统违规处罚情况

通过生态环境部，查询企业的违规处罚情况等记录。

6. 公司官网

查询领导者讲话、组织架构、新闻等方面，是否存在合规管理机构或合规管理建设工作内容等，还可以查找是否存在重大合规事件等。

7. 权威新闻报道

国家官方机构发布一些上市公司的违规处罚通告或报道，有利于查询企业的

违规处罚情况等记录和重大新闻事件。

8. 内部控制评价报告

内控评价报告中主要聚焦在两个位置：一是财务报告内部控制重大缺陷；二是非财务报告内部控制重大缺陷。

六、合规管理有效性评价实施

（一）合规管理有效性评价的重点内容

合规管理的有效性评价重点包括以下内容：

（1）企业治理机构的高级管理人员等（即企业领导）作出合规承诺，并作出合规表率，这是有效合规管理的前提。

（2）合规组织建设、合规管理人员配备情况，其履行合规管理职责情况。

（3）合规管理制度和流程的制定及运行状况。

（4）企业合规风险三道防线（业务部门、合规管理部门、审计部门）各司其职、协调配合，有效参与合规管理，形成合规管理合力是有效合规管理的保障。

（5）实施有效的合规风险管理，包括合规风险评估、应对、监测和预警以及持续改进。

（6）向企业所有员工提供有效的合规培训。

（7）建立全面有效的合规问责制度，明晰合规责任范围，细化违规惩处标准，严格认定和追究违规行为责任。

（8）建立有效的信息系统，是有效合规管理的工具保障。

（9）为合规管理配置充分的资源，包括充分的人力、物力、财力、技术支持和保障。

（10）配备充分的合规管理人员，并为其履行合规管理职责提供充分条件。

（11）保障合规管理人员履职所需充分的自主权、知情权和调查权。

（12）合规管理部门与合规管理人员应与其他职能管理部门和业务部门充分沟通协调。

（13）应确保企业全体员工充分了解和理解企业的合规方针、合规承诺及合规要求。

（14）鼓励和支持充分和坦诚报告的文化。

（15）对违规举报人给予充分的保护。

（16）建立全面、充分、有效的违规问责机制。

（二）合规管理有效性评价的程序

合规管理有效性评价一般包括五个阶段，即评估准备、评估实施、评估报告、后续整改以及考核评价与问责。

1. 评价准备

合规管理评价准备包括：

（1）成立评价小组，进行职责分工，并对评估小组成员开展必要的培训。

（2）制定评估实施方案，制作评估底稿等评估工作文件。

2. 评价实施

合规管理评价实施包括以下几个方面：

（1）各部门自评。

（2）收集内外部资料，明确评估重点。

（3）复核各部门自评底稿，进行合规管理评估。

（4）复核。

3. 评估报告

合规管理评估报告总的改进建议宜包括以下方面：

（1）合规方针以及与它相关的目标、体系、结构和人员所需的改变。

（2）合规过程的改变以确保与运行实践和体系有效整合。

（3）需监视的未来潜在不合规的区域。

（4）与不合规相关的纠正措施。

（5）当前合规体系和长期持续改进的目标之间的差距和缺陷。

（6）认可组织内的示范性合规行为。

4. 后续整改

合规管理评价报告经批准后，对于合规管理评估发现的问题，合规管理评估小组或者企业相关权力机构要求的其他部门应制定整改方案，明确整改责任部门、整改内容、整改目标和时间表。合规管理部门应当对评估发现问题的整改情况进行持续关注和跟踪，指导并监督相关部门全面、及时完成整改。整改责任部门应当及时向公司管理层报告整改进展情况。

5. 考核评价与问责

（1）考核评价。企业应当将合规管理评价结果纳入企业管理层、合规管理部门、各业务部门和分支机构及其工作人员的绩效考核范围。

（2）问责。对合规管理有效性评价中新发现的违法、违规行为，企业应当及时对责任人采取问责措施。对在合规管理有效性评价过程中出现拒绝、阻碍和隐瞒的，企业应当采取相应的问责措施。

七、合规管理有效性评价指标体系应用

（一）选择试点评价逐步复制推广

（1）选取评价试点。综合考虑地域因素和各单位发展不同阶段，选取若干市

县级公司进行试点评价。

（2）评价前期准备。可从以下方面做好前期准备工作：一是制定评价工作方案；二是组建专家组，对指标进行专家分工；三是设计调查问卷、访谈提纲。

（3）组织现场评价。现场评价获取被评价单位合规管理中的关键信息和数据，作为合规有效性评价的依据。

（4）评价反馈提升。评价报告将逐一向被评价单位领导班子反馈，将问题处理纳入改进提升目标，并通过下年度的评价来检验改进成果，实现合规管理有效性提升。

（二）评价指标体系应用预期效果

1. 初步建立合规闭环管理机制

通过试点评价和推广应用，科学评估公司合规管理现实水平，逐步绘制一条向合规目标不断迈进的、线性的行进图，形成了“研究—评价—反馈—提升”的合规管理闭环管理机制。评价中发现的问题处理纳入改进提升目标，并通过下年度的评价来检验改进成果，实现合规管理水平螺旋式上升。

2. 有效助推企业合规管理水平

通过合规有效性评价，推动重大决策合法性审核机制有效建立，提高各单位依法决策水平。合规审查成为各单位常设机制并高效运转，所有制度应审必审，有效推动公司合规管理机制的完善。

3. 持续完善企业合规文化建设

通过合规有效性评价，公司系统员工的法治思维与法治观念得到极大提升。

4. 广泛提升企业社会法治形象

在合规有效性评价中，可以广泛吸纳高等院校、政府相关部门、法院、律师事务所等单位的法律专家参与评价，法治建设与合规管理影响持续提升，取得良好的社会效果。

（三）评价指标体系结果应用

在开展合规管理有效性评价时，应充分调动各经营管理部门参与评估的积极性，建立自评和复核相结合的评估模式，并通过自评促进各部门了解和熟悉相关合规要求，变被动合规为主动合规，建立合规管理长效机制，体现了风险导向和全员参与的原则，结合自身实际确定细致、合理的评估实施程序与方法。

建议做好以下两项工作：第一，高度重视合规管理有效性评价期间所发生的合规风险事件，根据评估期间已开展的内外部审计、外部监管检查、客户投诉及各类举报情况对评估期间的风险事件加以汇总、分析，并结合分析结果在评估工作方案中合理确定评估重点，以便在开展评估时有的放矢，真正实现查漏补缺。第二，加强合规宣导。一方面在日常合规文化建设中强调合规管理有效性评价的重要性及合规管理有效性评价全员有责的理念；另一方面在开展评估时，精心组织有针对性的评估培训工作，以便让各经营管理部门充分理解合规管理有效性自评估的重要性并掌握各种自评方法，以保障各部门保质保量地完成自评工作。

优化营商环境下的供电法律风险及对策调研课题

国网上海市电力公司

◆成果简介◆

一、课题研究背景

十八大以来，党中央、国务院对营商环境高度重视，作出了一系列重要部署。随后国家发展改革委、国家能源局等部委以及上海市政府陆续出台了一系列优化营商环境的政策性文件，同时国网上海市电力公司（简称公司）连续三年参与世界银行优化营商环境评比工作，采取了一系列优化供电服务的措施。

二、课题研究目的

研究优化供电服务过程中有哪些合规风险，还存在哪些问题，是本次课题研究的目的。

三、课题主要内容

课题正文共分五个部分，包括：对优化营商环境供电服务的总体认识，法律、法规及政府政策对优化营商环境供电服务的主要要求及趋势，公司在优化电力营商环境的工作举措，需要国家立法和政府统筹协调的重大问题，公司应对措施及建议。

1 对优化营商环境供电服务的总体认识

1.1 概念及调研范围

课题将研究范围确定为：上海市范围内申请新装、增容等业扩服务的低压非居用户电力接入工作（10 千伏用户电力接入工程有条件的可参照执行），以及上述用户接电之后，供电企业与用户在履约中所产生的相关法律风险。

1.2 提升优化电力营商环境水平的重要意义

优化电力营商环境一方面刺激国内市场发展，推动经济回归正常水平；另一方面能吸引全球优势资源，扩大对外开放水平，助力公司参与国家“以国内大循环为主体、国内国际双循环相互促进的新发展格局”总体工作部署中，主动适应国家电力体制改革，进一步扩大电网公平开放的要求和趋势，主动适应、超前研究，与政府之间充分沟通汇报，争取有利于电力事业、有利于电网公司乃至于多赢的政策与措施。

1.3　公司优化电力营商环境工作的宏观评价

2017年以来，公司系统学习研究世界银行“获得电力”指标关键内容，重点关注国家以及地方政府关于优化电力营商环境的政策要求，建立以“Free—免费，Rapid—快捷，Easy—便利，Excellent—卓越”为核心理念的FREE办电品牌，制定发布系列优化电力营商环境改革举措。指标排名从2018年的第14名上升至2019年的第12名。

2 法律、法规及政府政策对优化营商环境供电服务的主要要求及趋势

2.1　国家法律法规和监管政策文件对供电服务的新要求

2.1.1 《民法典》

就优化营商环境而言，《民法典》更多的是建立公平高效的法律制度环境。《民法典》对于流质、流押的认可，对抵押财产可转让的新规定，扩大动产抵押范围，新增应收账款质押等内容安排，相当程度上破解中小企业融资难的问题，补齐了我国在获得信贷方面的法律制度短板。

2.1.2 《优化营商环境条例》

《优化营商环境条例》第二十八条对供电单位提出以下要求：①公开服务标准、资费标准等供电信息；②提供安全、便捷、稳定和价格合理的服务；③不得强迫用户接受不合理的服务条件；④不得收取不合理费用；⑤优化报装流程，公开具体办理时间。《条例》还强调，政府应当加强对供电单位运营的监管。

2.1.3　国家发展改革委　国家能源局《关于全面提升“获得电力”服务水平　持续优化用电营商环境的意见》

该文件对营商环境供电服务的七个方面提出了详细的要求。①总体要求。2022年年底前，在全国范围内实现居民用户和低压小微企业“三零”服务、高压用户“三省”服务。②压减办电时间。③提高办电便利度。④降低办电成本。⑤提升供电可靠性。⑥加大信息公开力度。⑦强化组织实施。

2.2　上海市出台法规及政府政策对优化营商环境下供电服务的新要求

2.2.1 《上海市优化营商环境条例》

《上海市优化营商环境条例》对供电服务的具体要求共三项：一是要求不动产登记与公用事业单位加强协作，逐步实现电力与不动产登记同步办理；二是强调公用事业单位实施网上办理业务，推行接入和服务标准化，确保接入标准和服务标准公开透明，对收费项目明码标价；三是推进公共数据开放与大数据普惠金融运用，依法共享电力数据。

2.2.2 《上海市进一步优化电力接入营商环境实施办法》

办法明确规定适用于全市申请新装、增容等业扩服务的低压非居用户电力接入工作，10 千伏以上用户参照使用。办理环节缩减为用电申请和竣工装表两项，时限不得超过 10 天，其中政府审批时间不得超过 2 天。具体办理流程中，申请和工程设计环节不超过 4 天，行政审批不超过 2 天，外线施工不超过 4 天。并明确政府在审批阶段实施提前沟通服务并实行告知承诺审批，并在事中及事后加强监督。

2.2.3 《上海电网供电可靠性管制计划（试行）》

该文件根据国网上海市电力公司每一年度的供电可靠率与上一年度的比对情况，实行奖惩措施。高于上一年度指标的，增加准许收入 100 万元；与上一年度相同的，不做奖惩；低于上一年度指标的，扣减准许收入 100 万元。

3 公司在优化电力营商环境的工作举措

3.1 公司参与 2018 年优化营商环境的过程情况及具体措施

围绕“获得电力”关键指标，公司聚焦小微企业办电需求，实施延伸投资界面至客户电能表，压减办电环节，提高供电可靠性等多项改革措施。与 DB2018 相比，办电环节由 5 个压减为 2 个，接电时长由 145 天压缩至公开承诺的 30 天以内，接电成本由人均国民收入的 355.8% 下降到 0，实现客户“零投资”。供电可靠性指标方面，用户平均停电时间（SAIDI 值）由 1.24 小时 / 户下降到 0.988 小时 / 户、用户平均停电频率（SAIFI 值）由 0.226 次 / 户下降到 0.196 次 / 户，针对电力故障造成客户损失进一步完善中断供电自动赔偿机制。

3.2 公司参与 2019 年优化营商环境的过程情况及具体措施

公司以实现小微企业办电需求为目标，围绕“获得电力”关键指标，在压减办电环节、压缩接电时长、降低接电成本、提升供电可靠性、提升电价透明度和完善供电中断赔偿机制 6 个方面，创新推出 16 项改革提升举措，并同步印发 7 项配套改革文件。

3.3 公司对外承诺但事实上无法兑现的合规法律的风险

【风险描述分析】供电企业负责人对社会口头承诺实现某些供电服务义务，事实上无法兑现的合规法律风险。

【责任与后果】供电企业负责人在相关新闻发布会向社会大众承诺，无法兑现所产生法律后果可能是缔约过失责任或合同违约责任。未履行其承诺所产生的商誉损失将是更大的损失。

【合规建议】供电企业应恪守信用、自觉受其约束，企业负责人对外宣传时应当谨言慎行。若企业负责人在对外承诺愿意实现某些供电服务义务后，相对人为此实现签订供用电合同的目标付出成本，而供电企业却无法实现，需要承担缔约过失责任赔偿相对人的损失；若用户与供电企业在供用电合同中变更了抢修达到时限条款，供电企业无法达成的，则供电企业构成合同违约。

3.4 压减办电时间

3.4.1 供电企业未能在规定期限内按时供电的风险

【风险描述分析】供电企业未能在优化营商环境供电服务相关政策时限要求内完成报装、增容业务，可能导致相关行政责任以及民事违约责任。

【责任和后果】可能被电力监管机构责令改正，予以警告；情节严重时对直接负责的主管人员和其他直接责任人员给予处分。

【合规建议】一是加强沟通，进一步优化审批流程。二是降低建设时间，进一步压缩业扩报装各环节的完成时限。三是完善供用电合同关于办结时限的条款，对于因政府审批或其他不可抗力因素造成无法按时送电的，应明确排除违约责任适用。

3.4.2 供电企业未获批准即违规施工的风险

【风险描述分析】电力施工需要相关行政审批的，供电企业未取得而开工的，可能导致相关行政处罚责任。

【责任和后果】责令停止施工，限期改正，处工程合同价款百分之一以上百分之二以下的罚款。

【合规建议】加强开工项目依法合规情况检查。同步提交行政审批相关申请材料。公司应当在取得占路、掘路许可后5天内完成项目外线工程建设。

3.4.3 外线工程施工受阻影响时效风险

【风险描述分析】施工因受到外力或其他因素干扰，导致施工质量、时效违反相关优化营商环境的规定所产生的合规法律风险。

【责任和后果】造成用户损失的，用户可以依据《民法典》合同编双方的约定，向供电企业主张经济损失。

【合规建议】一是加强沟通，缩短证照办理时间。二是降低建设时间，进一步压缩业扩报装各环节的完成时限。

3.5 提高办电便利度

3.5.1 线上平台申请或者签署电子合同时申请人与实际操作人不一致或者非本人签署的风险

【风险描述分析】供电企业通过线上与用户签约的，需要通过技术手段确定用户身份信息、真实意思表示等内容，否则可能导致签署的合同无效。

【责任和后果】电子合同若非本人签署，将产生合同未生效的法律后果，若对相关当事人造成损失的，将依法承担侵权责任。

【合规建议】对合同签约方的主体资格进行严格全面审查。通过提交身份、证照等证明文件，进行身份确认。必要时，可以要求使用有资质的数字证书认证进行电子签名。

3.5.2　不履行电力社会普遍服务义务风险

【风险描述分析】供电企业违反履行电力社会普遍服务义务，可能受到相关行政处罚的责任。

【责任和后果】拒绝供电或者中断供电的，由电力管理部门责令改正，给予警告；情节严重的，对有关主管人员和直接责任人员给予行政处分。

【合规建议】一般情况下，供电企业无正当理由不得拒绝用户用电申请。因此建议对用户用电工程用电地址具备供电条件且提供的报装资料符合法规、规章和制度规定的，应当予以受理。

3.5.3　简化报装、验收审核环节（减少报装资料、压缩审核验收环节等减少办电时长的措施）的合规法律风险

【风险描述分析】因用户简化申请资料和中间验收环节，可不提供相关设计、负荷组成、竣工资料，可能造成的供电企业违规接电以及接电后因未尽安全验收职责产生安全事故，所承担民事赔偿、行政处罚的合规法律风险。

【责任与后果】个别不符合用电申请的用户将与供电企业签约，一旦事后发现不符合接电条件的，用户将以缔约过失为由向供电企业索赔；若供电企业违规接电，用户在日后发生污染、人身安全等事故的，供电企业还可能被行政、司法机关追责。由于放松了对中间环节以及用户工程验收审核，用户内部用电问题完全由其自行负责，但《供电监管办法》作为上位法仍然有效，万一发生因用户内部工程所导致的人身安全事故、电网停电事故，供电企业仍要承担民事、行政责任。

【合规建议】供电企业应当在现有的政策条件框架下，通过强化自身内部管理、补充协议等方式来弥补可能存在的风险。一是革新现有的各项流程与制度，细化工作流程；二是通过承诺、协议等契约方式进行补强；三是供电企业向电力监管机构建议，加强电力设计、施工、监理单位资质能力的监管和审查，推荐采用监管部门统一制定的格式合同，从而使优化营商环境中的接电工作从内至外确保安全。

3.6　降低办电成本

3.6.1　对应出资的电力建设项目未出资或不完全出资的风险

【风险描述分析】对于报装容量在 160 千伏安及以下的低压非居民新装、增

容用电，以及10（20）千伏新装、增容用电（不含居配工程项目）由公司投资建设至用户资产分界点，部分供电企业可能存在应出资未出资或者不完全出资的情况。

【责任与后果】电力监管机构可以责令改正并向有关部门提出行政处罚建议。

【合规建议】严格落实国家及公司有关收费政策，严禁收取国家已明令取缔的收费项目，严格执行公司对外公开承诺相关内容，对于应出资的电力建设项目应履行相应的出资义务。

3.6.2　供电企业加收不合理费用或变相提高用户接电成本风险

【风险描述分析】供电企业违反相关规定，向用户收取相关费用，可能导致退还不合理收费以及行政处罚的责任。

【责任和后果】由物价行政主管部门给予警告，责令返还违法收取的费用，可以并处违法收取费用五倍以下的罚款；情节严重的，对有关主管人员和直接责任人员给予行政处分。

【合规建议】严格落实国家及公司有关收费政策，严禁代收其他任何费用。全面排查清理工程验收接入环节向用户收取的各项费用。

3.6.3　不能公平对待用户的风险

【风险描述分析】供电企业未履行公平、无歧视地允许其他电源用户接入的合规法律风险。

【责任和后果】对未按要求提供电源接入电网、电网互联服务的，由国家能源局及其派出机构责令限期改正；拒不改正的，处10万元以上100万元以下罚款；并可对直接负责的主管人员和其他直接责任人员提出处分建议或依法给予处分。

【合规建议】电网企业应当持开放态度，但对于电源、电网接入的条件应当依法依规严格审查。

3.6.4　在“三零”服务中，实际的用电方式跟产权不匹配（商业楼宇分割产权用户申请一户一表的问题）的合规法律风险

【风险描述分析】在优化电力营商环境的大背景下，供电企业未能向商业楼宇分割产权用户直接供电，可能承担用户投诉、行政监督的合规法律风险。

【责任与后果】分割产权用户申请与供电公司直接订立合同的要求，既不符合当地供电条件，也不符合经济、合理和便于管理的原则，且交叉供电更易带来安全隐患。同时，对于需要经过其他产权区域或公共产权区域的电力线缆、设施设备建设、安装，需要经过产权人或全体分割产权用户同意方可实施，在实际协调工作中存在一定障碍。

【合规建议】①对不经过其他产权区域具备改造条件的用户，尽量安排接电；对于需要其他产权人或者全体产权人同意的申请，由供电企业、地方政府或其他组织牵头，协调解决同意安装建设问题；②对于不满足改造条件的申请，争取政府政策支持，由供电企业直接向分割产权用户供电。

3.7 提升供电能力和供电可靠性

3.7.1 供电企业违反法律、法规规定使用户停电的风险

【风险描述分析】供电企业未按照停电通知约定的时间停送电、非计划停电、未及时抢修等原因造成用户或者第三方财产、人身伤害的合规法律风险。

【责任与后果】供电企业停电程序合法、符合抢修到达时间的要求，还要实施不间断合理抢修，并且对及时抢修要做好证据留存，才能确保供电企业不承担相应法律责任。

【合规建议】一是强化停电通知管理。二是确保抢修合法及时。三是注重证据留存。

3.7.2 供电设施故障抢修管理违规风险

【风险描述分析】供电企业未配备合理的抢修力量，并在规定时间到达现场，将受到行政监管及处罚。

【责任与后果】由电力监管机构责令改正，给予警告；情节严重的，对直接负责的主管人员和其他直接责任人员，依法给予处分。

【合规建议】一是供电企业优先恢复用户供电，待恢复供电后双方就抢修责任界面以及所产生的费用进行协商。二是在因客观因素无法到达现场抢修时，应通过照片、录像等设备，记录未能及时抢修的原因。三是建立健全电力抢修网点，尽量避免因客观因素带来的监管风险。

3.8 加大信息公开力度

3.8.1 信息公开流程未规定或明确的风险

【风险描述分析】公司规章制度和业务流程中未按照国家法律法规和行业监管的规定，向社会公开服务标准、资费标准、办理时限等信息以及对于依申请信息公开办理的流程不具体不明确。

【责任与后果】国务院能源主管部门及其派出机构依法追究其责任。

【合规建议】严格按照《优化营商环境条例》《政府信息公开条例》《供电企业信息公开实施办法》规定，制定或修订公司信息公开相关规章制度或者业务流程，明确相应信息公开部门职责、业务流程、时间节点，确保信息公开落到实处。

3.8.2 供电企业违反市场监管要求内容标准的风险

【风险描述分析】供电企业信息公开不达标、不透明，未按规定公开供电

“两率”、停限电信息、用户受电工程信息及收费标准信息等与人民群众密切相关的信息。

【责任与后果】由电力监管机构给予批评，责令改正；拒不改正的，处 5 万元以上 50 万元以下的罚款，对直接负责的主管人员和其他直接责任人员，依法给予处分。对于违反本办法并造成严重后果的供电企业主管人员或者直接责任人员，电力监管机构可以建议将其调离现任岗位，3 年内不得担任供电企业同类职务。

【合规建议】首先，供电企业应将信息公开工作纳入常规工作。其次，要严格执行信息公开相关工作制度。再次，要规范用电报装服务，制定用电报装工作流程、办理时限、办理环节、申请资料等服务标准和收费项目目录清单，及时作优化调整并向社会公开；各省级价格主管部门制定或调整涉及终端电力用户用电价格政策文件时，提前一个月向社会公布，提高电费透明度。

3.9　清洁能源消纳

用户清洁能源发电上网后，供电企业未能实现全额保障性收购导致的风险。

【风险描述分析】根据《可再生能源法》第十四条：国家实行可再生能源发电全额保障性收购制度。供电企业在受理客户电网接入业务时，应当全额保障性收购，否则将受到行政监管及处罚。

【责任和后果】造成可再生能源发电企业经济损失的，应当承担赔偿责任，并由国家电力监管机构责令限期改正；拒不改正的，处以可再生能源发电企业经济损失额一倍以下的罚款。

【合规建议】一是加强与政府的沟通，从清洁能源发展规划、煤电有序清洁发展等方面优化电源布局，合理控制电源开发节奏；二是发挥市场调节功能，从电力中长期交易、清洁能源跨省区市场交易、现货交易等方面加快电力市场化改革；三是严格落实国家再生能源电力配额制度、清洁能源优先发电制度；四是电源、电网接入公共电网时依法开展审核机制。

3.10　用户信息保护

未采取用户信息保护措施的风险。

【风险描述分析】供电企业对用户信息的采集、储存、使用和披露等方面违反相关法律、法规要求，可能承担民事、行政责任，甚至刑事责任。

【责任和后果】供电企业应当采取谨慎态度，分析、审核及采取相关措施（数据加工、签订保密协议等）后予以提供，否则可能会承担一系列法律责任。

【合规建议】对信息数据增值变现、政务信息数据采集等涉及的信息数据对外提供，互联网部负责归口管理工作。外部信息数据需求方需与数据责任部门签订保密协议。同时，对不同的信息数据做分别处置。

3.11 政府行政协同

3.11.1 政府政策未落实到位导致供电企业服务违规的风险

【风险描述分析】用户与供电企业签订了相关接电工程协议或出具了相关施工方案后，供电企业由于政府原因导致未能履约，从而产生民事违约的责任。

【责任和后果】由于接电工作是需要内（供电企业自身管理）、外（政府行政审批许可）相结合的一项工作，若政府在行政审批过程中存在时效瑕疵，办电超时可能产生的民事责任由供电企业承担。

【合规建议】供电企业加强与政府相关部门的沟通，解决相关技术问题，提高行政审批的时效。

3.11.2 优化营商环境中相关法规政策与现有电力行业法规、规章之间冲突的合规法律风险

【风险描述分析】供电企业在落实监管部门优化营商环境工作要求的过程中，执行的具体政策要求与现有电力行业法规、规章规定相冲，可能导致供电企业面临民事、行政责任的合规法律风险。

【责任与后果】一旦发生用户工程导致人身安全财产损失事故、电网停电事故，供电企业除了要承担民事责任外，可能还会被监管部门责令承担行政责任。

【合规建议】优化营商环境供电服务并非单纯的公司行为，更是一项政治任务，供电企业必须坚决执行。供电企业在落实政府优化营商环境要求的过程中，要通过其他形式规避因政策、法规、规章之间的冲突而可能产生的问题。

3.12 传统供电服务领域的合规风险

3.12.1 用户工程未办理前期项目行政审批风险

【风险描述分析】电力工程前期项目未经行政审批，可能导致项目主体受到行政处罚。

【责任和后果】实行核准管理的项目，企业未依法办理核准手续开工建设或者未按照核准的建设地点、建设规模、建设内容等进行建设的，由核准机关责令停止建设或者责令停产，对企业处项目总投资额1‰以上5‰以下的罚款；对直接负责的主管人员和其他直接责任人员处2万元以上5万元以下的罚款，属于国家工作人员的，依法给予处分。

【合规建议】严格执行《国家电网有限公司电网项目前期工作管理办法》：一要确保申请核准资料符合要求；二是同一电网建设项目各项行政许可申请主体和项目核准申请主体应保持一致；三是项目核准文件有效期为自核准机关作出予以核准决定或者同意变更决定起2年，需要延期开工的，应当在期满前30个工作日前，向核准机关申请延期建设。

3.12.2　施工现场管理不善的风险

【风险描述分析】供电企业在施工中不履行法律规定的安全生产义务，可能导致行政处罚责任。

【责任和后果】责令限期改正，处 20 万元以上 50 万元以下的罚款；造成重大安全事故，构成犯罪的，对直接责任人员，依照刑法有关规定追究刑事责任；造成损失的，依法承担赔偿责任。

【合规建议】一是依法依规制定完善企业全员安全生产责任制。二是施工单位应当设立安全生产管理机构，配备专职安全生产管理人员，对安全生产进行现场监督检查。三是建筑施工企业应当建立健全劳动安全生产教育培训制度，加强对职工安全生产的教育培训；未经安全生产教育培训的人员，不得上岗作业。

3.12.3　因施工质量不达标、现场施工不文明导致风险

【风险描述分析】因施工质量不达标、现场施工，将导致相关行政处罚，造成严重后果甚至会承担刑事责任。

【责任和后果】建设单位要求建筑设计单位或者建筑施工企业违反建筑工程质量、安全标准，降低工程质量的，责令改正，可以处以罚款；构成犯罪的，依法追究刑事责任。

【合规建议】一是严格按照电力工程建设质量要求法律法规及技术标准、设计要求，从勘察、设计、施工全过程做好质量管控；二是完善施工检验制度和工序管理程序。

3.12.4　供电企业违规“三指定”风险

【风险描述分析】供电企业违反“三指定”规定将导致电力监管部门对其进行行政处罚。

【责任和后果】由电力监管机构责令改正，拒不改正的，处 10 万元以上 100 万元以下罚款；对直接负责的主管人员和其他直接责任人员，依法给予处分；情节严重的，可以吊销电力业务许可证。

【合规建议】主动告知客户自行查询设计单位、施工企业等资质方式，由客户自行选择。严格遵守公司供电服务“三个十条”规定，开展业扩报装工作。严肃查处“三指定”问题，对涉嫌“三指定”、侵害客户利益的事件，以及在业扩报装工作过程中造成重大社会影响、重大经济损失的，按照公司相关规定严肃追究相关单位或个人的责任。

3.12.5　因供电设备致使用户或第三方财产、人身伤害的风险

【风险描述分析】因供电设备致使用户或第三方财产损失、人身伤害的，可

能将承担相关民事赔偿责任。

【责任和后果】属于供电企业产权或管理的，产权归属于谁，谁就承担其拥有的供电设施上发生事故引起的法律责任。但产权所有者不承担受害者因违反安全或其他规章制度，擅自进入供电设施非安全区域内而发生事故引起的法律责任，以及在委托维护的供电设施上，因代理方维护不当所发生事故引起的法律责任。属于供电企业产权或管理的高压设备的，高压设备引起的侵权纠纷，供电企业承担无过错责任，只要在法定条件下可以减轻或免除责任。

【合规建议】第一，明确用户、供电企业的设备产权归属及管理维护责任。第二，供电企业对自身产权以及负有管理责任的供配电设备采取安全措施并尽到警示义务。第三，运用法律的免责条款，减轻或不承担相关责任。

4 需要国家立法和政府统筹协调的重大问题

4.1 推动绿色发展，促进能源转型

推动绿色发展，促进能源转型的顶层设计可以从以下四个方面进一步完善：一是立法保障清洁能源送出工程建设，完善清洁能源消纳和补偿机制，有效降低弃光弃风率；二是授权有条件的地方试点岸电强制替代，逐步推广复制，强化电能替代的刚性约束，补齐港口碳排放短板，促进相关制造业的转型发展；三是修改新建、改建、扩建项目规划指标条件，提高新能源汽车充电设施配置比例，增加公共停车充电项目用地的投放；四是结合城镇老旧小区改造，提升住宅小区充电设施的利用率和共建共享水平。

4.2 完善转供电监督检查机制，确保电价优惠惠及终端用户

从实践情况来看，以下三方面问题需要在国家政策法规层面予以完善解决：一是转供电检查的法律依据有待健全完善；二是开发商、物业公司、工业园区管理方等常见转供电主体的法律责任有待进一步明确；三是转供电环节违规加价的法律责任有待明确，执法刚性有待加强。

4.3 窃电违约处罚机制亟待重建

现行的窃电违约处罚机制存在的问题可从以下三方面进行概括：一是作为直接法律依据的《供电营业规则》效力层级过低，尤其是三倍违约金的规定过高，明显超出司法实践标准；二是窃电期间，金额难以客观还原和固定，建议在《电力法》中建立专门的窃电惩罚性赔偿制度；三是需平衡窃电处理和用户用电权保障之间关系，考虑不停电或适时恢复供电。

4.4 重新梳理住宅小区供用电安全管理机制，建设平安中国

住宅小区供用电安全存在的以下三方面现实问题需要在政策法规层面予以解决：一是住宅小区二次供电设施的投资建设、运行管理和使用的责、权、利不

对等；二是住宅小区的供用电安全踱脚情况严重，用电缺乏制度保障；三是住宅小区二次供电设施更新改造的长效机制亟待建立。

5 公司应对措施及建议

针对优化营商环境工作中提高接电时限、降低办电成本、提高供电可靠性以及随之产生的系列合规风险问题，相关应对措施及建议如下：

5.1 压减办电时间方面

一是谨慎做出服务承诺；二是积极办理审批义务。

5.2 提高办电便利度方面

一是规范关联交易管理；二是规范线上业务办理。

5.3 降低办电成本方面

一是严格落实国家及公司有关收费政策严禁加收不合理费用、代收其他任何费用，定期核查清理不规范结算行为。二是做好电费信息的主动告知，通过电话回访、走访客户等形式，宣传各类电费收费模式及特点，对存在不合理交费行为的客户及时寄送电费账务情况告知书。

5.4 提升供电能力和供电可靠性方面

一是强化停电通知管理；二是积极履行抢修义务；三是做好清洁能源消纳。

5.5 加大信息公开方面

一是完善内部信息公开规章制度体系。二是拓宽信息公开的途径和方式，及时更新主动公开信息。三是加强用户信息保护。加强信息安全防护，落实公司专业网络与信息安全管理责任，严格用户个人信息的使用审批流程。

5.6 贯彻政府监管政策方面

在优化营商环境工作中，承担社会公共管理职能的企业有别于普通营利性企业，在面对优化营商环境工作中需要依照政府各项政策严格执行的同时，供电企业可以采取如下应对策略：一是内部流程和制度要修订。二是对外承诺要慎重且明确。供电企业对外应慎作承诺，但承诺后要“一诺千金、言出必行”。三是通过合同来补强相关风险。四是积极参与政府政策制定。

电网企业合规体系构建及有效性评估研究

国网江苏省电力有限公司

◆成果简介◆

本课题从国家政策、立法、监管变化和电力改革、战略目标等角度分析电网企业合规需求，充分参考国外合规领域的研究成果和实践案例，在社会责任理论、利益相关者理论、可持续发展理论、公司治理理论、公司监管理论和企业管理理论的基础上，结合系统论、控制论和戴明理论（PDCA），根据电网企业的特殊属性和合规管理需求，梳理出电网企业合规的内涵和外延，厘清合规与合法、全面风险管理的联系和区别。坚持问题导向，全面梳理电网企业合规管理体系构建面临的问题，从内涵外延、合规治理、组织架构、制度机制四个方面深入展开分析，引入工程设计理念、人本管理方法，以及最新的“三道线”内控理论，建立合规动力、赋能和约束机制，明确“正确理解合规内涵，统一合规理论基础”“以合规治理理念构建合规管理体系”是体系构建的基本方法，提出构建合规体系的具体建议。确立有效性评估指标体系的构建原则和实施路径，明确基于过程导向的合规绩效评价和基于结果导向的合规绩效评价两个维度，提出合规体系有效性评价方法和指标体系。同时，结合管理现状，明确合规管理在电力体制改革、公司治理、集团管控中的积极作用，提出合规治理应用于集团管控的建议。

企业合规已成为通行国际商业规则。在全面依法治国深入推进，国企改革、各类监管不断强化的大背景下，以建设具有中国特色国际领先的能源互联网企业战略为指引，电网企业除了重视风险管控，还需要通过合规体系构建提升公司治理水平。随着《国家电网有限公司合规管理办法》的出台，电网企业合规已经进入全面建设阶段，开展合规体系构建和有效性评估研究是当务之急。

一、电网企业合规面临的主要问题分析

（一）合规内涵不清

具体表现为合规的目标、内容、责任主体等缺乏明确界定，合规与合法、全面风险管理的边界模糊，合规工作界面不清晰，导致电网企业合规缺乏方向。

利益相关者、合规要素、合规风险、合规义务等与合规有关的重要概念未能得到重视和清晰解读。

（二）治理缺位普遍存在

未将合规纳入公司治理范畴，董事会、监事会、经理层合规职责不清，缺乏合规独立性设计，组织架构、管理制度缺乏落实方法，合规管理重形式轻实质，片面强调员工遵章守纪，将合规责任推给基层员工。合规治理对于集团管控的价值未能得到足够重视，合规管理在集团层面缺乏顶层设计。

（三）组织架构不完善

国家电网公司总部层面，合规管理委员会在治理中的地位不清晰，独立性未能得到有效凸显。基层单位层面，组织架构搭建流于形式，欠缺对业务合规的实际支撑。

（四）合规制度机制不够完善

合规制度尚未体系化，治理合规承诺、员工合规规范等制度未形成，没有根据合规要素开展专项制度建设。合规运行保障机制缺乏具体制度安排，合规机制与现有风控、审计巡察等管理体系难以融合，合规机制可操作性不强，落地困难。

二、合规体系构建和有效性评估研究

（一）紧扣合规本源理论，厘清合规内涵

1. 夯实合规理论基础

社会责任论明确了公司对社会的责任和义务；利益相关者理论明确了公司合规的责任对象是广泛的利益相关者；可持续发展理论强调了公司发展和合规经营的一致性。多边治理理论意味着公司治理的出发点在于平衡利益相关者的利益，而治理机构负有广泛的合规责任。公司监管则正从外部监管逐步转向自律监管，合规体系建设是自律监管的核心内容。

上述理论相互支撑，构成合规的基础理论，应当成为电网企业合规实践的方向指引。

2. 界定合规基本内涵

将合规基础理论与电网企业实践相结合，明确电网企业合规内涵。

（1）价值观层面。秉承国家能源战略使命，践行可持续发展战略，充分尊重包括电力用户、股东和其他投资者、竞争对手等在内的利益相关者的民事权利。

（2）行动层面。主动遵守法律规则，特别是商主体法、商行为法中的禁止性规范、义务性规范、效力性规范和程序性规范，主动遵守公认的、高标准的商业道德准则。

（3）合规路径。合规通过对董事会及各经营管理层的充分授权和强化责任，持续建设和改进合规管理体系，持续加强合规文化建设，持续开展员工合规培训和合规行为管理，对外履行高标准的信息披露义务来实现。

3. 解析合规相关概念

为进一步明晰合规的内涵，根据业务板块和流程，全面梳理投资者、电力用户、员工、债权人、商业合作伙伴、竞争对手等十二方面二十类利益相关者，整理信息披露、反商业贿赂和政府关系处理、反垄断与不正当竞争、数据安全和数据保护等二十一个合规要素，根据商事主体法律规范、商行为法律规范、国资监管法律规范、电力行业法律法规、改革改制规范性文件、国际组织相关规范等的主要规范渊源整理合规义务，明确合规风险的范围应当包括规章制度违反法律规定的风险。

4. 厘清合规与合法、全面风险管理的联系和区别

合规是主动行为，而合法是静态的事实状态。合法性审查是底线、刚性思维，合规性审查是"善意"、柔性思维；合法性审查着眼于法规，合规性审查着眼于利益相关者关系和外部风险；合规性审查是合法性审查和商业道德符合性审查的有机结合。

合规和全面风险管理在管理工具上都依赖于内控程序。合规体系是包括结构和策划、角色和职责、制度建设、机制运行在内的一系列体系化安排，在目标、对象、手段、层级、地位、角度、形态和文化内涵等方面，与全面风险管理存在区别，作为治理概念，强化合规管理对公司防范风险、可持续发展的作用更大。

（二）电网企业合规体系构建建议

1. 明确合规体系构建方法

正确理解合规内涵，明确合规体系构建的基本方法是以治理和顶层设计理念为引领，引入人本管理方法，强化动力、赋能和约束机制建设。

2. 将合规纳入公司治理

（1）董事会应把合规纳入价值观，发布合规宣言、承诺，推行合规管理制度，把合规纳入最高管理层议事、决策程序，利益相关者理念、合规要素和信息披露义务应得到强化。

（2）治理层应强化制衡机制建设，优化合规治理架构，实现首席合规官、合规管理委员会、合规管理部门与决策机构有效对接。

（3）由总法律顾问担任首席合规官，纳入公司高管序列，提升合规独立性和专业性。

（4）明确执行董事、总经理、各业务板块负责人合规责任，将合规履职纳入绩效评价。

（5）明确董监高合规职责边界和领导责任具体内涵。

（6）内部审计需涵盖合规审计。

3. 完善合规体系

（1）除治理结构以外，完善合规体系的重点在于优化基层合规组织架构，落实合规管理部门建制，完善合规专员、合规联络员设置，将合规管理深入到业务操作环节。

（2）合规保障层面，应引入"三道线"机制，将"三道防线"的防范导向转变为价值导向，构建四位一体的合规自律监管模式，提高合规监管效率和协同性。

（3）制度建设层面，应完善治理层承诺、员工手册、具体合规规范和针对机制的专项合规制度。

（4）业务执行层面，通过双向培训、合规计划等推进业规融合。

（5）合规管理层面，应以法务团队为基础整合合规团队，实现合规咨询服务功能、管理功能到辅助治理功能的全覆盖。

（6）合规方法层面，着力开展合规义务清单编制，为风险识别提供指引，明确风险识别和应对措施制定的方法。

（7）机制建设层面，细化和落实现有合规机制，增加合规咨询机制、合规管理协调机制、合规监督协调机制，开展跨专业合规管理协调的模式探讨。

（三）合规管理对集团管控的价值及具体建议

（1）充分认识合规管理对集团管控的价值。合规治理为集团管控提供重要的理念，合规管理方法为集团管控提供重要工具。

（2）开展各层级合规体系建设。从电网企业管理模式、业务模式和利益相关者群体、供电许可证持证、民事行政责任承担四个维度的分析，国家电网公司、直属单位、省级电网企业和基层单位均应分别建立独立合规体系。

（3）各级单位合规管理分工。国家电网公司需要引领合规文化建设。直属单位和省级电网企业应完善合规治理和体系搭建，开展合规监管；基层单位则应开展合规管理组织架构、职责、制度建设。

（4）落实基层单位合规治理责任。明确第一责任人制度的内涵，区分治理责任、管理责任、违规责任及其追责方法。

（5）加强对合规管理部门的纵向管理。现阶段，要加强上级单位合规管理部门对下级单位合规管理部门、合规专员、合规联络员的业务指导，条件成熟时，要开展合规部门纵向直管探索，摆脱横向管理对合规独立性的干扰。

（6）在横向层面合理分担合规职责。业务部门负责掌握合规规则，梳理本部门合规义务和风险，分解合规规则并有效执行，承担违规责任；合规保障部门根据合规要素进行分解合规职责，除合规管理部门负责总体工作外，财务、人资、安全等部门分别负责本领域专项合规管理工作。

（7）改变单一信息传递模式。上级单位应当重视合规治理和理念传达，具体工作交由基层单位充分实践。改变上传下达的单一信息交流模式，对基层单位充分授权，赋予制度和流程调整权限；允许和鼓励基层单位报告合规管理问题，提出制度修正提案，报上级部门研究。

（四）构建有效性评估方法及指标体系

从两个维度展开有效性评估：一是基于过程导向的合规绩效评价维度，包括合规管理要素有效性和合规体系运行有效性；二是基于结果导向的合规绩效评价维度，根据关键绩效指标形成指标体系。评估应当针对三方面内容：一是合规管理要素的完整性；二是合规体系的运行情况；三是合规管理的实效情况。

运用网络层次分析法，可将指标体系纵向划分为目标层、维度层和指标层。在有效性等级方面，划分为优秀、良好、合格、较差和缺项五个等级，并辅以分值量化。

有效性评估成果应作为构建合规风险防范长效机制、改善合规经营和监管、实施差别监管和分类监管的基础依据。

附件：电网企业合规体系构建建议

附件

电网企业合规体系构建建议（汇总）

构建领域	具体建议	完善措施	责任主体
合规体系构建	一、完善电网企业合规管理组织架构	1. 在董事会建立合规管理委员会，作为董事会的专门委员会之一，明确合规管理委员会由首席合规官担任主任	治理层
		2. 明确首席合规官为董事会成员，提升合规治理层级，为首席合规官在赋权上给予资源的支持	
		3. 将公司总法律顾问设置为首席合规官，由专业人管专业事。如分管领导更适宜担任首席合规官，建议削减分管领导现有分管工作中与合规不相容的部分，使首席合规官专注合规治理工作，增强合规组织架构整体的独立性	
		4. 将法律部整合为合规管理部门，削减其不相容职能，明确法务和合规均为合规管理部门的工作内容，增设合规管理专职人员	治理层、管理层
		5. 建立合规管理协调委员会会议机制，由合规管理部门牵头，业务部门、保障部门参与，确保合规管理落实到业务，合规管理在企业管理层级有足够的资源配给	
		6. 建立合规监督协调委员会机制，由党委、纪委牵头，审计部门、监察部门和合规管理部门参与。其中党委、纪委负责合规监督资源的配给，审计部门承担合规审计职能、监察部门承担合规监督职能，合规管理部门主要提供合规专业支撑	
		7. 明确业务部门合规专员、合规联络人岗位，并接受合规管理委员会和合规管理部门管理和工作指导，实现上下一体，纵横结合的合规管理体系	管理层、业务部门

续表

构建领域	具体建议	完善措施	责任主体
合规体系构建	二、优化“三道防线”，引入“三道线”机制	1. 业务部门自查自控是第一道防线，合规管理部门审核线和审计、监察督察问责线分别是合规管理的第二道防线和第三道防线	管理层
		2. 建议业务部门通过合规管理部门与业务管理部门的协调联动，对业务类别进行适当分解，对业务流程进行归纳整理，对内部控制乏力环节进行精准研判，对部门和岗位开展合规赋能	业务部门
		3. 建议合规管理部门丰富其工作内容，在防范合同法律风险基础上，增加合规性研判、审查的工作维度，为业务工作的合规性提供重要的专业支撑	合规管理部门
		4. 建议风险管理部门（内控部门）通过对公司所面临的风险进行全面识别、评估和控制，为明确公司合规重点提供基础素材；内控工作通过设定内控目标、实施内控措施，切实保障合规要求的落实和执行	内控部门
		5. 建议监察工作通过对公司全员的廉政监督，防范廉政风险；并协助合规管理部门进行合规文化宣教，提升全员合规意识	监察部门
		6. 审计工作通过对财务、资产、经营、内控等管理的真实性、合规性、有效性审核，协助合规管理部门开展合规审计工作	审计部门
		7. 通过合规内控机制串联“三道线”：（1）合规风险识别和分层分级管控，实现合规要求与业务活动的有效对接	业务部门与合规管理部门协作
		（2）强制咨询机制和合规审查机制，实现业务流程合规赋能和合规风险控制	
		（3）违规举报、违规预警、调查问责和应急处置机制，加强合规管理并应对可能发生的合规风险	合规管理部门、监察部门、审计部门、业务部门以及其他相关部门协作

续表

构建领域	具体建议	完善措施		责任主体
合规体系构建	二、优化“三道防线”，引入“三道线”机制	7.通过合规内控机制串联“三道线”	（4）合规评价机制和问责机制，实现合规管理的持续优化	合规管理部门牵头，各部门协作，管理层支持
			（5）合规强制培训机制，培育合规文化	合规管理部门牵头，人力资源部门、业务部门、监察部门等相关部门协作
	三、构建法务部门、财务部门、监察部门、审计部门四位一体的合规自律监管模式	1. 执行统一的合规管理制度，按照制度确定的分工分别实现各部门职能		合规管理部门、财务部门、监察部门、审计部门
		2. 共同制订合规规范		合规管理部门、财务部门、监察部门、审计部门协作，管理层支持
		3. 信息共享，包括法律规定、监管政策、信息方面的共享，也包括各类工作报告（如内控报告、审计报告、监察报告）的共享		合规管理部门、财务部门、监察部门、审计部门与信息技术部门协作，管理层支持
		4. 工作互动，在信息共享的基础上，通过合规协调会议机制、联合检查行动、日常工作配合等实现合规管理的相互嵌入		合规管理部门、财务部门、监察部门、审计部门协作，管理层支持
		5. 交叉培训		合规管理部门、财务部门、监察部门、审计部门协作
		6. 可行时开展统一信息发布，包括合规评价报告、违规情况通报等信息		合规管理部门、财务部门、监察部门、审计部门协作，管理层支持
		7. 可行时开展人员轮岗工作		

续表

构建领域	具体建议	完善措施		责任主体
合规体系构建	四、完善合规管理制度体系，融合现有管理体系	1. 探讨高效、便捷的制度体系完善方法	（1）建议比对合规管理制度架构，将合规管理制度架构分为基本制度和专项制度，并通过合规管理全景蓝图，识别制度架构中待完善的工作	管理层牵头，合规管理部门主要负责，各部门配合
			（2）建议尽快弥补缺失的基本合规制度，专项制度可通过制定或是对现有制度的合规化修订完成	管理层牵头、合规管理部门起草基本合规制度、各部门配合，治理层审议； 合规管理部门牵头并协助各部门完成专项制度制定或合规修订，管理层审议
		2. 进一步完善合规管理基本制度	（1）建议在国家电网公司、省公司、基层单位（市、县公司）三个层级分别制定合规管理基本制度	各层级公司管理层牵头、合规管理部门起草、各部门配合，治理层审议
			（2）省公司和基层单位的合规管理目的、原则、合规文化应遵从国家电网公司合规要求，合规管理重点可根据各层级的业务类型、管理权限、区域特点等自行确定，合规行为准则可有所差异	合规管理部门牵头并协助各部门完成专项制度制定或修订，管理层审议
		3. 开展专项合规管理规范建设	（1）专项合规管理规范可根据合规要素确定，也可结合现有管理制度进行查漏补缺	
			（2）对于业务合规管理制度，鉴于电网业务制度专业性和细分程度，可在现有业务制度中，增加与业务相关的合规要求条款	

续表

构建领域	具体建议	完善措施		责任主体
合规体系构建	四、完善合规管理制度体系，融合现有管理体系	4. 建立合规机制专项管理制度	（1）建议各级电网企业结合自身的合规组织架构、部门结构、业务流程等，细化、落实合规运行和保障机制的具体执行标准	合规管理部门牵头并协助各部门完成专项制度制定或修订，管理层审议
			（2）针对合规管理会议、合规风险识别与预警、合规审查、审核与监督、合规评估等机制，建议制定专项制度文件	
			（3）违规举报、调查与问责、合规培训、合规保障等属于通用管理机制，可在现有制度中增加合规管理内容，与现有管理机制融合	
			（4）为保证合规管理有据可查，建议单独制定合规档案管理制度	
		5. 落实制度中“协同联动”的方法	（1）在业务管理制度中建议明确电网企业围绕公司合规管理要求细化业务合规工作，且法务人员参与业务合规条款的制定	业务部门与合规管理部门协作
			（2）在合规管理会议制度中明确，上会文件包括合规管理部门出具的审查意见等	合规管理部门制定，管理层支持
			（3）在违规举报、调查与问责制度中，督促合规管理部门与纪检、审计等监督部门协同开展工作，并由合规管理部门负责违规行为定性分析等	合规管理部门与纪检、审计等监督部门协作
			（4）合规管理体系与其他管理体系的融合应当从业务、流程、结构、角色和职责、管理模块、风险管控的专业性要求以及运行保障等方面综合考量，从刚开始逐步结合过渡到成熟后尽可能相融合	管理层牵头，各体系管理部门协作

续表

构建领域	具体建议	完善措施		责任主体
合规体系构建	五、推进业务管理和合规管理相融合	1. 业务管理和合规管理的融合	（1）建立业务管理人员和合规管理人员的双向培训机制，做到业务人员具备合规意识，合规管理人员了解业务过程，知悉业务合规风险	业务部门、合规管理部门、人力资源部门协作，管理层支持
			（2）建立业务管理人员和合规管理人员的联席会议机制，就业务合规问题共同决策，寻求解决方案	业务部门与合规管理部门协作，管理层支持
			（3）通过合规计划，设定合规目标，就业务流程、业务环节和业务场景共同探讨合规优化方案	业务部门与合规管理部门协作
			（4）将合规措施纳入业务流程，纳入业务信息系统，提供强制咨询和合规审查服务	业务部门、合规管理部门与信息技术部门协作
		2. 合规与业务的融合的步骤	（1）清晰界定电网企业的业务板块，查找与业务板块相关的所有利益相关者	业务部门与合规管理部门协作
			（2）明确该业务板块所涉及的合规要素	
			（3）根据相关合规要素，查找与合规要素相关的所有合规规则，并分析出合规义务，形成合规义务清单	
			（4）绘制业务流程图，将合规义务匹配至业务流程，发现业务流程缺项的，根据合规业务增加业务流程环节；发现业务流程冗余且对遵守合规义务造成影响的，减少业务流程环节	

续表

构建领域	具体建议	完善措施		责任主体
合规体系构建	五、推进业务管理和合规管理相融合	2. 合规与业务的融合的步骤	（5）根据更新后的业务流程，确定业务流程涉及的岗位职责和合规责任	业务部门与合规管理部门协作
			（6）根据业务流程和合规义务的匹配情况，设置内部控制节点，匹配合规监管责任	
			（7）根据以上工作成果，制订业务流程合规管理全景图	
	六、推进法务团队向合规团队的提升	将法律专业人才组成的法务团队，演化为由法律、财务、业务等多领域综合性人才的团队，在功能上，法务团队风控管理功能也演变为包括咨询、审查、监督等在内的合规管理功能		合规管理部门、人力资源部门、财务部门、业务部门协作，管理层支持
	七、分级分层制定合规目标	1. 针对电网企业的实际，由国家电网公司制定合规方针，并作为电网企业合规的指导性文件		国家电网公司治理层
		2. 将合规具体目标的确定和上报作为电网企业的常态化工作。合规目标可作为合规管理部门的具体工作内容及合规管理的考核依据		管理层与合规负责人提出具体合规目标，合规管理部门负责执行
	八、建立合规义务清单	合规义务清单的梳理方法遵循从利益相关者、合规要素、合规规则到合规义务析出的整个过程		合规管理部门牵头并协助各部门完成
	九、明确合规风险识别和应对措施制定的方法	1. 界定本单位、本部门或某一业务模式的利益相关者，并根据法律法规和实际工作中利益相关者的要求，归纳利益相关者的核心诉求，对合规管理工作进行科学分解		
		2. 分析合规要素，即明确合规义务的核心		

续表

构建领域	具体建议	完善措施	责任主体
合规体系构建	九、明确合规风险识别和应对措施制定的方法	3. 明确合规义务，即通过相关法律法规、业务规范文件、公司制度等合规规则查找，明确义务性规定、程序性规定、效力性规定、禁止性规定，进而识别具体合规义务	合规管理部门牵头并协助各部门完成
		4. 分析业务流程和操作实践，即将现有的业务规定和实际操作流程，与合规义务进行对比，可分析出合规风险点	
		5. 确认合规风险，根据合规风险点判断合规风险的类型，即违规风险、流程风险或规则风险	
		6. 根据合规风险制定应对措施。因流程无法满足合规要求造成合规风险的，可对流程进行修改、完善。合规风险存在的原因，如是制度建设存在空缺的，则完善相应的制度。如是执行人员欠缺合规意识的，则加强合规培训。如是通过流程和规则均无法避免的道德风险，则加强监督追责	
	十、提升合规风险识别和评估的专业性	1. 建立规范统一的合规风险识别方法和评估指标	合规管理部门牵头，各部门协作，可外聘专业机构，管理层支持
		2. 通过整体视角开展风险识别和评估，打破部门界限	
		3. 通过外部视角开展风险识别和评估，把合规义务的履行而非自身风险的规避作为问题导向	
		4. 加强风险识别和评估的独立性，聘请外部专业人士开展识别和评估工作	
	十一、细化、落实和补充合规机制	1. 细化和落实合规机制：（1）可通过制定专项合规管理制度，协助细化、运行合规机制	合规管理部门牵头并协助各部门制定，管理层审议
		1. 细化和落实合规机制：（2）不同层级的电网企业对同一机制运行的侧重点有所区别	

续表

构建领域	具体建议	完善措施		责任主体
合规体系构建	十一、细化、落实和补充合规机制	2. 丰富合规保障机制	（1）适当建立强制咨询机制	合规管理部门提出建议，管理层审议，合规管理部门牵头、各部门协作落实
			（2）增加合规管理协调机制	
			（3）建立合规监督协调机制	
		3. 将合规计划作为合规运行机制的重要补充	合规计划有着计划、启动、管理、验收、评审等相应的内容。一是经过对合规管理体系的评价，形成改进目标，通过合规计划实现改进目标；二是根据具体监管要求，设定合规具体目标，并通过合规计划实现合规目标；三是监管要求变化时，根据新的监管要求，设定合规目标，并通过合规计划实现目标；四是发生或者发现合规风险时，以防范特定合规风险、优化合规管控措施为目标，制定和实施合规计划以实现目标	合规管理部门提出建议，管理层、治理层审议
	十二、探讨构建跨专业合规管理协调模式	有必要建立跨电力专业的合规管理协调模式，综合解决合规管理问题		治理层、管理层
集团管控	一、电网企业合规管理体系建设层级	建议国家电网公司、省级电力公司以及从事其他业务的法人实体搭建独立的合规管理组织。市公司和县公司均也建议搭建独立的合规管理体系，三新供电服务公司的合规管理可按照业务管理关系，并入市、县公司的合规管理体系		
	二、集团各级电网企业合规管理分工	1. 国家电网公司	（1）制定合规方针，适时发布治理层合规承诺	国家电网公司治理层、管理层

续表

构建领域	具体建议	完善措施		责任主体
集团管控	二、集团各级电网企业合规管理分工	1. 国家电网公司	（2）根据各合规要素，建立健全专项合规要素管理制度	国家电网公司合规管理部门提出，管理层、治理层审议
			（3）就重要的合规运行机制和合规保障机制建立专项合规制度	国家电网公司管理层牵头，合规管理部门与各部门协作
			（4）对电网企业的合规义务进行高度浓缩，形成统一规范的员工合规行为准则	合规管理部门起草，管理层、治理层审议
		2. 承担专项业务工作的直属单位	根据自身业务特点和国家电网公司合规管理制度体系要求，建立独立的合规管理制度体系	相关直属单位治理层
		3. 省公司	（1）根据国家电网公司制定的合规方针，发布治理层合规承诺	省公司治理层
			（2）细化具体合规管理制度，落实到执行层面	省公司管理层牵头，合规管理部门负责，各部门协作
			（3）就合规运行机制和合规保障机制确定角色和职责，制订运行流程	
			（4）落实合规行为准则	治理层、管理层带头，全体成员执行
			（5）对供电分公司的合规管理进行工作指导和监督	治理层、管理层、合规管理部门
			（6）常态化开展合规管理工作	治理层、管理层、各部门

续表

构建领域	具体建议	完善措施		责任主体
集团管控	二、集团各级电网企业合规管理分工	4. 基层单位	（1）建立自身合规管理组织架构，确定角色和职责	基层单位管理层
			（2）执行贯彻合规运行、合规保障运行流程	基层单位管理层、各部门
			（3）执行贯彻具体合规管理制度和合规行为准则	基层单位管理层带头，全体成员执行
			（4）根据合规管理制度和行为准则，优化业务操作流程，将合规要求纳入具体业务管理工作	基层单位业务部门与合规管理部门协作
			（5）常态化开展合规管理工作	基层单位管理层、各部门
			（6）接受省公司合规管理的工作指导和监督	
	三、合规管理组织在基层单位的搭建	1. 明确基层单位合规管理组织搭建目标	基层单位建议建立相对独立的合规管理组织架构，其主要目标应当放在落实合规责任、确保机制运行上	基层单位管理层、各部门
		2. 落实基层单位的治理责任和第一责任人制度	供电分公司的合规第一责任人是经营负责人，即总经理；供电分公司下属部门的合规第一责任人则是部门负责人。第一责任人负有主导、支持、配合开展合规管理工作的职责，一方面对自身合规承担责任，另一方面对本单位 / 部门发生的违规行为也要承担一定的责任	基层单位总经理、各部门负责人

续表

构建领域	具体建议	完善措施		责任主体
集团管控	三、合规管理组织在基层单位的搭建	3. 市公司的合规管理部门和合规专员设置	合规管理层面，市公司建议设立合规管理办公室，与基层法务人员所在管理机构合署办公； 业务管理层面，建议设立合规专员，一是接受合规管理办公室 / 法务部门的管理和培训；二是将合规意志下达到基层业务部门；三是识别和发现合规风险，并进行上报；四是参与合规计划的具体实施	基层单位管理层、合规管理部门、业务部门
	四、基层单位合规管理职责的拟定	1. 合规管理独立性在基层单位的体现	（1）基层单位每年向省公司合规管理负责人及合规管理部门提交合规报告，合规报告的具体内容包括但不限于合规管理的基本情况、合规管理制度制定与执行情况、各项合规管理职责的履职情况、各项业务合规运行情况、合规风险事项的发现及整改情况、下一年度合规计划等	基层单位管理层、合规管理部门
			（2）基层单位及时向省公司合规管理负责人及合规管理部门报告重大合规风险事项，包括但不限于行政监管措施、行政处罚、重大合规隐患、市公司及高级管理人员违法违规事件等	
			（3）省公司合规管理部门对基层单位的基本合规管理制度进行审查，定期或不定期对基层单位的合规管理工作及经营管理行为的合规性进行监督和检查	省公司合规管理部门

续表

构建领域	具体建议	完善措施		责任主体
集团管控	四、基层单位合规管理职责的拟定	1. 合规管理独立性在基层单位的体现	（4）基层单位发生重大合规风险事项的，省公司按照有关制度对其主要负责人进行合规问责，并应当要求该基层单位对相关责任人进行合规问责	省公司管理层、合规管理部门及其他相关部门
			（5）省公司合规管理部门应当每年对基层单位合规管理情况进行考核	省公司合规管理部门
		2. 基层单位合规管理职责分解	（1）强化业务部门合规责任	基层单位管理层、业务部门
			（2）根据业务范围分解业务管理部门的合规职责	基层单位业务部门负责，合规管理部门支持
			（3）根据合规要素分解保障部门合规职责，落实保障部门的合规责任	基层单位合规管理部门、各保障部门
			（4）合理界定合规管理部门和业务管理部门的合规管理职责边界	基层单位管理层
	五、基层单位的合规管理制度建设的重点工作	1. 对基层单位充分授权，赋予制度和流程调整权限，根据合规义务要求创新性地试点新的管理方法		国家电网公司治理层、省公司治理层
		2. 建议基层单位充分发挥主观能动性，开展合规管理试点的相关工作，对试点工作成果进行有效总结		省公司治理层、管理层
		3. 在合规领域，允许和鼓励基层单位报告合规管理问题，提出制度修正提案，报上级部门研究		省公司管理层、各部门

续表

构建领域	具体建议	完善措施	责任主体
集团管控	五、基层单位的合规管理制度建设的重点工作	4. 在合规领域，建议上级机关重合规治理和理念传达，将合规管理的具体工作交由基层单位充分实践	省公司管理层、各部门
	六、打造合规文化	1. 将合规纳入电网企业的价值观体系。董事会通过发布合规宣言 / 承诺，并在内外部传播媒介上公示，明确合规经营是电网企业的核心价值观之一	治理层
		2. 通过合规手册的编写，对员工开展合规宣贯	治理层、管理层
		3. 在员工入职、晋级等环节，将合规培训纳入岗前培训内容	合规管理部门、人力资源部门
		4. 对违规行为予以惩戒并公示，加强合规教育	合规管理部门、监察部门、人力资源部门

基于合规管理、风险防控和提质增效相融相通的“一体多面”的公司治理体系构建研究

国网江苏省电力有限公司盐城供电分公司

◆成果简介◆

近年来，随着电力市场建设不断推进、企业经营环境日益复杂，国网江苏省电力有限公司盐城供电分公司（简称盐城供电公司）面临如何提高企业管理水平和增强企业竞争力的问题。同时，提质增效已经成为国企发展的第一要务，追求有质量的效益、有水平的效益成为发展的根本要求。盐城供电公司结合环境要求和实际需求，围绕“质效双升”，构建了基于合规管理、风险防控和提质增效相融相通的“一体多面”的公司治理体系，支撑对企业提质增效、合规管理、风险防控工作的高效组织、跟踪、协调和管控，其中提质增效面关注确立和实现目标的行动，解决企业效益与发展问题；风险防控面关注影响目标实现的因素，解决科学决策与控制问题；合规管理面关注目标实现过程的正当性，解决依法合规与边界问题，确保企业能处于合法性、成长性和安全性状态，依法合规、职责明确、协调运转。并通过强化发展部目标绩效风险管理职能、独立设置并压实全面风险统筹职能、优化风险信息库、构建治理权责表、深化“盐电文化”等方式来强化企业内部组织的功能与有效运作，引领企业高质量可持续发展，使盐城供电公司在管理和经济等效益上获得显著提升。

一、基于合规管理、风险防控和提质增效相融相通的“一体多面”的公司治理体系构建研究的背景

（一）应对经济新形势，响应全面深化改革战略的需要

近年来，国内外形势正在发生深刻复杂变化，世界经济正经历新一轮大发展、大变革、大调整，国际环境呈现出极大的不确定性。不同于以往高投资、高增长的发展方式，国内经济增速放缓，已经进入产业结构调整、新旧动能转换的新常态。同时，我国正处于发展的重要战略机遇期，经济长期发展积累的比较优势突出，经济持续增长的支撑基础和条件夯实，经济结构优化调整的前

进态势强劲，面临着加快提高创造能力、促进发展方式转变的新机遇与新挑战。国家全面深化改革，坚持稳中求进工作总基调，坚定不移贯彻新发展理念，坚持以提高发展质量和效益为中心，统筹推进稳增长、促改革、调结构、惠民生、防风险。电网发展面临着新的形势，需要以供给侧结构性改革为主线，统筹推进输配电价、电力市场化、国资国企等改革，补齐发展短板，降低用能成本，优化营商环境，更好服务经济社会发展。

（二）积极践行新要求，推动国家电网公司战略落地的需要

2020 年 3 月，国家电网公司提出了“具有中国特色国际领先的能源互联网企业”的战略目标。同时国网江苏省电力有限公司（简称江苏省电力公司）确立了争当“三个排头兵”的战略定位，形成了“1+11+1”战略框架体系。江苏省电力公司战略体系在战略思路中明确“以强基固本作为科学治理之策”，要求全面加强基础管理，强化内控建设，构建职责、流程、制度、标准、考评等基础管理要素协同机制，打牢现代企业治理体系的根基。为推动国家电网公司战略在江苏率先落地和开创可持续发展新局面提供坚强支撑，盐城供电公司主动适应上级战略对盐城供电公司发展提出的新要求，主动承接省公司城市能源互联网建设任务，践行新战略部署、抢抓历史性机遇。

（三）建设经营新形态，确保企业持续健康发展的需要

近年来，随着电力市场建设不断推进，企业经营环境日益复杂，盐城供电公司越来越面临如何提高企业管理水平和增强企业竞争力的问题。目前盐城供电公司安全风险、廉洁风险、合规风险、内部控制等条线都比较清晰，但战略—目标—绩效风险主线却不甚突出，风险信息库及风险分级分类体系设置也没能突出目标绩效风险管理主体，需要强化对影响目标实现的因素和其对目标实现的影响的关注。并且各体系间协同管理需进一步加强，目标绩效风险条线有待补充，内控、合规、廉洁、安全等各专业条线各自深耕，各类风险资源信息没有得到有效整合。同时全员创值、合规和风控理念需进一步提升。如何发挥员工在提质增效、合规管理与风险控制中的主观能动性，如何深化企业与业务与绩效相结合的风控能力，如何平衡加强风控与提高效率减轻员工压力，仍是需要切实关注的重要问题。

二、供电企业基于合规管理、风险防控和提质增效相融相通的“一体多面”的治理体系构建的主要做法

（一）明确管理体系目标，制定目标实现路径

1. 确定质效双升目标，引领企业高效发展

盐城供电公司深入贯彻全面落实依法治企工作要求，大力推动治理体系和治理能力现代化，以盐城供电公司治理体系为体，以提质增效、合规管理、风

险防控为面，融通提质增效、合规管理、风险防控对盐城供电公司治理体系和治理能力各项要求，借鉴国内外先进治理实践，构建适应企业经营管理特点。建立“一体多面”相融相通的治理体系，将提质增效、合规管理、风险防控通过治理体系注入企业决策、投资、经营、管理和监控的各环节，强化企业内部组织的功能与有效运作，依法合规、职责明确、协调运转，支撑对企业提质增效、合规管理、风险防控工作的高效组织、跟踪、协调和管控，实现企业“质”“效”双升目标，引领企业高质量可持续发展。

2. 科学分析内外环境，理清目标实现思路

盐城供电公司为从根本上确保实现企业“质”“效”双升目标，建立健全、高效、科学、规范、风险可控的治理体系，理清了实现思路。首先对企业体系及建设现状进行分析，调研企业战略目标、合规管理、风险防控、提质增效、治理体系相关现状，梳理相关制度环境、组织结构、职能职责、决策机制、激励约束、监督控制等方面的协同与差异，分析现有体系建设与体系运行中存在的问题，定位合规管理、风险防控、提质增效与治理体系进行融通的可能的提升点。其次分析“一体多面”关系与内涵，从融合促进的视角分析提质增效、风险防控、合规管理和公司治理间的相互关系，分析其目标、内涵与要素的一致性，以治理体系为体，以提质增效、合规管理、风险防控为面，确定合规管理、风险防控、提质增效相融相通的公司治理体系的内涵，提出融合的思路与方法。最后从治理体制和治理机制两方面构建“一体多面”新体系，贯通和衔接企业提质增效、合规管理、风险防控要素和要求，构建健全、高效、科学、规范、风险可控和适应企业经营管理特点的“一体多面”治理新体系，支撑对企业经营的高效组织、决策、协调和管控。供电企业基于“一体多面”治理体系的提升竞争力管理体系如图 1 所示。

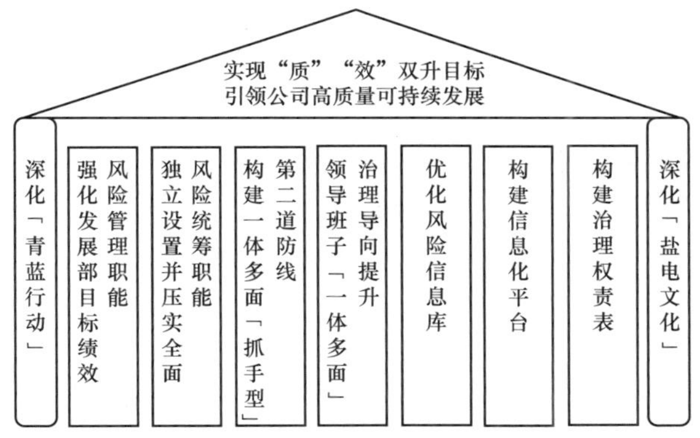

图 1　供电企业基于“一体多面”治理体系的提升竞争力管理体系图

（二）健全管理组织架构，完善相关制度标准

1. 成立专项工作小组，明确部门分工职责

盐城供电公司统筹协调，加强“一体多面”治理体系的建设。建立责权清晰的组织架构，成立了以盐城供电公司总经理为组长的领导小组，分管领导牵头，发展部、合规管理委员会、财务部、办公室（法律专业）、纪委办、安质部、人资部等相关部门主要负责人共同组成。同时建立了以技术骨干人员为中心的工作小组，进一步明确职责分工，完善组织结构，全面推进治理体系的建设。

供电企业基于“一体多面”治理体系的提升竞争力管理的组织架构如图2所示。

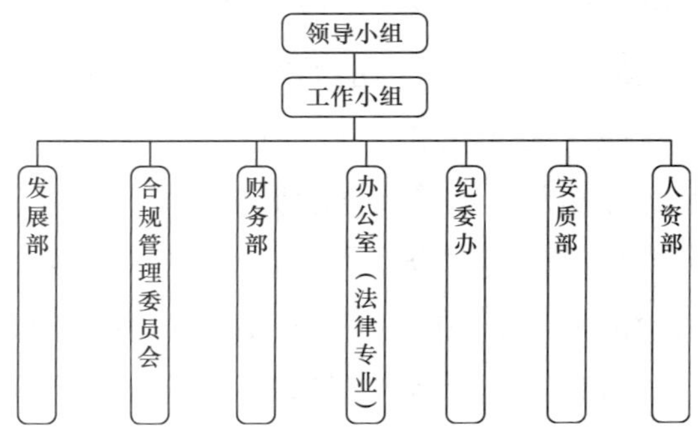

图2 供电企业基于“一体多面”治理体系的提升竞争力管理的组织架构图

2. 制定全面管理制度，加强标准规范管理

制度约束是高效执行力的基础，在“一体多面”治理体系建设过程中，盐城供电公司为减少因制度标准不统一、不完善造成的业务处理的随意性，完善制度体系，关注市场化经营和风险合规导向与原企业制度的冲突，以及问责考核指标间的冲突，在工作规则中明确总经理办公会、党委会决策范围内重大项目的风险识别、评估和反应等管理程序，明确党委会、总经理办公会对公司领导班子、干部建立和落实风险合规制度实施监督的程序。盐城供电公司先后修订了《国网盐城供电公司安全生产违章考核管理办法（试行）》《落实全面从严治党主体责任和监督责任清单》《国网盐城供电公司领导人员管理办法》《国网盐城供电公司本部绩效工资管理办法》《国网盐城供电公司本部总经理嘉奖管理办法（试行）》等制度。

（三）构建相融相通“一体多面”治理体系，支撑企业持续健康发展

1. 建立“三棱锥”关系模型，构建“一体多面”治理体系

公司治理的目标在于：一是确保科学的决策和恰当的经营（要求风险管理和内部控制的支持）；二是确保不会有财务违规现象，提供一个“真实而公平”的

财务业绩（要求合规管理的支持）；三是确保利润目标的实现和综合实力的提高（通过提质增效支持）。风险防控、合规管理、提质增效这三项从不同角度开展的工作，从最终结果来看，都是服务于公司治理的目标，都是为了企业持续健康发展这同一目标，是健全、高效、科学的公司治理体系下相融相通的三个方面，盐城供电公司构建了一个以“公司治理”为底，以“信息与沟通”作为铆接的“三棱锥”，如图3所示。

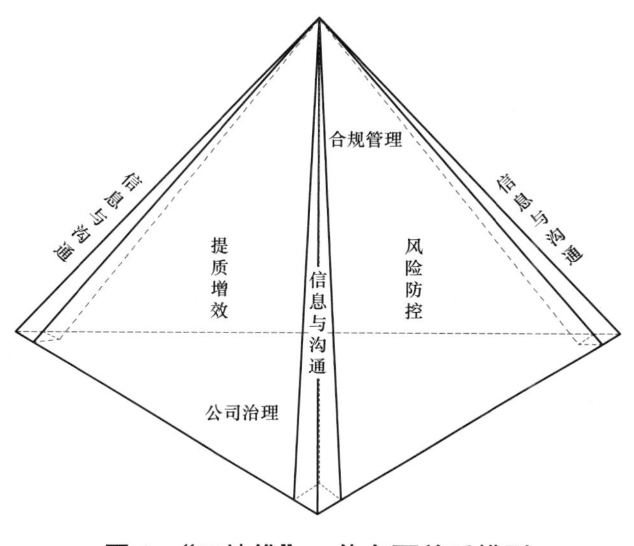

图3 “三棱锥”一体多面关系模型

以相融相通“一体多面”的治理体系，支撑对企业提质增效、合规管理、风险防控工作的高效组织、跟踪、协调和管控，其中：提质增效面关注确立和实现目标的行动，解决企业效益与发展问题；风险防控面关注影响目标实现的因素，解决科学决策与控制问题；合规管理面关注目标实现过程的正当性，解决依法合规与边界问题，确保企业能处于合法性、成长性和安全性状态。

2. 推进“一体多面”治理体系融合，奠定企业治理基础

割裂合规管理、风险防控、提质增效与公司治理的关系，风险、合规人员与企业管理人员各司其职，缺少沟通，管理层人员难以识别和及时掌握风险信息，公司治理的过程往往隐含巨大的风险。盐城供电公司首先从各个“面”的视角，来剖析对“体”的要求，要能嵌入、能衔接；其次从各个面协同链合的角度，来扩展基于“体”的“面”的融通，要能咬合、能协同；最后，再回到“体”的视角，整合归并、体系化分析和验证融合需求，要能承载、能促进。

（1）从合规管理“面”的视角。

1）体制方面。一是合规管理组织机构与党委会的监督职责融合，强调党的

全面领导，发挥党的合规监督优势，履行对企业合规管理体系建设与落实的监督责任；二是合规管理“三道防线”与公司治理机构的融合，全方位多层次压实合规责任；三是各工作规则、议事规则与合规履职的融合，规范治理主体的权责边界和履职程序；四是企业合规监管制度要能作为企业依法治企的重要制度保障和企业依法维护企业权益、承担社会责任的强力后盾；五是员工既是合规管理执行主体，也是规范对象，而体系中的考核评价、违规处罚等往往与员工利益紧密相关，相关体系制度需依法履行内部民主程序后方能成为治理的有效依据。

2）机制方面。一是需要深化合规文化建设，倡导与维护企业依法合规的价值观，从公司治理层面来推动从“要我合规”到“我要合规”的转变；二是需要使合规义务、管理漏洞与合规风险点得到全面、及时、有效识别，构建合规管理基准；三是需要将合规融入业务，注入企业决策、投资、经营、管理、监控的所有环节；四是需要确保合规风险信息，合规管理工作中的问题和事项得到有效沟通与报告；五是需要保证违规行为及时发现与恰当处理，查询违规行为的根源，重新审视合规管理体系，进行重新设计与改进；六是需要做好合规体系有效性评估，打造合规体系“探测器”，杜绝体系“失灵”；七是需要健全市县一体化的合规工作机制，使合规管理目标在分子公司层面得以实现；八是需要分配充足的资源来建立、制定、实施、评价、维护和改进合规管理体系。

（2）从风险防控“面”的视角。

1）体制方面。一是风险防控“三道防线”与公司治理机构与组织结构的融合，压实风控职责，统筹各专业风险管理；二是总经理办公会、党委会应具备适当的技能、专业知识和人员结构，保证基于风险决策和风险管理监督能力，并识别和消除决策过程中潜在的偏见；三是领导班子需在分析内外部环境时，注重分析变化对风险配置的影响，并确定、陈述、传达和在各级决策中应用风险偏好；四是领导班子需建立相应的制度、程序和方法等对公司治理结构进行审查，确保能满足需要进行的风险沟通；五是组织、制度等要能适应和支撑企业数字化转型的改变，要能保障数据资产的准确性和价值发挥。

2）机制方面。一是需要保障企业风险得到全面有效的识别、评估和应对，全面风险管理得到的风险识别、评估结果能有效反映企业风险及风险管理现状；二是需要推动风险管理能指导具体经营管理行为，将风险管理注入企业决策、投资、经营、管理、监控的所有环节，使宏观风险与具体决策相联系，与具体业务相联系；三是需要做实风险导向的内部控制，加强内部控制与风险管理的衔接，将风险应对的控制措施分解细化落实到内部控制流程步骤中；四是需要确保风险信息得到有效沟通与报告，向领导班子提供与企业战略相关的风险信息；五是需要能适应新技术与数字化背景，在风险监测、组合分析、风险评估与内控评价方面实现智能化提升。

（3）从提质增效“面”的视角。

1）体制方面。一是要求坚持党建领航，并推动“思想大解放”“观念大更新”，以思想观念的更新迭代引领企业提质增效转型；二是要求持续深化电力市场化改革和积极实施混合所有制改革，对市场化的体制机制建设提出要求；三是要求深化管理体制改革，落实“放管服”优化责权利配置，激发发展活力；四是要求推进现代服务体系建设，建立健全高级管理层架构和实体化运作项目管理中心；五是要求强化提质增效工作的组织领导，建立领导机构，落实各单位各部门责任。

2）机制方面。一是要求建立分类管控机制，对监管业务与非监管业务实施隔离分类管控；二是要求贯彻数字经济等政策，贯彻数字化企业发展战略，建立数据全流程管控机制，提升数据质量和应用效率；三是要求积极推进“大云物移智链”等先进技术应用发展，实现企业数据资产化管理、便捷化应用；四是要求建立跨部门、跨业务的多维信息管控体系，开展企业内部经营单元价值贡献评价；五是要求积极应用内部模拟市场评价，按市场机制量化评价每项经济、管理、服务业务的投入产出和每个交易主体的价值贡献；六是要求深化全面质量管理，组织实施精益改进和现场管理评价；七是要求加强审计监督、严抓合规管理、强化全面风险管理和内部控制，防范风险，保全价值，保障企业高质量发展。

（4）从“面”“面”协同的视角。

1）体制方面。一是需要整合风控合规管理的独立职能部门，以体制来保证各专项风险的协调与资源整合，保证全面风险的全面统筹；二是所有业务部门都是合规和风险防控参与管理部门，各专项合规也是各专项风险的管理部门，公司治理体系及“三道防线”设置要能恰当整合业务、职能、监督的角色，确保业务与合规、风控正向促进。

2）机制方面。一是需要将风险、合规融入业务，融入绩效活动，考虑合规与风控管理与提质增效举措的有效集成，创建在不影响业务的前提下运行合规与风控管理的流程，让合规、风控创造价值；二是需要改变各专项风险管理自说自话、信息相互隔离的状况，推进各类风险信息资源的有效整合，相互间工作成果有效利用和转化，实现各类实证风险信息的收集、统计、分析、发布和预警；三是需要沿着“公司战略—目标分解—目标执行—绩效考核”路线，识别影响战略和提质增效目标达成的风险，纳入统一风险信息库管理，并基于变化评估绩效活动（提质增效）与运营架构。

（5）从“体”的体系整合视角。

1）理顺体制。一是需要评估和完善与“合规管理、风险防控、提质增效相融相通”相适应的公司治理结构，以及需要考虑是适当调整现有机构设置，还是通过职责规范和机制建设使目前的机构发出新的光和热，或者是否可以以革新非常设机构来促进融通；二是需要整合风控、合规及各专项风险管理三道防线设置，优化三道防线构成，丰富三道防线内涵；三是需要在治理架构基础上梳理优化各治理主体权责，确保职责明确、边界清晰的同时整合协同。

2）完善机制。一是需要从保障科学决策的角度，构建完善确保合规、风险导向的决策机制；二是需要从激发人员活力和能力的角度，促进科学决策和提质增效、合规管理与风险防控工作落到实处以及取得实效的激励机制；三是需要从检查、保证执行力和预期目标达成的角度，构建完善确保企业提质增效各项措施取得实效、各项提质增效措施开展依法合规、各项提质增效目标进行有效风险防控的监督机制；四是需要从整合资源和加强相互成果利用角度，构建基于优化设计整合完善风险信息库的风控、合规、绩效整合管理机制；五是需要从数据资产和促进信息畅通的角度，构建提升信息质量、拒绝信息梗阻、促进信息价值转化的数据管控与信息沟通机制；六是需要从企业法人人格学习成长的角度，构建针对治理主体的人员筛选和能力建设机制。

三、供电企业基于合规管理、风险防控和提质增效相融相通的“一体多面”的治理体系构建的主要成效

（一）优化企业治理体制，强化治理组织保障

1. 强化发展部目标绩效风险管理职能，保障企业创值增值

构建合规管理、提质增效、风险防控相融相通的“一体多面”治理体系，其中一项重要的内容就是补全完善目标绩效主体风险专业条线，在风险识别、风险评估、风险分析中关注风险对战略目标的影响。战略—目标—绩效风险主线包括战略管理、规划管理、计划管理（以及人力资源管理的二级分类绩效管理风险），评估过程重点关注战略—规划 / 计划—绩效管理的目标一致性和指标保障性。

强化发展部的目标绩效风险管理职能，负责战略—目标—绩效专业条线的管理，围绕价值创造和保护，识别影响战略和目标实现的风险和因素，评估对战略和目标达成的影响。通过“影响目标指标”关联风险对战略指标、计划目标、绩效指标的影响关系，以及“影响的决策事项”关联风险对决策事项的影响，

开展动态识别、评估与分析，从而压实目标绩效风险条线管理，保障企业创值增值。

2. 独立设置并压实全面风险统筹职能，确保企业风险防控

为改变全面风险管理只在形式上贯穿企业发展全过程的局面，盐城供电公司分离全面风险管理职责和内控（以及财务稽核）管理职责，全面风险管理职责履行全面风险统筹，设置全面风险专项责任人，参与总经理办公会。

结合企业实际，对全面风险统筹职责的分离与明确提出两种方案。一种是维持目前财务部作为风险管理办公室的设置，但需设置不同的人员与结构分别开展全面风险管理与内部控制（以及财务稽核）职能。此方案可充分利用财务开展内部控制贯穿企业发展过程的能力，以及整体上保持目前的体制架构设置。另一种是由办公室来履行全面风险管理及统筹的职能，或者单独设置全面风险管理的内部管理部门（实际执行机构）。办公室履行全面风险管理及统筹职能有其天然优势：一是其在企业的行政地位，有利于推动和贯彻；二是其既有的职责，如制度流程等管理，有利于企业内部管理体系的协同一致；三是更有利于落实“两向”风险管理（往上决策型、往下实施型），为公司治理提供风险建议。

3. 构建“抓手型”第二道防线，支持“融合”“专业”两层面发展

盐城供电公司通过将发展部、办公室（法律专业）、纪委办、安质部等纳入“第二道防线”，从而构建起“抓手型”第二道防线体系，支持各管理体系“融合”与“专业”两层面的发展，形成横纵两方面合力，如图 4 所示。

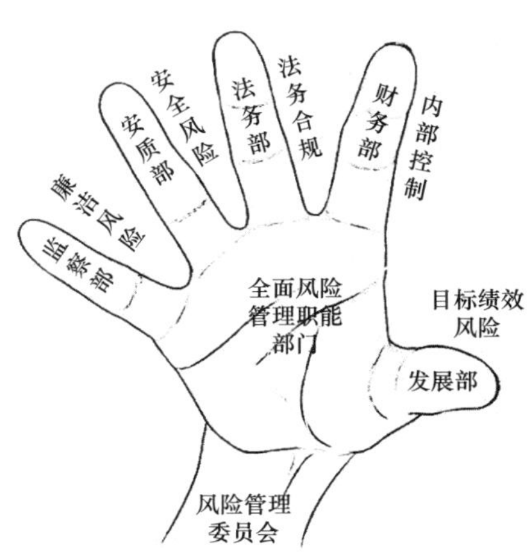

图 4 “一体多面”“抓手型”第二道防线建设

通过构建“抓手型”第二道防线阵型，全面风险管理职能部门为掌，各专项监督部门为指，合力“抓”监管。职责分工上，全面风险管理职能部门落实风险管理整合与风险组合分析等职责，各风险归口管理职能部门偏重对归口风险的管理与指导职责。从而构建在风险管理委员会统一领导下的，各级单位各业务部门为第一道防线、全面风险管理职能部门及各风险归口职责部门为第二道防线、各级单位审计为第三道防线的新型“三道防线”阵型。

4. 领导班子“一体多面”治理导向提升，统筹引导企业治理

总经理办公会应当具备“一体多面”治理体系下必要的责任、权限、能力和客观性。一是切实提升总经理办公会成员风控、合规管理的意识和能力，在对自身风控、合规管理能力进行评估；二是评估目前“放管服”改革成效，以风险导向战略性的视角审视治理权限；三是深入分析与评估数字化转型对公司治理影响，探究数据资产、数字化风控等方面问题与实践；四是要确定、陈述、传达和在决策与评估中应用风险偏好，使企业行动与整体的风险偏好相统一；五是强化公司治理领域的合规与风险管理。

盐城供电公司党委会在“一体多面”治理体系下持续深化领导核心作用和对企业的监督权。一是强化党组织在公司治理中“决策性监督机构”的定位，与纪检监督、巡视监督、审计监督、职工监督以及社会监督等形成监督合力；二是贯彻和领导坚持底线思维着力防范化解重大风险，以战略和全局思维指导企业认识风险、防范风险和化解风险；三是要通过履行好“决策性监督”职责，确保企业有效履行政治责任、经济责任和社会责任，以电网安全和社会稳定为前提实现国有资产保值增值。

（二）强化企业信息建设，支撑治理科学决策

1. 优化风险信息库，促进治理融合

从“一体多面”治理体系融合的要求出发优化公司风险信息库构建，为治理融合奠定基础。一是突出战略—目标—绩效风险管理主线；二是整合合规、安全、廉洁等体系形成统一的全面风险管理信息库，促进体系协同；三是需要考虑风险监测、动态评估、自动测评、分析测算、结构化管理、新技术对信息数据的要求，同时要满足多维度风险管理（归口管理维度）和多口径风险信息统计展示要求。

2. 构建信息化平台，夯实治理基础

一是在企业数据中台构建“一体多面”公司治理数据域。科学决策需要企业经营信息和风险信息的支持，企业经营需持续收集和分析经营提质增效过程的风险和合规信息，风险监测、分析及内控评价涉及几乎企业全业务领域的数据。

同时，监测、分析、评估、评价结果也需要分发共享给三道防线的各个组织及相关的个人。通过梳理数据需求和路径，在企业数据中台构建“一体多面”公司治理数据域，支持公司治理、提质增效、合规管理、风险防控对数据的管理和应用需求。

二是构建“一体多面”信息化应用。基于前述整合的风险信息库，将风控信息进行统筹管理和分享，让企业达成一致的共识，能够迅速、一致、有效地回应多变的风险状况和监管要求所带来的挑战。将风控体系管理、风险监测、风险分析、风险评估、内控评价、风控工具库、风险知识库等应用进行优化工具构建，并拓展到各业务部门，支持各部门操作使用和落实风险合规直接责任。强化数据信息沟通、综合分析和多维度展示，实现不同层级和员工之间在公司战略传导、风险认知等方面统一。

（三）建立支撑保障机制，驱动管理卓越运营

1. 构建治理权责表，深化权责统一

构建盐城供电公司治理权责表，与工作规则、议事规则等相为印证和支撑，对人权、事权、财权等重大权责事项、最终决策权、审议权、提议权等权责行为进行表格化定义，理顺决策、执行、监督关系。并基于公司治理权责表，动态分析公司治理主体的责权统一性、独立性和可操作性，并按需落实动态调整，确保公司治理权责平衡。

2. 深化“盐电文化”，观念增效引领

以“观念增效”为引领，推动“思想大解放”“观念大更新”，更新树立“要质量、要效益、要增长”的革新发展观；“强内控、促合规、防风险”的风险价值观；“提能力、敢担当、强服务”的卓越责任观。构建“精益、包容、担当、革新”的盐电文化，将革新发展观、风险价值观和卓越责任观及时传播给企业干部员工，形成在提质增效、合规管理、风险防控上对行动负责的态度，形成日用而不觉地文化自觉，提升全体员工价值认同。

3. 深化“青蓝行动”，打造企业合力

持续推进“三年员工素质提升”暨“青蓝行动”实施，加强交叉培养和纵向交流，构建与员工角色和职责所涉及提质增效、风控、合规任务相符合的考核评价体系，并逐步加大企业绩效考核中合规与风险的占比，提升优化经营、合规、风控管理人才对企业的认同感。实行岗位周期聘任制，盘活内部人力资源，建立岗位“优上劣退”的正向流动机制，积极培育干部员工岗位危机意识，构建“能者上、平者让、庸者下”的用人环境。

深化企业内部三项制度改革，实现管理人员能上能下、员工能进能出、收入

能增能减。有效树立“重用多干少错、帮助多干多错、批评少干少错、撤换不干不错”的用人导向，打造“愿作为、能作为、善作为”的高素质专业化干部人才队伍。完善员工收入分配体系，健全分层分级考核模型，激活员工队伍活力，充分调动员工积极性、主动性、创造性，汇聚干事创业的强大合力，将发展蓝图变为现实。

4. 健全“法人人格”，深化治理能力

盐城供电公司从企业法人人格学习成长的角度，构建针对治理主体的人员筛选和能力建设机制。持续发现和提拔正确的人到干部队伍、领导班子，开展经营团队职业化修炼，培育勇于承责的担当、勤勉诚信的品质、高瞻远瞩的视野、卓越高效的管理、识人用人的智略、革新求变的胆识和风险合规的手段，使公司治理体系法人人格持续成长，具备正确履行受托责任、拥有政策远见、科学战略思考和长效管理监督的优秀治理能力。

电网企业合规风险识别与防控

国网安徽省电力有限公司

◆成果简介◆

本课题围绕可能给电网企业带来较大的经济和声誉损失的合规风险，按照逐一梳理业务项、合规点、风险点、监控指标、控制措施、外部合规文档关键条款的基本思路，将业务流程、环节场景化，针对各场景实施风险预警和处置。合规矩阵与风险矩阵，使合规点、风险点与业务场景相嵌套，从而准确定位业务流程中可能涉及的风险，将合规风险与实际业务流程紧密结合，使不同层级、不同岗位的风险更加清晰，避免混杂，为合规风险识别、预警、审查审核提供支撑。

本课题成果主要应用于合规管理智能平台建设。合规风险库通过消息通知等嵌入方式，在关键业务、关键环节、重大风险变化、重点时期向业务部门发出风险提示；合规风险监控根据业务场景加载不同RPA，通过国网安全浏览器实现合规风险、规则、标准实时伴随提醒和系统阻断；合规管理线上流程主要包含合规举报、外部监管监控、违规事件处置上报等功能；合规绩效全景看板实时展示各个业务条线、业务流程的合规风险全景视图；合同全过程风险管控，集合经法系统、ECP、财务管控、外部企业工商信息等数据，识别合同中的风险问题；合规培训实现合规培训证明材料线上留存，为公司减责或免责提供支撑。

识别与防控是合规风险管理的两大主题，本次课题研究坚持以提升合规风险防控能力、防范重大合规风险为目标，紧扣电网业务实际，积极探索风险识别与防控的实施路径和解决思路。

一、课题研究开展情况

国网安徽省电力有限公司（简称公司）结合实际编制了课题研究计划，明确课题总体研究思路、预期目标、主要内容和时间进度安排。研究坚持实用、实效原则，坚持把课题落实、落细，通过课题研究成果，提升风险防控成效，解决实际课题，力争做落得下、用得上的课题研究。

课题研究坚持理论研究和实战验证相结合。一方面研究合规风险管理的有效路径，初步确定以梳理合规风险、输出合规矩阵和风险矩阵为合规风险管理的基本逻辑；另一方面应用研究成果，结合公司实际组织相关部门开展实际风险防控。以上、下半年为周期开展合规风险管控，梳理、发布了公司需重点防控的18项合规风险，针对每项合规风险，牵头业务部门结合实际流程、节点编制以业务项、合规点、监控指标、防控措施、合规文档为要素的合规风险管理模型，输出针对具体业务流程的合规矩阵和风险矩阵。按月跟踪合规风险防控落实情况，在风险管控周期内对防控成效进行评估，对归口部门下一步风险管控提出建议。

二、课题研究内容

（一）风险识别

1. 合规风险的概念及范围

（1）合规风险的概念。

《中央企业合规管理办法》规定，合规风险是指企业及其员工在经营管理过程中因违规行为引发法律责任、造成经济或者声誉损失以及其他负面影响的可能性。《国家电网有限公司合规管理办法》（国家电网法〔2023〕235号）规定，合规风险是指公司及其员工在经营管理过程中因违规行为引发法律责任、造成经济或声誉损失以及其他负面影响的可能性。不合规行为是指公司及其员工未遵循国家有关法律法规、监管规定、行业准则和公司章程、规章制度以及国际条约、规则等要求的生产经营行为。

合规风险的产生来自于合规义务的不履行，因此合规风险识别首先应当识别合规义务，从合规义务出发识别电网在规划、设计、建设、运营、市场营销、物资采购等各环节存在的风险。

（2）合规风险的范围。

1）合规风险与法律风险：既相互交织，又存在区别和不同。一般说，当前国内外企业开展的合规业务以防控重大风险的相关领域为主，如进出口管制、反贿赂、数据保护、反垄断等。

2）合规风险与全面风险：全面风险包括公司运营发展的所有风险，包括战略、经营、报告等内容。合规风险是全面风险管理的一个组成部分，但合规风险一般不能采取接受的态度，而风险管理则有多种选择。

3）合规风险与内部控制：内部控制本质上是一套程序和方法，是企业风控的基础，也是合规管理有效实施的重要手段，但是合规义务的确认与内控关系不大。

基于此，本次课题研究的合规风险着重围绕因违反政府规章、监管要求以及行业自律准则等法律风险之外的狭义的合规风险。这些风险更多地属于政策层

面的风险，但可能给公司带来较大的经济和声誉损失。

2. 合规风险评估

（1）合规义务的识别。风险评估的过程包括识别、分析和评价等，风险识别是指对在实际业务中未严格执行合规规范且易导致公司经济、声誉损失的行为进行梳理。风险识别是风险评估过程的第一步，识别可能存在风险的事件或情况，也就是可能发生什么、可能存在什么状况，主要目的是建立一个基于风险事件的、综合的、广泛的风险库。

依据 GB/T 35770—2022《合规管理体系要求及使用指南》，合规义务是指组织强制性地必须遵守的要求，以及组织自愿选择遵守的要求。组织强制遵守的要求能包括：法律法规，许可、执照或其他形式的授权，监管机构发布的命令、条例或指南，法院判决或行政决定，条约、公约和协议；组织自愿选择遵守的要求能包括：与社会团体或非政府组织签订的协议，与公共权力机构和客户签订的协议，组织的要求如方针和程序，自愿的原则或规程，自愿性标志或环境承诺，与组织签署合同产生的义务，相关组织的和产业的标准。电网企业合规义务的识别是结合电网生产经营实际业务，梳理对开展这些业务相关的活动作出明确规定的外部法律法规、监管规则、政府规章以及技术标准、规范等，这些规定条款即“组织有义务遵守的要求”。

为识别合规义务，公司组织编制了《外部合规文档库》，分专业梳理公司需遵循的外部合规文档，建立并维护外部合规文档库，涵盖 23 个专业部门 854 项法律法规、监管规则及规范性文件。

企业的合规义务是不断发生变化的。电网企业自身的生产经营活动在不断变化，服务方式、经营的场所环境以及商业伙伴都在不断发生变化，因此适用的合规义务必然发生变化。同时外部的法律法规、规章、监管规则、标准等也在不断更新，需要我们通过各种方式进行收集和识别，做到及时更新。面对不断变化的合规风险，企业合规管理的原则是如何控制和降低企业的合规风险，而避免因为不合规而给企业带来重大损失，不要求确保完全的合规。合规管理是基于风险防控的。合规管理体系强调识别、分析和评价合规义务给组织带来的风险，基于风险的程度或等级确定组织需要投入风险控制的资源和控制程度。

企业的合规义务和合规风险是由企业的内外部环境因素决定的。对企业所处的行业、经营区域、市场特点、经济状况、经济形势、文化等外部因素以及企业性质、产品、服务和活动的特点、资源状况进行分析，识别可能存在的重大合规风险。

合规义务识别的基本原则包括围绕主要监管部门获得重要合规义务。不合规给组织带来的风险应从监管机构的角度来评估，重要合规义务的识别应首先从企业的产品、服务和活动所涉及的不同国家、地区不同层级的监管机构入手，获取这些监管机构所依据的主要法律法规、条例、文件，关注其监管的重点。合规义务识别的基本原则包括基于企业内外环境分析识别重要合规义务。合规部门可牵头组织业务部门人员借助外部专家进行企业内外部环境分析，提出企业可能面临的重大合规风险，并针对这些合规风险确定企业需重点关注和识别的合规义务。

合规义务识别的方法，依据《合规管理体系要求和使用指南》（GB/T 35770—2022）给出的获取关于法律和其他合规义务变更信息的过程包括：列入相关监管部门收件人名单，成为专业团体的会员，订阅有关信息服务，参加行业论坛和研讨会，关注监管部门网站，与监管部门会晤，与法律顾问洽商，关注合规义务来源（如监管声明和法院判决）。

（2）合规管控措施。合规管控措施可以分为以下两类：

1）预防性，即在不合规行为发生之前，为了预防不合规行为的发生而提前采取的预控措施。此类措施侧重于提前划定合规的安全区，保留适度的安全裕度，采取相应措施限制满足相关条件或规避不合规行为。

2）处置性的，即不合规的行为已发生，为了降低不合规行为带来的危害度，而采取的隔断、制止或调整措施。

管控风险是合规管理的关键环节，可以考虑建设处置中心，即在识别合规风险后（一般可考虑通过数据分析、扫描的方式），开展风险处置。处置中心最常用的方式是给出以下风险管控决策：采取流程隔断或在流程中提示具体管控路径及措施；隔断即立即中止可能存在重大风险的流程，而提示管控措施是保持可能存在风险的流程继续进行，对活动的内容进行重大调整。

（3）合规风险分析、评价及可视化风险管理基础。风险分析是理解风险性质和确定风险等级的过程，为风险评价提供基础，目的在于揭示对风险的理解和为风险评价提供输入以确定风险是否需要处理以及最适当的处理策略、方法。它是对“已识别的风险”进行“后果和发生可能性”分析，这表明风险分析的具体工作内容是包括对风险源、风险原因、风险的正面、负面的结果以及这些结果发生可能性的考虑，还要考虑现有的风险应对措施及其有效性，结合风险发生的可能性和后果确定风险等级。

风险评价是把风险分析的结果与预先设定的风险准则相比较，或在各种风险的分析结果之间进行比较，以确定风险的重要性等级，包括检查风险分析的输出结果，并把得到的风险等级与风险准则相比较；决定是否需要风险应对；对需要进行风险应对的风险按优先次序进行排序。对合规风险中发生频次较高、影响危害较大的风险纳入公司合规风险清单管控。

对于电网企业来说，合规风险主要应围绕电网企业从事电网运营业务、提供供电服务的经营特点。按领域来分包括不限于以下：反垄断、数据保护、环境保护、反贿赂、供应商管理、商业秘密、劳动用工、知识产权、安全生产等领域。

（4）合规风险管理。合规风险防控按照“分步实施、以点带面”的做法，坚持实效原则，避免“运动式”管理。从公司实际开展情况来看，主要由法律部牵头，协同专业部门结合实际，梳理本专业最突出的合规风险，制定落实防控措施。2021 年上半年以电网建设、环境保护、新能源消纳、客户信息保护为重点，梳理了可能会对公司产生较大影响的 12 项合规风险，并组织实施风险防控；2021 年下半年以工程承揽、对外投资、资金支付、发电调度为重点，梳理了可能会对公司产生较大影响的 6 项合规风险。由法律部对各部门风险防控开展情况按月进行跟踪，督导业务部门落实风险防控主体责任，严格落实风险防控措施。在风险防控周期结束后，由公司法律部对责任部门防控措施落实情况及成效，分别提出风险防控意见，即该合规风险是否继续纳入公司下半年合规风险清单管理。风险发生频率低、影响小的风险不再纳入清单管理；风险发生频率高、影响大，在专项检查、自查中发生较多、社会关注度高的风险纳入公司长期风险管控计划，建立常态化风险防控机制。

（5）个人信息保护风险评估的一般方法论。

1）明确合规义务。梳理《网络安全法》《个人信息保护法》等涉及数据保护的外部法律法规，明确公司在用户信息采集、存储、使用等环节的合规义务，针对个人信息采集、存储、使用、删除全流程进行梳理。

在用户信息采集前，须清晰地向用户说明信息采集的目的、用途，并得到用户同意，采集的信息应遵守最小化的原则；需要体系化、多层次的告知同意机制，相互补强，确保信息收集环节的合法性。

在个人信息存储阶段，信息存储应符合安全条件或技术标准，应具备灾备能力，应提前评估用户信息丢失可能带来的损失并采取应对措施。技术层面，合理考虑成本的情况下选择安全性更高的存储介质；采取加密存储、隔离存储、备份等安全技术手段。制度层面，采用的措施为数据访问权限制度、数据删除期限、网络与数据安全事件应急预案。

个人信息在不同业务部门及业务流程中的流转过程，应实现全生命周期管理。

公司对外提供数据情况，满足数据提供的必要条件，并要求对方作出数据保护承诺。

“用户授权同意”是数据保护规则中得到各国立法普遍承认的基本原则之一，即：收集、使用用户个人数据，应当向用户合理告知，并取得用户的授权同意。而为了保证用户授权同意的明确性，避免个人数据被滥用，通常而言，各国数据保护法律均要求告知的内容应包含收集数据的目的、用途，并要求随后的使用行为与告知内容相符。由于用户体量迅速扩张，告知同意的授权可能存在瑕疵，加上对自身收集行为和场景可能存在事实了解上的局限和不足。

2）基于业务流程管控措施识别风险。以高压接电工程为例，具体业务流程如图 1 所示。

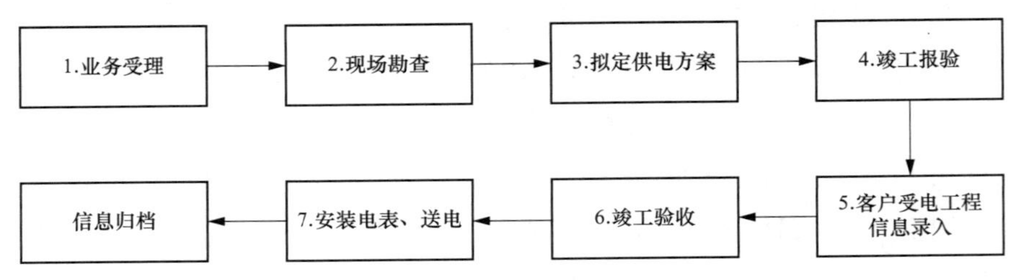

图 1　业扩流程示意图

在图 1 所示流程中，涉及客户信息收集、存储的流程为业务受理、现场勘查、客户受电工程信息录入、信息归档四个节点，需针对上述节点防控相应风险。

3）基于合规义务及风险情况，建立风险矩阵的方法。风险矩阵（如图 2 所示）即是风险库的描述。风险库的横向维度是不同专业或不同领域的风险分布，纵向维度是同一专业或领域内风险分布的不同层级，这个层级并不是风险的等级，而是风险对应的业务在专业领域内所属的层级。

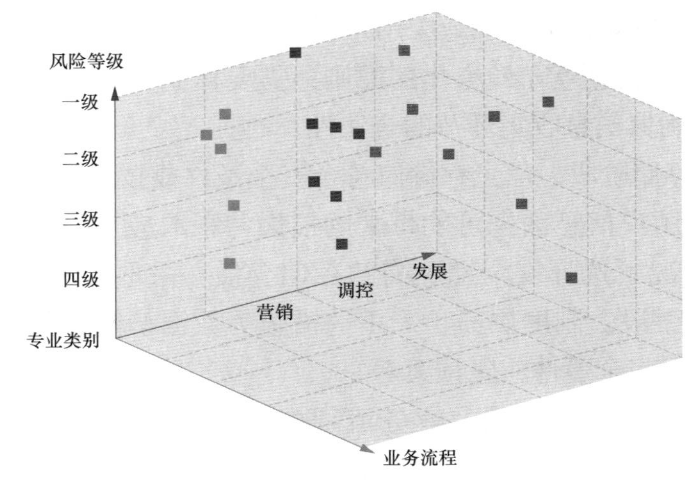

图 2　风险矩阵示意图

建立风险矩阵是梳理和管控风险的基本方法之一，从管理成效上看，建立风险矩阵可以有如下优点：一是可以准确定位风险；二是可以将风险梳理与实际业务流程紧密结合；三是使不同层级的风险更加清晰，避免混杂。

（二）合规风险防控

在识别和梳理合规风险之后，就应当选取合适的策略以降低 / 消除或者防范相应风险事件的发生，将风险降低到组织可接受的程度内。在风险防控上，可以分为两个方面：一是狭义的，即明确合规要求，以合规管控对象为核心，在实际业务流程中确立相应的管控手段，强化岗位履责要求，通过合规矩阵的形式将相应的风险防控措施整合起来；二是广义的，即合规管理体系，将风险防控的保障机制和运行机制也作为风险防控的一部分，将 PDCA 的方法论应用到日常的合规管理中。本课题将基于电力企业的实际需求有侧重地进行说明和阐释相关方法论。

1. 合规风险防控的通常方式及项目化管理要求

合规风险防控的方式有很多种，基于狭义的风险防控，其实施路径可通过数据分析监控的方式来开展，其特点是针对性强，与实际业务紧密相关。对于广义的风险防控，其主要实施路径在于体系建设和制度完善层面。

对于数据防控，其核心是基于业务场景，以建立规则，获取数据，进行阈值判断，输出风险预警结果，并通过嵌入实际流程进行流程管控，采取流程隔断、节点管控等智能方式或提示管控措施等预警方式进行风险管理。

合规风险管理基本路径如图 3 所示。

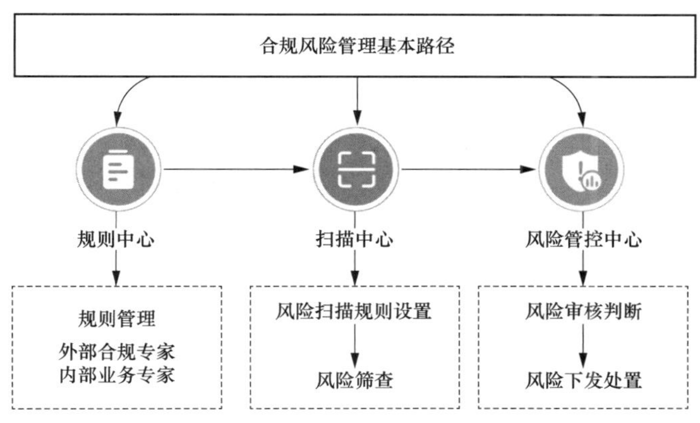

图 3　合规风险管理基本路径图

风险监控平台是本项目的重点和关键，目前考虑将规则中心、扫描中心、风险管控中心三个中心作为合规风险管理的基本路径，实现业务数据、环节的场景化，针对各场景进行风险扫描和处置。

规则中心，即建立基于实际业务场景的合规监控规则库，包含不限于合同风险管理、反垄断、数据保护以及监管风险领域等各业务场景的规则管理，规则主要是监控指标。规则中心是风险管控的关键，需要由合规专家和业务专家共同筛查、处理。

扫描中心，即依据规则中心的监控规则，通过数据中台获取数据，进行数据分析。扫描中心是数据接口模块、数据分析模块的集合，可设置灵活的扫描方式，包括自动扫描、规则叠加扫描等，扫描中心根据扫描输出风险集。

风险管控中心，执行风险审核判断及风险下发处置职能，为合规管理提供数字化决策支撑。

2. 合规矩阵的输出要求

合规矩阵是与风险矩阵相对应的，合规风险来自于合规义务的不履行，而合规义务主要来源于外部的规则，因此，合规矩阵是与风险矩阵强相关的规则库。同样，合规矩阵在建立过程中，也是与实际业务流程紧密结合，为合规矩阵的应用打下了基础。合规矩阵在输出时，对于每个规则的要求是清晰、完整、最小化，即在表述清楚合规义务的基础上实现内容的最小化。

3. 风险防控的信息化需求

风险防控的信息化是建立合规风险管控的信息系统，通过规则设置、数据分析、风险处置的方式进行风险管控。因此风险防控的信息化需求，是建立企业级的数据中台，系统通过数据中台获取相关业务流程的数据，在信息化系统中仅保留通过超过风险阈值的数据。风险防控信息化流程如图 4 所示。

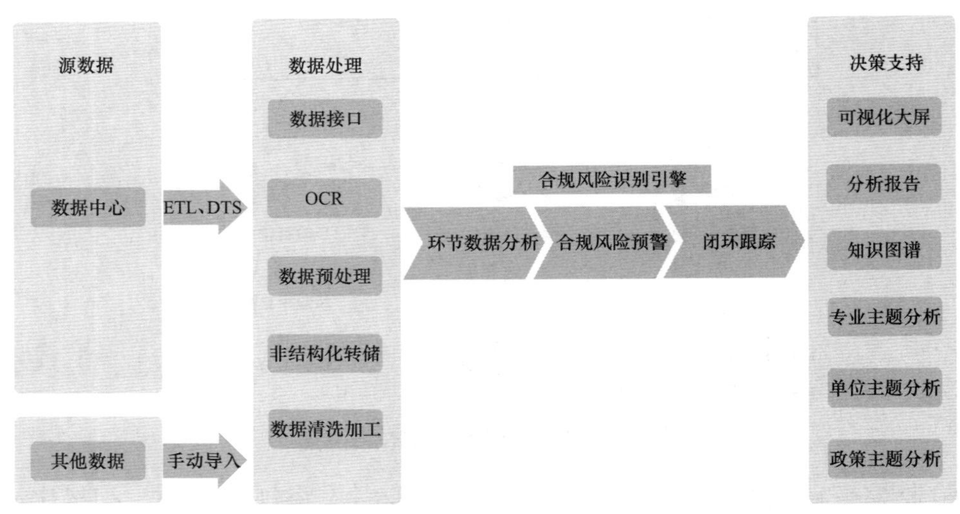

图 4　风险防控信息化流程图

4. 风险矩阵的输出与应用

风险矩阵是风险具体业务流程的合规风险点，按不同专业、不同层级的风险为要素建立相应数据库。而与风险矩阵相对应的是合规矩阵，即风险来自于对合规条款的不履行。

示例如图 5 所示。

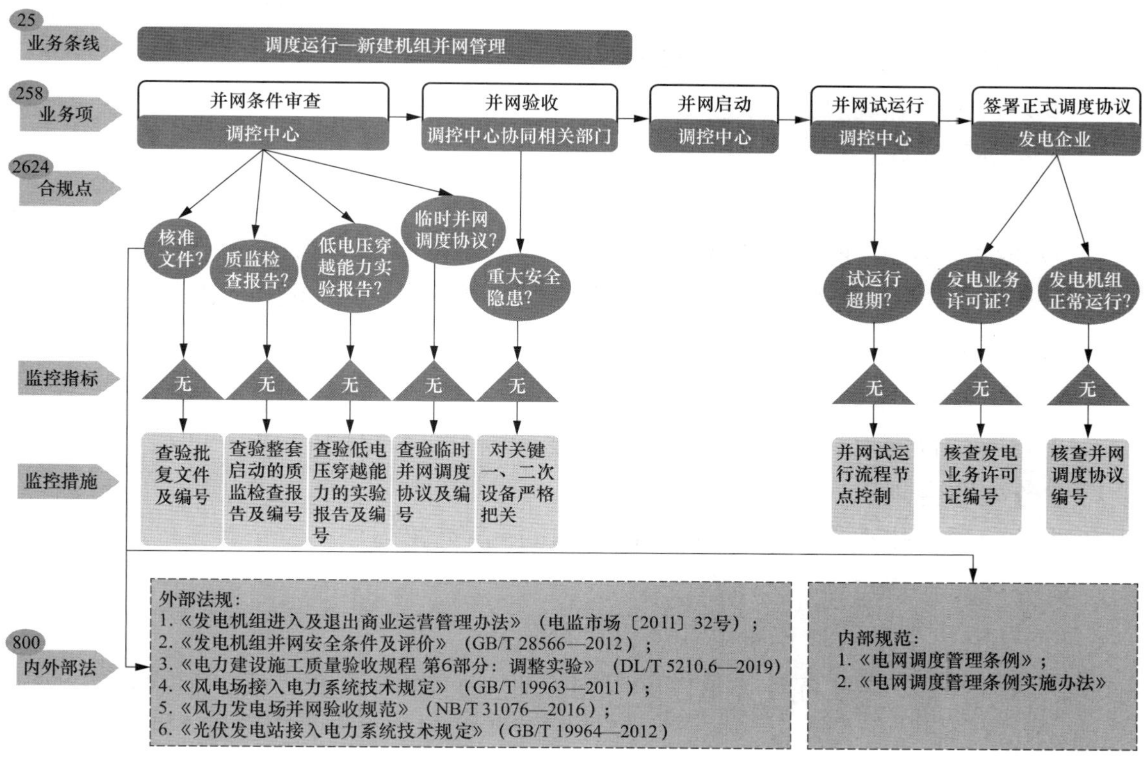

图 5　风险矩阵输出示例

（1）业务条线：调度运行——新建机组并网管理。

（2）业务项。

业务项①并网条件审查：对发电企业并网前相关资质条件进行审查，审查内容包含不限于以下内容。

1）是否政府主管部门项目核准或备案文件；

2）电力建设工程质量监督中心站同意机组整套启动的质量监督检查报告；

3）风电及光伏机组具备相应资质能力的机构出具的通过低电压穿越能力试验的报告及相关材料；

4）《（临时）并网调度协议》《（临时）购售电合同》和供用电合同；

5）发电机组一、二次设备符合国家标准、行业标准和其他有关规定，满足接入电网运行条件；

6）接入电网工程启动送电完毕，具备运行条件。

业务项②并网验收：调控中心协同相关部门开展机组并网前现场验收。

业务项③并网启动：调控中心组织实施新建机组并网调试。

业务项④并网试运行：调控中心组织实施新建机组并网试运行。

业务项⑤签署正式调度协议：与发电企业签订并网调度协议（机组取得电力业务许可证后，及时签署正式调度协议）。

（3）业务项合规点。

业务项①合规点：

1）电源项目是否取得政府主管部门核准文件；

2）是否取得电建质监中心核准机组整套启动的质监检查报告；

3）风电、光伏机组是否取得具备资质能力的机构出具的低电压穿越能力的实验报告；

4）是否签订临时并网调度协议。

业务项②合规点：是否存在重大安全隐患未及时发现并要求立即整改。

业务项③合规点：无。

业务项④合规点：新能源机组并网试运行是否超周期（三个月）。

业务项⑤合规点：

1）发电机组是否取得发电业务许可证；

2）是否因未及时与具备条件的发电企业签订并网调度协议，影响发电机组正常运行。

（4）监控指标：无。

（5）业务项控制措施。

业务项①控制措施：

1）查验政府主管部门项目批复文件及编号；

2）查验电建质监中心核准机组整套启动的质监检查报告及编号；

3）查验风电、光伏机组由具备资质能力的机构出具的低电压穿越能力的实验报告及编号；

4）查验临时并网调度协议及编号。

业务项②控制措施：

对涉及机组、电网安全的关键一、二次设备，依据国家、行业相关技术规定、标准进行严格把关，防止并网后因设备原因发生电力系统故障。

业务项③控制措施：无。

业务项④控制措施：严格风电、光伏机组并网试试运行流程节点控制。

业务项⑤控制措施：

1）核查已并网机组发电业务许可证编号；

2）核查并网机组并网调度协议编号。

（6）内外部法：《电网调度管理条例》《电网调度管理条例实施办法》《发电机组进入及退出商业运营管理办法》（电监市场〔2011〕32号）。

在合规风险识别防控工作中提出合规监控的方法，并对业务流程的关键节点进行常态化监督，以保证业务合规。对于包含合规风险的业务（流程），是由专业部门提出对该合规风险实施有效监督的最关键的1～2个节点，对于该节点由业务部门（合规经理人）和法律部门共同进行监督，审查该项业务是否合规（如对于违反电力业务许可制度的风险，可将关键点定位于协议或合同中的许可证编号）。

三、应用成效

课题成果主要应用于合规管理智能应用平台建设。

（一）平台定位

平台以央企合规管理指引精神为指导，坚持党的方针政策融入合规管理各项工作，全面落实国资委加强合规管理、建设法治央企工作部署，强化各级单位合规管理主体责任，按照合规管理要求嵌入各个业务领域与环节为基层减负的管理思路，做好合规管理智能应用平台顶层设计，统筹规划合规管理功能建设，强化重点领域、重点环节、重点对象合规风险管控，促进公司企业治理数字化转型发展。

（二）建设目标

统筹把握外部监管和内部管理要求，构建基于实际业务流程的合规矩阵和风险矩阵，实施关键流程、关键节点的数据监控，将风险管控深度融入业务管理全过程，建成集合规培训、合规风险防控、合同智能审查于一体的合规管理信息化平台，打造基于流程、数据的合规监控平台，实现合规风险防控常态化、数字化。

合同签订及履约过程风险监控方面，主动预警合同流转关键环节风险。业务合规数字化风险库是根据法律法规、监管规定、公司规章制度等变化动态调整、更新合规风险库，结合合规风险培训、合规绩效全景看板，全面提升合规管理运行效能，确保对合规风险有效管理。

（三）功能设计

1. 合规风险库

梳理合同、反垄断、个人信息保护等领域业务流程，识别业务合规风险点、监控规则，对相关业务运行情况进行扫描。依托信息化手段，建立数字化合规风险库、规则库，通过消息通知等嵌入方式，在关键业务、关键环节、重大风险变化、重点时期向业务部门发出风险提示。

2. 合规风险监控

针对不同业务流程，梳理风险环节，建立对应风险 RPA 工具，通过国网安全浏览器实现内部统一发布，根据业务场景加载不同 RPA，实现合规风险、规则、标准实时伴随提醒和系统阻断。内部业务系统数据、监控业务数据产生过程，通过风险规则，评估数据、业务是否合规，对不合规内容及时发出预警和阻断指令。动态监控政府监管网站数据、企业工商信息数据依托内外网安全交互架构，把外部监控数据同步至内网，及时预警风险。

3. 合规管理线上流程

合规管理线上流程主要包含合规举报、外部监管监控、违规事件处置上报等功能。合规举报，提供线上合规举报渠道，员工可以通过平台实现匿名、实名合规举报，提升合规管理的综合能力。外部监管监控，跟踪相关政府网站，实时发现与公司相关的合规问题，提高响应速度、降低公司的风险损失。违规事件处置上报，针对内部发现合规问题和外部通报合规问题，建立线上处置流程，对处置、整改各个环节进行闭环管理。

4. 合规绩效全景看板

实时展示各个业务条线、业务流程的合规风险全景视图，辅助业务部门了解定位风险情况，对公司内部合规绩效进行展示，从多维度通过图表方式进行比对分析，客观展示合规管理要求落实情况。

5. 合同全过程风险管控

梳理合同签订、履约等环节风险规则，结合经法系统合同、ecp、财务管控、外部企业工商信息等数据，通过人工智能技术，实时对公司合同进行扫描分析，识别合同中的风险问题，构筑合同合规智能守护防线。

6. 合规培训

建立重要岗位、关键人员体系化合规培训流程，通过在线课程、在线考试、合规证书等方式，实现合规培训证明材料线上留存，为公司减责或免责提供支撑。

平台业务架构示意如图 6 所示，平台功能菜单如图 7 所示。

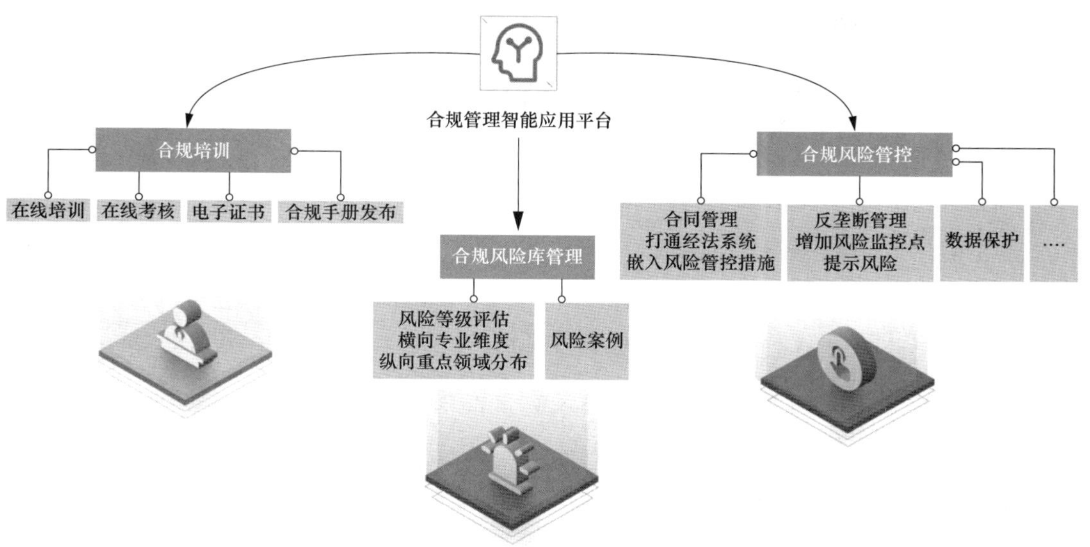

图6　平台业务架构示意图

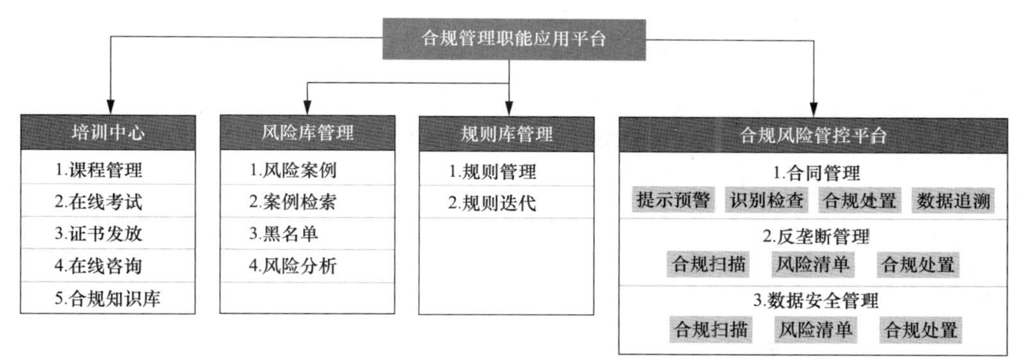

图7　平台功能菜单

供应商管理合规风险研究

国网福建省电力有限公司

◆成果简介◆

近年来，国网福建省电力有限公司（简称公司）作为供应商交易相对方被法院通知协助执行的案件大幅增加。相关诉讼案件反映了公司在物资采购管理方面存在合规管理漏洞，需要进一步完善。在上述背景下，公司开展物资采购合规风险专题研究。

本课题围绕供应商物资采购合同的全过程中，公司及供应商行为可能导致公司及其员工遭受法律制裁、监管处罚、重大财产损失和声誉损失等风险，剖析了公司在物资采购管理方面存在的违规漏洞，梳理采购管理工作中的招标投标、合同签订、合同履行、违约处理、协助执行与破产债权申报、涉疫情合同等 6 项业务中的合规管理风险共计 27 条。在风险识别、分析的基础上，提出要充分运用信息化技术手段，建立完善包括供应商信用评价、供应商准入、分级分类管理、考核评价与激励、动态风险预警等在内的供应商管理系统，并就已识别出的风险点，提出具体管理举措。

本课题主要创新点在于将合规管理要求全面嵌入公司物资采购经营管理活动，贯穿于业务环节过程，切实体现“业法融合”，不但提出工作机制建设建议，而且结合风险提出具体管控措施，具有较强的操作性，对公司进一步促进供应商合规管理，防范处理供应商相关业务合规风险具有较大应用价值。

一、研究范围介绍

本次供应商管理合规风险研究，遵循《中央企业合规管理指引（试行）》和《国家电网有限公司合规管理办法（试行）》关于合规规范的规定，鉴于公司和供应商主要在招投标及合同签订和履行等民商事活动中产生关联关系，不可避免地受到民商事法律法规的规制，故本次研究所针对的合规规范，也包括合同、协议等自愿性规范。

二、供应商管理合规风险分析及应对

在前期调研的基础上，共梳理采购管理工作中的招标投标、合同签订、合同履行、违约处理、协助执行与破产债权申报、涉疫情合同等6项业务中的合规管理风险27条。具体风险分析及应对措施如下。

1. 招投标阶段合规风险

公司在招标投标阶段存在的合规管理风险10条，包括违反规定规避招标、供应商资质核实失实、不合理限制或排斥潜在投标人、与供应商串通投标、同等条件下歧视民营企业、利用市场支配地位不合理设置限制条件，限制交易对象、招标人违反保密义务、招标代理机构或评标委员会成员违规追究、供应商不良行为处理不当、供应商异议处理不当等。

公司及员工在供应商招投标环节未做到依法合规，可能导致招投标无效，或者在中标后无法正常签订合同，引发供应商投诉，对公司造成负面影响，并可能造成经济损失。

以供应商不良行为处理不当为例：

供应商不良行为指的是供应商在招投标、合同签订及履行等阶段的不良行为。

供应商在投标、中标、合同签订及履行等阶段，存在串标、未按中标结果签订合同、迟延供货、供货质量不合格等问题的，公司除依法依约追究供应商的赔偿责任或违约责任等，还应按照《国家电网有限公司供应商不良行为处理管理细则》[国网（物资/4）249—2020]等有关规定，上报供应商的不良行为，暂停供应商的中标资格或将其列入黑名单。

按照《国家电网有限公司供应商不良行为处理管理细则》第二十三条规定，法院判决书认定供应商为谋取不正当利益，向公司系统招标采购活动的招标人、评标委员会、招标代理机构等相关人员行贿，数额在3万元以下等26类情形之一的，应暂停中标资格6个月；第二十四条规定，因供应商原因导致六级安全事件或质量事件等6类情形之一的，暂停中标资格12个月；第二十五条规定，因供应商原因导致五级安全事件或质量事件等8类情况之一的，列入黑名单1年；第二十六条规定，（一）因供应商原因导致四级安全事件（一般事故）或质量事件等7类情况之一的，列入黑名单2年；第二十七条规定，因供应商原因导致三级安全事件（较大事故）或质量事件等9类情况之一的，列入黑名单3年；第二十八条规定，因供应商原因导致一至二级安全事件（特大、重大事故）或质量事件等4类情况之一的，永久列入黑名单。

如公司未按规定提报供应商不良行为，未暂停供应商中标资格或列入黑名单，可能导致不合格供应商再次参与公司的招标活动并中标，影响有关项目的质量和进程等。公司有关人员未按规定进行提报，根据《中央企业违规经营投资责任追究实施办法（试行）》（国资委令第37号）、《国家电网有限公司违规经营投资责任追究实施办法（试行）》（国家电网办〔2019〕32号）等有关规定，构成违规经营投资的，将受到组织处理、扣减薪酬、纪律处分等公司内部责任追究。

公司对供应商不良行为处理应当适当，如公司对不良行为较轻微的供应商过度设置禁入条件，或在招标文件中并未明示供应商违反有关规定可能受到何种处罚等，导致供应商不良行为处置不当，可能会遭到供应商的投诉，还可能被认定为不合理排除或限制潜在投标人等情形，受到行政处分。

根据《国家电网有限公司供应商不良行为处理管理细则》第三十一条规定，供应商被暂停中标资格或列入黑名单的期限届满，且通过公司验收的，公司应及时解除对供应商的有关处理措施，如公司未及时解除处理措施，影响供应商再次参与公司其他项目投标的，可能会导致供应商投诉，使公司遭受舆论和信用风险，甚至要赔偿损失等。

应对措施：

公司及员工处理供应商之前必须进行事实调查，采用约谈供应商等方式认定不良行为。处理供应商时必须有约谈记录和相关支撑材料，并向供应商书面进行问题核实确认。供应商在投标、中标、合同签订及履行等阶段，存在串标、未按中标结果签订合同、迟延供货、供货质量不合格等问题的，公司应当依照供应商不良行为处理的有关规定，及时上报供应商的不良行为，暂停供应商的中标资格或将其列入黑名单。供应商整改与验收应符合公司相关规定的要求，供应商整改情况验收合格后，物资部门提出对供应商解除处理的建议，经部门领导审批后执行，并及时公布供应商处理结果。

2. 合同签订阶段合规风险

公司在合同签订阶段存在的合规管理风险5条，包括未在规定时间内通知签订合同、拒绝交易、附条件交易、签订背离合同实质内容的协议、违法采用格式条款等。

公司及员工在供应商合同签订阶段未做到依法合规，可能引发民事纠纷，对合同效力、合同适用等问题产生争议，引发合规风险，造成公司经济损失。

以附条件交易为例：

附条件交易行为是指经营者利用其经济优势，违背对方交易人的意愿，在提供商品或服务时强迫对方交易人购买其不需要、不愿购买的商品或服务，或者接受其他不合理的条件的行为。

《招标投标法》第四十六条、《招标投标法实施条例》第五十七条规定，招标人应依法与中标人签订书面合同，合同的标的、价款、质量、履行期限等主要条款应当与招标文件和中标人的投标文件的内容一致，不得在订立合同时提出附加条件。

附条件交易行为的责任或后果如下：

根据《招标投标法实施条例》第七十三条规定，招标人在订立合同时向中标人提出附加条件的，将由有关行政监督部门责令改正，可以处中标项目金额10‰以下的罚款；给他人造成损失的，依法承担赔偿责任；对单位直接负责的主管人员和其他直接责任人员依法给予处分。

公司作为自然垄断的公用企业，根据《反垄断法》第十七条、《禁止滥用市场支配地位行为暂行规定》第十六条规定，应遵循公平合理原则，不得从事滥用市场支配地位的行为，在签订合同时附加不合理的交易条件。如增加额外工作量、提高技术标准、压缩工期、模糊交付时间和送货地点等附加条件行为将构成垄断行为或滥用市场支配地位行为的，将受到以下负面影响、引致相应的法律责任：

（1）将受到反垄断执法机构和能源监管机构的调查和问责。如公司存在垄断行为，可能会受到供应商的举报，受到反垄断执法机构或相关行政机关的调查。调查采取现场检查、询问有关人员、查阅、复制有关文件、资料、查封、扣押相关证据、查询银行账户等措施，可能会对公司正常经营活动造成影响，增加企业经营成本。

（2）将影响公司商誉和企业形象。反垄断执法机构对涉嫌垄断行为调查核实后，认为构成垄断行为的，应当依法作出处理决定，并可以通过国家企业信用信息公示系统向社会公示，对公司商誉和企业形象造成损害。

（3）由反垄断执法机构责令停止违法行为，没收违法所得，并处上一年度销售额百分之一以上百分之十以下的罚款。

（4）如公司实施垄断行为，给供应商造成损害的，可能被提起民事诉讼，承担赔偿责任。

根据《国家电网有限公司违规经营投资责任追究实施办法（试行）》第十七条规定，订立合同时附加不合理条件，构成违规经营投资的，将受到组织处理、扣减薪酬、纪律处分等公司内部责任追究。

应对措施：

公司作为自然垄断的公用企业，应遵循公平合理原则，不得在订立合同时向中标人提出附加条件，不得在交易时附加其他不合理的交易条件（包括但不限于增加额外工作量、提高技术标准、压缩工期、模糊交付时间、送货地点等），不得对条件相同的交易相对人在交易价格等交易条件上实行差别待遇等滥用市场支配地位的行为。

3. 合同履行阶段合规风险

公司在合同履行阶段存在的合规管理风险 3 条，包括未按规范发出供货单、收货程序不规范、验收程序不规范、不满足付款条件先行付款等未正确履行合同，拒绝或者迟延支付中小企业款项，无正当理由对合同进行重大变更或解除等。

公司及员工在供应商合同履行阶段未做到依法合规，在实务中可能引发民事纠纷，影响货物或服务供应，进而影响工期或其他物资供应计划，对后期违约责任的认定和处理产生重大不利影响，造成公司经济损失。

以未正确履行合同为例：

公司作为买方，在履行合同过程中，应正确履行合同，如按照约定发出供货单、进行收货、付款等，如公司未能正确履行合同，可能承担经济损失等合规风险。

（1）未按规范发出供货单。在合同履行阶段，尤其是协议库存合同的履行，需要公司向供应商发出具体供货单，供应商签收确认后进行供货。如公司未向供应商发出供货单，或者未留存供应商已签收供货单的证据（如回执单等），或者在供应商违约后未就剩余部分是否同样无法供货进行确认等，可能导致供应商否认收到供货需求，抗辩其不存在未按约定供货的情形。

在某公司诉永进电缆集团有限公司买卖合同纠纷一案中，双方签订协议库存货物采购合同，合同总金额 6300 余万元，随后某公司发出总额为 2000 余万元的采购供货单，但永进电缆集团有限公司仅供货 55 余万元。随后，永进电缆集团有限公司在“物资合同违约事实确认单”上盖章确认违约行为。某公司向法院起诉，要求解除合同并按合同约定供货总额计算违约金，并解释称，因永进电缆集团有限公司明确表示无法供货，故不再发出供货单。但法院对该解释并不采纳，最终按已发出供货单但未供货的金额判决承担违约责任。

根据《国家电网有限公司违规经营投资责任追究实施办法（试行）》《国家电网公司员工奖惩规定》等规定，如果公司有关责任人员未能按照公司有关程序规范要求正确履行合同，造成公司损失的，将受到纪律处分等内部责任追究。

（2）收货程序不规范。公司应在物资到货后办理货物交接手续。供应商交货时，应在清点核验、完成交付后，由有关人员按照权限签发收货清单 / 货验收单等交货凭证，作为供应商完成交货的证据。如果供应商尚未交付货物，或者交付的货物不符合合同约定等，公司及员工即签署收货凭证，可能导致公司支付款项，造成财产损失（《国家电网公司物资采购合同承办管理办法》第六十四条规定）。

在某公司诉永进电缆集团有限公司买卖合同纠纷一案［（2018）甘 0102 民初字第 6985 号］中，永进电缆集团有限公司根据供货单进行供货，但某公司在货物未实际入库的情况下办理了收货手续，导致提前付款，后因货物质量出现问题，不得不提起诉讼要求永进电缆集团有限公司清退已收货款。

根据《国家电网有限公司违规经营投资责任追究实施办法（试行）》《国家电网公司员工奖惩规定》等规定，如果公司有关责任人员未能按照公司有关程序规范要求正确履行合同，造成公司损失的，将受到纪律处分等内部责任追究。

（3）验收程序不规范。供应商交付的货物，公司在开箱检验、安装、调试、考核、验收过程中，发现有短缺、损坏或质量等与合同约定不符的问题时，应及时通知供应商，签署书面确认文件，要求供应商采取修理、更换等补救措施，如供应商拒不配合的，应单方保留验收程序文件，并履行告知义务。公司及员工未按约定验收或验收不规范的，可能导致后续主张权利时承担举证不力的后果（《国家电网公司物资采购合同承办管理办法》第六十八条规定）。

在保定市卓越电气有限公司诉某电力物资公司买卖合同纠纷一案［（2019）宁 0106 民初 13814 号］中，保定市卓越电气有限公司要求某电力物资公司支付拖欠的货款。某电力物资公司抗辩货物存在质量问题，但其未能进行全面验收，仅以缺少第三方检测报告等为由约谈供应商，导致未能就货物存在的全部质量问题提出异议并形成相应的记录，且在货物未通过验收的情况下，公布了验收合格的信息，向保定市卓越电气有限公司收取了涉案货物金额的发票，并发送债权债务询证函，存在客观认可欠付货款的事实。最终，双方通过调解确认某电力物资公司应向保定市卓越电气有限公司支付货款。

根据《国家电网有限公司违规经营投资责任追究实施办法（试行）》《国家电网公司员工奖惩规定》等规定，如果公司有关责任人员未能按照公司有关程序规范要求正确履行合同，造成公司损失的，将受到纪律处分等内部责任追究。

（4）不满足付款条件先行付款。公司及员工未核实供应商的付款申请以及付款条件是否具备，即将款项支付给供应商，若供应商收到款项后违反诚信原则，拒不履约等，可能会导致公司遭受财产损失等合规风险（《国家电网公司物资采购合同承办管理办法》第六章规定）。

在某公司诉高青县红润物流有限公司运输合同纠纷一案［（2020）鲁 0322 民

初 4 号] 中，涉案运输合同明确约定：乙方凭设备材料到货验收证明、100% 合同价格的增值税专用发票办理支付申请手续，甲方在申请手续办理完毕后 30 个工作日内支付全部合同价款。但在合同签订后，某公司即向高青县红润物流有限公司预付了全部价款。高青县红润物流有限公司在履行部分义务后便开始中断履约，经多次约谈，仍不能及时响应和按期配送。迫使某公司不得不提起诉讼，要求解除合同并返还多支付的运费。

根据《国家电网有限公司违规经营投资责任追究实施办法（试行）》《国家电网公司员工奖惩规定》等规定，如果公司有关责任人员未能按照公司有关程序规范要求正确履行合同，造成公司损失的，将受到纪律处分等内部责任追究。

应对措施：

公司及员工应严格按照《国家电网公司物资采购合同承办管理办法》的规定，向供应商正确履行合同。在供货前，应当按照合同约定及时向供应商发出具体供货单，并且留存供应商已签收供货单的证据。供应商交付的货物，应在约定期限内按照约定的方式进行开箱检验、安装、调试、考核、验收，若出现短缺、损坏或质量等与合同约定不符的问题，应及时通知供应商，签署书面确认文件，要求供应商采取修理、更换等补救措施，如供应商拒不配合的，应单方保留验收程序文件，并履行告知义务。在结算时，物资合同对预付款、到货款、投运款和质保金等合同价款的支付比例和支付条件都会做出明确的约定，公司及员工应当严格按照物资合同约定的付款比例和条件向供应商支付相关款项。

4. 应对供应商违约处理不当的合规风险

公司在供应商违约处理环节存在的合规管理风险 3 条，包括未及时确认供应商违约事实、未按规定收集损失证据、未及时采取措施防止损失扩大等。

公司及员工在违约处理环节未做到依法合规，可能导致无法确认供应商违约事实、无法追究违约责任、自行承担部分损失等法律后果。

以未及时确认供应商违约事实为例：

货物质量问题是最常见的供应商履约问题之一，公司在收货验收过程中，应对货物进行全面检验，及时发现质量问题，并妥善处理。根据《供应商合同违约处罚工作程序》第二条第二款规定，公司一旦发现质量问题后，应按照规范程序约谈供应商，形成书面约谈记录等，双方共同确认违约事实。如果供应商拒不配合的，应履行通知义务并单方进行检测验收，固定违约事实。如未依法依约确认违约事实，可能导致供应商主张其已履行供货义务，要求公司付款，届时，公司即便主张供应商存在供货质量问题，但因举证不足而无法拒绝支付款项。

在武汉南星电力科技有限公司诉某电力公司买卖合同纠纷一案［（2018）豫0103民初5006号］中，武汉南星电力科技有限公司起诉要求某电力公司支付拖欠的货款，某电力公司虽抗辩武汉南星电力科技有限公司所供货物质量不符合约定未通过验收等，故有权拒绝支付相应款项，但自武汉南星电力科技有限公司2012年供货至2018年起诉，其间某电力公司未采取有效措施主张对方的违约责任，在诉讼过程中也未能向法庭提交证据予以佐证，故法院判决其仍应支付货款。

与上述案例相反，在广东樱本电气有限公司诉某电力公司、某电力物资公司买卖合同纠纷一案［（2018）鄂0111民初4589号］中，广东樱本电气有限公司诉请主张其已提供14台新的变压器以更换存在质量问题的变压器，但某电力公司、某电力物资公司只更换7台，应将未更换的7台予以返还。某电力公司、某电力物资公司辩称：在发现变压器存在质量问题后，及时约谈广东樱本电气有限公司并形成书面约谈记录，确认解决方案为更换14台不合格的变压器等，故广东樱本电气有限公司重新提供14台变压器正是履行该约定的行为，其主张其中7台用于更换，某电力公司、某电力物资公司应返还剩余7台，与约定内容不符，法院最终驳回其诉讼请求。

根据《国家电网有限公司违规经营投资责任追究实施办法（试行）》《国家电网公司员工奖惩规定》等规定，公司有关责任人员未能按照公司有关程序规范要求及时确认违约事实，造成公司损失的，将受到纪律处分等内部责任追究。

应对措施：

供应商发生产品质量、交货期、售后服务或其他方面的违约，符合合同违约处理条件的，应依据合同对供应商进行合同违约处理：涉及技术原因需要进行违约处理的，由物资公司组织项目管理部门、供应商确认违约事实并签署“物资合同违约事实确认单”；涉及商务原因需要进行违约处理的，由物资公司组织供应商确认违约事实并签署“物资合同违约事实确认单”；物资部依据“物资合同违约事实确认单”，会同项目管理、财务、法律等相关部门对供应商进行违约处理，违约处理结果纳入供应商关系管理。

5. 协助执行与破产债权申报不当的合规风险

公司在协助执行与破产债权申报环节存在的合规管理风险4条，包括未按规定配合执行、违规向供应商继续履行合同、提出执行异议后未及时主张权利、未及时申报破产债权等。

公司及员工在协助执行与破产债权申报环节未做到依法合规，可能导致公司受到法院的处罚，造成经济和声誉损失，或者公司债权无法有效回收等。

以提出执行异议后未及时主张权利为例：

在涉及供应商的协助执行案件中，供应商往往已经出现违约，公司有权依约要求供应商支付违约金或者直接从应付款中抵扣。在法院发出协助执行通知后，公司有权对法院认定的供应商应收账款提出异议，但应在提出异议后及时通过诉讼确认违约事实及供应商是否还存在应收账款，如未能及时主张权利的，可能导致法院继续强制执行供应商的“应收账款”。

在某公司协助执行对河南开启电力实业有限公司到期债务一案，某公司主张河南开启电力实业有限公司未依约供货，应承担合同价格20%的违约金，某公司有权将其交纳的履约保证金抵扣违约金，故不存在到期债权。执行法院回复对异议涉及的债权债务关系不予审查，并告知某公司可提起诉讼解决。但某公司并未及时通过诉讼确认。此后，执行法院以某公司在法院明确告知不予审查异议后长达一年的时间内，未向法院提交法律文书确认其对履约保证金享有权利，要求其将河南开启电力实业有限公司的履约保证金汇至法院指定账户。最终，某公司根据法院要求将款项汇入法院指定账户。

根据《国家电网有限公司违规经营投资责任追究实施办法（试行）》第十七条、《国家电网公司员工奖惩规定》《国家电网公司法律纠纷案件管理办法》等规定，如果公司有关责任人员未能正确履行职责，未按规定对应收账款及时追索或采取有效保全措施，造成公司经济损失的，将受到纪律处分等内部责任追究。

应对措施：

执行过程中，公司对执行标的提出书面异议的，人民法院应当自收到书面异议之日起十五日内审查，理由成立的，裁定中止对该标的的执行；理由不成立的，裁定驳回。公司对裁定不服，认为原判决、裁定（原判决、裁定是指执行依据，例如执行案件依据的判决书）错误的，依照审判监督程序办理；与原判决、裁定无关的，公司应当自裁定送达之日起十五日内向人民法院依法提起诉讼。

6. 因疫情引发的合规风险

因新冠疫情等重大疫情及疫情防控措施可能引发的合规管理风险，包括不执行国家疫情政策、疫情影响评估不当等2条。

2020年新冠疫情暴发，部分供应商受此影响，可能无法按约定履行供货义务，或者无法在约定期限内提供相关服务，甚至因资金困难等面临倒闭、破产等局面，将影响合同履行，对公司造成一定的影响。

以疫情影响评估不当为例：

评估供应商是否受疫情及防控措施影响、受影响程度如何，应当结合具体情况分析，严格遵循不可抗力应同时具备不能预见、不能避免且不能克服的三个要件，根据疫情及防控措施发生时间、范围，供应商的行业属性、合同签订时间，以及供应商无法履行合同或者履行困难与疫情及防控措施之间的因果关系、原因力大小等综合认定。

（1）对供应商是否受疫情影响评估不当的风险。当供应商提供的证据不足以证明其受到疫情及防控措施影响，供应商的合同义务不能以不可抗力为由免责。如公司将完全不受疫情影响的合同评定为不能履行或者履行困难，并据此同意变更或者解除合同等，将给公司造成不利影响。此外，如供应商并未受疫情及防控措施影响，但仍未能履行合同义务的，公司应及时依法主张权利。如公司未能准确认定供应商受疫情影响的情况，进而疏忽或怠于向供应商主张权利的，可能会使公司遭受相应的损失。

当供应商提供的证据足以证明其受到疫情及防控措施影响，供应商可以援引不可抗力免责或者要求变更合同。如公司错误将供应商评定为未受影响，进而要求供应商按原合同约定继续履行的，可能会促使供应商通过诉讼等途径主张权利，并向有关部门投诉，导致公司遭受信誉损失。

根据《国家电网有限公司违规经营投资责任追究实施办法（试行）》第十七条、《国家电网公司员工奖惩规定》等规定，公司有关责任人员未能正确履行职责，在评估有关供应商合同是否受疫情影响时，未能作出准确判断，会导致对合同有关事项的处置不当，造成公司经济损失的，将受到纪律处分等内部责任追究。

（2）对供应商受疫情影响程度评估不当的风险。当供应商合同确实受到疫情影响时，公司根据供应商在合同项下的义务受到影响的具体情况评估疫情影响程度，评定为合同目的不能实现、完全不能履行、部分不能履行等，并根据不同情形采取解除合同、变更合同、继续履行等措施。对供应商合同处置不当，可能引发纠纷、遭受经济损失等。

如供应商明确表示受疫情影响已完全无法供货，公司仍要求其继续履行或者在一定期间内迟延供货，供应商的经营情况可能因经济压力继续恶化，如公司未及时采取解除合同并主张违约金等措施，可能面临损失无法清偿的后果。

根据《国家电网有限公司违规经营投资责任追究实施办法（试行）》第十七条、《国家电网公司员工奖惩规定》等规定，公司有关责任人员未能正确履行职责，在评估有关供应商合同受疫情影响程度时，未能作出准确判断，会导致对合同有关事项的处置不当，造成公司经济损失的，将受到纪律处分等内部责任追究。

应对措施：

公司及员工应充分评估疫情对合同履行的影响。按不可抗力的构成要件分析、评估新冠疫情对具体合同履行的影响程度，影响程度分为合同目的不能实现、合同部分不能履行、合同全部不能履行等情形。是否造成影响可从合同性质、合同当事人所处的地域、合同是否可以采取替代方式、疫情与合同不能履行的因果关系等方面进行评估。根据新冠疫情对具体合同履行的影响程度，依不可抗力的相关法律规定解除合同、依法主张免除部分或全部民事责任。不能适用不可抗力但履行合同导致双方权利义务显失公平的，可依情势变更或公平原则协商一致变更合同，或以诉讼或仲裁的方式变更或解除合同。

三、协同管理机制建设

物资采购合规风险管理，是公司全面合规管理的重要组成部分，关系到电网建设、电网运维与安全、供电服务等核心业务顺利推进，公司有关部门应当高度重视，共同构建供应商合规管理“三道防线”。

（1）物资采购部门：一是充分应用研究报告成果，基于合规风险识别和分析，运用信息化技术手段，建立完善包括供应商信用评价体系，在主体资格、资质、履约能力与信用等方面进行严格审查，规范供应商准入范围；二是应建立完整、科学、全面的考核评价指标体系，实行分级分类管理、开展考核评价与激励、贯穿整个供应商合作周期；三是开展供应商违规动态预警，及时、有效处理供应商违规事件，防范合规风险，提升供应商管理效率与效果。

（2）经济法律部门：牵头供应商合规管理体系建设工作，督导合规风险定期排查、控制、合规事件应对处置和合规工作评价。

（3）审计、巡察等监督部门：通过物资采购合同专项审计、巡察等监督工作，揭示供应商管理过程中违规事件，促进合规工作日趋完善。

附表：供应商管理合规风险清单

供应商管理合规风险清单

一级业务	二级业务	合规风险名称	风险行为描述	风险控制措施
采购管理	招投标阶段合规风险	违反规定规避招标	招标人违反法律法规和公司规章制度，对于依法应当招标的项目未经招标程序直接签订合同、对于依法必须招标的项目化整为零或者以其他任何方式规避招标、对于依法应当公开招标而采用邀请招标	公司应定期组织采购实施人员进行合规培训，加强采购实施人员对《招标投标法》《国家电网公司采购活动管理办法》等规定的理解，保障其准确把握招标采购相关知识与要求。对于采购实施人员把握不准的项目，应要求其及时向有关部门或人员了解确认，避免采购实施人员的认识错误导致规避招标行为的发生。此外，物资管理部门应及时收集并通报违反规定规避招标的典型案例，通过更加直观明了的方式对一线采购实施人员作出指引。在通报典型案例的同时，应列明规避招标的具体情形（例如，达到集中采购限额标准的项目未申请集中采购；能向一个供应商采购的项目进行分拆使分拆后的项目金额未达到集中采购限额标准等），尽可能达到指引与警示的目的
		供应商资质核实失实	在招标投标活动中，公司及有关责任人员未谨慎审核供应商是否具有安全生产许可资质或特种设备许可，导致缺乏相应安全生产许可资质或特种设备许可的供应商进入生产、建设过程中	评标期间，公司应要求供应商提供相关安全资料（包括但不限于供应商安全资质证书、以往的安全表现资料、审查供应商安全计划和实施程序、生产许可证、产品合格证、安全鉴定证书、产品使用说明书、特种设备生产许可证、计量器具生产许可证等，产品的性能和产品供应的售后服务与质量保证体系、供应商的安全管理组织机构、管理制度和保证体系等），严格审核其提供的安全生产资料是否符合招标文件的要求，并妥善保存供应商安全评价过程文件

续表

一级业务	二级业务	合规风险名称	风险行为描述	风险控制措施
采购管理	招投标阶段合规风险	不合理限制或者排斥潜在投标人	招标人以不合理的条件限制或者排斥潜在投标人	公司可根据招标项目本身的要求，在招标公告或者投标邀请书中，要求潜在投标人提供有关资质证明文件和业绩情况，并对潜在投标人进行资格审查。但是，对于依法必须进行招标的项目，公司不应设置地区或者部门的限制，也不得违法限制或者排斥本地区、公司系统以外的法人或者其他组织参加投标。此外，采购项目实施人员应当避免制定可能减少合格投标人数量的不必要的规定。制定与采购项目规模和内容一致的最低要求。最低要求不应妨碍参与投标，如对参与投标的公司的规模、构成及性质进行限制。如果投标的条件需要投标人提供大量现金作为担保，则该条件将导致小投标人不能参与招标。如果可能的话，担保金额的额度设定应刚好可以起到担保的目的，但又不至于过高排斥潜在投标人
		与供应商串通投标	投标人与投标人之间、招标人与投标人之间采用不正当手段，对招标投标事项进行串通，以排挤竞争对手或者损害招标人利益的行为	公司可以采取更加严格的措施来避免或防范投标人之间或投标人与招标人之间串通投标。对投标人的外部监管方面，可以要求投标人通过电子投标系统进行投标，从技术层面上预防投标人串通投标的行为，如可以通过技术手段识别投标人的 IP 地址、文件标识码是否一致等，筛查投标人是否涉嫌串通投标。还可以加大惩戒力度，如发现投标人串通投标的，可以终身禁止投标人参加招标人的招标项目等。对招标人内部监管方面，也可以借助电子投标系统，设置不同岗位的职责和权限，以技术手段隔离招标工作人员对招标保密信息的接触和泄露。此外，还可以制定全面的招投标合规流程，要求工作人员严格按照流程进行相关工作，以达到相互监督的效果，一旦发生串通投标的行为，可以采取免职、移送公安机关等相关部门查处、公开发布等措施，以达到威慑和净化的效果

续表

一级业务	二级业务	合规风险名称	风险行为描述	风险控制措施
采购管理	招投标阶段合规风险	同等条件下歧视民营企业投标	同等条件下歧视、限制民营企业投标，设定的供应商资格、技术、商务条件与招标项目的具体特点和实际需要不相适应或者与合同履行无关等	公司及员工在招标投标活动中不得对民营企业设置歧视性要求，同等条件下民营企业与国有企业招标投标条件应保持一致。在同一招标项目中，公司不应偏袒国有企业，应当向潜在投标人或者投标人提供无差别的项目信息，并对民营企业采取相同的资格审查或者评标标准。在采购过程中可考虑实施匿名制度，以避免同等条件下歧视民营企业
		利用市场支配地位不合理设置限制条件，限制交易对象	招标人将招标对象限定为公司关联企业或者变相选择公司内部交易对象，以不合理的条件限制或者排斥潜在投标人	公司及员工在招标投标活动中应注意避免将交易对象限定为公司关联企业或者变相选择内部交易对象，应严格按照《招标投标法》《国家电网公司采购活动管理办法》等相关规定的要求，履行招标采购管理决策程序和审批手续，必须进行招标的项目应当依法进行招标。完善并制定信息披露制度，明确公司内部重大信息的范围、公司内部重大信息的提供及内部流转程序、信息披露的审批权限、信息披露责任人和义务人及其工作职责、违反信息披露管理制度的后果等，让公司信息披露事务工作有章可循，重大信息能够及时地向社会公众告知，从而减少信息不对称可能导致的内部交易等行为。建立内部程序以鼓励或要求员工报告可疑的协议或行为，并考虑设立奖励办法以鼓励员工这样做

续表

一级业务	二级业务	合规风险名称	风险行为描述	风险控制措施
采购管理	招投标阶段合规风险	招标人违反保密义务	招标人违反保密义务行为是指招标人不得向他人透露已获取招标文件的潜在投标人的名称、数量以及可能影响公平竞争的有关招标投标的其他情况。招标人设有标底的，标底必须保密	公司应加强采购项目实施人员的廉政教育和职业道德教育，不断提高采购项目实施人员的思想觉悟和政治素质，构筑牢不可破的反腐倡廉心理防线，使采购项目实施人员自觉抵制各种不正之风的侵蚀，积极地预防泄密行为的发生。在采购项目实施过程中，应当在最合适的时间段内组成评标委员会。无论是采用随机原则抽取评审专家，还是通过选择性办法确定评审专家，总的一条原则是“宜迟不宜早”。专家确定的时间距开标的时间间隔越长，就越容易走漏风声，投机者就越有机可乘。一般采购项目，可在接收供应商投标文件的同时，在监督人员和公证员监督下，进行现场随机抽取或选择，确保在开标前确定并通知到位，知情者不得随意进出，尤其是专家不得携带通信工具进入评标场所
		招标代理机构或评标委员会成员违规追究	在招标投标阶段，公司发现招标代理机构或评标委员会违规收受投标人的财物或者其他好处，泄露应当保密的招标投标活动的有关情况和资料的，应当依法依规追究其责任	如招标代理机构泄露应当保密的与招标活动有关的情况或者材料的行为损害公司利益，或招标代理机构与投标人串通的行为违反了招标代理机构与公司之间达成的委托代理合同所约定的义务，公司应要求其承担违约责任或者依照其他法律要求其承担侵权责任；对评标专家在评标期间的违规、违纪行为，公司及员工应当按照《国家电网公司评标专家管理细则》规定进行严格处罚，处罚方式包括终止评标资格一年、永久性取消评标资格并公告两种。此外，应严格限制专家年度出席评标活动次数，抽取或推荐的评标专家每年出席总部和各单位评标活动次数均不超过 1 次，降低其违规可能性

续表

一级业务	二级业务	合规风险名称	风险行为描述	风险控制措施
采购管理	招投标阶段合规风险	供应商不良行为处理不当（招投标、合同签订及履行等阶段）	1. 供应商不良行为处理时，事实调查不清，责任认定有误，处理不当。 2. 供应商在投标、中标、合同签订及履行等阶段，存在串标、未按中标结果签订合同、迟延供货、供货质量不合格等问题的，公司未按照有关规定，上报供应商的不良行为，暂停供应商的中标资格或将其列入黑名单。 3. 供应商被暂停中标资格或列入黑名单的期限届满，且通过公司验收的，公司未及时恢复供应商资质	招标人应当在收到供应商对公司的招标投标活动事项的书面质疑后及时作出答复，并以书面形式通知质疑供应商和其他有关供应商，记录在案并保留好证据，但答复的内容不得涉及商业秘密

续表

一级业务	二级业务	合规风险名称	风险行为描述	风险控制措施
采购管理	招投标阶段合规风险	供应商异议处理不当	投标人对招标文件、公示结果向招标人提出异议，招标人未在规定期限内对异议内容进行核查，提出处理意见	公司及员工处理供应商之前必须进行事实调查，采用约谈供应商等方式认定不良行为。处理供应商时必须有约谈记录和相关支撑材料，并向供应商书面进行问题核实确认。供应商在投标、中标、合同签订及履行等阶段，存在串标、未按中标结果签订合同、迟延供货、供货质量不合格等问题的，公司应当依照供应商不良行为处理的有关规定，及时上报供应商的不良行为，暂停供应商的中标资格或将其列入黑名单。供应商整改与验收应符合公司相关规定的要求，供应商整改情况验收合格后，物资部门提出对供应商解除处理的建议，经部门领导审批后执行，并及时公布供应商处理结果
	合同签订阶段合规风险	未在规定时间内通知签订合同	招标人未在中标通知书发出之日起 30 日内，按照招标文件和中标人的投标文件订立书面合同	公司及员工应严格按照招标文件约定的时间完成合同签订。针对合同签约时间可进一步梳理物资合同签约流程涉及的各项工作环节，加强对签约各工作环节的标准工时进行限制等措施，进一步厘清各工作环节办理时限及责任界面，压缩合同签约办理时间，加强合同签约时间管控力度
		拒绝交易	中标人确定后，招标人无正当理由不与中标人订立合同	公司及员工应当依法依规确定中标人，并及时向中标人发出中标通知书。中标通知书发出后，无正当理由不得改变中标结果。在招标文件约定的时间内完成合同签订，并且不得在订立合同时违反招标文件的实质性条款另向中标人提出附加条件。合同签订后，公司及员工应积极履行合同，不得拖延、中断与交易相对人的交易

续表

一级业务	二级业务	合规风险名称	风险行为描述	风险控制措施
采购管理	合同签订阶段合规风险	附条件交易	附条件交易行为是指经营者利用其经济优势，违背对方交易人的意愿，在提供商品或服务时强迫对方交易人购买其不需要、不愿购买的商品或服务，或者接受其他不合理的条件的行为	公司作为自然垄断的公用企业，应遵循公平合理原则，不得在订立合同时向中标人提出附加条件，不得在交易时附加其他不合理的交易条件（包括但不限于增加额外工作量、提高技术标准、压缩工期、模糊交付时间、送货地点等），不得对条件相同的交易相对人在交易价格等交易条件上实行差别待遇等滥用市场支配地位的行为
		签订背离合同实质性内容的协议	招标人未按照招标文件和中标人的投标文件订立合同或者订立背离合同实质性内容（合同的实质性内容，一般包括标的、价款、质量、履行期限）的协议	公司及员工在物资合同签约时，应当严格执行《国家电网公司物资采购合同承办管理办法》《国家电网公司总部直管工程物资采购合同承办实施细则》中关于合同签订的相关工作的要求，并按照招标文件和投标文件签订合同，对于涉及合同内容需要再细化或者明确的，应当按照公司制度的规定执行相关审批程序
		违法采用格式条款	格式条款是当事人为了重复使用而预先拟定，并在订立合同时未与对方协商的条款。公司在采用格式条款订立合同时，应当遵循公平原则确定双方的权利和义务，并采取合理的方式提示供应商注意免除或者减轻其责任等与供应商有重大利害关系的条款，对该条款予以说明	对于招标及非招标竞争性谈判等采购形式以外的采购合同，公司员工应在格式条款的外形上进行区别。如在格式合同中对这类条款的文字、符号表述采用与其他条款不同的字体、字号、格式或用别的标识予以注明，如在条款前加星号等符号、在底下划线或用红字显示等。在方法上予以区别，对免责、限责格式条款在提醒时应进行个别提醒，对每一个条款、每一项规定都应逐一进行提醒，不能概括描述或简单提醒，要让合同接受方明确知道该免责、限责条款有几项、几条规定

续表

一级业务	二级业务	合规风险名称	风险行为描述	风险控制措施
采购管理	合同履行阶段合规风险	未正确履行合同	1. 未按规范发出供货单。公司未按照合同约定向供应商发出供货单，或者未留存供应商已签收供货单的证据。 2. 收货程序不规范。核验人员违反法律法规和公司规章制度，未按要求认真清点核验货物即签发收货清单。 3. 验收程序不规范。未按照公司规章制度及相关规程要求按约定的期限、方式进行验收，对发现到货物资与合同约定不相符，存在损坏、缺陷、短少，或不符合合同条款的质量要求时，未做好现场记录，未要求各方代表签字确认。 4. 不满足条件先行付款。未核实供应商的付款申请材料以及付款条件是否具备，即将款项支付给供应商。使用票据付款的，未完整填写票据信息，未核实票据接收人员的授权委托书、单位介绍信、身份证等证明文件	公司及员工应严格按照《国家电网公司物资采购合同承办管理办法》的规定，向供应商正确履行合同。在供货前，应当按照合同约定及时向供应商发出具体供货单，并且留存供应商已签收供货单的证据。供应商交付的货物，应在约定期限内按照约定的方式进行开箱检验、安装、调试、考核、验收，若出现短缺、损坏或质量等与合同约定不符的问题，应及时通知供应商，签署书面确认文件，要求供应商采取修理、更换等补救措施，如供应商拒不配合的，应单方保留验收程序文件，并履行告知义务。在结算时，物资合同对预付款、到货款、投运款和质保金等合同价款的支付比例和支付条件都会作出明确的约定，公司及员工应当严格按照物资合同约定的付款比例和条件向供应商支付相关款项

续表

一级业务	二级业务	合规风险名称	风险行为描述	风险控制措施
采购管理	合同履行阶段合规风险	拒绝或者迟延支付中小企业款项	大型企业从中小企业采购货物、工程、服务中，利用自身优势地位拒绝或者迟延支付中小企业款项	清理拖欠民营中小企业账款工作是党中央、国务院为帮助民营经济解决发展中的困难作出的一项重大决策部署，特别是疫情当前，抓好清欠工作是落实党中央扎实做好“六稳”工作，全面落实“六保”任务的重要举措，有利于优化营商环境、激发市场活力、稳定民营企业特别是中小企业信心。公司应当高度重视清欠工作，提高思想认识，认真组织学习《保障中小企业款项支付条例》，严格执行《保障中小企业款项支付条例》各项规定和要求，明确部门责任，加强部门间配合，建立问责机制，确保不再出现新增欠款。公司不得以主要负责同志变更、履行内部付款流程，或者合同未作约定的情况下以等待竣工验收批复、决算审计等为由，拒绝或者迟延支付民营企业中小企业账款
		无正当理由对合同进行重大变更或解除	无法定或约定事由，公司单方对合同进行重大变更或解除	公司及员工应严格履行《国家电网公司单方合同解除工作程序》的规定，因供应商单方原因导致无法按期交货、延期交货或放弃履约等情况，依据合同约定需要解除合同的，各级物资公司应根据违约事实，向供应商发出是否继续履行合同的征询函，供应商无正当理由不回复、无法联系、明确表示无法供货或公司有理由认为供应商无法供货的，可启动单方合同解除工作。涉及技术原因需要解除合同的，项目管理部门应书面提出合同解除申请，物资部门组织项目管理、财务、法律等相关部门（单位）与供应商确认合同解除原因并签署“物资合同解除确认单”；涉及商务原因需要解除合同的，物资部门组织项目管理、财务、法律等相关部门（单位）与供应商确认合同解除原因并签署“物资合同解除确认单”

续表

一级业务	二级业务	合规风险名称	风险行为描述	风险控制措施
采购管理	应对供应商违约处理不当的合规风险	未及时确认供应商违约事实	公司未保存与供应商之间的来往函件、约谈记录等有效佐证文件，导致无法确认供应商违约事实	供应商发生产品质量、交货期、售后服务或其他方面的违约，符合合同违约处理条件的，应依据合同对供应商进行合同违约处理：涉及技术原因需要进行违约处理的，由物资公司组织项目管理部门、供应商确认违约事实并签署“物资合同违约事实确认单”；涉及商务原因需要进行违约处理的，由物资公司组织供应商确认违约事实并签署“物资合同违约事实确认单”；物资部依据“物资合同违约事实确认单”，会同项目管理、财务、法律等相关部门对供应商进行违约处理，违约处理结果纳入供应商关系管理
		未按规定收集损失证据	当事人对自己提出的主张，有责任提供证据。在供应商违约过程中，未按照公司规章制度的要求，对损失的相关证据进行固定和保全	供应商不履行合同义务或者履行合同义务不符合约定，造成公司损失的，应当承担赔偿责任，损失赔偿额应当相当于因违约所造成的损失，包括合同履行后可以获得的利益。如供应商发生产品质量、交货期、售后服务或其他方面的违约，在供应商违约事实确认后，应收集因上述违约导致产品更换、替代、维修及工期延误、价格波动而造成公司损失的相关证据
		未及时采取措施防止损失扩大	当事人一方违约后，对方应当采取适当措施防止损失的扩大；没有采取适当措施致使损失扩大的，不得就扩大的损失请求赔偿	供应商违反合同义务导致损失发生时，公司应当采取积极措施防止损失的扩大。公司可考虑在合理期限内以合理的方式进行替代交易的，可采取此种替代交易以避免损失扩大。公司本可以无须付出重大努力或者花费高额费用即可进行合理的替代交易，而仍然坚持不合理的实际履行的，将不能要求供应商赔偿因此增加的损失。若供应商提出变更合同的合理要约，此时公司要注意斟酌考虑合同的性质、变更的程度以及要约的合理性等因素，以保障公司的合法权益。同时，公司亦可依据合同的约定，要求支付违约金、取消供货等合理措施，避免损失的进一步扩大，并留存相关证据

续表

一级业务	二级业务	合规风险名称	风险行为描述	风险控制措施
采购管理	协助执行与破产债权申报不当合规风险	未按规定配合执行	公司接到人民法院协助执行通知书后，未按法律法规的规定协助人民法院执行	在现行相关规定不够明确的情况下，公司及员工一方面要尽可能完备地履行审慎义务，对执行法官的工作证、执行公务证、执行裁定书、协助扣划存款通知书及生效的判决书副本进行必要的核实和审查。另一方面，公司及员工也应主动与法院等有权部门沟通交流争取法院的理解，做到依法合规配合人民法院执行
		违规向供应商继续履行合同	公司接到人民法院协助执行通知书后，拒不协助扣留被执行人的收入、办理有关财产权证照转移手续、转交有关票证、证照或者其他财产的，违规向供应商继续履行合同	供应商作为被执行人不能清偿债务，在案外，该供应商对公司享有到期债权的，人民法院可以依申请执行人或被执行人的申请，向公司发出履行到期债务的通知。公司在收到履行通知后，应当严格按照《最高人民法院关于人民法院执行工作若干问题的规定（试行）》《民事诉讼法》等有关法律法规的规定主张权利，不得违规向供应商继续履行
		提出执行异议后未及时主张权利	公司提出执行异议被驳回后，未在法律规定时限内及时主张权利	执行过程中，案外人对执行标的提出书面异议的，人民法院应当自收到书面异议之日起十五日内审查，理由成立的，裁定中止对该标的的执行；理由不成立的，裁定驳回。案外人、当事人对裁定不服，认为原判决、裁定（原判决、裁定是指执行依据，例如执行案件依据的判决书）错误的，依照审判监督程序办理；与原判决、裁定（原判决、裁定是指执行依据，例如执行案件依据的判决书）无关的，可以自裁定送达之日起十五日内向人民法院提起诉讼

续表

一级业务	二级业务	合规风险名称	风险行为描述	风险控制措施
采购管理	协助执行与破产债权申报不当合规风险	未及时申报破产债权	公司未在规定的期限内参与破产程序，申报债权	债权人依法申请供应商破产，人民法院裁定受理破产申请并确定破产管理人后，将依法在中华人民共和国最高人民法院全国企业破产重整案件信息网（https：//pccz.court.gov.cn）发布破产案件的受理破产申请公告以及债权申报公告。公司作为债权人应当关注人民法院或者破产企业管理人在全国企业破产重整案件信息网发布受理破产申请公告以及债权申报公告，在人民法院或破产企业管理人确定的债权申报期限内向管理人申报债权。若公司未能在人民法院确定的债权申报期限内申报债权的，应当及时与人民法院和破产企业管理人取得联系，争取在破产财产最后分配前补充申报
	因疫情引发合规风险	不执行国家相关疫情政策	新冠疫情发生后，各级人民政府和国家有关部门相继发布一系列与疫情有关的政策，公司未能严格落实执行有关政策	疫情期间，公司应当充分考虑供应商受疫情及防控措施的影响程度，合理确定工期，严禁抢进度、赶工期；如公司与供应商签订合同约定的价格，属于国家政策应当进行调整的，公司应予以调整，保障依法合规经营
		疫情影响评估不当	在评估有关合同是否能继续履行时，未能作出准确判断，导致对合同有关事项的处置不当	公司及员工应充分评估疫情对合同履行的影响。按不可抗力的构成要件分析、评估新冠疫情对具体合同履行的影响程度，影响程度分为合同目的不能实现、合同部分不能履行、合同全部不能履行等情形。是否造成影响可从合同性质、合同当事人所处的地域、合同是否可以采取替代方式、疫情与合同不能履行的因果关系等方面进行评估。根据新冠疫情对具体合同履行的影响程度，依不可抗力的相关法律规定解除合同、依法主张免除部分或全部民事责任。不能适用不可抗力但履行合同导致双方权利义务显失公平的，可依情势变更或公平原则协商一致变更合同，或以诉讼或仲裁的方式变更或解除合同

关于供电企业营销管理合规风险研究成果

国网福建省电力有限公司

◆成果简介◆

随着电力企业体制改革的不断深入、电力监管体制的完善，供电企业面临的合规监管也日趋严格。随着《民法典》等法律法规的颁布实施，对供电企业经营环境也产生了一定的影响。梳理营销业务中存在的合规风险，有助于建立营销管理合规风险防范机制，主动适应监管，保障供电企业安全运营。

本研究以营销业务流程为线索，以市县供电企业、营销服务中心为主要调研对象，识别营销管理工作中存在的合规风险。分析营销管理工作中申请用电、变更用电、用电检查等7个环节共17项合规风险，制定有关合规风险清单、应对措施。结合外部新形势，开展用户大数据合规风险防范研究、分析《民法典》对营销管理业务合规的影响，共梳理6项合规风险点。分析供电企业历史遗留问题，共梳理12项合规风险点。

本研究的创新点在于充分研究外部经营、监管环境改变，研判了新形势下营销管理合规风险脉络，弥补供电企业营销业务合规管理研究的不足，将合规管理要求贯穿到营销业务全流程，针对供电企业营销业务历史遗留问题，以实际业务为切入重点，对营销管理历史遗留问题提出了整改建议，切实体现“业规融合”。

一、背景、意义及研究范围介绍

1. 背景

随着电力企业体制改革的不断深入、电力监管体制的完善，供电企业面临的合规监管日趋严格，营销管理是供电企业的核心业务，相较于已经比较成熟的营销业务法律风险研究，营销管理合规风险研究是一个新兴的课题，对其深入开展合规风险研究，对供电企业高质量发展具有重要意义。

2. 意义

本研究结合现行法律法规及相关规章制度，梳理营销实际业务中存在的合规风险，有助于促进供电企业业务开展及人员工作规范，建立营销管理合规风险防范机制，主动适应监管，保障供电企业安全运营。

3. 研究范围

本研究以营销业务流程为线索，结合外部新形势，开展用户大数据合规风险防范研究、分析《民法典》对营销管理业务合规的影响。针对营销业务历史遗留问题，以实际业务为切入重点，提出营销管理历史遗留问题合规风险，制定有关合规风险清单、应对措施，建立营销管理合规风险防范机制。

二、营销管理的合规风险

（一）申请用电业务合规风险

1. 风险点

（1）用电人和用电申请人的主体资格审查合规风险。根据《民法典》第一百四十四条规定，无民事行为能力人实施的民事法律行为无效。同时，根据《供电营业规则》第十八条和《关于印发〈压缩用电报装时间实施方案〉的通知》的规定，用电人申请用电的，需要提供用电地址的物业权属证明，同时各地方政府对违章建筑申请用电等方面均有不同程度的限制。

（2）办理业扩报装“三指定”合规风险。根据《国家能源局用户受电工程“三指定”行为认定指引》的规定，以及《电力监管条例》第三十一条、《供电监管办法》第三十五条规定：对存在“三指定”行为的，由电力监管机构责令改正，拒不改正的，处 10 万元以上 100 万元以下罚款；对直接负责的主管人员和其他直接责任人员，依法给予处分；情节严重的，可以吊销电力业务许可证。根据《国家电网有限公司业扩报装管理规则》第一百一十六条的规定，对涉嫌“三指定”的，按照公司相关规定严肃追究相关单位或个人的责任。

（3）办理用电审查流程超时限合规风险。根据国家能源局《关于印发〈压缩用电报装时间实施方案〉的通知》以及《供电监管办法》第三十四条规定，超出办理用电业务期限的规定的，由电力监管机构责令改正，给予警告，情节严重的，对直接负责的主管人员和其他直接责任人员，依法给予处分。

2. 应对措施

（1）供电企业与自然人签订供用电合同，应当注意审查其是否具备完全民事行为能力。供电企业与法人和非法人组织签订供用电合同的，应当注意审查其营业执照、登记证明。申请人委托办理用电申请的，注意审查申请人的授权委托书及相关主体身份的材料。对于不具备用电地址产权的申请人或对于部分地方政府明确发文，要求用电人提供用电地址上非违法建设证明的，供电企业应严格审查其是否有相应的证明文件。

（2）组织学习《国家能源局用户受电工程“三指定”行为认定指引》，避免因过失出现限制用电人选择权的情况，同时多渠道引导用电人在经公示有资质的企业中自行选择。

（3）建立用电人申请用电档案，完善工作流程，把握业扩时间节点，对工作流程进行信息化管理，对用电人业务流程的进度和时限进行控制。

（二）变更用电业务合规风险

1. 风险点

（1）陈欠电费与电力设施产权争议风险。因新旧用电人对用电地址上电力设施产权存在纠纷或因陈欠电费无法办理过户。

（2）暂停用电合规风险。用电人之间用电地址所有权、使用权纠纷，用电地址的登记用户向供电企业申请暂停用电，导致实际用电人无法用电，供电企业容易卷入用电人之间的纠纷并引发自身的合规风险。

（3）销户合规风险。部分用户在长期不用电的情况下，未向供电企业办理暂停用电，导致被供电企业销户后，引发纠纷。

2. 应对措施

（1）通过诉讼、司法拍卖等手续获得用电地址产权的，可建议用户申请司法机关出具明确记载电力设施产权归属的司法文书，或由人民法院出具“协助执行通知书”，通知供电企业配合过户。

（2）新的用电人因陈欠电费无法办理过户，应告知其《供电营业规则》的规定，由其联络原用电人清偿电费或与新用电人沟通由其先清偿办理过户，再通过司法途径向原用电人主张权利。

（3）在用电人停止用电 6 个月期满前，向用电人发出通知，告知其公司按《供电营业规则》第 32 条、第 33 条的规定，将对其进行销户处理。供电企业在办理销户后，相关计量装置、用电人的用电信息应妥善保管，避免因证据缺失被认定为违规销户，受到行政处罚，并承担损害赔偿责任。

（三）电价、电费与计量管理业务合规风险

1. 风险点

（1）违反电价法定原则。

（2）抄表中抄录失准、估抄、计量装置误差影响导致计费错误。

（3）电费回收程序不规范，电费违约金任意处置，以违约金抵扣本金等行为。

2. 应对措施

（1）排查清理在用电工程设计、施工、监理和验收环节、送电环节以及供用电合同的履行环节，是否存在加收国家政策规定以外的其他费用等违法情形。

（2）严格按照规范和相关的技术标准采购、安装计量装置，确保不因人为疏漏导致计量误差。加强计量标准装置的运行、维护管理，定期开展计量标准的期间核查和标准量值的比对工作，加强标准设备和检定数据的管理与控制，确保本级计量标准运行的准确、可靠。

（3）正确收取电费、违约金，对于用电人提出减免违约金的，应当核实是否具备《国家电网有限公司电费抄核收管理办法》第五十二条规定的减免情形，对于符合减免情形的，经审核后依照规定予以减免，工作人员不得自行决定减免或将违约金冲抵电费。

（四）信息公开业务合规风险

1. 风险点

未按法律法规规定公开有关信息的风险。根据《供电监管办法》第三十七条的规定，对供电企业提供虚假或者隐瞒重要事实的文件、资料的，未按照国家有关电力监管规章、规则的规定公开有关信息的，电力监管机构责令改正；拒不改正的，处5万元以上50万元以下罚款，对直接负责的主管人员和其他直接责任人员，依法给予处分；构成犯罪的，依法追究刑事责任。

2. 应对措施

（1）供电企业应当严格按照《供电企业信息公开实施办法》的要求，将主动公开的信息通过企业网站、营业厅、公开栏、电子显示屏、便民资料手册、信息发布会、新闻媒体等多种便于公众知晓的方式公开。

（2）对于用电人申请获取相关信息的，供电企业应当建立窗口和渠道，在规定期限内提供；如涉及国家机密、商业秘密或公民个人隐私等不能公开的，亦应在规定期限内答复并说明理由。

（五）中止供电业务合规风险

1. 风险点

（1）违反规定条件和规定程序中止供电。供电企业中止供电措施合法性的前提是同时符合中止供电的条件以及符合中止供电的程序，任一错误都将导致停电行为违规的后果。

（2）配合行政机关执法中止供电。在未取得行政机关配合执法通知书前，即配合对用电人采取停电措施，将导致供电企业中止供电的行为没有依据，用电人可以无故中止供电为由，向能源监管部门投诉，并向法院起诉要求恢复供电并赔偿损失。

2. 应对措施

（1）建立完善审查流程，严格判断拟采取中止供电措施的情形是否属于法定的停电事由。

（2）严格履行中止供电前的通知和公告的规定。

（3）配合行政机关执法应有明确的书面行政指令。

（六）电力设施产权关系与维护、抢修义务和电力事故合规风险

1. 风险点

（1）产权约定不明，或供电企业未按法规、政策的要求约定产权分界点导致维护管理责任不明确。

（2）因产权不明，导致供电企业未能依照规范履行抢修义务。

（3）因维护管理不到位导致发生电力事故。以上风险点，可能导致供电企业承担维护抢修不到位以及造成电力事故的合规风险。

2. 应对措施

（1）在供用电合同中明确约定产权分界处；没有约定产权分界处的，应当根据电力设施建设投资方，在原合同中进行补充或签订补充合同，无法明确出资方的，双方无法协商一致的，可以依照《供电营业规则》的规定确定。同时，在供用电合同中明确约定属于供电企业产权的，供电企业对产权所属部分具有管理和使用的权利，用电人不得干预和阻挠供电企业对产权范围内电力线路和设施的利用。

（2）属于用电人产权，但用电人要求供电企业提供维护、抢修服务，对此，供电企业应充分向用电人说明《供电营业规则》的相关规定。对于产权有争议或者产权不明，供电企业可以探索协议抢修，在抢修结束后，如果确认属于用电人产权的，由用电人支付抢修费用。

（3）加强日常用电检查、安全用电服务工作的证据留存。做好工作记录，保存检查、巡查相关证据，从而减轻或免除事故发生后电网企业责任。

（七）用电检查业务合规风险

1. 风险点

（1）供电企业履行供电安全、服务用电人安全用电的职责不到位的风险。根据《电力法》第三十二条要求，供电企业有权制止危害供电、用电安全和扰乱供电、用电秩序的行为。《供电监管办法》要求，供电企业发现用电设施存在安全隐患，应当及时告知用户采取有效措施进行治理。

（2）用电检查过程中，错误认定违约违法用电或证据不足以证明违约违法用电的责任。根据《国家电网公司供电服务奖惩规定》的规定，违规处理窃电、

违约用电，追补电费、违约电费收取不规范的行为属于供电服务质量事件及供电服务过错，责任单位、部门、班组、责任人会受到惩处。同时可能因工作中失职、失误而导致用户或企业承担相应责任。

2. 应对措施

（1）将用电检查工作合同化。通过供用电合同的约定，或者与用电人签订用电检查协议，明确供电企业有对用电人执行用电检查的权利，用电人在收到供电企业用电检查的通知后，应当予以协助和配合。

（2）推动地方政府以地方性法规或部门规章的形式制定适合当前需求的用电检查规范，明确供电企业用电检查的内容和范围，以及供电企业与电力行政部门用电检查工作的法律性质及证据效力等。

（3）用电检查工作人员应注意取证现场管理与证据存留。涉案金额较大或存在其他重要情形，应委托公证机构对用电检查现场进行公证。

三、新形势下营销管理合规风险研究

（一）用户大数据合规风险防范

1. 风险点

（1）用户大数据管理、使用过程中，供电服务过程中业务人员泄露用户数据风险。

（2）商业合作方泄露用户数据风险；供电企业在开发电力金融产品过程中，可能因合作方技术漏洞、员工疏忽等原因，导致用户信息泄露。

（3）配合有关单位调查取证、提供用户数据的合规风险。

2. 应对措施

（1）明确用户信息范围，建立清单。制定并严格执行保密规范和信息脱敏要求。制定信息保密制度，严格管理用户个人信息的流转和存档；普及商业信息和个人信息的法律制度和法律责任，要求相关岗位人员签订保密协议。采用技术手段对用户信息进行脱敏处理，减少可以直接取得用户信息的人群。

（2）规范公司内部不同部门调取用户数据、用户信息的流程。根据不同部门的工作需要，确定各部门的工作职责及其所需的用户信息清单，对于其在工作职责范围内向其他部门调取用户信息的，在一定程度上下放审批职权，上级部门以备案为主。

（3）与合作方签订保密协议或约定保密条款，对于合作方从供电企业获得的用户信息，有义务承担保密责任，明确因合作方过错导致用户信息泄露的相关责任。

（4）完善配合行政机关、司法机关取证的流程，确保提供证据的合法性。同时，对于符合法律规定、具有调查权的机关且手续完整、合法的，供电企业应当及时配合，避免自身承担法律风险和隐匿证据的法律责任。

（二）《民法典》对营销管理合规的影响

1. 风险点

（1）违反普遍供电义务的风险。《民法典》第六百四十八条规定了供电企业不得拒绝用电人合理的订立合同要求。

（2）电子合同效力风险。主要包括实际用电人与电子合同签署人、申请人与线上办电操作人不一致，生物信息不匹配的风险以及电子签名效力认定等方面的风险。

（3）格式条款无效的风险。根据《民法典》第四百九十六条的规定，提供格式条款的一方，应当采取合理的方式提示对方注意免除或者减轻其责任等与对方有重大利害关系的条款，按照对方的要求，对该条款予以说明。《民法典》第四百九十七条规定，提供格式条款一方不合理地免除或者减轻己方责任、加重对方责任、限制或排除对方主要权利的条款无效。

2. 应对措施

（1）严格履行普遍供电义务。在用电人符合法定条件的情况下，供电企业应当为其提供合理的用电方案，严格依照《供电营业规则》和《国家电网公司业扩报装管理规则》规定的程序，为用电人办理用电业务，并遵守《国家能源局关于印发〈压缩用电报装时间实施方案〉的通知》和《关于全面提升“获得电力”服务水平持续优化用电营商环境的意见》的时限要求，为用电人提供服务。

（2）保障电子合同效力。在线办理用电业务应当要求用电人实名注册，并进行身份验证。在签署协议之前，应当向对方特别提示使用该账户或数字证书的权利、义务、责任、风险、后果以及在系统平台上签署合同的效力。同时，应提示用户，妥善保管数字证书的密钥。利用人脸识别及其个人指纹绑定等技术，进一步确认办理业务的主体是否为本人操作或授权本人操作。

（3）保障格式条款效力。修订合同范本的格式，对其中的供电企业免责条款进行加粗、使用黑体字、下划线等明显标识等方式予以提示。或单独提供摘录供用电合同中免责条款的告知书，由用电人签字确认。线上办理用电时，可以将免责条款及相应的解释说明作为弹出窗口，以较大字体、字号对用电人进行提示。缔约过程中，工作人员可将告知免责条款并向其解释说明的内容进行录像或制作笔录，用于辅证供电企业对于免责条款已尽解释说明义务。

四、营销管理领域历史遗留问题研究

（一）“商住一体”供用电关系合规风险

所谓的“商住一体”，其主要成因是开发企业改变最初规划用途，将商业用途的土地开发作为居民住宅区，但“商住房”在规划上未曾发生改变，其土地性质一般是综合用地。

具有“商住一体”特征的商业综合体、产业园区、写字楼等一般情况下，是由开发商以一般工商业用途办理专用变压器的，供电企业直接向作为供用电合同相对方即开发商或物业区域的物业服务公司收取电费，不直接向实际用电人收取电费。在这种情况下，形成了供电企业—转供电人—实际用电人的三方关系，供电企业与转供电人成立供用电合同关系，向转供电人收取电费，而转供电人按照一般工商业电价向业主收取电费。

1. 风险点

未对商住一体用户按国家规定电价类别收取电费的风险。根据《电力法》第四十一条的规定，国家实行分类电价和分时电价。对同一电网内的同一电压等级、同一用电类别的用户，执行相同的电价标准。《电力法》第四十四条规定，禁止任何单位和个人在电费中加收其他费用。同时，《电力法》第六十六条规定了未按照国家核准的电价和用电计量装置的记录向用户计收电费、超越权限制定电价或者在电费中加收其他费用的，由物价行政主管部门给予警告，责令返还违法收取的费用，可以并处违法收取费用五倍以下的罚款；情节严重的，对有关主管人员和直接责任人员给予行政处分。对于商住一体类型的物业区域，供电企业未办理一户一表、未进行产权分割分别收取电费，一律以一般工商业电价收取电费，虽然供电企业可以以与实际用电人没有供用电合同关系、开发商或物业服务企业是以一般工商业申请用电等理由支持，但也确实影响了实际用电人的利益，不符合供电企业作为公共产业的社会服务职能。存在受到用电人投诉等相关内部风险。

2. 应对措施

（1）对新增供电的商住一体特征的区域，分割产权，并按一户一表要求签订供用电合同，建设用电设施、办理用电手续；对历史形成具有商住一体特征的区域、物业转供电区域进行摸底，建立清单，逐步推进产权分割和用电改造，实现一户一表直供到终端用户，分别按其用电类型直接向实际用电人收取电费。

（2）争取政策支持，对商住一体区域的产权分割和改造提供专项资金支持，对于需要组织、联系产权人的，争取得到街道办、居村委会、住建部门或基层组织的协调和配合。对于短期内难以进行改造的，在符合条件的情况下，可以参照《供电营业规则》第七十一条的规定，按照用电容量分别核算电费。同时，应当通过走访调查等方式，监督代收电费的主体是否存在加收电费的行为，对于存在违法行为的物业服务公司，应当及时向有关部门反馈。

（二）小区电力设施维护管理合规风险

1. 风险点

（1）产权不清晰、维护管理责任不明的合规风险。根据《供电营业规则》第四十七条的规定，供电设施的运行维护管理范围，按产权归属确定。

根据《电力供应与使用条例》第十七条的规定，用户专用的供电设施建成投产后，由用户维护管理或者委托供电企业维护管理。因此，原则上应当由产权人承担维护管理责任，产权人可以委托供电企业维护管理。而《物业管理条例》第51条的规定，供水、供电、供气、供热、通信、有线电视等单位，应当依法承担物业管理区域内相关管线和设施设备维修、养护的责任。因此，按照《供电营业规则》和《电力供应与使用条例》的规定，产权人（居民或开发商）应当负责维护管理，而根据《物业管理条例》的规定，则维护管理应由供电企业负责。

依照《供电监管办法》的规定，供电企业发现用电设施存在安全隐患，应当及时告知用户采取有效措施进行治理。用户应当按照国家有关规定消除用电设施安全隐患。用电设施存在严重威胁电力系统安全运行和人身安全的隐患，用户拒不治理的，供电企业可以按照国家有关规定对该用户中止供电。由于小区电力设施产权不明确，维护管理责任较为模糊，因此在发生安全事故后，供电企业仍然无法完全避免因违反规定，而受到电力监管机构责令改正、给予警告的行政风险，对于情节严重的，对直接负责的主管人员和其他直接责任人员依法给予处分。

（2）临时用电代替长期用电的合规风险。部分老旧小区将临时用电代替长期用电，导致小区电力供应质量差，甚至产生安全隐患。对此，供电企业未能依照《供电营业规则》的相关规定，对逾期不办理延期或永久性正式用电手续的，未终止供电，对用电设施存在严重威胁电力系统安全运行和人身安全的隐患未予以告知，也未对用电人中止供电，存在违规风险。

2. 应对措施

（1）争取配电设施产权无偿移交给供电企业，由供电企业统一维护管理。在无偿转让协议中，应明确同时移交小区电力设施的图纸资料、技术资料，明确安全管理责任，明确产权分界处和各自产权范围内的维护管理责任。

（2）签订委托维护管理协议，明确小区电力设施的维护管理责任。对于不具备移交条件或者短期内无法完成移交的，且电力设备老旧或存在较大安全隐患的，供电企业应尝试以委托维护的方式，与电力设施产权人签订委托维护协议。

（3）逐步推进老旧小区配电设施改造。积极争取地方政府支持，拨付专项资金，协助电力设施产权的确认与移交公交，制定老旧小区配电设施改造方案，逐步清理存在安全隐患的小区配电设施。

（三）破产企业电费回收合规风险

1. 风险点

（1）破产企业电费销户合规风险。《供电营业规则》第三十六条规定，用电人依法破产时，供电企业应予销户，终止供电；在破产用户原址上用电的，按新装用电办理。而根据《企业破产法》第一百零七条的规定，人民法院宣告债务人破产后，即进入清算程序。此时破产企业虽然已经正式宣告破产，但是后续仍要进行清算和剩余财产分配，其间人民法院、管理人可能会继续使用办公场地，销户则可能导致清算工作无法继续进行。因此供电企业应在人民法院裁定终结破产程序后再依法办理销户手续。

（2）重整企业用电过户合规风险。部分企业通过重整而存续，但是其债务根据重整方案无法得到完全清偿，后续如要办理相关更名过户、销户等手续的，仍需结清电费。在这种情况下，可能存在个别清偿的嫌疑。在这种情况下，企业的重整工作极有可能因无法恢复供电或无法办理过户而陷入停滞。

2. 应对措施

（1）对于生产经营存在困难的、有拖欠电费情况的企业，应采取设定抵押权、签订担保协议等方式保障电费催讨。

（2）及时采取拖欠电费的中止供电措施。破产企业在破产前往往存在明显的征兆，供电企业应采取必要的措施，可在条件具备的前提下，履行不安抗辩权，及时采取中止供电的措施，迫使用电人及时清偿电费。

（3）进入破产清算前及时与用电人沟通清偿，避免电费成为普通债权无法回收。根据《企业破产法》第十六条的规定，人民法院受理破产申请后，债务人对个别债权人的债务清偿无效。因此，对于存在不良信用评价的用户，应当提前采取必要措施，在进入破产清算程序前清偿电费。

（四）合同用电人与实际用电人不一致的遗留问题

由于历史原因，部分用电地址的实际用电人与签署供用电合同的合同方为不同法人或不同自然人，存在合同主体变更的情况。严重情况下，原合同方已无法联系或者注销，乃至于已多次转让、变更，实际用电人代表合同方行使权利、义务的合法性存疑。同时也会给供电企业带来合规风险。

1. 风险点

（1）未能发现违约用电、及时变更合同。根据《供电营业规则》第二十九条的规定，私自过户属于违约用电的行为，可以中止供电。供电企业长期未能发现私自过户行为、或发现后长期未作出处理的，根据《国家电网供电服务奖惩规定》，属于用电检查员巡视检查不到位，存在供电服务过错，责任单位、部门、班组、责任人可能受到惩处。

（2）未能区别执行不同电价。根据《电力供应与使用条例》的规定，供电企业应当按照国家有关规定实行分类电价、分时电价。对于不同类型的生产、生活单位，供电企业会按不同电价类型计算电费，用电人私自过户后长期未发现、未处理的，可能存在用电人用电类型和执行电价不一致的情况，按照《国家电网供电服务奖惩规定》的规定，属于客户电价执行错误。

（3）窃电、违法用电主体不明。由于行政处罚与刑事责任均是对违法行为人和罪犯采取的处罚手段，因此应当查明具体的窃电、违法用电行为人，但用电人私自过户后，供电企业发现用电人存在窃电、违法用电行为的，可能导致供电企业无法查明真正的窃电和违法用电的主体。

2. 应对措施

（1）用电延续但用电人法人主体注销或变更。供电企业在用电检查和巡视过程中，应当附带注意用电企业是否发生变更。对于发生变更的，应第一时间介入处理；对于确认已经变更的，应通过适当的送达程序告知程序，要求实际用电人和原供用电合同的相对人到供电企业营业点办理变更过户手续，并明确拒绝办理过户手续可能出现的中止供电等法律后果；对于用电人坚持拒绝办理的，可以依照《供电营业规则》第二十九条的规定，经通知程序后，在必要时采取中止供电的措施。

（2）所欠电费的处理。私自过户后原用电人有欠电费的，供电企业可以根据《供电营业规则》第二十九条的规定，诉请原用电人补交电费、支付违约金，并要求新用电人承担原用户所欠电费及违约金。原用电人法人主体已经注销的，属于清算完毕即注销，可以向市场监督部门调取注销企业工商登记档案，起诉清算义务人对法人债务承担连带责任。原用电人已死亡的，可以要求其继承人在遗产范围内承担清偿责任。

（五）通知送达合规风险

1. 风险点

（1）无法证明电费催收未送达的合规风险。根据《电力供应与使用条例》第三十九条的规定，自逾期之日起计算超过 30 日，经催交仍未交付电费的，供电企业可以按照国家规定的程序停止供电。因此，在用电人逾期 30 日后，供电企业应当进行再次催交，才可采取停电措施，如果没有证据证明已经进行催收就采取停电措施，可能违反《供电监管办法》第十三条的规定，承担违法停电的行政责任。

（2）中止供电程序中的通知和公告未送达的合规风险。供电企业采取停电措施需依法履行通知、公告义务，如果供电企业未能履行通知义务，或在通知后未能存留有效通知证据，则可能导致供电企业停电程序违法，承担违法停电的行政责任。

（3）用电检查程序中的通知未送达的合规风险。如果未能举证证明通知送达，则用电人可以不知情作为其拒不配合用电检查的理由。

（4）在合同履行过程中的其他通知送达合规风险。对于涉及法律争议的事项，供电企业需妥善存留通知送达证据，避免用电人以“不知情”或“没有收到通知”等理由进行抗辩。

2. 应对措施

（1）正确识别送达对象。送达对象一般情况下应当是用电人，但如查处窃电、违约用电过程中，发现不是用电人本人实施的，应当随附送达窃电行为人或其他违约行为人。

（2）正确存留送达证据。直接送达应当将所制作的材料一式至少两份，至少一份由送达对象签署后回收。邮寄送达应当采用邮政企业。邮寄送达结束后，应当注意存留邮政快递的签收联返单，用以证明送达对象地址已有人签收。在穷尽其他送达方式已经无法完成送达或者无法确认是否送达的情况下，可以适用公告送达方式，在采取公告送达的同时，应当存留邮寄送达无法送达的证据。留置送达应邀请有关基层组织或者所在单位的代表到场作为见证人，供电企业应在送达回证上说明情况，记明拒收事由和日期，由送达人、见证人签名或者盖章。

（3）在供用电合同中约定送达方式。可在“供用电合同”中明确约定送达方式，或者将“送达地址确认书”作为“供用电合同”的附件，由用电人申请用电时填写并签章确认。

业扩报装业务法律合规风险调研报告

国网湖北省电力有限公司武汉供电公司

◆成果简介◆

一、调研背景

2020年，国网湖北省电力有限公司武汉供电公司（简称武汉公司）在坚决打赢防疫保卫战的同时，积极响应国家"六稳六保"全面推动经济复苏的决策部署，遵循《优化营商环境条例》要求，为疫后重振，大力推进实施报装革命，全力优化电力营商环境，针对日常业扩报装业务开展法律合规风险调研。

二、调研目的

一是主动作为，关注热点问题；二是依法合规，促进业法融合；三是以案释法，实例提示风险。

三、主要内容

本次调研针对"三不指定"等10类实务中疑难问题和关键环节进行剖析，依据现行法规等对具体工作提供合理化建议。

四、创新性

一是直面焦点问题，深入剖析企业内部管理要求，促进变革；二是寻找法律服务新角度，提高法律保障主动性；三是探索业法融合路径，主动跨部门合作，提升合规管理质效；四是突出"以法辅政"效用，增强主营业务对法律合规工作的信任度和依存度；五是构建合规工作落地模式，为合规管理提供有力抓手。

五、应用情况

目前运用于武汉公司业扩报装用户受电工程涉及的公用配电设施接入、电力通道资源使用等诸多方面。

六、初步成效

促成业扩报装流程重新梳理，进一步精简报装环节，2020年报装类相关投诉下降25%，客户满意度大幅提升。

2020 年 3 月，武汉公司在坚决打赢防疫保卫战的同时，积极响应国家“六稳六保”、克服困难尽早复工复产全面推动经济复苏的决策部署，自觉遵循 2020 年 1 月 1 日开始施行的《优化营商环境条例》要求，针对日常业扩报装业务中遇到的疑难问题，开展了法律合规风险调研。目的是保证业扩报装工作流程的合规性，在发挥电力先行官作用的同时，作法治央企建设的表率。

本次调研通过了解武汉公司当前业扩报装现状及存在的涉法风险，对疑难问题进行深入分析，并依据现行法律规范对具体工作提供合理化建议。

一、业扩报装工作困境

作为电力市场化服务的起始环节，其受关注程度、外部监管要求、内部合规需求远高于其他业务部门。一方面，随着武汉城市定位的提高，地域发展的规模与速度不断提升，业扩报装的增长空间未来可期；另一方面，面对优化营商环境要求的持续加强，公司业务流程、工作方式和思路也在同步重塑。政府、市场期待的效率与便捷，和公司在缺乏外部法规政策、内部制度保障前提下的风险防范需求之间形成了诸多矛盾与困惑。以下问题的分析仅是尝试阶段性释疑，更全面地融通还需要法规制度层面的配套与创新。

二、疑难问题及分析建议

（一）供电公司以自行组织的考试作为相关项目施工人员进场前提的合法合规性问题

1. 问题

在用户受电工程施工过程中，从杆线和户外公用环网柜接入项目，“工作票签发人”“工作负责人”仅需取得国家能源局颁发的承装（修、试）电力设施许可证（装、修、试五级及以上即可从事 10 千伏电力工程施工）即可备案施工。但涉及开闭所及以上电源点接入电源项目，供电公司要求施工人员必须通过公司自行组织的考试方能进场工作，此种行为是否涉嫌变相“三指定”？

2. 有关规定

《国家电力监管委员会用户受电工程“三指定”行为认定指引（试行）》（简称《认定指引》）第四条规定，用户受电工程“三指定”行为指供电企业滥用独占经营权直接、间接或者变相指定用户受电工程的设计、施工和设备材料供应单位，限制和排斥其他单位的公平竞争，侵犯用户自由选择权的行为，结合第八条“供电企业有下列情形之一的，可以认定为指定施工单位的行为：……（六）在接电时，以不正当理由，让用户选择特定施工单位进行接电施工并收取利益的；（七）自行设置施工准入条件，导致用户只能选择特定施工单位的；……”的规定，供电公司自行组织考试并以此作为施工准入条件的行为，可能涉嫌构成以上所列的指定施工单位的行为。

3. 分析与建议

是否属于“三指定”，应结合《认定指引》对于“三指定”行为的界定、立法目的以及客观情况进行综合评判。主要是应证明供电公司“自行组织考试”系必要、正当的要求，且没有采取不当措施限制用户自由选择施工单位。主要可从以下方面判断和规范：

（1）由用户选定的施工单位指定人员直接操作开闭所及以上电源点接入电源项目的电力设备，是否为供电公司所有，或将对供电公司所有的电力设施设备造成直接影响。

（2）如为供电公司所有的电力设备，供电公司是否有义务直接从事此等操作。

（3）自行组织的考试是否已提前予以告知，客观上是对任何施工企业人员开放且未设置不当限制，以及供电公司是否可对考试结果施加不正当影响。

如他人对供电公司所有的电力设施进行施工操作，或其施工将直接对供电公司所有的电力设施设备造成影响的，且具体施工内容并非供电公司的义务，则供电公司在提前告知并公平、公开组织考试，未对不同施工单位人员区别对待的情况下，其存在合理性。

（二）新住配建设项目，供电公司原则上要求基建用电与正式用电同时申报的合法合规性问题

1. 问题

针对新住配项目用电报装，如供电公司原则上要求作为用户的建设主体就基建用电及建成后正式用电一并提出申请，该要求是否合理？

2. 有关规定

根据《电力法》第二十六条、《电力供应与使用条例》第二十三条、《供电营业规则》第十二条等规定，申请临时用电系一项独立的用电服务，主要规定包括：对基建工地、农田水利、市政建设等非永久性用电，供电公司可供给临时电源，应当到当地供电企业办理手续并按照国家有关规定交付费用；临时用电期限除经供电企业准许外，一般不得超过六个月，逾期不办理延期或永久性正式用电手续的，供电企业应终止供电；使用临时电源的用户不得向外转供电，也不得转让给其他用户，供电企业也不受理其变更用电事宜，如需改为正式用电，应按新装用电办理等。

法律法规、部门规章均认可临时用电为一项独立供用电服务内容，就营业区内用户提出的符合国家规定的“临时用电”需求，供电公司不得违反国家规定

拒绝供电。因此，强制性要求用户在申请临时用电的同时连同正式用电一并进行报装，可能涉嫌违反相关规定。

但是，根据《供电营业规则》第十八条“新建受电工程项目在立项阶段，用户应与供电企业联系，就工程供电的可能性、用电容量和供电条件等达成意向性协议，方可定址，确定项目”，“未按前款规定办理的，供电企业有权拒绝受理其用电申请”的规定，用户亦负有在新建受电工程项目立项阶段应就实际用电需求与供电公司签订意向性协议方可选址立项的义务。

3. 分析与建议

（1）不宜通过公告等方式强制用户必须一并进行报装，但是可通过协商等方式取得用户对临时用电及正式用电一并报装的书面认可。

（2）在建设主体进行临时用电申请时，供电公司可要求其就未来正式用电的具体情况、项目建成后的用电管理方式等内容签订意向性协议，明确单方面变更用电信息的违约责任等内容。

（3）应在临时用电合同中对用电时间、容量、用电范围、维护责任等作出明确约定，特别是应当约定临时用电期满后的处理方式，包括不办理正式用电时终止供电的程序、法律责任等内容。

（4）加强供用电合同履行监管，对于超过合同约定期限的临时用电或者不再符合临时用电条件的用户，应当及时督促其办理正式用电报装申请或按照合同约定办理终止供电。

（三）受理用电报装申请的“收资”问题

1. 问题

按照优化营商环境“一证受理”相关要求，用户可以仅凭企业主体资格证明、项目备案证申请基建用电报装；仅凭企业主体资格证明、规划初审总平图申请正式用电报装，同时提供由单位法定代表人签字加盖公章的承诺书（承诺在正式用电送电前完善正式用电报装所需相关手续），而无需提供规划许可证、施工许可证等项目证明文件，是否存在法律风险？

2. 有关规定

（1）《电力法》第二十六条、《电力供应与使用条例》第 23 条规定，任何单位或个人申请新装用电、临时用电、增加用电容量、变更用电和终止用电，均应当依照规定程序办理手续。

（2）《供电营业规则》第十八条规定“用户申请新装或增加用电时，应向供电企业提供用电工程项目批准的文件及有关的用电资料”“未按前款规定办理的，供电企业有权拒绝受理其用电申请”。

（3）国家能源局在 2017 年印发的《压缩用电报装时间实施方案》（国能监管〔2017〕110 号）中仍明确用电报装业务受理需提供：1. 用电申请书或用电业务表；2. 用电人有效身份证明；3. 用电地址物业权属证明；4. 用电容量需求清单；5. 用电工程项目批准文件。

（4）《土地管理法》第五十三～五十五条、《城乡规划法》第三十七～四十条、《建筑法》第 7 条等均明确建设主体应当依法办理建设工程用地许可证、建设工程规划许可证等方可进行项目建设。且最高人民法院在《建设工程施工合同司法解释二》中亦明确，未办理建设工程规划许可证等审批手续签订的建设工程合同均属无效。县级以上地方人民政府有权对违法建设的建筑物、构筑物等采取强制拆除等措施。

（5）《武汉市控制和查处违法建设办法》第九条规定，供水、供电、供气等企业在受理用水、用电、用气报装申请时，应当按照行业规定的条件严格审核，对不能提供规划许可证件的，不得办理报装手续。

3. 分析与建议

（1）现行法律法规等及规范性文件中均明确规定，供电公司在受理客户用电申请时负有严格审查用电报装资料的义务。

（2）对于无法提供上述法律文件的客户，不应受理其用电申请。

（3）供电公司在受理客户提交的符合条件的报装用电申请后，目前应按照《供电营业规则》《供电监管办法》《压缩用电报装时间实施方案》以及公司内部规定最短限期内完成审查工作。

（四）供电公司对用户工程设计审查和中间检查的范围

1. 问题

根据精简用电申请手续的要求，供电公司目前已取消普通客户设计审查和中间检查，简化重要或有特殊负荷客户设计审查和中间检查内容，对于客户内部土建工程、非涉网设备等不作审查。在此类服务举措执行过程中，如何界定双方权责？

2. 有关规定

（1）《电力供应与使用条例》第 24 条规定，供电企业应当按照国家标准或者电力行业标准参与用户受送电装置设计图纸的审核，对用户受送电装置隐蔽工程的施工过程实施监督，并在该受送电装置工程竣工后进行检验；检验合格的，方可投入使用。

（2）《供电营业规则》第三十九条规定，用户受电工程设计文件和有关资料应一式两份送交供电企业审核。高压供电用户应提供：1. 受电工程设计及说明书；……低压供电的用户应提供负荷组成和用电设备清单。

《供电营业规则》第四十条规定，供电企业对用户送审的受电工程设计文件和有关资料，应根据本规则的有关规定进行审核。……用户受电工程的设计文件，未经供电企业审核同意，用户不得据以施工，否则，供电企业将不予检验和接电。

《供电营业规则》第四十二条规定，用户受电工程在施工期间，供电企业应根据审核同意的设计和有关施工标准，对用户受电工程中的隐蔽工程进行中间检查。如有不符合规定的，应以书面形式向用户提出意见，用户应按设计和施工标准的规定予以改正。

（3）《供电监管办法》第十一条规定，供电企业办理用电业务的期限应当符合下列规定：……（二）对用户受电工程设计文件和有关资料审核的期限，自受理之日起，低压供电用户不超过 8 个工作日，高压供电用户不超过 20 个工作日；（三）对用户受电工程启动中间检查的期限，自接到用户申请之日起，低压供电用户不超过 3 个工作日，高压供电用户不超过 5 个工作日。

《供电监管办法》第十二条规定，供电企业应当对用户受电工程建设提供必要的业务咨询和技术标准咨询；对用户受电工程进行中间检查和竣工检验，应当执行国家有关标准；……在隐患消除前不得送电。

（4）国家能源局《压缩用电报装时间实施方案》第一条明确，对于居民用户的用电报装业务，取消设计审查和中间检查环节。

综上，供电公司负有按照国家标准或者电力行业标准对用户受电工程建设提供必要的业务咨询和技术标准咨询，对用户受电工程进行中间检查和竣工检验，审核用户受电工程设计文件和有关资料，对用户受送电装置隐蔽工程进行中间检查的义务和责任，如有不符合规定的，应以书面形式向用户提出意见，用户应按设计和施工标准的规定予以改正。而对应的，未经供电企业审核同意的用户受电工程的设计文件，用户不得据以施工，否则，供电企业将不予检验和接电。

3. 分析与建议

（1）上述部门规章、规范性文件虽然规定供电公司审查用户受电装置设计图纸、对用户受送电装置隐蔽工程进行中间检查的义务，但是对于用户应何时提交上述资料并未作出强制性规定。供电公司仅负有在用户提交相关申请及资料后一定时间内的审查义务，反而是用户负有未经设计审查或中间检查不得施工的义务。

（2）依据《供电营业规则》第三十九条的列举式规定，原则上不宜将供电公司的审查或中间检查范围扩大至土建工程、非电力设施设备。

（3）供电公司应按照上述规范明确限定用户提交资料的范围。告知用户应当依照法律规定完成土建、非涉网设备的设计、施工、验收等工程内容，由其自行承担因此产生的法律责任，并将之延伸规定在双方签订的供用电合同中。

（五）“正式送电”时间的界定问题

1. 问题

部分“商品房买卖合同”中将纳入城市电力网络并供电验收、正式供电等约定为商品房交付条件，导致实务中常有买受人、律师或法院要求供电公司就正式送电时间提供说明。面对该类配合调查要求，应如何处理并界定正式送电时间？

2. 有关规定

《电力供应与使用条例》《供电监管办法》《供电营业规则》，虽然均规定供电公司在一定条件下负有供电或送电的义务，但对于何时送电、正式送电的概念均未作出明确界定。

3. 分析与建议

（1）针对第三方提出配合调查请求，除司法部门或行政主管部门依法履行调查职权外，原则上业务部门不宜直接对外出具任何书面证明文件，避免因信息不对称造成不必要的法律风险。

（2）正式送电时间的界定缺乏明确法律概念，且存在临时用电、正式用电、永久性用电和非永久性用电等多种不统一易混淆提法。因此，涉及对该问题说明时，建议对实际情况做客观完整表述，不做主观论断，其法律效力由司法机关根据案件情况作出认定。

（3）特别注意，如供电公司在与用户签订的相关法律文件中对于送电时间作出了具体约定，则应对送电时间延迟的情形作特别说明，防止履行过程中可能产生的违约风险。

（六）高可靠性供电费用收取问题

1. 问题

在较大容量用户报装时，供电方案制定一般会采取两至三条回路进行供电，但用户认为仍属于单电源供电，该情形是否应该征收高可靠供电费？针对用户建成后将产权移交供电公司的项目，高可靠性供电费用应如何计收？

2. 有关规定

高可靠性供电费由国家发展改革委制定的规范性文件确定，具体收费标准由各省（自治区、直辖市）价格主管部门会同电力行政主管部门确定并报国家发改委备案。

目前，湖北省内高可靠性供电费用收取主要依据是《国家发展改革委关于停止收取供配电贴费有关问题的补充通知》（发改价格〔2003〕2279号）、《省物价局关于收取高可靠性供电费用有关问题的通知》（鄂价环资规〔2011〕6号）、《省物价局关于降低高可靠性供电费用及免收临时接电费用有关事项的通知》（鄂价环资〔2017〕18号）等。具体为：

（1）对申请新装及增加用电容量的两路及以上多回路供电（含备用电源、保安电源）用电户，在国家没有统一出台高可靠性电价政策前，除供电容量最大的供电回路外，对其余供电回路应收取高可靠性供电费用。

（2）高可靠性供电费用收取标准依架空线、地下电缆分为两类，每一类项下又按照供电部门建设和改造的供电工程、自建本级电源外部供电工程两类分别制定具体收取标准。

3. 分析与建议

鉴于目前执行的相应文件仅明确收取的前提条件：两路及以上多回路供电（含备用电源、保安电源）用电户，除供电容量最大的供电回路外，应对其余供电回路收取高可靠性供电费用。该费用的收取和标准均系依据国家及省级价格主管部门规范性文件确定，供电公司在执行过程中并无任何法定事由对该费用的收取作出变通性执行。原则上应按照项目的投资建设主体来确定高可靠性供电费用的义务人和收费标准，与建成后是否进行产权移交无任何关联性。

（七）关于清理规范电网和转供电环节收费问题

1. 问题

《关于清理规范电网和转供电环节收费的关事项的通知》（鄂价环资〔2018〕88号），要求取消的收费项目中“一户一表”新装及改装费是否包含新住配项目？是否包含采集终端、采集模块等采集装置费用？

2. 有关规定

（1）《国家发展改革委办公厅关于清理规范电网和转供电环节收费有关事项的通知》（发改办价格〔2018〕787号）规定，取消电网企业向电力用户收取的变电站间隔占用费、计量装置校验费、电力负荷管理终端设备费等收费项目。

（2）《省物价局关于贯彻落实国家发展改革委办公厅清理规范电网和转供电环节收费有关事项的通知》（鄂价环资〔2018〕88号）规定，取消的电网企业收费包括：变电站间隔占用费、计量装置校验费、电力负荷管理终端设备费，城乡居民直接报装的生活用电一户一表新装及改装费等。

3. 分析与建议

虽然针对“一户一表”的范围界定存在争议，但是，鄂价环资〔2018〕88

号在界定取消项目时强调的是“直接报装”，在没有省物价局对此进行明确界定前不宜对该范围作出扩大解释。

上述文件均明确取消“电力负荷管理终端设备费”。因此，对于判断取消项目是否包含采集终端、采集模块等采集装置费用，关键在于明确其是否属于“电力负荷管理终端设备”。一是需明确在企业规范、技术规程中是否有清晰界定；二是从安装及功能上分析其是否属于电力负荷管理终端装置范畴。

（八）关于向高压用电户收取互感器等其他材料费用问题

1. 问题

高压业扩报装业务中，互感器等其他材料费用是否属于已取消的电网企业收费项目？供电公司与用户之间维护界面应如何确定？

2. 有关规定

（1）《供电营业规则》第四十六条规定，用户独资、合资或集资建设的输电、变电、配电等供电设施建成后，其运行维护管理按以下规定确定：1. 属于公用性质或占用公用线路规划走廊的，由供电企业统一管理。……2. 属于用户专用性质，但不在公用变电站内的供电设施，由用户运行维护管理。

《供电营业规则》第四十七条规定，供电设施的运行维护管理范围，按产权归属确定。责任分界点按下列各项确定：……2. 10 千伏及以下公用高压线路供电的，以用户厂界外或配电室前的第一断路器或第一支持物为分界点，第一断路器或第一支持物属供电企业。3.35 千伏及以上公用高压线路供电的，以用户厂界外或用户变电站外第一基电杆为分界点。

《供电营业规则》第七十二条规定，用电计量装置包括计费电能表（有功、无功电能表及最大需量表）和电压、电流互感器及二次连接线导线。

（2）《民法典》第六百四十九条规定，供用电合同的内容包括供电的方式、质量、时间，用电容量、地址、性质，计量方式，电价、电费的结算方式，供用电设施的维护责任等条款。

（3）《电力供应与使用条例》第十七条规定，公用供电设施建成投产后，由供电单位统一维护管理。经电力管理部门批准，供电企业可以使用、改造、扩建该供电设施。……用户专用的供电设施建成投产后，由用户维护管理或者委托供电企业维护管理。

3. 分析与建议

（1）由上述规定可知，对于高压用户的计量装置，除包括计费电能表（有功、无功电能表及最大需量表）外，还包括电压、电流互感器及二次连接线导线。而鄂价环资〔2018〕88 号文中列举的电力负荷管理终端设备是为了满足供电监管需要、记录供电质量以及数据等功能的独立设备，两者不是同一范畴。同理，其他材料是否属于免除范围也可按同样方式从定义、功能等进行分析。需注意的是，上述行政机关作出的取消收费文件规定应当审慎理解，不宜随意超出明确列举范畴扩大适用。

（2）产权分界点与维护管理责任是两个概念。原则上维护管理责任的归属依据产权确定，各自维护管理责任范围以产权分界点进行划分。但在特殊情况下，用户因维护管理确有困难的，可将自己产权范围内的设施设备委托供电公司进行维护管理。关于产权分界点、维护管理责任范围应在双方依法签订的供用电合同中予以明确约定，或通过独立的“供电设施运行维护管理协议”予以明确。

鉴于电力设施设备的复杂性以及各电力用户用电情况的特殊性，为了明确双方的权责，应当在供用电合同中对供电公司与用户之间的电力设施产权归属以及分界点作出明确约定，并对双方维护管理的具体范围作出规范，特别是各自维护管理范围与产权分界点不一致的情况，以便发生争议时有据可循。

（九）资产移交相关问题

1. 问题

（1）客户投资建设的电力设施设备，其在与供电公司签订“用户资产产权无偿移交申请书”“住宅公用及专用供电项目资产产权无偿移交协议书”，并提供相关资料后，是否应将协议盖章返还客户？

（2）新居配项目中因开发商投资建设的土建部分存在质量问题导致室内电气设备受损及人身伤害，或者因其存在使用不合格或非标准材料导致后期运行故障造成居民停电投诉等情况，是否可以通过有关协议规避风险？

2. 有关规定

《民法典》第四百七十一条规定，可采取要约、承诺方式或者其他方式。

《民法典》第四百八十三条规定，承诺生效时合同成立。

《民法典》第四百九十条规定，当事人采用合同书形式订立合同的，自双方当事人签字或者盖章时合同成立。

3. 分析与建议

（1）针对第一个问题，如果仅一方签字盖章的书面合同，因欠缺另一方的盖章而不成立、无法律约束力。即，仅用户签字盖章的“用户资产产权无偿移交申请书”“住宅公用及专用供电项目资产产权无偿移交协议书”不发生任何法律效力，供电公司亦不能据此主张对有关供电项目资产享有合法权利。

（2）针对第二个问题，需要以用户投建的专用供电项目资产完整、合法、有效地进行产权转移为前提。不动产所有权转移前，因建设主体和所有权人一致，开发商承担因此产生的全部法律责任，并无争议且具备可实施性，双方可在协议中予以明确以防止对方推脱责任。不动产所有权转移后，由于是全体业主享有所有权，为了明确责任，供电公司应尽量在资产移交协议等文件中与开发商就所有权转移后其应承担法律责任的范围、时间等作出约定。但是该方式仍不能避免部分开发企业因系项目公司而面临着清算注销的风险，即该部分法律责任仍可能无法实现。而此问题亦属于不动产引发的损害赔偿法律责任，应由不动产所有权人予以承担，供电公司不可避免地将因此与业主、业主委员会等其他主体产生争议。

电力设施设备的瑕疵责任问题，原则上是按照投资 / 建设方进行确定的，即便后续供电资产权属发生变更，仍属供电公司与建设主体协议可约定的范围。因此，在此种内容的协议条款中应当对供电公司、建设主体的建设范围作出明确约定。可采用不同的方式，即供电公司的义务范围采取穷尽式列举，将供电公司负责的内容予以固定化；对建设主体的义务范围采取概括式规定，即除了应由供电公司负责的部分之外，建设过程中其他的全部内容均由建设主体负责投资、采购、建设，并据此确定双方的责任范围。对于需要特别强调的内容也可以通过列举方式规范，但是应作出兜底式的约定。

（十）高压区域内重复报装问题

1. 问题

已供电专用变压器范围内不再受理高压新装，是否合理？

2. 有关规定

（1）《电力法》第二十四条规定，国家对电力供应和使用，实行安全用电、节约用电、计划用电的管理原则。

《电力法》第二十六条规定，供电营业区内的供电营业机构，对本营业区内的用户有按照国家规定供电的义务；不得违反国家规定对其营业区内申请用电的单位和个人拒绝供电。申请新装用电、临时用电、增加用电容量、变更用电和终止用电，应当依照规定的程序办理手续。

（2）《电力供应与使用条例》第二十条规定，供电方式应当按照安全、可靠、经济、合理和便于管理的原则，由电力供应与使用双方根据国家有关规定以及电网规划、用电需求和当地供电条件等因素协商确定。《电力供应与使用条例》第二十三条规定，申请新装用电、临时用电、增加用电容量、变更用电和终止用电，均应当到当地供电企业办理手续，并按照国家有关规定交付费用；供电企业没有不予供电的合理理由的，应当供电。

（3）《供电营业规则》第七条规定，供电企业对申请用电的用户提供的供电方式，应从供用电的安全、经济、合理和便于管理出发，依据国家的有关政策和规定、电网的规划、用电需求以及当地供电条件等因素，进行技术经济比较，与用户协商确定。《供电营业规则》第十六条规定，任何单位或个人需新装用电或增加用电容量、变更用电都必须按本规则规定，事先到供电企业用电营业场所提出申请，办理手续。

3. 分析与建议

该问题主要是因为专用变压器供电设施设备建成后，原项目资产（土地、建筑物等）出现了所有权的分割。即独立所有权因买卖等合法事由分割为数个所有权，即，由唯一专用变压器用户供电演变为实际用电人为数个独立主体的问题。对此，法律、法规、规章均未予以明确规定。根据《电力法》《电力供应与使用条例》《供电营业规则》所确立的电力供应原则分析，供电公司负有提供普遍电力供应服务的义务，不应拒绝用户合理的用电需求；但是，在具体供电方式上双方应遵循安全、可靠、经济、合理和便于管理的原则，并根据国家有关规定以及电网规划、用电需求和当地供电条件等因素通过协商方式予以确定。

在已实际通过专用变压器用户设施设备进行供电的区域范围内，供电公司再与其他不动产权属人另行订立供用电合同并进行直接供电的做法，存在以下障碍：

（1）供电公司在建设项目立项阶段与建设主体已经签订了意向性协议，后续签订了供用电合同等法律文件，双方认可在建设主体合法土地权属范围内采用专用设施设备供电的方式。该合同对于合同双方以及合同当事人的权利义务承继人具备法律约束力，即供电公司无权在合同确定的专用变压器供电范围内再与其他主体订立供用电合同。

（2）规划范围内的土地使用权、建筑物所有权等均由他人享有，供电公司并非合法权利人，其上也不存在供电公司已投建的合法供电设施设备，即供电公司无权在他人土地或建筑物内再进行电力设施设备的建设或安装。除非已有专用变压器的所有权人自愿将所有权转移给供电公司（并经供电公司同意接受），或者合法土地使用权人、建筑物所有权人同意供电公司再进行供电设施投建（需供电公司获得相应的合法用电项目批准手续）。但是，重复性的电力投资建设，不可避免地将带来不同产权设备的共存，也受到原电力通道建设规模、空间的限制，其在运行、维护方面存在严重安全隐患。

（3）客观上，相应产权人的用电需求虽然不是通过供电公司直接供电予以满足，但是并未对其造成任何用电服务的缺失，再行重复建设和投资不具备经济上的合理性、节约性。

三、结语

伴随能源产业变革与深化改革的不断推进，供电公司将面临更多新局面、新挑战，加快相关制度的研究制定，加深业法融合，加快合规体系建设将会助力公司行稳致远，再攀高峰。

强化战略引领，深入课题研究 全面构筑具有河南电网特色“三三三一零”合规管理体系

国网河南省电力公司

◆成果简介◆

一、工作背景及目标

为进一步筑牢国家电网公司“具有中国特色国际领先的能源互联网企业”战略落地根基，国网河南省电力公司（简称公司）将合规管理体系建设研究纳入公司“十四五”规划33项重大课题之一，要求在企业治理工程战略落地过程中，尽快搭建符合发展需求的合规管理体系理论框架，为体系建设把准“方向盘”，描绘“路线图”。

二、课题研究主要内容

提出建设具有河南电网特色的“三三三一零”合规管理体系，即以“三重”为切入点识别合规义务来源，以“三道防线”为抓手实现多部门协同联动，以“三融”为落脚点发挥管理独特价值，以“十项”运行机制驱动体系有效运转。

三、课题研究成果创新性

搭建合规管理体系建设基础理论框架，重点完成基本内涵、基本原则、底线意识、与其他风险控制体系的辩证关系等问题论证，发挥合规管理核心性作用，杜绝系统性、颠覆性风险。

四、应用情况及初步成效

将合规作为推动法治企业建设再深入地新抓手，以课题研究成果为基础，全面启动规划纲要、应对与处置预案、合规手册、合规问答等一系列制度文件编制，同时利用课题成果向基层开展合规管理培训，使“合规人人有责”“合规创造价值”的理念深入人心。

为进一步筑牢国家电网公司“具有中国特色国际领先的能源互联网企业”战略落地根基，科学高效规划公司合规体系建设，公司在充分调研分析的基础上，提出了基于提升公司合规风险管控能力，全面构筑具有河南电网特色的“三三三一零”合规管理体系重点课题。

一、中央企业合规管理体系建设面临的形势

（一）中央企业合规管理体系建设背景

党的十八届四中全会作出了全面推进“依法治国”的战略部署，党中央国务院在新时代国有企业改革的纲领性文件《关于深化国有企业改革的指导意见》中将“全面推进依法治企、推进企业依法经营、合规管理”作为新的历史时期国有企业改革的重要战略。

“中兴事件”让我们普遍意识到，企业合规经营与否关系到企业的生死存亡。近年来，党和国家更是把合规工作提高到前所未有的高度，中央全面深化改革领导小组第35次会议中要求加强企业海外经营行为合规制度建设；习近平总书记在中央全面依法治国委员会第二次会议上，指出“要强化合规经营的意识，走出去的企业在合规方面不授人以柄才能行稳致远”。国家监察体制改革、巡视巡察常态化、中央企业监事改革等进一步加大了各个层面对中央企业的外部监管力量；国家市场监督管理总局更是将公用事业领域反垄断执法作为优化营商环境的重要手段之一，在全国范围内建立了公用事业领域反垄断集中执法机制。《关于全面推进法治央企建设意见》《中央企业合规管理指引（试行）》《企业境外经营合规管理指引》等一系列重要文件的出台（见图1），标志着合规管理在中央企业范围内全面推行，合规管理已经在国家层面成为央企改革和发展的重要抓手。

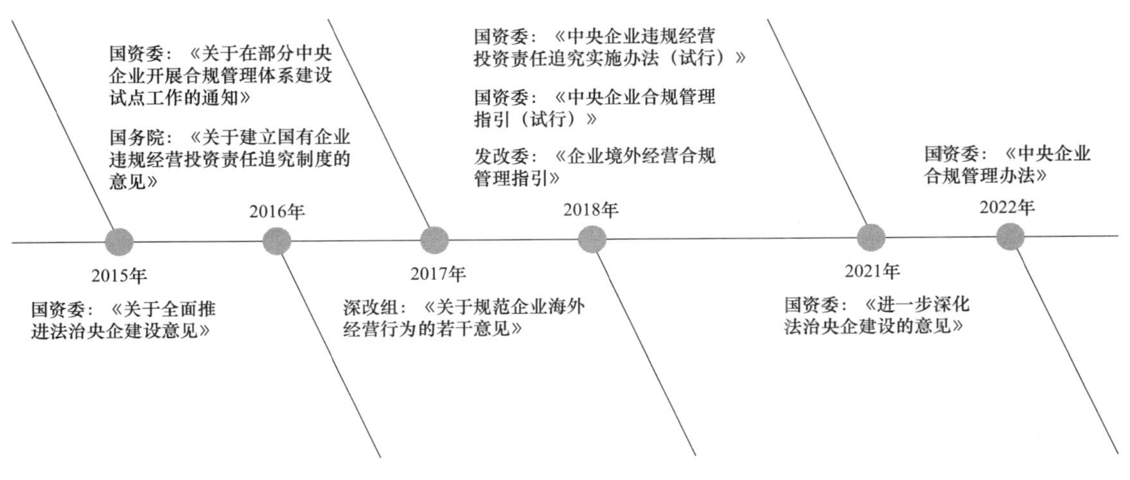

图1　出台的重要文件

（二）电网企业开展合规体系建设的必要性

合规管理实际上是企业内部一项核心的风险控制活动，合规义务的遵循是为了控制最底线的风险。换言之，合规不仅仅是判断有无风险的问题，而是判断“能不能做”“要不要做”的问题。

1. 电力行业合规事件启示

山西发电价格横向垄断案：2016 年，山西省电力行业协会组织部分火电企业在太原市召开了火电企业大用户直供座谈会。9 家电力集团、15 家独立发电厂签字通过《山西省火电企业防止恶意竞争保障行业健康可持续发展公约》，规定“根据市场情况，各大发电集团及发电企业，按照成本加微利的原则，测算大用户直供最低交易报价，省电力行协加权平均后公布执行”，约定了 2016 年第二批直供电交易报价较上网标杆电价降幅不高于 0.02 元 / 千瓦时。2017 年 4 月，经山西省价格监督检查与反垄断局调查，认为该协议形成了横向价格垄断，对山西省电力行业协会、国电山西分公司等火电企业共计 25 个当事人下发了“行政处罚事先告知书”，依法处罚 7338 万元。

某供电分公司滥用市场支配地位案：2016 年 8 月，执法人员在公用企业排除限制竞争专项执法活动中发现，某供电公司存在按用电客户上月用电量 80% 的标准收取预付电费，不按标准缴纳将不能保证供电的行为，涉嫌滥用市场支配地位附加不合理的交易条件。2017 年 9 月 8 日，根据原国家工商行政管理总局授权，该省工商局对当事人涉嫌滥用市场支配地位的垄断行为立案调查。在调查工作中，供电公司积极配合调查，对问题认识深刻并积极整改，达到了反垄断执法的目的，最终调查机关依法终止了调查。

某供电公司“三指定”案：某供电公司关联企业某建设实业集团股份有限公司利用某供电公司独家经营权地位，垄断用户受电工程外线设计与施工，某供电公司以电网安全为由变相限制了用户自主选择设计与施工企业的权利，为关联企业承揽用户受电工程提供便利。2019 年 3 月，国家能源局监管办公室认定某供电公司上述行为属于用户受电工程指定设计与施工单位行为，并对某供电公司予以 80 万元行政处罚，并对直接负责管理的人员和其他直接负责人员依法给予处分。

2. 合规是实现国有资产安全稳固的内在需要

十八大以来，国家持续加大对国有资产的监管力度，明确提出要实现国有资产的保值和增值，持续推动国有资本做强、做优、做大，严防国有资产流失。电网企业作为涉及国家能源安全、保障人民安居乐业的重要企业，承担国有资产保值增值以及履行社会责任的重要职责。电网企业的合规经营对国家、企业和人民的意义重大，深入开展合规管理充分体现了国家监管部门持续提升包括电网企业在内的中央企业管理水平的决心。国有企业不仅要严格遵守落实国家的新政策、新要求，确保守住底线、不越红线，还要将政策要求融入企业的管理流程和制度中去，并通过系统化、规范化、程序化的合规措施，提升企业竞争力，推动国有资产安全稳固、实现保值增值。

3. 合规是推进电网企业战略部署的重要保证

进入新时代，电网企业深入推进依法经营，加快提升合规管理水平是落实国家全面依法治国战略、建设法治央企的重要内容，是实现国有资产安全稳固的内在需要，更是实施国家电网公司新时代新战略的重要保障。国务院国资委分别将2021年、2022年、2023年确定为合规管理“深化年”“强化年”“提升年”，要求培育全员合规立身的理念，国家电网公司为适应改革新形势，护航国家电网公司新战略，将全面加强合规管理作为当前法治国网建设的突出重要任务。公司认真贯彻国家电网公司要求，落实合规管理体系建设主体责任，深刻领会全面加强企业合规管理的重要意义，切实执行高质量推进合规管理工作的重要部署。

4. 合规管理是遵从外部监管的必然要求

电网企业业务条线繁多，业务界面交叉错综，同时受到多个部门的监管和规制。其中，发展改革委主要侧重具有准则性的投资管理、成本监审、价格核定政策等方面的监管；能源局主要侧重具体项目的业务许可、投资、安全等方面的监管；国资委主要侧重国有资本投资运营、国有企业决策、企业负责人履职、党组织建设等方面的监管；财政部、生态环境部、上级纪委等部门也分别根据其职权范围对企业进行相应监管。同时，随着国有企业改革和电力体制改革的纵深推进，中央政府部门对电网企业的监管力度日益加大，对合规管理工作相应提出了更高的要求，适应政府监管已成为企业必须高度重视的一项重要工作。

（三）国家电网公司合规管理体系建设基本要求

国家电网公司始终高度重视依法治企，持续深化法治企业建设，并在新时代新战略框架下将法治企业建设作为企业治理工程的核心内容，将优秀的合规能力作为实现国家电网公司治理体系和治理能力全面提升的重要手段。先后下发了《国家电网有限公司合规管理体系建设工作方案》《国家电网有限公司合规倡议书》和《国家电网有限公司合规管理办法》等系列制度文件，在全系统开展合规管理体系建设，并在组织体系、“三道防线”、重点领域、基本流程、队伍建设、保障措施等方面做了顶层设计，同时在反垄断、数据合规、知识产权保护、合同合规等方面开展了专项合规管理活动，并要求各单位结合本单位实际完善合规管理制度体系，开展合规管理各项工作。

二、公司合规管理现状

（一）管理现状

（1）搭建合规管理组织架构，为体系构建奠定坚实基础。建立董事会、监事会、经理层、全面建设法治企业领导小组、合规管理负责人各司其职的合规组织领导机构。董事会是公司合规管理体系的决策机构，负责审定、决定合规管理重大事项；监事会负责对公司高级管理人员合规职责履行进行监督；经理层负责落实董事会决定，推动合规制度执行，制止纠正不合规经营行为；全面建设法治企业领导小组承担合规管理的组织领导和统筹协调，研究决定合规管理重大事项或提出意见建议，指导、监督和评价合规管理工作；合规管理负责人具体组织合规管理工作的开展，向全面建设法治企业领导小组汇报合规管理重大事项，向董事会报告年度工作开展情况。

（2）印发合规管理规章制度，为体系构建提供制度保证。在全面把握公司合规管理现状，并充分借鉴系统内外合规管理先进经验的基础上，制定发布《国网河南省电力公司合规管理实施细则》，明确了各层级合规管理职责、合规管理重点业务要求、合规管理运行机制、合规管理保障等内容，成为推进合规管理体系建设的基本遵循。

（3）“三道防线”各司其职，积极防控合规风险。合规管理“三道防线”主动作为，按照职责开展工作。业务部门作为第一道防线，先后集中组织开展安全排查治理、营销隐患治理、物资领域风险防控等相关业务工作，进一步夯实风险管控的根基；合规管理部门作为第二道防线，积极履行合规管理体系建设职能，先后牵头完成12个核心专业和3家基层单位的合规调研、合规方案制定、制度框架搭建、合规风险排查等相关工作，为合规管理体系构建奠定了坚实基础；合规监督部门作为第三道防线，先后组织开展审计巡视监督和财务协同监督等相关工作，为合规运行机制健全完善探索宝贵经验。

（4）组织开展多种形式培训，为合规文化培育营造氛围。将合规宣教与法治宣传、员工专业培训、企业文化建设相结合，针对不同主体组织开展多层次、多频次的合规知识普及活动。一是开展本部合规联络员专题培训；二是以“提升公司治理能力，从依法合规做起”为主题，在“4·15”国家安全日、“12·4”国家宪法日、《民法典》宣传周等重要节点同步开展省市县三级全员合规主题教育；三是依托干部员工培训平台，对公司科级干部（县公司领导人员）、新入职员工以及小型基建、后勤、产业单位等专业管理人员开展专题合规培训，逐步使“合规人人有责”“合规创造价值”的理念深入人心。

（二）存在的问题

（1）义务来源较为分散。合规管理的基础是对业务领域中的合规义务进行系统的识别梳理。涉及电网规划、建设运维、调度交易、供电服务、招标采购、安全环保、财务税收、劳动用工、知识产权、网络安全与数据管理、投资并购、商业伙伴管理等多重领域，业务种类多、链条长，不同的合规义务散见在不同的法律法规、监管规定和行业规范中，识别难度较大。

（2）管理不充分不平衡。纵向来看，省市县三级和各级产业单位在合规意识、体系完善程度、人才队伍、能力建设等方面差距较大，一些历史遗留问题亟待依法合规解决，转型升级面临的新型风险日益增多。横向来看，各专业领域合规风险集中程度不一致，对重点合规领域的风险认识和应对存在一定偏差，关键岗位业务人员应对合规事件的处置能力参差不齐。

（3）合规管理意识不强。整体忧患意识不足，习惯性违规风险较大，特别是在优化营商环境、加大对公用事业监管力度的大背景下，对新兴风险和系统性风险思考不足，如反垄断、信息安全与隐私保护、商业伙伴的合规管理不到位等。对“管业务必须管合规”仍存在一定的畏难或抵触情绪，未能探索出比较好的结合方式，造成业务开展与合规审查“两张皮”的现象。同时存在对合规理论和操作不熟悉，对业务运转和特点认识不到位，无法将合规管理实质性嵌入业务管理工作的每一个环节。

（4）考核评价机制亟待建立。现有管理机制未完全发挥应有作用，违规事件处置、合规监督、合规调查、违规问责等机制运行有待进一步深化。尚未形成整体合规管理考核评价指标体系，缺乏系统的定性定量标准，合规管理考核结果如何运用需要研究落实，以充分发挥绩效考核对于合规管理落地实施的“指挥棒”作用。

（5）合规管理队伍人员不足。合规管理是风险控制管理的新领域，对管理人员专业性、综合素质要求较高。但目前合规管理队伍基础薄弱，人员配备不到位，合规管理措施无法全面落实，一定程度上影响了合规管理工作开展实效。与世界一流企业相比还存在较大差距［据统计，欧美企业每十亿美元的营业收入对应的内部法律顾问人数为 5 ～ 9 人；法律顾问总量约占员工总数的 7‰ 以上。例如英国石油公司共有法律顾问 800 余名，占公司员工总数（10 万人）的 8‰；中国中铁专职合规管理人员 95 人，兼职人员 400 余人，占公司总人数的 1‰ 以上］。

（6）与现有风控体系未有机融合。合规管理体系不是与其他管理体系相互对立的，甚至要取而代之，而是既有交叉，又有融合，“一体多面，各有侧重”的关系。目前合规管理与全面风险管理、内控体系管理、法律风险管理、审计、监察等现有管控体系的协同联动机制仍需进一步深化。

三、公司合规管理体系建设需重点解决的几个问题

（一）正确认识合规管理的基本内涵

合规是指遵循、遵守或满足特定的要求。这些要求通常来自法律法规的规定、法院的判决、行政执法机关的决定、私人组织内部的规章制度、行为守则和社会道德。对于企业来说，这些要求通常指法律法规、行业准则、商业伦理道德、企业内部规章制度等。简单地说，合规就是合乎规则。

国家电网公司对合规相关概念定义：合规是指公司经营管理行为和员工履职行为符合法律法规、监管规定、行业准则和公司章程、规章制度以及国际条约、规则等要求。合规管理是指以倡导合规经营价值观为导向，以有效防控合规风险为目的，以公司及其员工的经营管理行为为对象，开展包括制度制定、风险识别、风险应对、合规审查审核、监督检查、责任追究、考核评价、合规培训、合规报告等有组织、有计划的管理活动。

企业合规的目的是应对和管控风险，保障公司持续健康发展。其中合规风险来源于违反合规义务的可能性，为正确识别和评估企业的合规风险，首先应明确企业有哪些合规义务。对于公司来说，“规”主要来源于三个层面：一是法律法规，如《民法典》《行政处罚法》《电力法》等；二是监管政策、行业准则，如国家能源局出台的《用户受电工程“三指定”行为认定指引》、国家发展改革委与能源局出台的《输配电定价成本监审办法》等；三是企业制度，包括公司章程，基本制度等。另外，还有国际条约、国际规则、商业伦理、商业惯例等。一般来说，来自于企业外部的合规规范具有较强的强制力，违反此类规范将导致较为严重的外部后果。而违反来自于企业内部的合规规范，并不一定导致企业承担对外的责任。

如何构建有效的企业合规管理体系，没有标准模型和统一的答案，但有效的合规管理体系具有相同的核心因素——合规承诺、风险分析、合规沟通、合规组织和合规记录。而公司合规管理中需要面对的一个现实问题是，大量的浩如烟海的条文与规范，可能造成沉重的合规负担，未必有利于实现真正有效的合规管理，反而有可能对公司的经营效率产生影响。因此，针对全部的合规规范，最有必要首先厘清的就是其中的原则和底线问题，完善风险库和底线清单，将底线作为基础，原则作为指引，搭建丰富立体的合规管理体系。

（二）强化合规的底线意识

合规风险是指公司及其员工因不合规行为，引发法律责任、受到相关处罚、

造成经济或声誉损失以及其他负面影响的可能性。合规底线是合规风险的组成部分，但并不是所有的合规风险都是合规底线。其中将导致较为严重的、颠覆性的后果，才能被称为是合规底线。

违规形成的后果通常表现为“事件”，损失确定难以弥补，一般不可挽回。正是由于违规事件引发的后果不可消除，企业必须完全防止相关风险的发生，避免相关负责人承担法律责任或者企业发生重大损失。因此，从企业经营策略的后果来看，合规是企业必须遵守的，带有强制性意味，一旦发生合规风险，将给企业及相关负责人带来严重的负面结果。

通常情况下，公司及员工对于基本底线都有着一定程度上的认识，也会主动避免重大违纪违法行为。但随着商业环境的复杂化和科学技术的多样化，对于合规底线的认知再也不是凭借朴素的道德观就能够明确判断，例如，涉及一些经济犯罪以及科技犯罪的场合，以及未构成犯罪但可能引起党内追责的情形等，必须要通过学习才能对底线有清晰认识。因此，通过合规培训使得企业与员工尽快建立合规的底线意识和底线认识是非常必要的。

而且，建立有效的合规体系虽然不能杜绝违规风险，但能够降低违规产生的后果。当发生违规时，企业的管理者以企业已经建立并实施了有效的合规管理体系作为减轻甚至豁免行政、刑事或民事责任的抗辩，一般能被行政执法或司法机关接受。

（三）合规体系与其他风险控制体系的关系

目前公司已经建立了多种企业内部风险管控模式，如全面风险管理、内控体系管理、法律风险管理等，审计监督、纪检监察也建立了各自的内部管理的工作体系。在发挥其各自功能的同时，也为公司开展合规管理带来了一定的问题，比如，各管理体系的工作标准和方法不同，管理范围和内容也存在一定的交叉，各管理体系均存在信息化需求，由此建设和运行了多套互不完全兼容的信息系统平台，并且各管理体系都涉及对管理效果的检查和考评等。

事实上，合规管理体系不是与其他管理体系相互对立的，甚至要取而代之，而是既有交叉，又有融合，“一体多面，各有侧重”的关系。企业合规必须根植于业务和管理，与企业其他职能管理及业务体系有机融合、协调统一。

一是合规管理与全面风险管理的关系。全面风险是指围绕公司战略目标，通过在企业管理的各个环节和经营过程中，识别的可能影响战略目标实现的潜在风险。是以整个企业为管理对象的综合风险管理，相比合规风险范围更广，对于电网企业来说，全面风险除合规风险外，还有资金风险、电网安全风险等。

二是合规管理与内控体系管理的关系。内控是指企业全业务流程的整体控制，保证企业内部的稳健性、有效性，促使企业以合理的成本达到改善企业经营状况的目的。而合规管理则主要是针对企业规章制度以及外部法律法规的执行和遵循状况进行监督和评价，对违规行为进行审查，对合规风险有效预防。内控与合规职能基本上不存在交叉，合规是内部控制的最基本要求。

三是合规管理与法律风险管理的关系。是指公司在生产、经营、管理过程中，因自身及各利益相关方未按照法律规定、监管要求或合同约定作为或者不作为，或者外部环境及其变化，给公司带来负面法律后果的可能性。法律风险通常所依据的法律法规、监管要求与合规之“规”第一层所指的法律法规存在交叉，但不重合。合规的范围和内容则更加全面和宽泛，不仅包括法律法规，还包括监管要求、行业准则、内部规章以及商业道德等。

四是合规管理与审计监督的关系。审计是对企业各类业务和控制进行独立评价，以确定是否遵循公认的方针和程序，是否符合规定和标准，是否有效和经济地使用了资源，是否在实现组织目标。审计与合规职能一般独立实施，但由于内部审计是一种企业内部独立实施的监督举措，本身可以对合规工作的过程和结果进行检查、评价，判断其有效性。同样，合规也可以结合业务开展状况，向内审部门提供合规意见。

五是合规管理与纪检监察的关系。纪检监察部门是企业设置的，面向党员干部群体，负责调查涉嫌职务违法违纪行为的重要部门，其工作重点和目标与合规不同。合规主要负责员工意识的培养，但无权对员工涉嫌的职务违法违纪行为进行调查和惩治。合规发现相关违规线索和情况，可由纪检监察部门实施调查。

（四）合规管理的基本要求

（1）“一把手”工程。合规管理是“一把手”工程，主要负责人要切实履行第一责任人职责。

（2）“五同步”。坚持“管业务必须管合规”的原则，将合规管理与业务开展同研究、同部署、同推进、同检查、同考核，努力构建全面合规管理的良好生态。

（3）坚持底线。要推动规范运作成为自觉，牢固树立规范运作的底线思维和红线意识，不断推动规范运作成为思想自觉、管理自觉、行动自觉。

（4）国有资产保护。国有资产保护是国有企业合规工作的题中之义，任何规则的制定与交易行为的发生均要以国有资产保值增值为首要目的。

（五）将合规管理体系建设作为法治企业建设再提升的重要抓手

合规管理是以有效防范化解合规风险为目的，以企业和员工经营管理行为为对象，开展包括制度制定、风险识别、合规审查、风险应对、责任追究、考核评价和合规培训等有组织、有计划的管理活动。法治企业建设的内涵是“治理完善、经营合规、管理规范、守法诚信”，两者一脉相承。通过合规管理体系建设，确保重大决策、重要制度、重要合同和重要文件的合法合规性审查审核，提升业务开展的依法合规水平，切实增强业务人员的合规意识，坚定对法治和规则的敬畏。整合公司风险管控体系，系统性提升企业预防风险、抵御风险的手段和能力，提升公司核心竞争力，打造公司合规经营的形象名片，切实将合规体系建设作为新时代推动法治企业建设再出发的重要推手和动力源。

四、公司合规风险管理体系建设基本设想

（一）工作目标

（1）规范经营管理。建立健全组织体系、制度体系、运行机制，不断提升企业合规管理水平，将优秀的合规能力作为实现公司治理体系和治理能力现代化的重要手段。

（2）有效防控风险。全面增强合规意识、法治意识、诚信意识和契约意识，杜绝习惯性违规，确保不发生重大、特大级别违规事件。

（3）构建完善体系。将合规工作提升到战略高度来抓，构建全员参与、全程监控、全面覆盖的“大合规”管理体系，推动“合规立身”理念深入人心，实现合规人人有责、人人参与，促进公司全面合规。

（二）总体思路

公司在充分学习研究国务院国资委《中央企业合规管理指引（试行）》和《中央企业合规管理办法》《国家电网有限公司合规管理办法》的基础上，结合河南电网经营管理现状，提出构建具有河南电网特色的“三三三一零”合规管理体系建设思路。即以公司中长期发展战略为基本导向，以符合公司现阶段发展实际需求、风险管控与业务运营目标相适应为基本原则，以助力公司防控风险、规范经营、践行合规文化为基本目标，以“三重”“三融”“三道防线”“十项机制”为基本路径，组建专业的合规管理团队，将合规管理责任落实到相关业务板块的每一位业务人员，树立全员“合规立身”价值理念，保障国家电网公司“具有中国特色国际领先的能源互联网企业”战略在河南落地，成为行业合规运营的典范。

其中，“三重”是指以“重点领域、重点环节、重点岗位”为着力点识别合规风险库及底线清单；“三融”是指以“风险信息融合、管控措施融合、岗位责任融合”为落脚点发挥合规管理独特价值；“三道防线”是指以“业务部门、法律归口部门、审计监察部门”为抓手实现多部门协同联动；“十项机制”以“风险预警、审查审核、应对、事件处置、合规监督、合规举报、合规调查、违规问责、考核评价、合规报告”等十项运行机制驱动合规体系有效运行。

1. 以“三重”为重点识别合规风险库及底线清单

在深入调研访谈、收集资料、分析案例的基础上，对照法律法规、政策规定、监管制度等规范要求，坚持“全面覆盖、重点突出、层级清晰、实用高效”的原则，基于生产经营活动，系统梳理全业务、全流程、全岗位的合规依据、合规风险，做到风险信息全覆盖。针对重点领域、重点环节和重点岗位人员的合规风险进行重点筛选、防控，突出底线清单在防范重大合规风险方面的作用。并按照领导决策层、中层管理层和业务操作层对合规风险进行层级管理，提升合规风险管理效用与效率。

2. 以“三道防线”为抓手实现多部门协同联动

健全以业务部门、管理部门及监督部门各负其责的“三道防线”。业务部门负责开展合规风险识别、评估，将合规审查纳入业务流程，进行合规风险预警、应对与处置。法律归口管理部门承担组织、协调和监督合规管理工作，为相关部门提供合规支持，并履行领导小组办公室职责。审计、监察等相关职能归口管理部门负责在各自职责范围内开展合规管理监督工作。

3. 以“三融”为落脚点发挥合规管理独特价值

全面分析研究合规管理、全面风险管理、内控体系管理和法律风险管理之间的关系，立足发挥合规管理在公司风险控制体系中的基础性、核心性作用，通过风险信息融合、管控措施融合、风险岗位责任融合，强化“三道防线”的通力协作，着力将合规管理要求进制度、进流程、进岗位、进节点，促使公司依法合规开展各项经营活动，实现“强内控、防风险、促合规”的管控目标。

4. 以“十项”运行机制驱动合规体系有效运行

（1）合规管理会议。采用年度会议和临时会议相结合的方式，组织召开领导小组会议，审议合规管理战略规划、年度计划、年度报告等重大事项。尤其是在发生重大及以上违规事件时，研究处置方案，提出合规管理意见或建议。

（2）合规风险识别与预警。全面识别和评估经营管理活动中存在的合规风险，分析判断合规风险等级，确定合规管理事项优先顺序，针对趋势性、典型性、普遍性、高风险性合规风险发布合规预警，制定相应防控措施进行重点防控，并嵌入业务流程。

（3）违规事件处置。切实落实公司所属各单位发生违规事件的报告和处置职责，分别针对一般违规事件、较大违规事件、重大违规事件和特大违规事件，制订应对预案与措施，同时由业务部门和合规管理部门立即分别报上级业务部门和上级合规管理部门。处置过程中发现涉嫌违反党纪事件或涉嫌职务违法犯罪的，按照《国家电网有限公司纪律审查工作规定（试行）》有关规定，由业务部门与监察归口管理部门处置会商，移交纪检监察机构进行处理。

（4）合规审查与审核。针对工作事项的完备性、规范性，建立业务部门常态化开展合规审查的机制，明确合规审查和合规审核作为重大决策、重要制度、重要合同和重要文件制定的必经程序，未经合规审查、审核，或审核不通过的，不得提交决策或实施。

（5）合规监督机制。由监督部门对各部门、各单位合规管理工作进行监督，提出改进建议或要求，并将监督情况纳入企业年度报告。建立合规监督的协同联动机制，既可单独开展，也可以与内外部审计、业务专项检查等其他监督检查工作相结合。合规管理部门可根据需要向监督部门提出监督检查建议。

（6）合规举报机制。利用信访、客服、巡视等渠道，接受公司内、外部对有关违规行为的举报或投诉线索。各相关部门按照职责对举报问题进行初步调查和处理，确属合规范畴的，按业务分类进行核实和处理，并通报合规管理部门。公司采取措施保护举报人，并对举报人的个人信息进行保密。

（7）合规调查机制。业务部门在接到违规举报或发现违规事件时，就举报事项或违规事件进行调查，组织相关专家对原因及事实进行全面了解，调查结果按照相关规定报告合规管理负责人。业务部门接受外部合规调查，应按照有关规定做好问询回复、迎检等准备工作，并及时通报合规管理部门。

（8）违规问责机制。对违规单位或人员，按照公司有关制度，分别由各相关部门追究问责。发生较大及以上违规事件的，由合规管理部门协助有关部门落实追责。实行违规免责制度，对已经落实合规管理各项要求的部门和单位，在公司追责职权范围内减轻或免除其责任。

（9）考核评价机制。将合规经营管理情况纳入各单位企业负责人年度业绩考核。对各单位及所属员工合规履职情况进行评价，将结果作为员工考核、干部任用、单位（部门）评先等工作的重要依据。对违反法律法规、行业监管、规章制度等，并造成较大不利影响的，由全面建设法治企业领导小组提出考核意见和建议。

（10）合规报告机制。建立完善合规年度报告和违规事项专项报告制度。各部门、各单位每年向公司全面建设法治企业领导小组办公室报送年度合规管理情况，公司据此编制年度合规报告，经审议批准后按规定报送国家电网公司。各单位发生重大、特大违规事件的，逐级向公司合规管理部门专项报告，由公司按规定向国家电网公司和有关部门报告。

（三）建议措施

（1）加强合规管理总体规划设计。以公司“十四五”规划为基本导向，积极加强合规管理体系建设的整体规划和顶层设计，明确未来一段时间内合规管理体系建设的主要目标任务、实现路径和合规管理重点，力求形成常态化、长效化的管理运行机制，打造具有公司特色的合规管理体系。

（2）建立健全合规管理制度体系。合规管理制度是合规管理体系建设的基础和根基，在扎实做好合规管理实施细则的基础上，进一步细化重点领域合规管理专项指引和具体行为规范，同时做好其与现有制度体系的有效衔接，力求实现合规管理制度的系统性、规范性和可操作性。

（3）构建合规风险库及底线清单。以各部门职责权限和制度流程为切入点，识别禁止性和义务性规定，形成涵盖公司全业务领域的合规风险库，筛选出底线清单。探索以决策层、管理层、操作层为划分标准，完善风险层级管理机制。加强对重点领域、重点环节、重点岗位人员的风险识别和防控。

（4）抓好重点领域和关键环节风险防控。从业务一线前沿入手，研究“三道防线”效用发挥，确保合规管理进业务、进流程、进环节。以公司历年重大法律纠纷、政府监管重点和社会关切要点为切入，深入排查反垄断、大数据、知识产权、电网建设等重点合规领域的义务来源，研究行之有效的风险控制手段。

（5）建立齐抓共管、融合联动的统一平台。合规是系统工程、全员工程，要各有侧重地发挥好法律、财务、审计、监察等部门的管理职能，做到分工协作、密切配合，打造一体化管理平台，建立起正式与非正式的信息交流渠道和沟通机制，实现公司内部违规信息数据共享，发挥其应有的保驾护航作用。

（6）构建公司系统全员合规文化。研究如何开展自上而下的系统性合规文化培育，加快营造全员自主合规的工作氛围和合规经营的基本价值取向，通过多层次多领域多频次的合规培训，进一步提升全员合规意识，筑牢合规经营的思想基础。

优化营商环境下的供电合规风险及对策调研报告

国网四川省电力公司

◆成果简介◆

2019 年国务院审议通过《优化营商环境条例》，从制度层面为优化营商环境提供了更为有力的保障和支撑。为更好落实中央和各级政府的工作要求，引导国网四川省电力公司（简称公司）各级基层单位，成为依法合规供电主体，提升公司供电服务合规水平，公司特开展本调研课题。

本调研报告，一是首次系统梳理出有关优化营商环境的国家及四川省、市（州）政策法规（共计 54 项），有助于电网企业在新形势下就改进提升供电服务工作作出科学、理性的研判。二是首次对优化营商环境背景下提供供电服务 18 个主要环节面临的合规风险进行系统归纳和总结，为加快提升电网企业依法合规供电服务水平奠定重要基础。三是首次梳理形成公司对内对外应采取的 12 项措施建议，为完善优化营商环境下的供电合规风险防范机制、推动相关立法、争取政策支持等提供有力支撑。

目前，在调研成果基础上，公司不断优化服务流程，畅通服务渠道，大力推行“阳光业扩”服务，实现业扩服务规范合法、线上服务精简便捷、办电资讯主动推送。同时，公司运用调研成果构建起供电合规风险防范机制，积极促成相关供电服务的立法修订及政策出台。

一、优化营商环境供电服务过程中可能导致的法律合规风险

（一）公司对外承诺不能的风险

1. 规章制度环节对外承诺不能的风险

法律合规风险及成因：现有内部规范规定供电所对用户户保的安装、运行负有监督义务，并负责每季度试调，导致用户认为供电人对户保的安装运行负有义务。

法律法规政策分析：法律政策规定，末级剩余电流动作保护器应由用户自行安装并负责运行维护管理，并承担相应法律后果。

对策建议：①在公告的用电程序、制度和收费标准等内容中明确户保安装和运行责任属于用户。②实现电网侧一二级漏保安装全覆盖，并加强运维。加强三级剩余电流动作保护分级管理，安装分级开关。

2. 用电检查环节对外承诺不能的风险

法律合规风险及成因：为保障安全用电，对用户资产开展安全用电检查，并发送整改通知书，用户未进行整改导致安全事故发生，存在被认定过错责任的风险。

法律法规政策分析：国家发展改革委2016年废止了《用电检查管理办法》，使得供电企业开展用电检查活动缺少了法律政策依据。除非明确约定供电企业有用电检查义务内容及违约责任的，否则用户资产发生用电安全事故理应由用户自行承担。

对策建议：①供电企业应当依据法律政策规定或者与用户之间约定，明确“用电检查”的意义和原则、内容与范围、程序，从“源头”上防范合规风险。②从维护供用电秩序和公共安全提出关于将用电检查纳入立法的建议。③对重要客户的用电检查，应会同当地经信部门和电力主管部门共同开展，检查出来的安全隐患除书面告知客户外应及时在政府部门进行书面备案，降低法律风险。

3. 公司对外公告中对外承诺不能的风险

法律合规风险及成因：《国家电网公司供电服务“十项承诺”》（国家电网办〔2005〕196号）规定了供电可靠性、抢修时限等国家法律政策未规定的内容。有的供电企业公开作出了服务、价格等承诺，如果供电企业未做到，用户要求承担承诺不能的责任。

法律法规政策分析：依据《民法典》关于“民事主体从事民事活动，应当遵循诚信原则，秉持诚实，恪守承诺”的规定，供电企业显然应当承担承诺不能的民事责任。

对策建议：①供电企业应当努力践行作出的承诺。②供电企业作出承诺应当审慎考虑承诺不能的法律后果。

（二）压减办电时间

1. 供电企业未能在规定期限内按时供电的风险

法律合规风险及成因：供电企业由于员工能力、意识不到位或管理流程等原因，未能在规定期限内按时供电。

法律法规政策分析：《国家发展改革委 国家能源局关于全面提升“获得电力”服务水平 持续优化用电营商环境的意见》（发改能源规〔2020〕1479号）明确规定了办电时限，供电企业未在规定时限内供电，必然将承担相关行政责任。

对策建议：供电企业应当加强员工能力提升，强化管理，落实优化营商环境管理要求。

2. 供电企业未获批准即违规施工的风险

法律合规风险及成因：部分地区政府部门规划路由、掘路施工等涉电行政审批程序不够优化，电力外线工程审批速度较慢，无法满足低压业扩配套建设时限要求，因此存在部分低压业扩配套工程未经审批违规施工，存在施工安全、质量风险。

法律法规政策分析：《建设工程安全生产管理条例》第四十二条“建设行政主管部门在审核发放施工许可证时，应当对建设工程是否有安全施工措施进行审查，对没有安全施工措施的，不得颁发施工许可证。”依据上述法律，供电企业不应未经审批违规施工，否则可能承担法律责任。

对策建议：促请当地政府出台优化审批事项，实现电力通道许可入驻政务大厅“一站式”办理。

3. 外线工程施工受阻影响时效风险

法律合规风险及成因：外线工程施工由于施工受阻或者用户原因暂停施工等情况，导致外线工程施工时长违反优化营商环境规定所产生的合规法律风险。

法律法规政策分析：《国家发展改革委 国家能源局关于全面提升“获得电力”服务水平 持续优化用电营商环境的意见》（发改能源规〔2020〕1479 号）明确规定了办电时限，供电企业外线工程施工时限过长将导致违反规定，必然将承担相关行政责任。

对策建议：供电企业应当加强自身工程管理能力，加强与政府、用户、相关主体的沟通协调，遵守行政管理要求，合理合规确定与工程施工妨碍物主体之间的民事关系，强化留存相关证据。

（三）提高办电便利度

1. 线上平台申请或者签署电子合同时申请人与实际操作人不一致或者非本人签署的风险

法律合规风险及成因：线上平台申请时，申请人与实际操作人不一致，导致生物信息不匹配，电子合同非本人签署。

法律法规政策分析：根据《民法典》等法律规定，非本人签订的合同（排除代理人签署或构成表见代理之外的）如经本人追认的视为有效合同，如本人不予追认的则对本人不具法律约束力。

对策建议：完善平台申请认证流程，固定、保全证据，申请完成后及时回访。

2. 不履行电力社会普遍服务义务风险

法律合规风险一

法律合规风险及成因：用电设备属客户产权的小区用户申请办理充电桩业务，不具备供电条件且小区产权主体无法出资改造，业务中止，可能存在舆论、投诉及监管风险。老旧小区且资产未移交，充电桩业务因功率较大等原因需受电端具备一定条件。

法律法规政策分析：《民法典》第六百四十八条规定，向社会公众供电的供电人，不得拒绝用电人合理的订立合同要求；《电力法》第二十六条规定，供电营业区内的供电营业机构，对本营业区内的用户有按照国家规定供电的义务。不得违反国家规定对其营业区内申请用电的单位和个人拒绝供电。

对策建议：①严格执行政策，公开用电程序、制度和收费标准，强化沟通、协商、宣传。②争取政府政策支持，加快统筹推进住宅物业供电资产移交，落实老旧小区改造资金。

法律合规风险二

法律合规风险及成因：根据内部规定，供电企业对于具备改造条件的低压商业合表单独客户的分户申请不予受理，可能存在合规风险。

法律法规政策分析：川发改价格〔2019〕387号文要求：转供电主体要积极创造条件，尽快实施“一户一表”改造。各电网经营企业对具备改造为“一户一表”条件的电力用户，要主动服务，尽快实现直接抄表收费。《物业管理条例》中也有类似规定。

对策建议：供电人依法受理具备改造条件的低压商业合表单独客户的分户申请，并告知客户政策要求，转供电主体应主动承担“一户一表”改造费用。

（四）降低办电成本

1. 对应出资的电力建设项目未出资或不完全出资的风险

法律合规风险一

法律合规风险及成因：部分符合业扩配套政策的客户未实施业扩配套工程，导致业扩配套出资界面执行不到位，增加客户接电成本，存在行政监管风险。

法律法规政策分析：“业扩配套”实际属于供电设施。根据《电力供应与使用条例》第十二条关于“供电企业应当按照规划做好供电设施建设和运行管理工作”的规定，供电设施建设和运行管理是供电人的义务，理应由供电人实施。

对策建议：①公司内部加快推进“放管服”，提升工作效率。全力压减配套流程所需时间。②争取政策支持，包括明确供电企业处理业扩配套工程的合理时限，以及对确因客户原因放弃供电企业投资配套且自愿投资配套的情况明确权责。

法律合规风险二

法律合规风险及成因：在配电设施资产未移交的小区内，低压新装、增容业务（尤其是居民充电桩新装业务）的配套工程建设都存在产权跨越问题，导致供配电设施产权分界不清晰，后期运行维护责任，客户产权变压器增容等存在风险隐患。

对策建议：推动配电设施资产移交，明晰产权分界点。移交前对产权交叉跨越情形，以协议明确维护管理责任。

2. 供电企业加收不合理费用或变相提高用户接电成本风险

法律合规风险及成因：供电企业加收不合理费用或变相提高用户接电成本，导致用户投诉、行政监督的合规法律风险。

法律法规政策分析：根据《优化营商环境条例》第二十八条规定和《电力供应与使用条例》第 27 条第二款规定，无论从法律还是行政法规来看，经与用户协商一致，供电企业可以采取预收电费方式。但达成预收电费协议，一定要用户自愿。

对策建议：①严格执行电价政策，做好电价政策宣传，严禁代收其他任何费用。②针对预存电费建议：一是将费控装置纳入业扩配套一并解决，提升客户“获得电力”体验；二是对预存电费进行分类管理、区别对待、灵活处理，不要一刀切；三是注意与用户协商，征得用户理解，尤其是对于涉及收费方式问题的关键条款；四是建议政府出台购电制预交电费金额标准。

3. 不能公平对待用户的风险

法律合规风险及成因：供电企业对城市用户和农村用户区别对待，规定不同的供电可靠性指标；部分供电企业设置 VIP 客户，对不同用户有不同的业扩办理时限、收费方式等，被认为没有公平对待客户。

法律法规政策分析：《民法典》规定：“民事主体从事民事活动，应当遵循公平原则，合理确定各方的权利和义务”“民事主体从事民事活动，应当遵循诚信原则，秉持诚实，恪守承诺”“民事主体从事民事活动，不得违反法律，不得违背公序良俗”。

对策建议：①无论法律政策是否对客户进行区别对待，供电企业均应当依照法律政策履行法定义务。②供电企业在履行法定义务之外，可以秉承公平、诚信、适当原则提供差异化客户服务，但应当向社会公开服务标准、资费标准等信息。③妥善处理供电企业与客户之间、不同客户之间的利益冲突规定，强化对客户的法律政策宣传解释。

（五）提升供电能力和供电可靠性

1. 供电企业违反法律、法规规定使用户停电的风险

法律合规风险及成因：部分小区居民用户实际与供电企业存在供用电关系，但由于小区受电设备产权未移交，无法与供电企业签订供用电合同，此情况下发生停电、触电等事故造成用户或第三方财产、人身损害的，在理赔过程中存在法律纠纷风险。

法律法规政策分析：根据《民法典》规定，供电设施产权是否移交与签订供用电合同之间并无关联关系。对于与低压用户签订供用电合同的工作，存在合同相对方人多、分散、文化水平不一以及实际产权人不出面、联系不上的诸多问题。因此，在现实生活中，更多的低压用户与供电公司之间并无书面合同，而是一种事实合同关系。

对策建议：针对未与供电企业签订书面供用电合同的用户，应先争取与其签订书面合同、明确各自权责利；对于张贴公告亦无法通知到的用户，可以事实合同、交易习惯等方式明确各自义务。对于该部分用户发生的停电、触电等事故造成的第三方财产、人身损害的，在理赔过程中根据具体事实，结合法律规定，按归责原则对相关责任进行分担。

2. 供电设施故障抢修管理违规风险

法律合规风险及成因：部分居民小区、专线客户等资产移交存在困难，导致产权关系不清晰，供电设施和受电设施运维混乱，抢修责任不明确，存在触电事故责任承担等众多法律风险。

法律法规政策分析：根据《电力法》《民法典》等法律规定，供电设施的运行维护管理范围，按产权归属确定，产权归属于谁，谁就承担其拥有的供电设施上发生事故引起的法律责任。

对策建议：居民小区、专线客户的资产，以书面形式明确产权归属、各自权利义务以责任承担。

（六）加大信息公开力度

1. 信息公开流程未规定或明确的风险

法律合规风险及成因：①信息公开的内容把关不严或审核不到位即对外公开，导致舆论风险。②对于客户或政府部门申请获取的相关信息，未按照公司保密管理规定流程进行审核，存在泄密风险。

法律法规政策分析：未规定或明确信息公开流程，可能导致公开的信息未经过严格的内部审核，致使公开信息可能存在重大错误甚至泄密的问题。可能引发因错误信息导致他人损失的风险，或因泄密而给企业或用户造成损失的风险。

对策建议：大力推广线上办电，利用“国上国网”、95598网站以及营业厅，对外发布用电报装流程、时间要求、收费标准等政策信息，提供业务办理进度查询，客户评价等。

2. 供电企业违反市场监管要求内容标准的风险

法律合规风险及成因：供电企业在运营过程中，还需接受电力监管机构的监管，并及时、如实提交相应的资料，按有关电力监管规定披露信息。

法律法规政策分析：根据《电力法》《电力市场运营基本规则》《电力监管条例》法律规定，供电企业涉及国计民生，故国家制定了相关的法规、规章对电力企业进行监管。供电企业虽然是独立的市场主体，但仍应遵守市场监管要求内容标准。

对策建议：供电企业应当按照国家规定的电能质量和供电服务质量标准向用户提供供电服务，做好资料保存工作，以备电力监督检查；按照国家有关电力监管规章、规则的规定披露信息。对供电可靠性或电能质量有特殊要求的客户，在投入运行前与其平等协商，提出电能治理的要求，并在供用电合同中以特别约定条款的方式予以明确。

（七）清洁能源消纳

1. 分布式能源（微网）不能或按时并网导致的风险

法律合规风险及成因：政策层面上，对同属于分布式能源的燃气三联供系统的电力并网，尚无具体规定，可操作性差；市场层面上，当前许多分布式能源用户和潜在用户都是中小企业，缺乏发电方面的丰富知识；技术层面上，配网负荷预测困难，无与配电网连接的标准。不适当的安装地点、容量和连接方式会使配网可靠性降低，效益下降。

法律法规政策分析：《可再生能源法》第十四条规定，电网企业应当与按照可再生能源开发利用规划建设，依法取得行政许可或者报送备案的可再生能源发电企业签订并网协议，全额收购其电网覆盖范围内符合并网技术标准的可再生能源并网发电项目的上网电量。发电企业有义务配合电网企业保障电网安全。电网企业应当加强电网建设，扩大可再生能源电力配置范围，发展和应用智能电网、储能等技术，完善电网运行管理，提高吸纳可再生能源电力的能力，为可再生能源发电提供上网服务。

对策建议：在具体分布能源项目设计和运行过程中，首先应该考虑项目所在地电网公司是否允许分布式能源发电并网，并网的具体要求、并网标准等因素。是否能顺利并网，接入系统是否合理，将影响项目的整体效率和效益。

2. 用户清洁能源发电上网后，供电企业未能实现全额保障性收购导致的风险

法律合规风险及成因：①新能源客户提供接入申请资料不齐全，业务人员未及时反馈信息，造成接网时间延迟，影响电量消纳。②新能源接入系统中由电网出资的接入工程未能按期完工，造成接网时间延迟，影响电量消纳。③新能源客户“发用电合同”或“购售电合同”签订内容有误，造成电量消纳结算错误。

法律法规政策分析：《可再生能源法》规定，电网企业应当与依法取得行政许可或者报送备案的可再生能源发电企业签订并网协议，全额收购其电网覆盖范围内可再生能源并网发电项目的上网电量，并为可再生能源发电提供上网服务。否则将因未全额收购可再生能源电量，造成可再生能源发电企业经济损失的，应当承担赔偿责任和行政责任。

对策建议：对业务办理过程中的特殊情况应在合同内容“特别约定”事项中予以明确，防范法律纠纷。积极献言献策，促请相关主管部门形成协调统一的电力规划。

（八）用户信息保护

未采取用户信息保护措施的风险

法律合规风险及成因：用户信息保存不当，导致用户信息被非法运营非法利用。

法律法规政策分析：《民法典》第一百一十一条，自然人的个人信息受法律保护。任何组织和个人需要获取他人个人信息的，应当依法取得并确保信息安全，不得非法收集、使用、加工、传输他人个人信息，不得非法买卖、提供或者公开他人个人信息。

对策建议：加强用户信息保护，严格营销系统账户和密码管理，对外提供用户信息严格履行审批程序。供电企业在按政府相关部门要求提供客户用电信息时，应采用符合公司信息安全管理规定的方式传递，在规避供电企业风险的同时，亦为政府相关部门规避相关风险。

（九）政府行政协同

政府政策未落实到位导致供电企业服务违规的风险

法律合规风险及成因：政务专网尚未与供电企业内网实现互联互通，客户办电所需的身份证、营业执照、房屋产权及项目立项批复（备案）等申请材料难以共享；公司系统在与政务专网进行数据交换时，数据存在瑕疵。

法律法规政策分析：公司接收的用户身份信息如不满足《网络安全法》第二十四条实名制要求，公司可能被认定为未要求用户提供真实身份信息，面临相应的行政责任。用户电子签名如果不满足《电子签名法》第十三条、第十四条相关可靠性要求，将不具有同手写签名或者盖章同等的法律效力。

对策建议：一是积极促成制定统一技术规范、通用业务标准和数据标准。二是积极配合推行“一网通办”中遇到的法律问题制定相应的地方性法规或地方政府规章。三是按照《电子签名法》《网络安全法》标准，规范用户电子签名、用户身份信息接收标准。

（十）传统供电服务领域的合规风险

1. 用户工程未办理前期项目行政审批风险

法律合规风险及成因：川电办〔2018〕35 号文规定，低压新装业务不收取工程项目立项批文，但随着低压接入容量标准的提高，可能存在低压客户用电项目未经审批或审批程序不合法，而供电企业受理了其用电申请，导致供电企业为违反国家产业发展政策的企业私自供电，从而产生政策执行风险。

法律法规政策分析：根据《政府投资条例》《企业投资项目核准和备案管理条例》等法律法规要求，境内所有固定资产投资项目均应在开工建设前履行审批（或核准、备案）手续。供电人对用电人用电申请进行合理性判断时，有必要不拘泥于高压或低压项目，对是否属于固定资产投资项目进行判断，如属于则有必要收取“工程项目立项批文”资料。

对策建议：供电人收取立项资料不以电压等级作为判断依据。

2. 施工现场管理不善的风险

法律合规风险及成因：为满足业扩时限要求，存在抢工期进度或管理不当的现象。

法律法规政策分析：依据《建筑法》《安全生产法》《民法典》等法律规定，施工单位应安全文明施工，造成人身伤害、财产损失应承担相应法律责任。未履行安全生产管理职责的或违规操作的，施工单位和主要负责人可能承担行政处罚，造成重大安全事故、重大伤亡事故或者其他严重后果，构成犯罪的，依照刑法有关规定追究刑事责任。

对策建议：将施工人数多、作业风险等级高的项目纳入安全管控系统监管，与相关单位签订合同，书面明确安全管理责任界面和应承担的法律责任。

3. 因施工质量不达标、现场施工不文明导致风险

法律合规风险及成因：因时限缩减导致工期紧张而简化、省略设计审查和中间检查程序，导致施工质量不达标，存在行政监管和损害赔偿风险。

法律法规政策分析：根据法律规定，工程质量是施工单位的首要任务，任何不符合质量约定的，施工单位不仅要采取修理或者返工、改建等措施保障工程质量，还须承担违约责任。

对策建议：做好质量管控，在工程勘察、设计、施工、监理合同中与参与方约定质量标准及管理责任。

4. 供电企业违规“三指定”风险

法律合规风险及成因：用户要求供电人推荐设计、施工和材料供应商，容易导致供电人违反“三指定”规定或滥用市场优势地位违反相关反垄断规定。

法律法规政策分析：根据《反垄断法》《反不正当竞争法》《电力监管条例》等法律法规，违反“三指定”规定的，侵犯用户的自由选择权，妨碍其他主体的公平竞争。

对策建议：提高员工法律意识，加强对“三指定”行为违法性和社会危害性的认识，进一步规范关联企业承揽用户受电工程行为。

5. 因供电设备致使用户或第三方财产、人身伤害的风险

法律合规风险及成因：由于部分居民小区、专线客户等资产移交接收存在困难，导致产权关系不清晰，供电设施和受电设施运维混乱，抢修责任不明确，给供电设施和受电设施运维责任承担带来法律风险。

法律法规政策分析：根据我国法律法规的规定，供电设施的运行维护管理范围，按产权归属确定，产权归属于谁，谁就承担其拥有的供电设施上发生事故引起的法律责任。产权归属是电力设施设备维护管理的基础，供电企业对不属于自己产权范围内的设施设备没有运维义务。

对策建议：对于居民小区、专线客户的资产，应以是否移交、签订协议，并结合《电力法》《民法典》的相关规定来明确各自的权责。

二、需要国家立法和政府统筹协调的重大问题

（一）优化营商环境相关法规、政策与现行《供电营业规则》之间的冲突

随着中央及各地方优化营商环境法律法规的出台，在用电申请流程、申报资料等方面都推行了新的改革举措，而《供电营业规则》内容与优化营商环境新的改革举措存在诸多不一致。造成不一致的主要原因是《供电营业规则》是1996年制定的，其内容已经明显不能适应新的经济社会发展。新的政策法规与《供电营业规则》内容上的矛盾和冲突导致供电企业在执行层面的不一致，需要从立法上对《供电营业规则》进行修订，适应新的经济环境和电力行业发展需求。

（二）从法律层面明确住宅小区分户计量表前设施设备建设、运维和管理责任

近年来全国多地陆续出现住宅小区表前电力设备引发民事纠纷。住宅小区表前电力管线、设施权属维护责任不协调、不清晰是造成以上问题的根本原因。

《四川省物业管理条例》规定，“尚未实现水、电、气等计量装置专有部分一户一表分户计量的老旧小区（院落），业主、物业使用人、物业服务人和专业经营单位应当配合地方人民政府采取措施逐步改造，实现分户计量。”但对整改资金来源予以模糊处理；同时规定新建住宅物业管理区域内的供电等设施设备，“由专业经营单位组织具有资质的单位安装施工”，“所需费用由建设单位承担”，但缺乏配套政策支撑。为解决住宅小区表前电力管线、设施权属维护责任不清的矛盾，建议呼吁从立法上修改完善地方性物业管理条例及配套政策，明确产权归属和维修养护责任、维修养护资金来源等内容。

三、公司应对措施及建议

（一）内部应采取的措施

一是发布供电合规风险防范提示书，组织相关专业人员学习了解优化供电营商环境下可能存在的合规风险及防范措施，强化风险防范意识。

二是梳理公司现行规章制度和管理要求中与现有要求之间不相适应的地方，及时进行修编及完善。

三是建立完善优化营商环境下的供电合规风险防范机制，包括但不限于梳理公司需依法告知事项，并做到一次性告知；梳理公司对外所作出的各种承诺，甄判是否能够履行承诺，并在对外公告中谨慎承诺；进一步完善电子合同的签订模板及签订手续等。

四是大力加强供电服务人员的合规培训，特别是针对发策、设备、营销、调控等专业人员，大力开展供电合规培训，强化员工合规意识。

（二）需协调外部采取的措施

一是积极推动立法，配合国家电网公司推动修订《供电营业规则》；将明确住宅小区分户计量表前设施设备建设、运维和管理责任、用电检查等内容纳入立法建议。

二是协调建立用电人制度。随着《民法典》关于自然人、法人和组织新规则实施，电网企业需要进一步思考哪些主体成为供用电合同的签约人，哪些人才可以成为用电人，哪些主体才有权申请办电。

三是参照行政许可建立办电受理机制、告知和一次性告知、客户承诺、自建受电和用电工程责任自担和并联审批机制。

四是对需要行政审批的规划许可、施工许可、临时占用绿地许可、占用道路挖掘许可等，在行政机关并联审批的同时，还应在供电企业内分段计时，分步优化，分开统计。

五是积极协调政务专网尽快与供电企业内网实现互联互通，努力实现申请材料共享，业务协同驱动，增强客户“获得电力”感知。

六是积极争取政策支持，包括明确供电企业处理业扩配套工程的合理时限，以及对确因客户原因放弃供电企业投资配套且自愿投资配套的情况明确权责。

七是积极促成相关政府部门制定统一技术规范、通用业务标准和数据标准，避免处置权责不清、界限不明、标准不一带来的争议和矛盾。

电网企业主要业务领域合规体系建设探索与研究

国网吉林省电力有限公司

◆成果简介◆

随着华为、中兴事件的暴发，国家层面、国家电网公司层面均高度重视合规建设，国网吉林省电力有限公司（简称公司）以本项目为依托，全面开展合规管理体系建设工作。

一是加强组织领导，成立由公司主要负责人任主任的合规委员会，全面负责公司合规管理工作。成立合规课题研究组，深入开展合规管理研究工作。二是强化战略统领，明确公司合规管理体系必须具备开放型、融合型、智能型特征，以常态化、智能化为实现路径，合规管理理论水平全面提升。三是编制合规清单，厘清“规业”职责界面，明晰合规管理“三道防线”职责，编制电网建设、运检、营销合规清单、重大决策合规审核清单，各岗位合规管理职责进一步明确。四是坚持制度统领，印发《国网吉林省电力有限公司合规管理实施细则》、员工合规承诺书，员工合规意识明显增强。五是打造智能工具，优化合同合规管理系统功能，防范合同法律风险；联合运检专业开发输配电线路巡检智能助手，实现法律风险防控和证据留存功能，合规管理信息化水平不断提升。六是开展合规实践，以《保障中小企业款项支付条例》等法规颁布实施为契机，开展法律合规风险排查和评估，营商环境持续优化，公司运行合规风险全面降低。

一、前言

国网吉林省电力有限公司（简称公司）是国家电网有限公司的全资子公司，以经营、管理、建设电网为主营业务。公司本部设置20个职能部门并设置工会、企协分会，省公司层面业务支撑和实施机构10家，直属单位5家，地市供电公司9家，县公司49家。截至2019年末，公司资产总额483.54亿元，资产负债率59.66%，售电量618.85亿千瓦时。现有500千伏变电站17座，变电容量2685.5万千伏安，输电线路5404.92千米；220千伏变电站95座，变电容量2538.5万千伏安，输电线路12691.76千米。66千伏变电站912座，变电容量2413.039万千伏安，输电线路19291.656千米。经过多年建设，吉林省500千伏电网已形成以合心、包家、东丰、梨树为支撑的两横两纵“井”字形电网结构，“北电南送、东西互济”的能力得到大幅提高；各地区220千伏电网以500千伏变电站为依托形成环网结构，长春、吉林、延边已经形成城市双环网。

近年来，随着华为、中兴事件的爆发，国家层面、国家电网公司层面均高度重视企业合规建设，国务院国资委出台《中央企业合规管理办法》、国家电网公司出台《国家电网有限公司合规管理办法》，辛保安董事长指出“要扎实开展好‘合规管理提升年’行动，深化新型规章制度体系建设，健全完善‘以案促管’长效机制，培养锻造高素质法治队伍，筑牢守好风险防范堤坝，全面推进公司各方面工作法治化，以高质量法治护航‘一体四翼’高质量发展”。国家和国家电网公司总部都将合规管理体系建设和法治企业建设提升到前所未有的高度，各项合规管理文件、指示精神为各级单位开展合规管理工作开拓了道路、指明了方向。公司紧跟法治建设和合规发展步伐，按照国家电网公司总部部署，以本项目为依托，积极推进合规管理体系建设工作。

本项目通过研究战略目标，明确合规建设方向；通过电网企业主要业务领域合规管理，探索合规建设路径；通过制定合规制度，固化合规管理成果；通过合规信息化建设，保证“规业”深入融合；通过合规实践应用，持续推进合规落地生根。

二、项目实施背景

（一）合规管理体系建设是落实国网战略的必然选择

国家电网公司确定了建设具有中国特色国际领先的能源互联网企业的战略目标。中国特色要求我们结合企业实际，探索建立起适合电网企业业务特点的合规管理体系；国际领先的战略追求，首先要实现包括合规管理在内的企业治理领先，迫切需要通过全流程、常态化的合规管理，为增强国家电网有限公司的软实力奠基；建设能源互联网企业的过程中，各种新技术、新产业、新业态、新模式将不断涌现，必将伴生各类法律和合规风险，需要同步构建完善的合规管理体系进行防控和应对，为战略落地实施保驾护航。

（二）合规管理体系建设是适应外部监管、深化电力体制改革的有效途径

电网企业作为关系国民经济命脉和国家能源安全的国有重点骨干企业，因

其自然垄断特性，外部监管一直趋向强化和细化。同时，作为公用事业型企业，公司负有切实服务地方经济发展、保障和改善民生、为用户提供优质的服务、不断优化和改善营商环境的责任和使命。国内经济“新常态”下的电力体制改革、能源互联网战略的不断深化为电网企业的发展带来了新机遇、新挑战，同时也对电网企业的合规管理提出了新要求、新期待。因此，无论是为对外满足国家政策监管要求、履行社会责任、提供优质服务、防范合规风险，还是为对内强化制度约束、促进员工履职尽责、提高企业运行质效，均要求公司建立起符合自身运营特点的合规管理体系。

（三）合规管理体系建设是优化营商环境，坚持依法治企、合规运行的内在要求

国家陆续出台了《保障农民工工资支付条例》《保障中小企业款项支付条例》等保障弱势群体利益，优化和改善营商环境法律法规，对大型企业按时支付农民工工资、及时履行对中小企业相关款项支付义务等提出更严格的监管要求。电网企业作为大型企业的代表，是我国全面参与国际竞争的主力军和国家队，必须主动适应监管要求的变化，坚持依法经营、合规管理，按时履行好农民工工资及中小企业款项支付义务，积极履行社会责任，才能充分彰显国家电网“大国重器”和“顶梁柱”作用。

公司已经印发实施了《国网吉林省电力有限公司合规管理实施细则》构建了合规管理“三道防线”，但合规管理是跨系统、跨层级、跨业务领域的系统性工程，对员工来说合规管理中“三道防线”各自的职责还不明确，职责界面划分还不清晰，合规要求还未具体到每个岗位，一线员工对合规管理干什么、怎么干、依据什么标准干仍不甚清晰，导致企业和员工虽十分认同合规管理理念，却没有路径落地实施。为此，公司成立课题组，探索符合电网企业主要专业合规管理体系建设道路，为推动国网战略落地生根、开花结果探索吉林经验。

三、成果内涵及主要做法

成果内涵：

本项目以电网企业主要业务领域合规体系建设为题，以服务建设具有中国特色国际领先的能源互联网企业为目标，以电网企业主要专业领域合规管理为切入点，探索合规与专业管理有机融合、相互促进的常态化、信息化实现路径，进一步提升公司竞争力和企业软实力，彰显国家电网有限公司法治央企“排头兵”的良好形象。

本项目以电网建设、设备管理、市场营销等主要专业领域为重点，以审查清单、审核清单为依托，全面梳理电网企业主要业务领域工作流程和关键环节；科学设定合规审查和合规审核的划分标准，明确专业管理部门和合规管理部门的职责界面；厘清合规审查和合规审核重点任务（干什么）、实现手段（怎么干）、判断标准（干成什么样），并将合规清单落实到日常工作关键环节，固化到信息系统，建立常态化、流程化、信息化的合规管理体系，并形成可复制、可推广的电网企业合规管理体系，保障企业依法合规运行，促进企业高质量发展。

主要做法：

（一）加强组织领导，建立常态工作协调机制

1. 成立合规委员会

公司设立合规管理委员会，合规管理委员会主任由董事长和总经理担任，全面负责公司合规管理工作。

经公司合规委员会的同意，公司成立合规课题研究领导小组，负责项目总体策划，明确课题研究的基本思路和方向，协调解决研讨项目中的重大问题，按项目时间节点监督检查工作进展情况，及时纠偏，确保项目达到预期成果。

合规委员会的成立，课题研究领导小组的组建，保证了合规工作的顺利开展，为公司全面依法合规奠定了基础，为课题的持续推进提供了保障。

2. 制定工作方案，建立协调机制

（1）编制《电网企业主要专业领域合规管理体系建设探索与实践实施方案》，明确工作目标与工作思路，确定进度计划及时间节点。

（2）建立课题研究协调推进机制。建立周工作清单制，每周五总结一周工作，部署下周工作，形成周工作清单；定期召开工作推进视频会议，每月 23 日召开月度工作会议，撰写月度总结工作报告；建立常态沟通联络机制，建立微信工作群、即时通工作群等，小问题、急问题在群里随时沟通解决，快速高效推进项目进展。

项目实施方案的编制和确定，明确了项目目标和时间节点，保证了项目研究成果的质量和进度。

（二）强化战略统领，探索合规管理发展方向

深入研究具有中国特色国际领先的能源互联网企业的战略目标，能源互联网企业具有新技术广泛应用、新业态不断涌现、新产业快速发展、新模式逐渐完善等显著特点。符合战略目标要求的合规管理体系，必须呼应上述特点，具备以下特征：

1. 开放型，适应“规业”快速变化

面对百年未有之大变局，国家提出的新基建、内外双循环、5G 建设等新发展理念，社会经济发展呈现出愈加明显的外向型特征，为能源互联网建设带来了新机遇，也为合规管理带来了新挑战。一方面中国特色国际领先的能源互联网建设过程中，公司必须适应外向型经济发展环境变化，顺应不断调整和变化的国内外政策、法律法规、监管政策、商业习惯，甚至是宗教信仰的约束，公司合规管理体系必须具备所有的规范的适应能力。另一方面能源互联网建设过程中公司拓展的新业务，都必须合规先行，这要求其合规管理体系必须具备对这些快速延展出的新业务的接纳能力。因此，能源互联网企业的合规管理体系必须具有开放型的特征，适应“规业”快速变化，能够适时将外部变化的规范内化为公司规章制度，用以约束企业和员工行为，形成随外部规范变化而动态优化内部制度的常态工作机制，确保合规管理体系的适应性和延展性。

2. 融合型，保证合规全面落地

合规融入业务，合规管理才有生命力。合规管理体系是企业生存发展的免疫系统，是保障专业业务更加安全有序的防火墙。合规管理体系的建立和完善将降低专业管理全过程各类风险，有效提升企业法律风险防控能力。一是需要把合规管理融入专业业务流程，使专业管理人员明确哪些业务必须合规、怎样做才算合规；二是合规管理需融入专业应用系统，用技术手段保证各项业务在合规框架内平稳有序开展；三是专业部门需要明确合规部门与其工作如何区分以及如何配合，明晰职责界面，防止合规管理主体缺位，避免相互推诿塞责。因此，能源互联网的合规管理体系必须具有鲜明的融合型特征，将合规要求固化融入业务管理全流程，实现对省、市、县各层级业务的全面覆盖，激发全员参与合规管理的积极性，实现全程、全面、全员合规，切实推动“三全五依”法治建设目标在公司全面落地生根、开花结果。

3. 智能型，满足未来发展需要

能源互联网建设过程中，必须充分利用现代信息技术和专家智库资源，打造与其发展需求相适应的智能化合规管理体系。一是合规规范需智能获取。能源互联网建设涉及各行各业、国内国外的规范众多且更新频繁，仅靠合规人员或专业人员整理工作量巨大且不能保证更新的及时性，必须依靠智能化手段实现规范智能获取，实现规范自动迭代更新，才能保证合规管理依据的实时性和有效性；二是发挥专家智库作用，精准解读合规管理新规则。外部规范只有及时转化为企业内部制度，实现制度、流程、标准、职责、考核一体化，才能约束企业组织和人员行为，达到规范落地的目的。而如何正确理解外部规范并将其快速转化为企业内部制度，就需要由公司内外、不同层级的政策、技术、合规专家组成的智库发挥作用，尤其是针对新技术、新产业、新业态、新模式的各项外部规范，有时必须借助外脑才能实现规范快速地正确理解、转化、落地；因此，能源互联网企业合规管理体系必须具备智能型特征，利用现代信息技术和专家智库，满足公司未来发展需要。

合规管理体系示意图如图 1 所示。

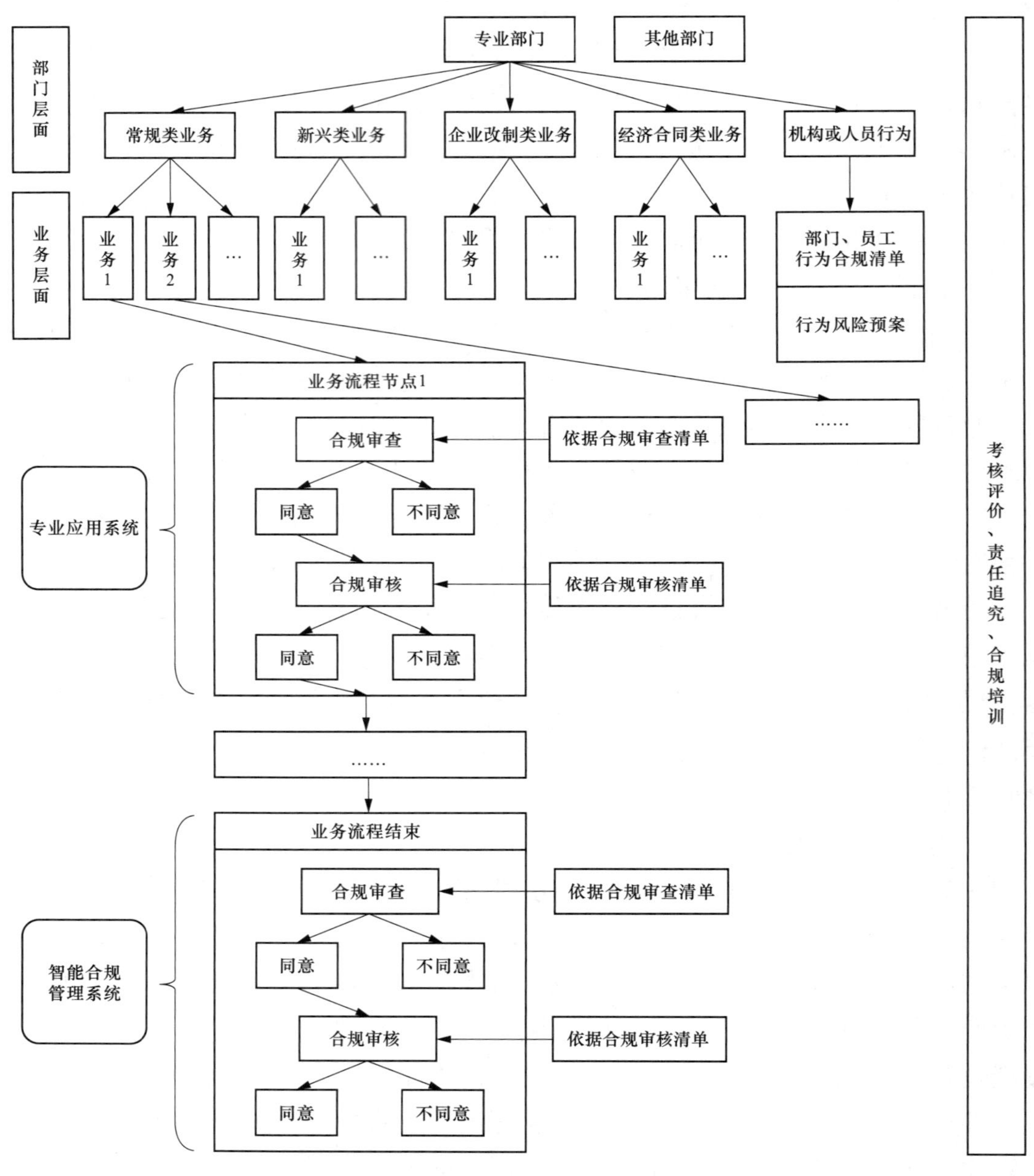

图 1 合规管理体系示意图

（三）编制合规清单，固化主要业务合规管理重点

1. 划分界面，明确职责

（1）厘清“规业”职责界面。以建设、运检、营销三个电网主要专业为单位梳理业务，形成独立清晰的业务模块，便于梳理业务流程，也便于未来企业发展业务模块的扩展。部门层面具体按照常规类、新兴类、企业改制类、经济合同类、机构或人员行为类五类进行业务划分，不同业务类别采用不同合规管理方式：新兴类业务（一般尚未出台相应的法律法规，因此合规重点在于其是否符合国家产业政策及监管要求）和企业改革改制类业务（政策性强、涉法问题多、程序性要求高），在专业部门完成合规审查后，均提交合规部门进行审核。经济合同和常规类业务，设定限额标准，超过限额的业务在专业合规审查后由合规部门进行审核，限额以下的业务由专业部门自行开展合规审查。组织或人员行为类合规管理，由专业部门制修订制度实现，合规部门参与制度制修订时的合规审核，不参与日常合规管理。

分类管控模式的确定，为业务部门和合规归口部门各司其职、各负其责，高效推进合规体系建设工作奠定了坚实基础，保证了合规管理工作的顺利开展。

（2）落实合规管理“三道防线”职责。在各专业部门完全梳理业务、业务分类清楚、“规业”职责界面清晰的基础上，进一步依据各业务模块中的业务流程，明确各业务流程节点对应的各岗位合规具体职责。首先，明确专业人员合规职责。梳理各业务流程节点中专业人员的合规审查内容要求、程序要求、合规标准依据、合规风险及防控措施以及是否需合规人员审核，形成专业审查清单，构筑专业“第一道防线”。其次，明确合规审核人员职责。确定各类需开展合规审核业务中合规审核要点、材料要求、合规标准依据、合规风险及控制措施，形成合规审核清单；针对国家政策、法律法规等明令禁止和可能引起公司重大违规的事件，形成合规否决清单，构筑合规“第二道防线”。最后，审计、监察等专业对合规管理全过程监督，构筑监督“第三道防线”。做到合规工作同专业工作同布置、同推进、同落实、同考核，实现“规业”深度融合。

2. 编制合规审查清单，发挥专业合规“第一道防线”作用

为固化课题研究成果，充分发挥法律和专业管理人员合规管理智慧，研究编制合规审查清单模板。合规审查清单由专业部门填写，法律部门按照合规规定进行修正审核，专业部门进行复核后确定清单内容。已形成电网建设专业、运检专业、营销专业合规审查清单。

课题组已经编制完成电网建设专业合规审查清单（部分截图见图2），包含

建设工程项目全流程 43 个关键业务节点合规内容。

2020年度专业管理合规审查事项清单（建设专业）

序号	部门名称	业务名称	业务类别	业务节点	合规审查的内容要求	国网合规风险库	合规审查的依据或判断标准（保证全，专业在办理该节点业务时，确实是依据该办法）	是否借助信息系统（如有请写系统名称）	合规审查后痕迹资料	本节点存在的常见合规风险	常见合规风险防控措施	业务负责岗位（合规审查负责人）	本节点审查流程	是否需要合规归口部门审核
项目前期阶段														
1	建设部	项目前期	常规类业务	可研、设计招标	工作内容： 1. 编制上报设计招标申请需求；参与招标文件编制及审查； 2. 合同及安全协议签订； 3. 依法必须进行勘察设计招标的工程建设项目，在招标时应当具备下列条件： （一）招标人已经依法成立； （二）按照国家有关规定需要履行项目审批、核准或者备案手续的，已经审批、核准或者备案； （三）勘察设计有相应资金或者资金来源已经落实； （四）所必需的勘察设计基础资料已经收集完成； （五）法律法规规定的其他条件。 合规关注点： 1. 可研批复后、初设评审前，开展设计招标。 1. 合理设定勘察、设计单位资质、业绩要求，注意审查电力专项资质。 2. 招标时合同文本选用正确。 3. 勘察、设计、监理等服务的采购，单项合同估算价在100万元人民币以上的依法必须必须招标。 4. 在中标后，30日内签订合同。 5. 在勘察、设计合同中明确约定，设计单位要采用无人机航拍等方式进行实地踏查，确保设计深度，如因勘察设计瑕疵（例如线路高度设计不足引发纠纷问题）导致线路建设或者运行期给他人造成损害的，应由勘察、设计人承担赔偿责任。 6. 建议建设单位委托设计单位开展前期林木跨越补偿工作，将设计与前期协商补偿等工作挂钩，建立起责任关联机制，激励约束设计单位履职尽责，避免发生因设计工作不到位导致后期协商补偿工作难以开展的局面。		1. 《中华人民共和国合同法》 2. 《中华人民共和国招标投标法》 3. 《国家电网公司招标活动法律保障工作管理办法》 4. 《国家电网有限公司输变电工程设计施工监理招标集中管理办法》 5. 《国家电网公司输变电工程设计、施工、监理招标集中管理规定（试行）》 6. 《工程建设项目勘察设计招标投标办法》 7. 《建设工程勘察设计管理条例》 8. 《吉林省建设工程勘察设计管理条例》	ERP系统	可研批复文件、招标文件、投标文件、勘测、设计中标通知书、勘查合同、设计合同。	1. 勘察设计必须招标的勘察、设计、施工、监理等项目化整为零或者以其他任何方式规避招标，可能受到责令限期改正、处以罚款、暂停项目执行等行政处罚。 2. 未在规定时间内签订合同（30日），国网公司考核扣减关单位。 3. 以审批勘察设计费、增加工作量、缩短勘察设计周期等作为竞合中标条件的条件，与中标人订立背离合同实质性内容的其他协议，可能受到责令改正和处以中标项目金额千分之五以上千分之十以下的罚款。 4. 勘察设计业务委托给不具备相应资质等级单位的，处以十万元以上三十万元以下罚款。 5. 施工图未经审查或者审查不合格，擅自施工的，处以二十万元以上五十万元以下罚款。 6. 修改经审查合格的施工图中涉及公共利益、公众安全和工程建设强制性标准的内容后，未送原审查机构重新审查，擅自施工的，责令限期改正；逾期不改正的，处以十万元以上三十万元以下罚款。 7. 未将施工图审查机构出具的审查合格书报送市（州）住房和城乡建设主管部门备案的，责令限期改正；逾期不备案的，处以一万元以上三万元以下罚款。 8. 使用未经审查或者审查不合格的施工图的，处以二十万元以上五十万元以下罚款。	1. 满足相应条件后再行招标，避免承担责任；可研批复前，不得开展设计招标；项目核准、初设批复之前，不得安排物资采购预算施工招标；应当有进行招标项目的相应资金或者资金来源已经落实。 2. 严格执行招投标法的相关规定，不得违法拆分工程项目合同。 3. 标段划分要有合理依据，严禁通过划分标段的方式规避招标。 4. 全程跟踪合同签订工作，避免在本公司内流程中超期。 5. 严格审查合同文本，避免实际订立的合同实质性背离招标文件。 6. 严格审查建设工程勘察、设计单位的勘察、设计资质等级。	省公司发展部项目前期专责，项目管理部协调专责	省公司发展部负责、项目管理部协调专责	不需要

图 2　电网建设专业合规审查清单（部分截图）

在运检专业选取工程移交、验收管理 1 项主要业务，按电压等级细化分为输电工程移交验收、变电工程移交验收、配电工程移交验收，形成合规审查清单，为运检专业后续拓展其他节点合规内容提供示例。

市场营销专业合规审查清单包含营销全部 10 类业务合规内容（部分内容见图 3）。

3. 编制合规审核清单，发挥合规管理“第二道防线”作用

全面甄别公司 2016 至 2020 年 842 议题，细化《国家电网公司重大决策合法合规性审核实施办法》的重大决策事项为 76 个具体事项。保证重大决策应审必审、依法合规，全面发挥合规管理“第二道防线”作用。

4. 明确合规监督职责，发挥合规管理“第三道防线”作用

明确审计、安监、纪检、巡察、财务等相关职能部门，是公司合规管理监督部门，对业务部门合规管理进行专业监督，是合规管理的“第三道防线”。合规归口管理部门会同审计、安监、纪检、巡察、财务细化各自职责，制定合规底线清单，切实发挥“事后监管”部门对专业管理合规风险防范作用。

（四）坚持制度统领，构建合规管理常态长效机制

1. 印发合规管理细则

公司总结归纳合规体系建设试点工作经验，经合规管理委员会和党委会审议通过，正式印发《国网吉林省电力有限公司合规管理实施细则》（以下简称“实施细则”），共六章五十五条内容，为公司合规体系建设提供基本遵循。《实

施细则》重点在四个方面做出突破：一是明确业务部门针对外部规则变化情况，及时开展合规风险识别、评估、预警、应对，动态修编专业合规审查清单的职责。二是厘清业务部门和合规归口部门职责界面，从新兴业务和涉及企业改革改制类事项、经济合同等重要经营业务、对机构或人员行为的合规管理三个维度，确定各自不同审查或审核职责，确保业务部门和合规管理部门各司其职、各负其责，共同推进合规体系建设。三是设立违规事项举报奖励制度，为进一步增强干部员工参与合规管理的主动性、积极性创造有利条件。四是突出合规文化培养，强调业务部门应做好专业领域范围内的合规文化建设工作，规定各业务部门在制度制定和执行、工作任务部署和落实过程中，强化合规理念引领，培养合规管理工作习惯，推动合规文化融入专业管理、班组建设和员工行为。

2. 全员签订合规承诺书

为全面加强合规管理，建设合规文化，让合规理念深入员工心中，营造全员合规的良好氛围，编制《国网吉林省电力有限公司员工合规承诺书》，并组织全员签订。该合规承诺书共八条三百字，言简意赅、简单明了地概括合规管理对各级干部员工日常行为的基本要求，推动合规理念内化于心、外化于行。合规承诺书一式二份，本单位合规管理部门和承诺人各留存一份，2023 年，公司各级各类人员 22500 人完成承诺书签订。

3. 分专业开展培训

将合规管理作为年度培训重点内容，纳入年度培训计划。发挥专业部门在合规管理中“第一道防线”作用，精准把握本专业合规管理重点，明确合规管理的程序和内容要点，以合规风险识别、评估防控为基础，编制合规培训课件和合规试题，开展有针对性的合规培训，让员工深刻认识合规对企业发展、员工成长的意义，推动实现从要我合规到我要合规的转变。编制完成包括企业合规管理体系建设热点问题与操作实务、反垄断合规培训、网络安全与数据合规义务等十余份合规培训课件。

4. 全面开展考核评价

为保证合规管理职责落实到岗、措施落实到人，公司全面加强对合规管理的考核评价。首先，将合规经营管理情况作为对各部门、各单位企业负责人的业绩考核指标，发布《国网吉林省电力有限公司关于下达 2023 年度各单位企业负责人业绩考核指标体系的通知》（吉电人资〔2022〕933 号）。其次，建立实施合规评价制度，对员工及各单位合规履职情况进行评价，其结果作为员工考核、

2020 年度专业管理合规审查事项清单（营销部）

业务名称	业务类别	合规审查的内容要求	合规审查后痕迹资料	本节点存在的常见合规风险	常见合规风险防控措施	本业务节点衔接单位—部门—岗位	业务负责岗位（合规审查负责人）
供用电合同管理	常规类业务	供用电合同签订	供用电合同	供用电合同文本不规范，存在他人代签等，引起法律纠纷	按照规定范本签订供用电合同，电话回访客户是否是本人签订的合同	各单位合同专责	营销部合同专责
营销项目管理	常规类业务	业务流程节点 1 项目可研编制并进行评审、批复	营销项目可研、审查意见、批复	未按规定进行相关工作，造成在审计检查中资料缺失	按照相关要求进行项目建议书、可行性研究报告的编制，组织相关单位进行评审	省公司及各单位营销项目管理	营销部合同专责
		按时编制初设并进行评审（按照每年项目储备的时间节点前完成评审、批复）	营销项目初设、审查意见、批复	未按规定进行相关工作，造成在审计检查中资料缺失	按照相关要求对初审组织相关单位进行评审，并进行批复	各单位营销项目管理	营销部合同专责
		项目投资计划下达后，按照临近的物资批次进行招标申请	中标通知书、ERP 系统记录	未按照规定进行招投标，存在风险	按照规定进行招标，做到应招必招	各单位营销项目管理	营销部合同专责
		按照中标通知书确定金额签订合同，合同范本需要使用经法系统中统一范本	系统记录和纸质合同	未按照系统范本签订合同，在存在法律纠纷的情况下，存在法律风险	按照系统相关范本签订合同	各单位营销项目管理	营销部合同专责
		按照要求开展相关工作（按照实际结算的费用和合同要求进行付款、资料归档）	相关归档资料	资料归档不规范，存在审计风险	按照规定对相关资料进行整理和归档	各单位营销项目管理	营销部合同专责

图 3　营销专业合规审查清单

干部任用、单位评先等工作的重要依据。再次，严肃考核追责。对各部门、各单位在职责范围内，违反国家法律法规、行业监管要求、专业管理规章制度并造成较大不利影响的，由公司合规管理委员会办公室会同业务部门提出考核意见建议，提交公司进行严肃考核。

（五）推进功能升级，打造智能化合规与业务融合媒介

1. 优化合同合规管理系统功能

为有效解决公司无预算签订合同、补签倒签合同、不按约定履行、协助执行质效低等顽疾，彻底解决制约合同管理水平进一步提升的瓶颈问题，有效防范合同法律风险，公司按照“无决策不预算，无预算不合同，无合同不履行，无合约不支付”的合规管理理念，以经法系统与物资管控、财务管控等相应系统信息优化集成为突破口，采取“人防加技防”的手段，打通了合同管理数据壁垒，消除了合同信息孤岛，全面强化合同订立前（订立依据、合同起草）、订立中（合同审核和生效）、订立后（合同履行）三个阶段的信息化、流程化管控。促进公司全业务融合、全流程贯通，实现合同合规管理全流程覆盖。

经法系统功能升级实现了 9 大功能，全面提升合同合规管理能力。一是设置支付比例功能，助力资金精准调度安排；二是设置预算校验功能，避免无（超）预算签订合同；三是设置预算比对功能，确保框架协议不超预算；四是实现合同对方信息同源管理，经法系统合同对方统一由 MDM 系统集成而来，确保支付准确；五是设置支付条件推送功能，强化资金支付管控；六是设置合同信息库功能，将 32 项合同关键字段信息推送至 ERP 财务，实现合同信息集成共享；七是设置履行信息实时回传功能，实现履约监督；八是开发协助执行功能，提升执行质效；九是开发合同证据留存功能，提升违约抗辩能力。

2. 研发输配电线路巡检智能助手

联合运检专业（设备部）开发输配电线路巡检智能助手（见图 4），在满足专业部门智能巡视、隐患缺陷整改、综合展示分析、掌上培训业务等需求基础上，同步实现法律风险防控和证据留存功能，全面实现业法融合和常态合规。巡视人员根据 GPS 定位设备，逐项排查管辖设备法律风险点，系统自动分拣并制定整改计划，整改后拍照留存形成闭环。巡视人员在法律风险事件现场按语音提示采集证据，并动态同步到具有法定证据留存资质的机构，确保电子证据的法律效力。系统自动统计分析法律风险隐患的排查和整改数据，结合法律风险事件发生情况，为开展法律风险治理考核工作提供数据支撑。

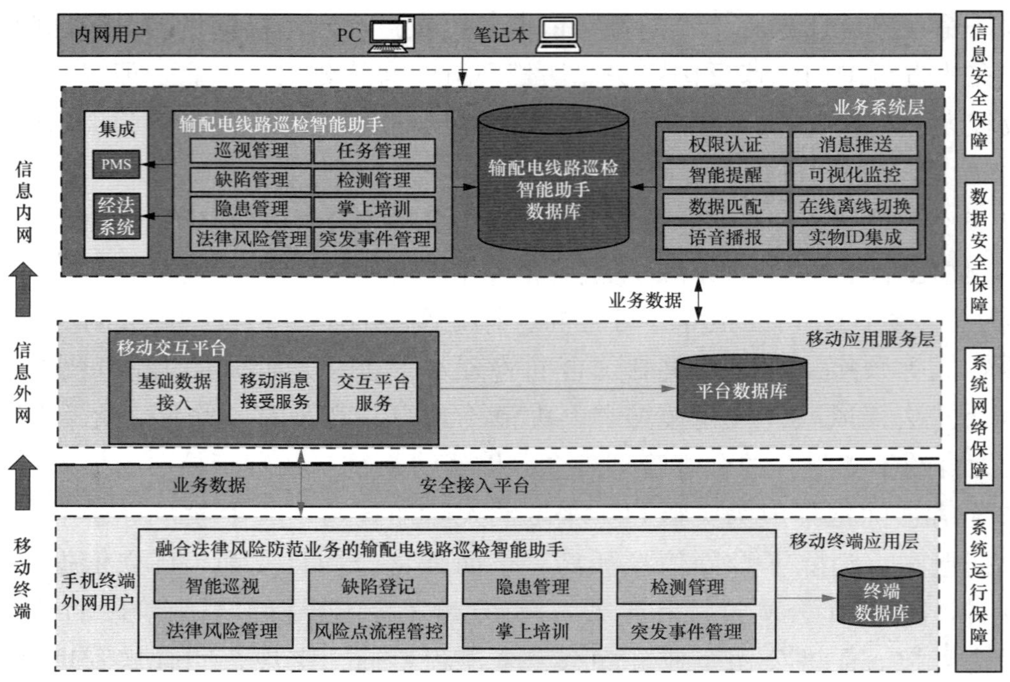

图 4　输配电线路巡检智能助手技术路线

3. 合规管理嵌入吉林施工现场智慧物联管理平台

积极参与建设专业吉林施工现场智慧物联管理平台（见图 5）建设工作，将合规管理嵌入专业管理系统，通过端、边、云技术协同应用，实现现场物联系统设备的标准化、集成化、体系化、工业化、无线化，构建基建作业物联生态圈，改变原始信息获取方式，把管理人员和现场作业人员从繁重的传统管理方法中解脱出来，实现工程数据信息获取自动化、专业管理智能化，全面提升现场全场景信息感知和施工管控能力，保证工程建设过程中涉及的大量管理规范，在现场作业执行过程中得到有效落地实施，减少建设过程违规事件发生。

（六）开展合规实践，推动研究成果深度转化、常态应用

以《保障中小企业款项支付条例》（以下简称《条例》）颁布实施为契机，以开展合同法律合规风险排查和评估为手段，多措并举，持续强化合同合规管理，助力优化营商环境。一是客观分析研判《条例》对公司的影响，提出规范专业管理和优化业务流程的意见和建议，调整和优化内部管理模式和工作机制，精细落实条例要求。二是召开《保障中小企业款项支付条例》学习宣贯研讨会，各业务部门从专业出发，查摆《条例》实施对专业管理带来的影响，研究制定落实举措。会议印发专题纪要，明确在招标文件中规定潜在投标人是中小企业的，应提供属于中小企业的证明文件；对拟采用商业汇票等非现金方式支付款项的，应在招标文件中规定结算方式包括转账支付、票据支付，规范约定

非现金支付比例。会议强调，合同签订时如对方为中小企业的，各级单位合同承办部门和承办人应要求其提供属于中小企业的证明文件，作为订立依据。三是组织各承办部门认真开展履行中合同与《条例》符合性核查，共计核查《条例》实施后仍在履行中的合同10344份，协调处理与《条例》要求不一致的合同内容，最大限度保障履行中合同涉及的中小企业的合法权益。四是根据《条例》要求，组织开展统一合同文本相关条款的修订，提出合同条款修改建议40项，全面规范付款期限、非现金方式支付以及保证金收取等条款约定，将《条例》要求全面纳入合同特别约定，确保统一合同文本规范使用的同时严格落实《条例》相关要求。五是开展合规评估。结合《条例》实施，组织公司本部、各市县公司、支撑直属单位以及省管产业单位等共计86家单位开展合同法律合规风险评估，评估专业管理相关法律合规风险发生的可能性和影响程度，提出强化合同规范管理的意见建议，不断提升公司合规管理水平。

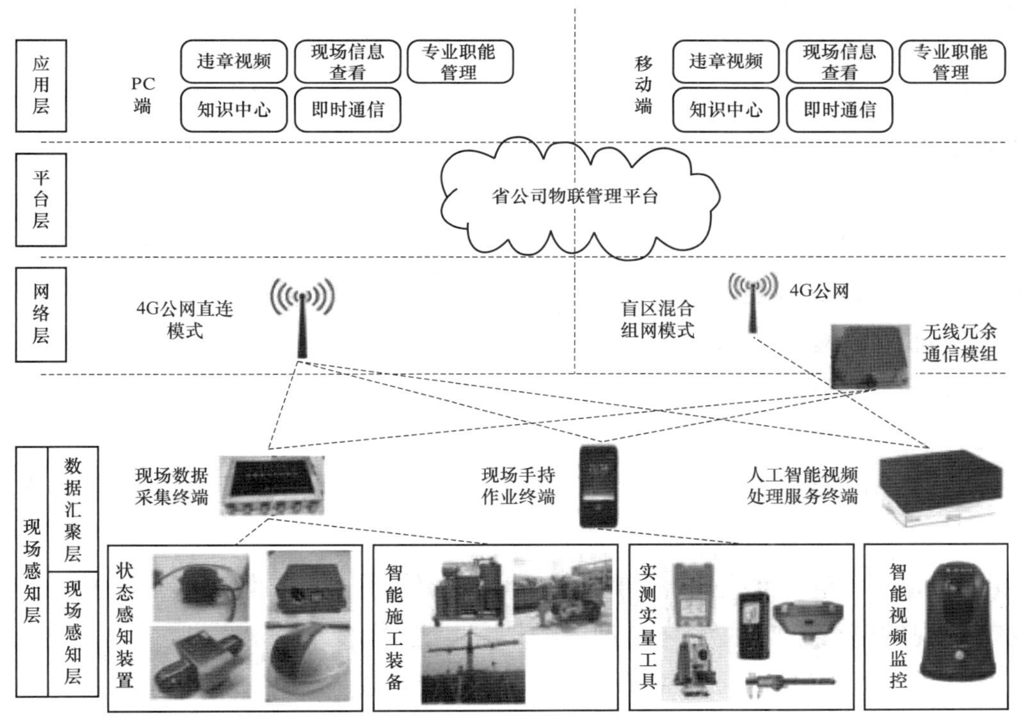

图5　吉林施工现场智慧物联管理平台架构图

四、实施效果

通过本项目实施电网企业主要业务领域合规体系建设的思路和方向更加清晰，经营管理风险显著降低，专业部门合规管理职责得以固化落实，为培树全员合规理念、营造浓厚合规文化创造了有利条件。

（一）落实国网战略，合规发展方向逐渐明确

通过深入研究建设具有中国特色国际领先的能源互联网企业战略目标，结合能源互联网企业新技术、新产业、新业态、新模式特点，明确电网企业合规管理体系应具有开放型、融合型、智能型特征，并以常态化、智能化为实现路径。明确电网企业主要业务领域合规体系建设要因应新特征，着重在常态化、智能化实现路径上下大力气、做真功夫，全面提升电网企业主要专业领域合规管理水平。

（二）强化合规管理，公司经营风险显著降低

法律风险事件和法律纠纷案件发生情况是公司经营风险的晴雨表，是衡量企业经营管理风险的最直接、最客观的指标。随着本项目研究的深入和成果的常态应用，公司经营管理的合规风险显著降低。

（三）合规管理常态化，专业合规水平显著提升

项目以科学划分业务部门和合规归口部门职责界面为切入点，全面梳理合规审查和合规审核的工作内容，确保合规审查和合规审核各司其职、各负其责、衔接流畅。建设、运检、营销等主要专业以编制实施合规审查清单为载体，全面理清本专业业务领域合规管理的关键节点，明确了各业务模块合规审查重点任务（审什么）、实现手段（怎么审）、判断标准（什么样审通过）、负责人（谁负责谁来审），保证了每一项工作有理有据。自合规审查清单编制、实施以来，各专业未发生相关业务违规事件，充分发挥了合规管理“第一道防线”作用。合规归口部门以编制实施合规审核清单为依托，明确了哪些业务必须经过合规审核，保证合规事项应审必审，进一步理清合规审核的核心内容，确保审核内容全面、程序完整。发布《国网吉林省电力有限公司合规管理实施细则》，确定了合规职责、审核流程等事项，全面规定了合规管理相关事项，为合规体系建设提供了根本遵循。通过组织专业合规培训并全员签订合规承诺书，员工合规意识明显增强，遇事找法、办事依法的习惯不断强化，推动实现从要我合规、到我要合规的转变，人人参与合规的浓厚氛围逐渐形成。

（四）合规管理信息化，业法融合水平不断提高

合同合规系统上线运行以来，系统运行顺畅，根据系统功能优化提升情况，公司修订完善了合同管理制度及相应的财务管理等制度，并系统地开展了应用培训。自各项功能上线以来，杜绝无预算或超预算签订合同、补签倒签合同、不按合同约定付款等常见合同不规范问题，各项功能成效良好，有效保障了合同合规履行，全面减少了公司合同违规风险。通过一系列合同管理模块功能完善和创新，加之完善配套合同管理制度，公司合同合规管理要求深深嵌入了专

业管理链条中，强化了合同全过程、信息化管控，合同从源头防控法律风险、全面推动合规经营的功能得以充分激发，合同管理工作日益规范精益，初步实现了合同合规管理全覆盖。

输配电线路巡检智能助手已经进入实质编程研发阶段。输配电线路巡检智能助手的研发推广，可以及时排查出现场的法律风险源，推动专业部门按计划治理，达到线路巡检与风险排查、隐患整改与风险治理、事件处理与证据留存“三同时”。同步跟进精准考核问责措施，实现风险管控由事后处理向事前防范、事中控制转变，持续提升公司依法维权和合规风险防控能力。

持续推进合规管理融入建设专业吉林施工现场智慧物联管理平台系统，全面保证建设工程项目依法合规开展。

下一步，公司将通过实践不断拓展合规管理深度、广度，不断优化合规管理运行机制，适时扩大研究成果应用范围，为公司全面建成具有中国特色国际领先的能源互联网企业保驾护航。

应收账款法律风险防控机制研究

南瑞集团有限公司

【摘要】应收账款直接关系到企业生产经营效益和健康发展。防范应收账款法律风险，应当围绕事前预防、事中管控、事后应对三个方面，聚焦应收账款形成的主要业务环节，研究应收账款法律风险防范机制。应当事先审查客户、合同和回款条款，从源头上防范回款风险。应当加强合同履行管理，及时留存法律证据，依法行使合同抗辩权，做好合同执行和回款过程管控。应当采取多种法律催收方式，收集催收证据，分类施策、合理催收，增强催收回款成效。本研究通过分析具体实际案例，梳理应收账款的常见法律风险。列举常见催收手段，以案说法、以案释法，促进企业应收账款及时足额回款，确保企业资金安全，避免或降低发生呆账坏账风险，推动企业经营提质增效。

【关键词】应收账款；诉讼时效；风险防控。

一、应收账款概述

（一）应收账款的概念

应收账款是指企业在经营活动中因销售产品、实施工程、提供服务、出租资产等，应向对方收取的款项，主要包括销售货款、建设工程款、服务费、租金等类型。

广义上的应收账款，不仅包括合同一方已履行义务且满足合同付款条件的款项，还包括尚未履行但根据合同约定将来履行义务后有权收取的款项。例如，根据《民法典》第四百四十条规定，现有的和将有的应收账款均可作为质押担保。狭义上的应收账款，主要是指合同一方已履行义务且满足合同付款条件的款项。该类款项能否及时足额收回，直接影响企业经营。因此，本研究重点针对该类应收账款的风险防控，下文所称的应收账款均指狭义上的应收账款。

（二）应收账款的成因

应收账款由企业内部或外部多重原因形成，主要包括：一是企业迫于市场竞争压力，不得不对销售合同的回款时间、回款比例等做出让步，甚至垫付资金，导致增加回款风险。二是合同对方资信不良，主观故意拖欠，或因经营困难、资金紧张，无力按时付款，导致拖欠账款。三是合同履行出现争议纠纷，难以协商解决，长期搁置，形成长账龄应收账款。四是经营管理存在疏漏，未按约履行合同、未及时留存证据、未及时催款、未完成工作交接等内部管理问题，导致应收账款长期拖欠，甚至形成坏账，造成经济损失。

（三）应收账款的重要性

应收账款是企业的“蓄水池”，现金流是企业的“生命线”，应收账款管理好坏直接关系企业生死存亡。面对宏观经济增速放缓、市场竞争加剧、外部经营环境变化等新形势，必须加强应收账款管理，及时足额回款，确保资金安全，保障各项效益指标按时完成，促进企业经营提质增效。

二、应收账款风险防控机制

应收账款欠款金额高、回款难，是很多企业面临的问题。应收账款一旦成为“老难款”，回款难度大、坏账风险高。相比事后催收，加强事前预防和事中管控，效果更好、事半功倍。

在事前预防方面，应做到“三个查”：一是查客户，应在必要时对客户资信开展尽职调查。二是查合同，应完善合同条款，加强合同审核。三是查付款，应在必要时设置付款担保，从源头上防范回款风险。

在事中监管方面，应做到“五个必须”：一是必须加强合同履行管理，履行各环节都要“有人盯、有人管”，按时保质完成合同义务，这是回款的基本前提条件。二是必须及时留存履约证据，防止因交货、验收、投运等证据不足导致回款遇阻。三是必须依法行使合同抗辩权，当遇到合同异常情况时，可暂停履行合同、及时止损，防止损失持续扩大。四是必须加强票据审核管理，确保票据真实合法有效，防止票据无法承兑而导致坏账。五是必须做好合同资料归档，防止合同结算时因支撑材料不全导致无法足额回款。

（一）加强事前预防

1. 开展尽职调查，防范资信风险

对首次合作方，尤其是非国资控股企业，应开展必要的尽职调查和信用评估，可通过国家企业信用信息公示系统、中国执行信息公开网失信被执行人公布系统、中国裁判文书网、信用中国网站等途径，对合作方的背景情况、股东与经营者、所属行业、经营状况、财务状况等进行调查评估。重点审查合作方的主体资格和历史诉讼纠纷情况，核实是否具备相关经营资质，是否存在影响合同履行的民事纠纷、行政处罚、刑事案件等情形，审慎评估对方信用状况、履约能力。如果合作方存在经营异常、有失信记录等资信不良情况，可能导致回款困难的，应谨慎签约，必要时应要求对方提供担保。

【以案说法】Z公司在未核实客户企业资信的情况下，与J公司签订设备销售合同，共112万元。签约时，J公司经营情况已恶化，并涉及多个诉讼案件，企业资信情况不佳。而且，在J公司仅支付10%预付款的情况下，Z公司全部发货并完成安装调试，但J公司一直拖欠90%货款。2016年，Z公司起诉催款并胜诉，但J公司已无财产可供执行，合同欠款未能收回。

N公司与D公司签订节能改造项目合同，N公司负责投资并完成项目建设。但是，因D公司属于产能过剩行业，业务经营困难，企业资金不足，无力支付节能效益的合同款项，N公司被迫起诉催款。虽然法院判决N公司胜诉，但对方无财产可供执行，导致欠款未能追回。

2. 完善合同条款，加强合同审核

合同签约前应重点审核与付款有关的条款，如果相关条款内容缺失或约定模糊，应补充完善，避免日后争议。

（1）付款条款。

合同应明确约定付款条件、支付时间节点，避免因条款表述含糊不清导致回款受阻。付款条件一般应包括不同时间节点的支付比例、付款方式、付款申请资料等。其中，付款申请资料应符合实际情况，应是合同履行中能够形成的资料，防止对方以付款申请资料不全为由拒绝付款。

（2）付款审核时限。

合同应约定对方在收到付款申请及相关资料后，需于规定时限内完成审核并付款。如果逾期未完成审核的，视为同意付款。防止对方故意拖延审核时间，压占我方款项。对于分期付款的销售合同，如果对方拖欠未付的到期款项达到全部价款的20%，且经催告后在合理期限内仍拒绝支付的，我方有权要求对方支付全部价款或解除合同。

【以案说法】H公司与B公司签订设备销售合同，因付款条款仅笼统描述为“预付30%、投运65%、质保5%”，没有明确各阶段付款的具体时间和付款条件，导致双方对应付款的准确时间发生争议，始终未能达成一致，B公司始终拖欠部分货款，H公司被迫向法院起诉。

P公司与Z公司签订电力设备销售合同，付款条款为：“无预付款，无发货款，无到货款，货物经验收合格后支付90%验收款，10%质保金2年后支付。”该条款对卖方P公司不利，卖方需全部垫付生产资金并承担回款风险。在合同履行过程中，P公司完成全部交货义务，但Z公司以各种理由拖欠，未支付任何款项，P公司只能起诉对方催款。

（3）验收条款。

合同应明确约定验收标准、性能参数、技术指标等相关内容，并明确验收程序、验收方式，避免因验收争议导致回款遇阻。合同中还应明确约定，如果对方无正当理由不予验收的，应视为通过验收。防止对方故意不组织验收，拖延付款进度。

【以案说法】C公司与K公司签订变压器销售合同，合同条款没有详细约定变压器的导线材质，仅约定了变压器的规格型号。签约后，C公司交付铝制导线变压器，但K公司认为应当交付铜制导线变压器。双方反复协商未果，K公司拒绝支付大部分货款，C公司被迫起诉对方催款。在诉讼中，K公司反诉C公司交付的铝制变压器属于质量不合格。最终，法院判决K公司胜诉，C公司不仅未能收回货款，反而被判决返还已收的预付款，导致额外经济损失，并影响企业声誉。

（4）背靠背支付条款。

背靠背付款是指买方收到上游客户付款后才向卖方付款。我方与买方签订销售合同时，如果约定背靠背支付条款，会存在较大的回款风险，在实际业务中应尽量避免。如果不得不接受背靠背支付条款，应明确付款进度、最迟付款期限、迟延付款违约责任，防止因买方怠于向上游客户催款而导致我方申请付款无法满足合同条件。

【以案说法】G公司与D公司签订销售合同，为水电站改造项目提供电力设备。合同约定为背靠背付款，即D公司收到上游客户支付的项目验收款后，再向G公司支付设备验收款。在合同执行中，因水电站改造项目延期，长时间未能完成项目验收，D公司未收到上游客户支付的款项，导致G公司设备验收款被拖欠数年。

K公司与Y公司签订光伏组件采购合同，付款方式为背靠背付款，即K公司收到上游客户付款后，再向Y公司支付货款。但是，该背靠背条款对上家客户及具体项目的指向性不强、合同条款约定模糊，无法准确判断背靠背所“靠”的是哪一个主合同，导致双方产生争议。项目执行过程中，K公司以未收到上游客户支付款项为由拖欠货款，Y公司向法院起诉催款。但是，因背靠背条款约定模糊，最终K公司被迫与对方签订和解协议并支付货款。

（5）抵销条款。

如果合同双方互有买卖关系，可根据实际情况在合同中设置抵销条款，明确抵销权的行使方式。当双方相互拖欠到期债务时（包括其他合同项下的债务），可抵销欠款，变相完成应收账款回款。

【以案说法】B公司与T公司签订设备销售合同，合同约定了以下抵销条款："如果买卖双方互负到期金钱债务（包括本合同及双方其他合同下的债务），卖方可将自己的债务与买方的债务抵销。卖方主张抵销的，应通知买方。通知自到达买方时生效。"因此，如果卖方B公司与T公司在多个项目下同时有销售和采购关系的，可在销售合同中约定上述抵销条款。如果B公司的应收账款被T公司无理由拖欠，B公司可从应付账款中予以抵销。

（6）所有权保留条款。

我方在销售合同中可约定，如果对方未支付全部或大部分货款时，货物所有权仍属于我方。此时，只有当对方付清全部或大部分货款时，才能取得货物所有权。即使对方破产，货物仍归我方所有，不会作为破产财产，以利于降低应收账款风险。

（7）违约责任条款。

我方应在销售合同中约定对方拖欠货款的违约责任，如果对方迟延付款，应支付利息或违约金。如果拖延付款超过一定时限，我方有权中止合同。如果拖欠超过更长时限，我方有权终止合同，并追究对方违约责任。

3. 设置付款担保，增强回款保障

对于回款风险较高的合同，应要求对方提供有效担保。担保方式主要包括银行保函、第三方连带责任担保、不动产抵押、权利质押等。其中，见索即付的银行保函属于独立担保，保障力度最强，可优先选用。如果对方未履行合同义务，或履行义务不符合合同约定的，我方有权按照保函约定，直接向银行申请付款。如果对方母公司、股东、第三方单位或个人提供连带责任担保，应进行必要的尽职调查和信用评估，核实对方的财务状况能否承担担保责任，并在保证合同中明确约定连带担保责任、担保范围等。如果采用不动产抵押的，应及时办理抵押登记手续。如果不动产已被抵押给第三方，应评估该不动产被抵押后的余值能否覆盖被担保的我方债权。如果采用股权、收益权等权利质押的，应按法律规定向相关主管部门或单位及时办理登记手续。以票据形式提供质押担保的，应要求出质人在票据上作质押背书。

【以案说法】T公司与D公司签订光伏发电项目总承包合同，T公司负责全额垫资承担项目全部建设费用，业主D公司将在项目全部建成完工后再向T公司付款，但业主未向T公司提供有效的付款担保。在合同执行过程中，该项目因多种原因遇阻，造成项目长期停滞，导致T公司投入的资金无法收回，并被下游的施工分包单位和供应商追讨工程款和设备款，造成项目严重亏损。

（二）强化事中监管

1. 加强合同履行管控

应收账款按时回款的前提是严格按约履行，按时保质完成合同义务。各单位在合同履行过程中，应针对采购、生产、交货、调试、验收、收付款等关键环节，明确责任部门，细化工作内容，将管理要求嵌入合同履行业务流程，确保合同履行各环节都“有人盯、有人管”，将合同纠纷或回款争议消除在业务前端。

【以案说法】N 公司与 Z 公司签订设备销售合同，付款方式为“预付款 10%、发货款 30%、到货款 20%，投运验收款 35%、质保金 5%”。签约后，N 公司在仅收到 10% 预付款时，就提前交付所有设备并完成投运，买方 Z 公司始终拖欠发货款、到货款和验收款，反复催收无果，N 公司被迫诉至法院。

Z 公司与 B 公司签订工程分包合同，将总包项目的部分工程分包给 B 公司，随后 B 公司又转包给 Y 公司，由 Y 公司实际完成施工，但是 B 公司一直拖欠 Y 公司工程款。尽管 Z 公司与 Y 公司无直接合同关系，但是，由于 Z 公司项目现场管理人员多次在 Y 公司提交的工程变更单上签字确认，使 Z 公司被牵连进 Y 公司和 B 公司的纠纷，导致 Z 公司被 Y 公司一并起诉索要工程款。

2. 及时留存履约证据

合同履行过程中形成的证据材料，是应收账款回款的支撑材料，必须及时收集、妥善保管。应重点留存对方签字确认的交货单、调试记录、验收报告、投运报告等关键资料。交货单应明确数量、型号、日期、收货人姓名等关键信息，签收时不得空缺或遗漏。对于重要关键设备、或价值较高的设备，应会同对方共同签收。对方要求延迟发货的，应取得书面延迟发货通知单。交货后，应及时办理调试和验收，留存调试过程记录、检验报告等材料。对于最终验收证明文件，应要求对方签字盖章确认，避免因证据不足导致回款困难。

【以案说法】C 公司与 S 公司签订产品销售合同，总额约 45 万元。C 公司按约履行交货义务后，S 公司一直拖欠货款。2017 年 3 月，C 公司向法院起诉催款，但因未及时留存设备交货、验收等履约证据，法院以证据不足为由，判决 C 公司败诉。

X 公司与 B 公司签订设备销售合同，B 公司作为代理商将设备继续转售给其他终端用户，合同额约 750 万元。但因 X 公司未完整保留 B 公司或终端用户的设备签收单、交货单等履约材料，导致证据不足，造成部分货款未能追回。因此，合同履行材料必须及时收集，避免因证据不足而败诉，有理反而吃亏。

3. 依法行使合同抗辩权

如果对方恶意拖欠应付款、未完成重要合同义务，或因项目未获审批、未完成征地等原因，导致合同履行遇阻，经催告后仍不履行的，我方有权行使合同抗辩权，暂停履行合同，及时止损，避免应收账款风险越来越高。如果对方出现经营状况恶化、转移财产或抽逃资金以逃避债务、严重涉法涉诉情况、或有可能丧失履行债务能力的其他情形的，我方有权按法律规定行使不安抗辩权，中止履行合同并通知对方。如果对方在合理期限内未恢复履行能力且未提供担保的，我方有权解除合同并追究对方违约责任。

【以案说法】S公司与B公司签订光伏发电工程总包合同，总额约6500万元。S公司为尽早实施项目，在业主B公司未完成项目现场征地的情况下，提前安排施工分包单位进场施工。但是，因B公司未能妥善处理项目现场土地的赔付问题，导致当地村民持续阻挠施工，造成项目无法正常实施，长时间处于停工状态，施工分包单位遭受窝工损失，并向法院起诉S公司索要工程款和经济赔偿。

4. 加强票据审核管理

如果对方以银行汇票等票据形式向我方付款的，应尽量采用电子汇票，谨慎收取纸质汇票，并应严格审核银行汇票的票面应记载事项是否完备、背书是否连续、印章是否清晰、票面是否被涂改等情况，确保票据真实合法有效。一般不得接受以商业汇票的形式付款，防止商业汇票无法承兑后形成坏账。如果对方以特定财务公司出具的汇票付款，应审核该财务公司的资信情况。业务人员收到对方付款的票据后，应第一时间提交财务部门审核保管。如果票据遗失的，应及时向法院申请公示催告，避免丧失票据权利。

【以案说法】T公司收到客户L公司背书支付的银行承兑汇票一张，金额10万元。后汇票被业务人员不慎遗失，T公司向法院申请公示催告。在公示催告期间，Y公司向法院提出异议，并提供了汇票原件。为此，T公司又向法院提起确权之诉，请求确认其对票据享有合法权利。诉讼中，Y公司出示的汇票的背书完整连续，但T公司提供的票据复印件的背书不完整、不连续，无法证明其合法取得票据。最终法院判决T公司败诉。

5. 做好合同资料归档

合同签订和履行各环节资料文档应及时留存和归档。营销、采购、生产、财务、合同管理等业务部门应建立统一的、可按合同检索查询的资料台账，及时办理归档手续，防止合同资料分散各处或无人管理。应重点关注交货、验收、现场服务、投运、合同变更等关键资料，以及对方违约的证据、我方损失的证据、我方主张权利的证据等材料，避免缺失或遗漏，防止合同结算时因支撑材料不全导致利益受损。

【以案说法】S 公司与 Y 公司签订设备采购合同。卖方 Y 公司交货后，买方 S 公司以设备存在质量问题为由，拖欠部分货款未付。Y 公司认为产品质量没有瑕疵，并向法院起诉 S 公司追讨货款。由于 S 公司业务人员没有及时保存设备质量瑕疵的相关证明材料和资料文档，缺乏有效证据，在诉讼中处于被动局面，最终被迫与 Y 公司和解并支付货款。

三、应收账款催收管理

应收账款催收成功与否的关键是催收证据和催收方式应做到“两个应当”。一是应当提前做好催收准备，重点收集欠款证据、催款证据，明确应收账款的催收范围。二是应当采取多种催收方式，通过口头催收、书面催收、公告催收、律师函催收、支付令催收、诉讼催收等方式，分类施策、合理催收，提高催收回款成效。

（一）提前做好催收准备

1. 收集欠款证据

一是定性，聚焦是否存在欠款。根据合同约定的工作范围、工期、质量要求、验收标准，对照交货单、验收单、工程量确认单等履约材料，审核回款条件是否具备。

二是定量，聚焦欠款金额。根据合同约定的支付方式、付款比例及时间节点，确定应收账款金额。

三是定时，聚焦欠款时间。根据合同约定，审核付款时间和账期，确定应付款日期。如果交货、验收、投运的应付时间各不相同，且均已拖欠，则应分别计算欠款时间，进而准确计算逾期付款的违约金。

2. 梳理催款证据

一是聚焦是否已催款，防止诉讼时效过期。应定期梳理应收账款，确保每笔欠款每年至少书面发函催收一次，并保留邮寄单据。催款责任应落实到人，相关人员换岗或离职时，应将催款职责移交作为前置条件，避免工作交接出现脱节。

二是聚焦催款方式，防止证明力不足。可采用结算协议、补充协议、对账单、询证函、催款函、律师函等多种形式，证明我方已主张权利，或对方已承诺履行付款义务。

（二）分类施策合理催收

应收账款催收受多方面因素影响，应综合考虑对方的企业性质、经营情况、信用状况等因素，分类施策，采取合理有效的催收方式，以最经济的方式实现最好的效果。

一是对国网系统内的欠款人，应采用友好协商方式催款；长期催收无果的，可提交共同的上级单位协调处理。

二是对于国网系统外的国有企业等恶意拖欠风险较小的欠款人，可先采取口头催收、书面催收、律师函催收等方式进行催收。反复催收无果的，可采取诉讼等法律手段催收。

三是对于国网系统外的中小微企业的应收账款，如果采用常规催收手段无法回款的，经评估决策后，应及时采取诉讼等法律手段催收，并提前采取冻结银行账户等诉讼财产保全措施，防止对方经营恶化导致欠款无法收回。

四是对于经营状况已恶化并有资不抵债破产倾向的欠款人，应保持高度关注，尽量寻找其有权处置的财产，积极争取折价清偿或债权担保。对已进入破产清算程序的欠款人，应及时申报债权，申报时应包含逾期欠款的利息或违约金。

（三）采取多种催收方式

1. 口头催收

对于长期合作、信用较好的欠款人，可采用上门当面催收、电话催收等口头催收方式。必要时，可对口头催收过程进行拍照、录音、录像，并确保视听资料能够清楚展示我方催款主张、对方付款意愿等内容。此外，还可通过公证机构进行电话催收录音，进行录音证据保全公证，增强证据效力。

【以案说法】G公司与D公司签订变电站设备销售合同，总额约399万元。卖方G公司于2012年完成全部设备调试并投运，但买方D公司一直拖欠货款。直至2015年清理欠款时，已超过诉讼时效。为扭转时效过期的被动局面，G公司于2015年发函催收，D公司回函表示："因项目业主未付款，故对付款申请不予函证。"该回函对欠款事实没有明确否认，但也没有明确承认。为确保胜诉，G公司采用公证电话录音的方式，由公证处证明G公司在电话中主张应收账款的债权，且对方承认欠款的事实。通过公证来固化催款证据，成功中断了诉讼时效。G公司向法院起诉后获得胜诉，成功补救了时效过期的问题。

2. 电子催收

电子催收主要包括通过电子邮件、微信、短信等方式进行催收。为确保电子催收形成有效证据，一是应事先在合同中约定合同联系人的姓名、电子邮件、联系电话等信息。二是应在催收时准确描述欠款人名称、合同名称、欠款金额、欠款时间。三是应保留电子邮件、微信、短信等电子催收的原始载体，完整记录电子邮件发送和接收邮箱、收发手机号码、发送时间、送达催收文件名称，打印并留存电子邮件发送成功网页截图、微信或短信截图。四是必要时可采取公证方式对电子催收进行证据保全公证。

3. 书面催收

对于口头催收无效，或拖欠时间较长的欠款人，应通过发送催款函、对账单、询证函等书面方式催收，形成确凿催收证据，防止诉讼时效过期。发送书面催收函件时，一是建议通过中国邮政 EMS 特快专递发函催收，并保留邮寄单据和催款函复印件。二是邮寄单据的收件人和地址栏，应填写欠款单位的法定代表人，以及单位注册地或常用办公地点，相关信息可通过国家企业信用信息公示系统 (www.gsxt.gov.cn) 查询。三是邮寄单据的“内件品名”应详细描述催款函内容，例如：“×× 项目 ×× 合同（编号 ××）催款函（催款金额 ×× 万元）”，明确合同名称、编号、催款金额，防止对方抵赖。如图 1 所示。

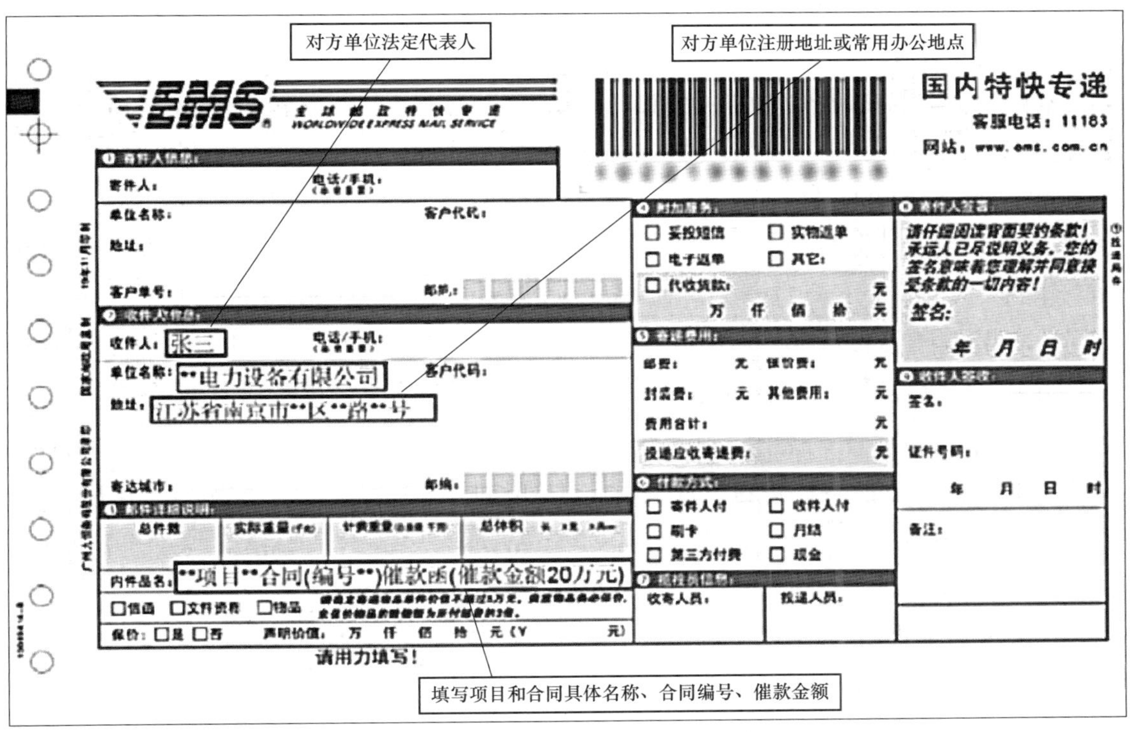

图 1　邮寄单据填写示范

【以案说法】B 公司与 P 公司于 2012 年签订设备销售合同，总额约 150 万元。卖方 B 公司交付设备后，买方 P 公司未按合同约定支付款项，一直拖欠货款。2015 年 3 月，在 B 公司督促下，P 公司向 B 公司回复《致歉函》，书面承认了欠款事实。2016 年 1 月，B 公司向对方发出询证函，对方核对后盖章确认了拖欠设备尾款 93 万元。B 公司通过灵活采用致歉函、询证函等方式，有效中断了诉讼时效，妥善保存了催款证据。2017 年，B 公司起诉对方催款，追回长期应收账款，并且额外收回利息 4 万多元。

4. 律师函催收

对于反复催收无效、恶意拖欠的欠款人，应通过发送律师函的方式催收，列明拖欠付款的违约责任和法律后果，增加对方还款压力，敦促限期还款。

5. 公告催收

如果欠款人下落不明、失联或长期无法联系，应及时采取公告催收的方式，在国家级媒体或欠款人住所地的省级有影响的媒体上刊登催款公告，列明欠款事实、欠款金额、违约责任等内容，防止诉讼时效过期。

6. 委托催收

对于回款确有困难、欠款时间较长、回款成本较高或存在较大坏账风险的应收账款，经评估后，可委托第三方进行催收，实现资金及时回笼。

7. 支付令催收

支付令是法院根据债权人申请，向债务人发出的限期支付金钱或有价证券等给付义务的法律文书。如果应收账款的欠款金额明确、证据充分且双方没有其他合同争议的，可向合同约定的管辖法院申请支付令。法院向欠款人发出支付令后，如果对方仍然拒付，我方可直接向法院申请强制执行。支付令可免去起诉、审理、判决等冗长的民事诉讼程序，减少回款时间，节约诉讼成本。

8. 申报破产债权

如果欠款人已进入破产清算程序，应立即组织梳理对欠款人的所有已到期或未到期应收账款，并在法院规定的申报期限内，及时申报破产债权。如果应收账款有抵押、质押等担保的，应在债权申报时一并提出，可在破产清算中享有优先受偿权。

9. 诉讼催收

如果采取各种催收方式均未能回款，可按合同约定依法提起诉讼或仲裁，通过法律审判程序进行催收。采取诉讼方式催收时，除了要制订完善的诉讼策略、全面收集诉讼证据、严格遵守诉讼程序等常规措施外，还应特别注意以下方面：

（1）避免诉讼时效过期。

诉讼时效自权利人知道或应当知道权利受到损害以及义务人之日起计算，一般为 3 年。应充分运用诉讼时效中断规则，及时中断诉讼时效，主要包括我方向欠款人发送催款函，欠款人以分期付款、部分付款、请求延期付款、制定付款计划、提供其他担保等形式承诺付款。诉讼前，我方应全面调查、收集可以证明诉讼时效还在有效期的相关证据，避免我方起诉后因时效问题被驳回，或丧失胜诉机会。

（2）采取财产保全措施。

为了给欠款人施压，可在提起诉讼或仲裁之前，向法院申请采取诉前财产保全措施，提前查封、冻结或扣押欠款人的银行账户、现金存款、不动产等财产，迫使欠款人主动还款，或达成和解协议，可免于冗长的诉讼程序，也避免我方胜诉后判决无法执行到位。

【以案说法】W 公司与 N 公司于 2014 年签订两份设备销售合同，金额总计约 877 万元。W 公司完成全部货物发货后，对方一直拖欠货款 566 万元，且反复催收无果。W 公司被迫向法院起诉，并第一时间申请财产保全，成功冻结对方银行账户，迫使 N 公司同意和解，支付了剩余全部货款 566 万元，并额外支付 20 万元逾期付款利息作为违约赔偿金。

（3）行使代位权或撤销权。

如果欠款人对第三方享有债权，但欠款人怠于行使债权，导致我方应收账款无法收回的，可按法律规定行使代位权，向法院申请代位行使欠款人对第三方的权利，间接完成回款。如果欠款人以放弃债权、无偿转让财产等方式无偿处分财产权益，或恶意延长到期债权的履行期限，导致我方应收账款无法收回的，我方可请求法院撤销欠款人的上述行为，增加回款可能性。

（4）加大判决执行力度。

如果胜诉后对方确无财产可供执行的，我方应持续关注对方经营状况，一旦发现经营情况改善，或有财产来源信息的，应及时向法院申请强制执行。如果对方股东存在出资不足、抽逃出资等出资不到位的情形，我方可以向该股东追讨欠款，迫使其在未出资的本息范围内，对欠款承担连带赔偿责任。

安全生产法律责任问题研究报告

国网新源集团有限公司

◆成果简介◆

一、创新成果的背景及目的

在党的十九大报告中，习近平总书记强调要树立安全发展理念，弘扬生命至上、安全第一的思想，健全公共安全体系，完善安全生产责任制，坚决遏制重特大安全事故，提升防灾减灾救灾能力。面对各类事故隐患和安全风险交织叠加的严峻形势，国网新源集团有限公司（简称公司）通过开展安全生产法律责任问题研究，将进一步推动公司依法合规安全经营，不断提升公司法治水平，为推动公司安全健康高质量发展保驾护航。

二、创新成果的主要内容及创新性

安全生产法律责任问题研究作为法律风险防控的重要举措，坚持问题导向、注重工作实效。通过梳理《安全生产法》《电力法》《生产安全事故报告和调查处理条例》《建设工程安全生产管理条例》等法律法规及相关规范性文件。按照安全生产责任主体的不同，内部分析公司本部、子公司、分公司的安全生产责任，外部分析业主单位与勘察、设计、施工、监理单位的安全生产法律责任，并提出针对性的风险防范措施。

三、实施效果

一是进一步厘清安全管理责任界面，夯实安全管理基础；二是进一步强化了公司干部员工的安全法治意识；三是进一步增强防范安全管理方面的法律风险能力。

安全生产是企业的生命线，企业是安全生产的责任主体。2021 年 6 月 10 日，十三届全国人大常委会通过《全国人民代表大会常务委员会关于修改〈安全生产法〉的决定》，修改后的《安全生产法》于 2021 年 9 月 1 日起施行，新法进一步强化和落实生产经营单位主体责任，进一步加大对安全生产违法行为处罚力度，提高违法成本。科学认识和正确把握安全生产的特点和规律，是做好安全生产工作的重要前提。坚持依法合规，用法治思维和法治手段解决安全生产中的矛盾和问题，既是落实企业安全生产责任制的法定要求，也是提升公司安全管理水平的现实抓手。为推进公司系统依法合规治安，国网新源集团有限公司开展《公司系统安全生产法律责任问题研究与实践》课题研究，立足公司业务实际，以落实安全生产责任制为主线，系统梳理适用的法律法规，收集剖析有关案例，研究分析有关重要问题，厘清相关责任主体的法定责任边界，促进公司系统干部员工知责、履责、尽责，以期为进一步提升公司系统依法治安水平提供参考，为公司推进“四个显著提升”、实现“两个走在前做表率”提供保障。

第一章　公司安全管理现状

一、公司安全生产现状

（一）组织机构

依据国家有关法律法规及国家电网公司管理要求，国网新源集团有限公司建立本部、基层单位“两级法人”，“两级管理”精简、统一、效能和责权一致的内部管理组织体系。坚持“安全第一、预防为主、综合治理”方针，秉承“安全健康发展”理念，通过长期管理积淀和不断总结探索，形成了以安全生产委员会为统领、安全制度体系为支撑，安全责任体系全员履责，安全保证体系和安全监督体系各司其职、相互协同的安全生产组织体系（见图 1）。

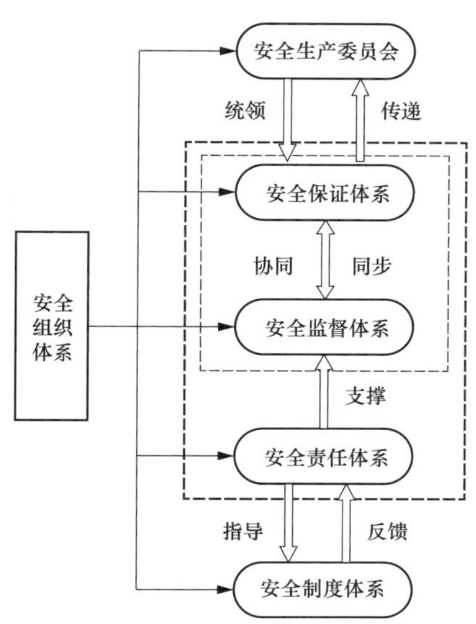

图 1　安全生产组织体系示意图

（二）建立安全监督制度体系

系统性识别、梳理安全规章制度64项，安全监督有关规章制度33项，其中国家电网公司制度23项（安全基础类4项、安全监察类12项、安全督查类2项、应急管理类5项），部门制度10项（基本制度1项、业务制度9项），建立了较为完备的安全监督制度体系。

（三）隐患排查治理及安全风险管控

坚持风险识别、动态评估、分级预警、分层管控原则，建立职责明晰的安全风险管控组织体系，健全安全风险辨识评估机制，系统分析规划设计、工程建设、生产运行等阶段安全风险特点，超前辨识、动态评估、先降后控，实现“一企一清单”，制定《典型生产作业风险定级库》，明确43项典型三级及以上作业风险。对重大（四级）风险挂牌督查，确保“五落实”到位。

（四）监督检查

推行安全总监制，开展基层单位安监机构设置、安全总监和安监人员配置及机制运转等专项督导。常态化开展春秋季安全大检查、节后复工安全督查、安全性评价，健全“四不两直”安全督察工作保障机制，细化工作方法和工作程序，常态化开展“四不两直”安全督查、安全生产巡查。深入开展“电力建设工程施工安全年”“六查六防”“防风险、保安全、迎大庆”、建设施工安全大检查、电气火灾综合治理“回头看”“有限空间作业安全管控”等专项行动。

（五）安全生产资金投入及保障

加大安全投入，2018年以来，共投入2.4亿元开展基建智能管控系统、“五系统一中心”集成应用、大断面土质深竖井施工安全控制技术、洞室开挖TBM掘进技术应用等209个科技兴安项目；2019～2022年安全费用投入分别为2.87亿元、3.2亿元、4.3亿元、6.0亿元，均超出上年销售收入的2.3%。细化公司安全奖惩实施办法，在1.5%工资总额外每季度额外设立各单位负责人安全绩效奖、安全生产特别奖及生产班组专项奖，奖励资金达到工资总额1.7%以上，2020～2022年，累计发放安全生产特别奖842.4万元，班组专项奖1605.98万元。

二、公司安全生产领域存在的主要问题

（一）人身安全压力大

公司2023年计划新开工6～8个抽水蓄能项目，工程建设任务艰巨繁重。随着项目增多，施工、监理、设计等参建单位管理、技术、施工、装备等力量不断被稀释或削弱，人力资源、施工装备将会出现投入不足。同时运行、在建电站逐年增多，点多、面广、线长的特点更加突出，前期、基建、生产单位并存。尤其基建项目高风险施工作业多，施工队伍人员组成复杂多变，复杂地质

环境不可预见，安全风险管控数量多、难度大，给安全生产带来很大压力。

（二）设备管理存在差异化

随着对抽水蓄能机组认识的不断深入，运行阶段发现的设备问题已反馈至设计、制造、安装、调试等环节，但由于抽蓄电站主机设备国产化时间不长，主机设备厂家对抽水蓄能高水头、高转速、频启停、双向旋转的特点认识仍不够深入，在结构设计、制造工艺、关键材料、技术等执行标准上存在差异，尤其首台首套设备存在隐蔽性或潜在性缺陷，导致设备问题从源头上治理没有得到很好解决。近年来“家族式”缺陷等问题越来越多，一些设备安全隐患或性能趋势性变化隐蔽性较强，难以及时发现，给设备安全运行带来很大压力。

（三）安全管理存在短板

综合分析近几年各类安全监督检查情况，基层单位还存在安全责任落实、现场作业管控、安全生产管理等方面问题。生产单位主要体现在安全管理和现场管理方面，包括安全设施标准化、安全教育培训、两票管理、隐患排查治理、应急管理等问题；基建项目主要体现安全管理、技术管理以及现场施工方面，包括安全设施标准化、临时用电、危化品及特种设备、隐患排查治理、消防管理、安全教育培训、应急管理等问题，一些涉及人身安全事故风险的共性问题和违章作业问题，安全基础有待进一步加强。

第二章　公司本部与基层单位的安全生产法律责任

一、“法定代表人”“负责人”“主要负责人”概念区分

公司在工商登记时采用“法定代表人”的概念，分公司在工商登记时采用“负责人”的概念。而《安全生产法》第五条规定，生产经营单位的主要负责人是本单位安全生产第一责任人，对本单位的安全生产工作全面负责。该条规定又出现了“主要负责人”的概念。因此，为明确责任主体，有必要先对上述概念进行界定。

根据《民法典》的规定，代表法人从事民事活动的负责人，为法人的法定代表人。因此，公司的“法定代表人”与分公司“负责人”一致，均属于企业“负责人”，而且在数量上指向的是一人。

《安全生产法》中虽然规定“主要负责人”对本单位的安全生产工作全面负责，但对企业主要负责人的范围并没有进行明确界定。可以参照《建筑施工企业主要负责人、项目负责人和专职安全生产管理人员安全生产管理规定实施意见》进行界定，企业主要负责人包括法定代表人、总经理（总裁）、分管安全生产的副总经理（副总裁）、分管生产经营的副总经理（副总裁）、技术负责人、

安全总监等。因此，“主要负责人”比“负责人”“法定代表人”的范围要广，数量上可能同时指向多人。

二、公司本部与基层单位的法律关系

根据《公司法》规定，公司可以设立分公司和子公司。分公司不具有法人资格，其民事责任由公司承担。子公司具有法人资格，依法独立承担民事责任。如基层单位属于分公司，则基层单位实质上属于公司本部的分支机构，基层单位的民事责任由公司本部承担。如基层单位属于子公司，则公司本部与基层单位之间属于股东与被投资者的法律关系，由基层单位独立承担民事责任。

三、公司本部与子公司的安全生产法律责任

公司本部的安全生产法律责任既包括通用法律责任，也包括对子公司的监督管理责任。

（一）公司本部的安全生产法律责任

1. 通用安全生产法律责任

（1）单位责任。

根据《安全生产法》《电力安全生产监督管理办法》等规定，经梳理总结，公司本部的通用安全生产法律责任对应的单位责任共涉及38项，部分内容见表1。

表1　公司本部的通用安全生产法律责任——单位责任

序号	职责	不符合规定应负的责任			依据
		行政责任	刑事责任	民事责任	
1	应具备安全生产条件	停产停业整顿、关闭、吊销证照			《安全生产法》第二十条、第一百零八条
2	应设置安全生产管理机构或者配备安全生产管理人员、注册安全工程师	责令限期改正，责令停产停业，罚款			《安全生产法》第九十七条
3	安全设备的安装、使用、检测、改造和报废应当符合国家标准或者行业标准	责令限期改正，罚款，停产停业整顿	构成犯罪的，依法追究刑事责任		《安全生产法》第三十六条、第九十九条

（2）个人责任。

公司本部的通用安全生产法律责任对应的个人责任共涉及45项，部分内容见表2。

表 2　　公司本部的通用安全生产法律责任——个人责任

序号	责任人员	违法情形	行政责任	刑事责任	民事责任	依据
1	企业主要负责人	未履行建立健全并落实本单位全员安全生产责任制，加强安全生产标准化建设的职责	责令限期改正，罚款，撤职，任职限制	构成犯罪的，依法追究刑事责任		《安全生产法》第九十四条
2	安全生产管理人员	未履行安全生产管理职责	责令限期改正，罚款、暂停或者吊销其与安全生产有关的资格	构成犯罪的，依法追究刑事责任		《安全生产法》第九十六条
3	其他主管人员及责任人员	所在单位未采取措施消除事故隐患	罚款	构成犯罪的，依法追究刑事责任		《安全生产法》第一百零二条
4	从业人员	不落实岗位安全责任，不服从管理，违反安全生产规章制度或者操作规程	生产经营单位给予批评教育，依照有关规章制度给予处分	构成犯罪的，依法追究刑事责任		《安全生产法》第一百零七条

2. 公司本部对子公司监督管理有关安全生产法律责任

关于母公司因对子公司进行监督管理产生的安全生产法律责任，《安全生产法》中无针对性规定，《中央企业安全生产监督管理暂行办法》第十一条对此作了专门规定。关于公司本部因对子公司进行监督管理产生的安全生产法律责任，应注意以下两点：

第一，《中央企业安全生产监督管理暂行办法》未对中央企业在其独资及控股子企业发生安全生产事故时，中央企业应承担的责任作出针对性规定，但如产生相应的法律后果，中央企业仍然应当依据《安全生产法》等有关规定承担安全生产责任。

第二，根据《国务院关于进一步加强企业安全生产工作的通知》（国发〔2010〕23 号）第 29 条加大对事故企业负责人的责任追究力度。发生特别重大事故的，除追究企业主要负责人和实际控制人责任外，还要追究上级企业主要负责人的责任；触犯法律的，依法追究企业主要负责人、企业实际控制人和上级企业负责人的法律责任。因此，如子公司发生特别重大事故，公司本部负责人将被直接追究法律责任。

（二）子公司的安全生产法律责任

子公司的通用安全生产法律责任内容同公司本部的通用安全生产法律责任。如子公司属于基建单位或生产单位，同时应依据基建单位或生产单位有关规定承担相应的安全生产责任。

1. 子公司作为基建单位的安全生产法律责任

经梳理总结，除通用安全生产法律责任外，专门针对基建单位的安全生产法律责任对应的单位责任共涉及 17 项，部分内容见表 3。专门针对基建单位的安全生产法律责任对应的个人责任共涉及 5 项，部分内容见表 4。

表 3　　专门针对基建单位的安全生产法律责任——单位责任

序号	职责	不符合规定应负的责任			依据
		行政责任	刑事责任	民事责任	
1	应做好安全施工措施	责令限期改正、罚款		造成损失的，依法承担赔偿责任	《电力建设工程施工安全监督管理办法》第十三条、第四十五条;《建设工程安全生产管理条例》第五十四条

表 4　　专门针对基建单位的安全生产法律责任——个人责任

序号	责任人员	违法情形	行政责任	刑事责任	民事责任	依据
1	直接负责的主管人员、直接责任人员	①对电力勘察、设计、施工、调试、监理等单位提出不符合安全生产法律、法规和强制性标准规定的要求；②违规压缩合同约定工期的；③将工程发包给不具有相应资质等级的施工单位的		造成重大安全事故，构成犯罪的，依法追究刑事责任		《电力建设工程施工安全监督管理办法》第四十五条
2	其他个人	违反《突发事件应对法》：①不服从政府及其有关部门发布的决定、命令或者不配合其依法采取的措施；②违反规定导致突发事件发生或者危害扩大	治安管理处罚	构成犯罪的，依法追究刑事责任	给他人人身、财产造成损害的，应当依法承担民事责任	《突发事件应对法》第六十六条至第六十八条

2. 子公司作为生产单位的安全生产法律责任

经梳理总结，除通用安全生产法律责任外，专门针对生产单位的安全生产法律责任对应的单位责任共涉及 8 项，部分内容见表 5。专门针对生产单位的安全生产法律责任对应的个人责任共涉及 9 项，部分内容详见表 6。

表 5　　专门针对生产单位的安全生产法律责任——单位责任

序号	职责	行政责任	刑事责任	民事责任	依据
		不符合规定应负的责任			
1	电力安全隐患治理：①电力企业将隐患排查治理情况如实记录并向从业人员通报；②电力企业主要负责人依法履行隐患排查治理相应职责；③建立隐患排查治理制度，重大隐患排查治理情况按照规定报告、依法采取措施消除隐患等	依法处罚，纳入信用记录，实施失信惩戒	构成犯罪的，依法追究刑事责任		《电力安全隐患治理监督管理规定》第五条至第十二条、第十四条至第十六条、第二十一条

表 6　　专门针对生产单位的安全生产法律责任——个人责任

序号	责任人员	违法情形	行政责任	刑事责任	民事责任	依据
1	主要负责人	在发生安全事故时：①谎报或者瞒报事故；②伪造或者故意破坏事故现场的等	罚款、处分、治安处罚	构成犯罪的，依法追究刑事责任		《电力安全事故应急处置和调查处理条例》第二十八条
2	直接负责的主管人员和其他直接责任人员	水电大坝的运营管理方面：①未做好养护修理，计划调度运用；②未加强安全检查、运维和除险加固工作等	罚款、行政处分			《水库大坝安全管理条例》第二十、二十六、二十七条

四、公司本部与分公司的安全生产法律责任

通常而言，分公司不具有独立法人资格，其安全生产民事责任由公司本部承担，子公司独立承担安全生产民事责任。但基于内部规章制度的规定，公司本部对分公司的监督管理程度要比子公司更深，即意味着公司本部及有关责任人员要对分公司承担更重的安全管理行政责任和刑事责任。因此，虽然母公司对分公司的安全管理程度没有明确的法定界限，为避免公司本部对分公司承担过重的安全管理责任，在制定规章制度和实际进行监督管理时，可以参照公司本部对子公司的监督管理，对分公司的干预程度不要过深。

第三章　业主单位与勘察、设计、施工、监理单位的安全生产法律责任

基层单位作为业主单位，其与勘察、设计、施工、监理单位之间属于发承包法律关系。业主单位的安全生产法律责任内容与第二章论述的基建单位的安全生产法律责任一致。关于勘察、设计、施工、监理单位的安全生产法律责任，本章只针对与基建项目有关的安全责任进行论述。

一、业主单位与勘察、设计、施工、监理单位的法律关系

根据《民法典》的规定，基层单位与勘察、设计、施工、监理单位之间属于发承包法律关系。

二、安全生产法律责任承担

（一）勘察、设计单位的安全生产法律责任

经梳理总结，除通用安全生产法律责任外，勘察、设计单位与基建项目有关的安全责任对应的单位责任共涉及 9 项，部分内容见表 7。勘察、设计单位与基建项目有关的安全责任对应的个人责任共涉及 13 项，部分内容见表 8。

表 7　勘察、设计单位与基建项目有关的安全生产法律责任——单位责任

序号	职责	不符合规定应负的责任			依据
		行政责任	刑事责任	民事责任	
1	须具备资质许可（勘察、设计单位）	发包单位：责令改正、罚款 承包单位：责令停止违法行为、罚款、责令停业整顿、降低资质等级、吊销资质证书、没收违法所得、取缔所承揽工程、吊销资质证书	构成犯罪的，依法追究刑事责任		《建筑法》第十二条、第六十五条

续表

序号	职责	不符合规定应负的责任			依据
		行政责任	刑事责任	民事责任	
2	建筑工程质量管理（勘察、设计单位）	责令改正、罚款、责令停业整顿，降低资质等级、吊销资质证书、没收违法所得	构成犯罪的，依法追究刑事责任	造成损失的，承担赔偿责任	《建筑法》第五十二条、第五十六条、第七十三条

表 8　勘察、设计单位与基建项目有关的安全生产法律责任——个人责任

序号	责任人员	违法情形	行政责任	刑事责任	民事责任	依据
1	勘察单位项目负责人	勘察单位违反工程强制性标准		构成犯罪的，依法追究刑事责任		《电力建设工程施工安全监督管理办法》第四十六条
2	设计单位项目负责人	设计单位允许他人以本单位名义承揽工程、转包或违法分包	罚款			《设计项目负责人质量安全违法违规行为行政处罚（处理）规定》第一项

（二）施工单位的安全生产法律责任

经梳理总结，除通用安全生产法律责任外，施工单位与基建项目有关的安全责任对应的单位责任共涉及 21 项，部分内容见表 9。应承担的基本责任类型同上述勘察、设计单位有关内容。施工单位与基建项目有关的安全责任对应的个人责任共涉及 9 项，部分内容见表 10。

表 9　施工单位与基建项目有关的安全生产法律责任——单位责任

序号	职责	不符合规定应负的责任			依据
		行政责任	刑事责任	民事责任	
1	在资质范围内经营	责令改正、罚款、责令停止违法行为、责令停业整顿、降低资质等级、吊销资质证书、没收违法所得	构成犯罪的，依法追究刑事责任		《建筑法》第二十六条、第六十五条

续表

序号	职责	不符合规定应负的责任			依据
		行政责任	刑事责任	民事责任	
2	做好安全防护措施	责令限期改正、责令停业整顿、罚款			《建筑法》第三十九条;《建设工程安全生产管理条例》第六十四条

表 10　施工单位与基建项目有关的安全生产法律责任——个人责任

序号	责任人员	违法情形	行政责任	刑事责任	民事责任	依据
1	主要负责人	未履行安全生产管理职责的	罚款、撤职处分、职业禁入	构成犯罪的，依法追究刑事责任		《电力建设工程施工安全监督管理办法》第五十条
2	项目负责人	未履行安全生产管理职责的	罚款、撤职处分、职业禁入	构成犯罪的，依法追究刑事责任		《建设工程安全生产管理条例》第六十六条
3	专业技术人员	①未取得执业资格，未在执业许可范围内从事建筑活动；②未履行安全技术告知义务	《电力建设工程施工安全监督管理办法》无针对该情形法律责任的专门规定，如产生相应的法律后果，应适用其他安全生产有关规定追究法律责任			
4	作业人员	不服管理、违反规章制度和操作规程冒险作业造成重大伤亡事故或者其他严重后果		构成犯罪的，依法追究刑事责任		《电力建设工程施工安全监督管理办法》第五十条
5	专职安全生产管理人员	违章指挥、强令职工冒险作业造成重大伤亡事故或其他严重后果的		构成犯罪的，依法追究刑事责任		《建筑法》第七十一条

（三）监理单位的安全生产法律责任

经梳理总结，除通用安全生产法律责任外，监理单位与基建项目有关的安全责任对应的单位责任共涉及 5 项，部分内容见表 11。

表 11　监理单位与基建项目有关的安全生产法律责任——单位责任

序号	职责	不符合规定应负的责任			依据
		行政责任	刑事责任	民事责任	
1	项目总监应当在岗履职	责令限期改正、责令停业整顿、罚款、降低资质等级直至吊销资质证书		赔偿	《建筑工程项目总监理工程师质量安全违法违规行为行政处罚规定》第二项、《建设工程安全生产管理条例》第五十七条

监理单位与基建项目有关的安全责任对应的个人责任共涉及 7 项，部分内容见表 12。

表 12　监理单位与基建项目有关的安全生产法律责任——个人责任

序号	责任人员	违法情形	行政责任	刑事责任	民事责任	依据
1	项目总监理工程师	①项目总监未取得注册执业资格；②项目总监违反规定受聘于两个及以上单位并执业	警告、责令停止违法行为、责令改正、罚款	构成犯罪的，依法追究刑事责任	赔偿	《建筑工程项目总监理工程师质量安全违法违规行为行政处罚规定》第一项；《注册监理工程师管理规定》第二十九条、第三十一条

第四章　EPC 模式下业主单位与 EPC 承包商的安全生产法律责任

一、业主单位与 EPC 承包商的法律关系

与传统的施工总承包模式法律关系性质相同，业主单位与 EPC（engineering procurement construction）承包商之间属于发承包法律关系，承包范围包括工程的勘察、设计、采购、施工、竣工验收、试运行等全流程。EPC 承包商与施工承包人为总分包关系，业主单位与施工承包人没有直接关系，业主单位无权向施工承包人下达指令。

二、业主单位与 EPC 承包商的安全生产法律责任

根据《住房和城乡建设部、国家发展改革委关于印发房屋建筑和市政基础设施项目工程总承包管理办法的通知》（建市规〔2019〕12 号）和《电力建设工程施工安全监督管理办法》相关规定，EPC 承包商按照合同约定，对工程项目的设计、采购、施工等全过程或若干阶段的承包，将涵盖设计、施工单位及有关人员的安

全生产责任。同时，EPC承包商应当按照合同约定，履行业主单位对工程的安全生产责任。因此，EPC承包商要比设计、施工单位承担更重的安全生产责任。相对应地，业主单位承担的责任更轻，其更侧重于对EPC承包商的选任和监督责任。

但得出上述结论的依据在效力级别上属于部门规章和部门规范性文件。依据《安全生产法》有关规定，业主单位如未尽到《安全生产法》中规定的建设单位与工程有关的义务，仍应承担相应的安全生产责任。另外，根据《国务院关于进一步加强企业安全生产工作的通知》（国发〔2010〕23号）第29条，加大对事故企业负责人的责任追究力度。发生特别重大事故，除追究企业主要负责人和实际控制人责任外，还要追究上级企业主要负责人的责任；触犯法律的，依法追究企业主要负责人、企业实际控制人和上级企业负责人的法律责任。因此，无论是否采取EPC合同模式，如发生特别重大事故，均依据上述规定直接追究有关人员的责任。而且追责并不限定以主要负责人未尽到特定或某些范围内的安全生产责任为前提。企业发生特别重大事故即属于未尽到安全生产责任的情形，直接被追究相应责任。因此，业主单位即使在对EPC承包商的选任和监督方面不存在过错，仍可能对工程项目承担一定的安全生产责任。

第五章　安全生产事故案例分析

一、安全生产事故责任承担分析

对检索的24起事故中事故单位及有关人员被追责情况进行分析，可以作为了解安全生产事故基本情况的参考。部分事故单位及有关人员被追责情况如表13所示。

表13　　部分事故单位及有关人员被追责情况

序号	事故名称	事故单位被追责情况	基建单位或生产单位及有关个人被追责的主要原因
1	江西丰城发电厂“11·24”冷却塔施工平台倒塌特别重大事故	建设单位及有关人员被追责；建设单位上级单位未被追责，但有关人员被追责；建设单位上级单位的上级单位向国资委作出深刻检查，有关人员被追责	建设单位：①未经论证压缩冷却塔工期。②项目安全质量监督管理工作不力。③项目建设组织管理混乱。 上级单位：①未履行对项目的监督和协调职责，公司相关职能部门未到现场督促协调有关工作，对未经论证压缩工期等问题失察。②对建设项目的安全管理监督不力。 上级单位：①对工程的管理权限划分不明确。②未督促下级单位对工程质量、进度控制进行监督协调。③未制定基本建设项目的安全监督相关制度

续表

序号	事故名称	事故单位被追责情况	基建单位或生产单位及有关个人被追责的主要原因
2	锡林郭勒盟西乌珠穆沁旗银漫矿业有限责任公司“2·23”井下车辆伤害重大生产安全事故（2019年）	建设单位及有关人员被追责；建设单位上级单位及有关人员被追责	建设单位：①安全生产主体责任长期悬空。②对承包单位以包代管、包而不管。③工会组织发挥作用不力。 上级单位：①对安全生产工作重视程度不够。安全环保部仅有1名兼职副部长，并无其他安全管理人员，不能按照安全管理制度规定有效完成安全管理工作任务，安全管理能力水平无法满足公司安全生产实际需要。②对下级单位安全生产工作监督管理不到位，未按制度规定每月对分子公司进行安全检查，未能及时发现并消除下级单位及其承包单位长期存在的重大事故隐患；对下级单位存在的问题失察

二、进一步促进安全生产领域履职尽责的建议

（一）提高安全生产意识，全面压实安全生产责任

安全职责明晰是构建有效的系统安全管理体系的基础。应强化安全履责，提高安全生产意识，督促生产建设各级岗位依照安全生产责任清单尽职履责。针对公司安全奖惩执行及事故（事件）追责不严的问题，应及时修编完善安全奖惩制度，严格落实安全奖励的倾斜机制，按照安全奖惩要求对不安全事件进行惩处。针对公司各类事件吸取教训不够、举一反三开展不扎实的问题，在发生不安全事件后，应及时通报并组织相关单位举一反三开展排查，落实整改措施，防止类似事故（事件）重复发生。

（二）健全安全生产规章制度

对相关安全制度修订不及时的问题，应切实加强对规章制度的管理，健全安全生产规章制度，严格贯彻各级安全生产工作部署，及时更新辨识最新的安全生产规章制度和操作规程，制定、修编各项规章制度并进行定期公示，以满足生产经营和安全管理的需要。

（三）全方位开展安全教育培训

建立健全多层次、全覆盖、经常性的安全培训制度，完善培训考核标准，定期开展岗位安全操作规程和安全操作技能教育培训，让员工全面掌握自身安全生产责任清单，加大一线员工特别是新入职员工、临时用工人员安全技能实操训练力度，加强对作业现场负责人、监护人员、作业人员、应急救援人员专项安全培训，加强作业及试验风险预控及分析，充分做好事故预想，加强专业技

能培训，重点对进口设备的原理、调试、运维进行全面培训；创新安全培训方式方法，积极融合现代信息技术，开展安全体感实训。通过行之有效的培训工作，不断提升员工专业素养，增强员工技术、技能和管理水平，减少因技能不足等原因导致的生产设备事件。

（四）发挥业主主导作用，加强基建工程项目管理

针对基建项目外包队伍管控不到位、资格审核不严的问题，应加强对外包队伍资质的审查，禁止将无资质、资质与现场工作不符的队伍引入工作现场。针对基建项目外包队伍人员管控不到位的问题，应加强对基建现场人员管控力度，严格落实人员的安全准入要求，督促施工单位对外包人员开展安全教育培训，确保所有作业人员培训合格后方可上岗作业。

针对基建项目现场管控不力的问题，应切实发挥业主安全主导作用，加强施工现场安全管理和规范作业的监管力度，加强日常监督检查，加大施工现场巡查、安全隐患排查治理力度，及时发现问题并提出整改要求，发现违章作业行为应立即制止，定人、定时间、定措施进行整改。及时督促与检查施工单位隐患整改的进度和效果，加大对现场安全风险管控和反违章力度，加强对监理单位、外包单位履约情况的检查，督促外包单位按要求开安全教育培训、现场安全交底、安全风险管控等工作。

（五）加强安全基础管理，全周期防范设备事故事件

针对技术监督、设备验收存在缺失的问题，应补强技术监督力量，严格执行技术监督各项规定，按要求开展各类设备定检工作，加强设备出厂的质量验收工作。针对辅助运维人员管理不到位、存在较大安全风险的问题，应完善相关工作机制，明确辅助运维人员的培训、上岗、考核等内容，指导各基层单位规范使用辅助运维人员。

针对标准化作业管理不规范的问题，应认真组织开展现场勘查工作，规范“两票”填用流程，确保现场安全措施符合要求，加强设备日常运维组织，不断完善标准化工作流程，确保各项工作规范开展。

针对检修维护管理不到位的问题，应全面强化设备设计、制造、选型、招标、监造、安装、调试、运行、维护各环节质量监控，完善检修组织流程，加强对检修工作的全过程管控，在关键工序上加强验收把关，推广设备运行规范化和设备检修精益化管理模式，认真开展检修重要节点的设备质量和现场验收工作。加强检修策划，严禁破坏或随意解除设备的保护，加强设备状态监测和缺陷管理，全面排查检修管理工作中存在的问题，及时消除设备缺陷。提高运维质量，使用多种检查方法加强对隐蔽部位检查，对重要部位进行质量抽检，

完善运检规程，完善检修记录。

（六）持续深化双重预防机制建设

应强化风险辨识与预警，全面开展动静态风险辨识，加强安全生产风险排序结果分析应用，及时做出风险预警、风险提示。强化隐患排查与治理，对普遍性、趋势性、重复性、突出问题，逐项建账、定期跟踪、逐项结案。隐患治理从是否整改、整改成效、长效机制三个方面保证整改效果，加强反措管理，专人负责、专工审核、专项分析，严格落实反措计划，实现闭环管理。对于不需立项能够立即整改的应立即整改，严防隐患升级引发事故。

（七）进一步完善应急管理工作

针对预案体系不完善的问题，应认真开展应急预案管理工作，定期修订应急预案，规范开展应急演练和预案评估工作。针对应急队伍、装备、设施建设不完善的问题，应加强应急队伍建设，配齐应急装备，建立完善应急指挥中心，实现公司本部与基层单位互联互通，组织各基层单位依托专职消防队伍建立应急小分队，定期开展培训拉练，提升应急救援能力。

（八）重视安全生产证据留存工作

公司安全生产管理过程中形成的证据材料是单位及有关人员是否履职尽责的评估和认定依据，关键领域和重要环节的证据缺失可能导致无法证明已依法履行法定职责的后果，进而产生相应的法律责任。因此，应进一步重视安全生产证据留存工作，特别是针对关键领域和重要环节，完善档案管理规定，规范和细化档案管理。针对证据缺失、替代或留存不规范的问题，应及时采取必要措施进行补救。

"全链条式"合同管理机制建设与实践

国家电网有限公司技术学院分公司

◆成果简介◆

"十三五"以来，学院高度重视合同管理工作，机制不断健全，制度不断完善，流程不断优化，数字化应用不断提高，风险防范能力不断提升。但招标文件编制、合同起草谈判、合同履行变更等环节尚需强化。

为进一步强化合同管理机制建设，提升合同风险防范能力，促进学院高质量发展，按照全面覆盖和重点检查相结合原则，围绕合同前期准备、签订审核和履行等重点环节，开展了全过程专项检查，针对发现的问题，形成问题清单，深入剖析原因，全面督导整改。同时，通过采取编制合同法律风险防范手册、加强重大经营行为前瞻性研究和加强合同文本与采购活动有效衔接等方式，强化源头管控，切实防范合同管理风险；通过完善合同授权和统一合同文本体系、明确合同审查流程和要点、开展合同管理数字化建设和合同管理提升培训等方式，切实提升合同审核质效；通过强化合同管理与经营业务融合、严格合同验收支付、常态化开展合同专项检查，完善违约问责与考核评价机制等方式，强化合同过程执行。经过探索与实践，国家电网有限公司技术学院分公司（简称学院）建立了"事前预防、事中管控、事后补救"的"全链条"式合同管理机制。合同审核质效显著提升，合同管理更加精益规范，合同违约风险逐年降低，有力保障了学院稳健经营。

一、实施背景

（一）日趋严格的法治合规要求对合同管理提出新挑战

合同是市场交易的载体，是企业最基本的行为，企业的运营及商事活动多数通过合同实现的。近年来，学院经营发展任务艰巨繁重，形势异常复杂、机遇挑战并存。合同管理是企业法治合规管理的重中之重，学院要实现稳健经营必须坚守契约的平等、诚信、责任等价值，严守商业伦理和道德，共建互信、合作共赢。必须更加注重遵守法律、诚实守信、公平交易、严格履约。

（二）应对各类风险挑战对合同管理提出新要求

国内外政治经济形势正在发生重大变化，我国经济面临诸多新挑战和新机遇，学院合同履约不稳定不确定因素明显增多。经过“放管服”改革，“大监管”时代已经到来，审慎监管、严监管、强监管趋势明显。加之随着法治建设深入推进，全社会法治意识、维权意识越来越强，对合同交易的公平性、规范性和透明度要求更加严格。这些都需要我们把依法合规经营、严格合同履约摆在更重要的位置，主动适应监管、回应民众期待。

（三）新阶段新格局对合同管理提出更高要求

学院国际一流企业大学目标的实现迈向了关键时期，将合同合规管理提高到了前所未有的高度，我们要坚持问题导向和目标导向，更加注重经营过程中契约精神的遵守，更加注重风险防范，及时补齐合同管理的短板和不足，坚持契约立信，切实增强国际一流企业大学重要软实力和核心竞争力。

（四）突出问题和短板亟须要求合同管理进一步规范

尽管“十三五”以来合同管理取得了一定成绩，但对照中央要求，对照公司党组工作部署，对照学院高质量发展需要，目前，学院合同管理工作尚存在差距：一是合同审核的质量和效率尚需提升，合同承办部门专业管理人员的审核把关作用没有得到充分发挥，仍过多地依赖于法律部门审核把关；二是经法系统与财务系统、ERP、ECP 和档案管理系统集成融合程度不够，外网移动办公功能尚未实现；三是合同重签订轻履行，起草谈判与履约过程监管“两头薄弱”问题依然存在。合同订立前期对合同对方资格审查不足，对合同履行过程中的法律风险预测不充分，招标文件和合同文本衔接不足，部分合同内容对招标内容做了实质性修改。履约阶段监管不严，对方违约时，证据收集意识不强，验收重形式轻实质，合同变更随意性大，变更程序不规范，履约不充分等问题仍有发生。亟须在“十四五”期间不断优化完善。

二、内涵和主要做法

（一）强化源头管控，切实防范合同管理风险

（1）开展合同全过程专项检查。根据现行有效法律法规、规范性文件、公司及学院制度，成立专项工作小组，并聘请外部律师事务所，围绕招标文件编制、合同起草、谈判、审核、签订和合同标的交付、质量验收、资金支付、质保管理等重点环节，对 2018—2020 年签订全部合同，按照全面覆盖和重点检查相结合原则，开展合同全过程检查，编制了合同全过程检查报告（见图 1）。针对检查发现 36 项问题，加强整改提升。

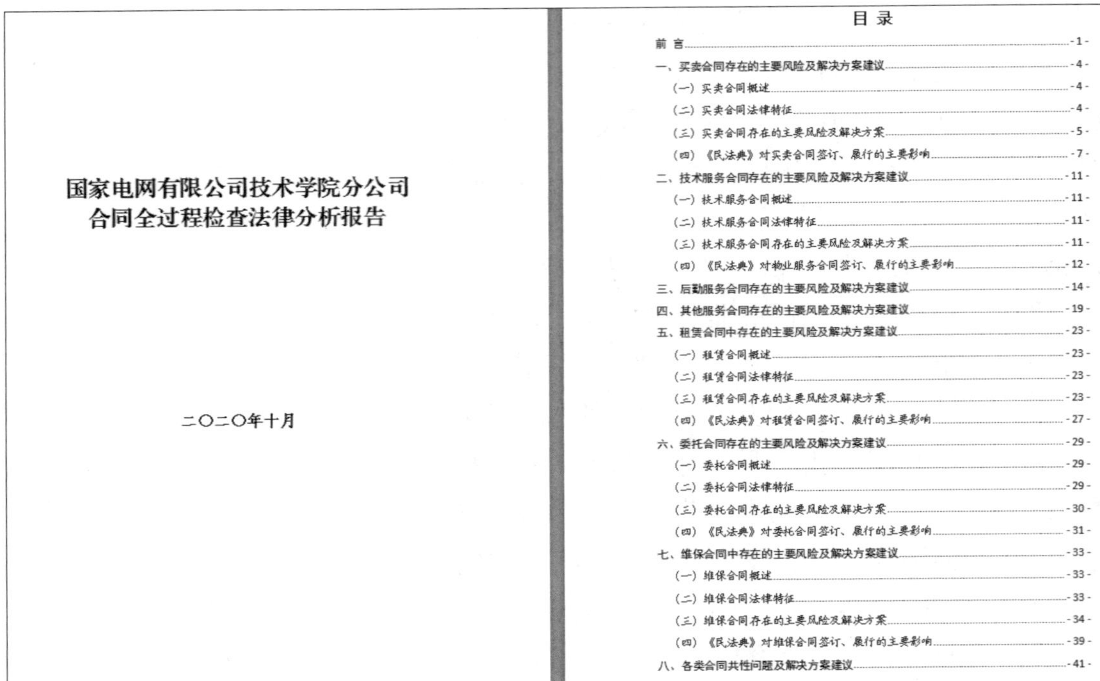

国家电网有限公司技术学院分公司
合同全过程检查法律分析报告

二〇二〇年十月

目 录

图 1　合同全过程检查报告

（2）编制合同风险清单和手册。一是全面梳理合同风险点，制定完善合同管理关键环节规范性文件，编制学院合同法律合规风险清单和合同风险防范手册，定期开展合同风险评估；二是以法律风险提示书为主要手段，加强疫情期间和重点领域合同风险与预警，编制《合同法律合规风险点清单》和《疫情期合同风险清单》（见图 2），有效防范经营风险。

（3）加强重大经营行为前瞻性研究。准确把握学院“十四五”发展总体要求，深入开展基础法律及合同关系研究，加强资本运作、数据商业化应用、基础资源商业化运营等新商业模式的合同架构及条款设计会商研究，参与重要业务开展过程中的合同谈判，充分预测合同履约风险，提升对学院重大经营决策事项的支撑和保障能力，力争实现对我方有利又能为对方所接受的“双赢”。

（4）加强合同文本与采购活动有效衔接。一是对于招标采购的项目，将合同文本审查前置，在采购阶段根据技术规范要求，组织相关业务管理部门完成合同重要条款审核，确保招投标文件和合同主要条款一致性；二是对于直接委托确定的合同项目，明确决策程序（重要合同经院长办公会决议，一般合同签报审批）和决策主要事项（合同主体确定的依据、定价标准和合同金额等）；三是加强合同对方当事人的主体资格和资信状况进行审查，确保其具备履约能力并符合资格要求，避免因主体不当形成缔约过失责任，或选择风险较大而收益不大的客户或交易。

合同法律合规风险点清单

序号	风险类别（一级）	风险类别（二级）	风险阶段	风险点名称	风险表现
11	通用类风险	合同主体	签订阶段	合同对方不具备主体资格	1. 合同事项不在对方营业执照经营范围之内，且违反国家限制经营、特许经营以及法律、法规禁止经营。 2. 合同对方没有或缺少相应的资质证书。 3. 合同对方为内设机构
12	通用类风险	合同主体	签订阶段	合同用章名称与合同当事人不一致	1. 合同打印名称为简称或少字、错字，盖章名称与合同对方名称不一致。 2. 合同打印名称为甲公司，盖章名称为乙公司。 3. 合同用章名称与营业执照登记名称不一致
13	通用类风险	合同主体	签订阶段	合同对方名称与采购结果不一致	1. 采购结果确定的成交人为总公司，合同盖章方为成交人的分公司且无授权。 2. 采购结果确定的成交人为母公司，合同盖章方为成交人的子公司。 3. 合同盖章方为与采购结果确定的成交人无关联关系的第三方
14	通用类风险	合同主体	签订阶段	合同双方在合同中为第三方设定权利义务	合同中的某项权利义务人非合同当事人，若其为权利人，其在合同履行过程中可能造成我方对接混乱、履行困难；若其为义务人，其可以拒绝履行该合同义务，致使我方权益受损
15	通用类风险	合同主体	签订阶段	第三方擅自以我方名义订立合同	1. 第三方没有代理权、超越代理权或者代理权终止后以我方名义与他人订立合同。 2. 第三方伪造我方企业印章、授权委托书等，假冒我方名义订立合同
16	通用类风险	合同主体	签订阶段	未严格审查合同对方资信状况和履约能力	1. 合同对方缺乏合同成立所必需的资质条件，可能导致合同无效。 2. 合同对方被有关部门列为黑名单或重点关注名单，影响其履行合同义务

编号：SGTC 法律风险（2020）

第 1 号法律风险提示书

提示事项	新冠疫情期间合同履行法律风险
送达单位	各相关部门
情况简述	当前，各地纷纷出台了针对新冠疫情的防疫政策和措施，企业的生产、经营活动不可避免受到了一定程度的影响。特别是大范围的管制性封锁，人流自主性隔离可能导致一些合同无法正常履行
法律风险提示	学院目前正在有序推进复工复产，合同履行不当势必会对学院正常经营产生影响或可能面临法律纠纷，如不可抗力适用，买卖合同延迟发货，工程合同工期延误，防疫物资合同实际交付标的物不符合标准，合同履行成本增加等风险
法律建议	1. 全面排查合同履约风险。合同承办部门按照业务类型。全面梳理，统计和汇总正在履行的合同。对于风险事项开展全面分析，既深入评估交易对方是否存在履约风险，同时客观审视我方履约能力，编制风险清单。发展部和其他业务主管部门要加强专业指导 2. 严格做好合同履约跟踪。一是招标前，加强合同相对方资信情况。履约能力审查，避免遭受欺诈或产生合同纠纷

图 2　合同法律法规风险点清单和法律风险提示书

（二）加强合同文本审核，切实提升合同审核质效

（1）进一步完善院校合同授权体系。按照精准授权、适度集约、有效管控的原则，分类建立起学院和电专两套相对独立的合同授权体系，确保合同授权全覆盖。一是授权依据更加规范，学院作为国家电网有限公司的非法人分支机构，根据公司法定代表人签署的授权文件，授权分公司负责人在学院经营范围签署合同，同时可转授权班子其他成员在其职责范围内签署合同。电专作为事业单位独立法人，由法定代表人授权班子其他成员在其职责范围内签署合同。二是授权额度更加精准，各类合同标的额不超过当年财务预算和综合计划。三是提升了合同签署效率，按照物力集约化要求，物资类统一授权物资采购分管院长签署，合同签署效率显著提升。

（2）优化统一合同文本体系。密切跟踪国家法律政策变化，聚焦主营、改革、新型业务等领域，结合学院经营发展实际，开展合同标准条款库建设，形成了以国家、地方有关政府部门制定并强制适用的合同文本和公司统一合同文本为统领，学院参考合同文本为补充的合同文本体系。编制常用合同条款填写说明，合同起草更加规范、高效。

（3）明确合同审查流程和重点。一是严格合同承办部门内部审核，切实发挥合同合规管理第一道防线作用。所有合同必须经过项目承办人、合同联络员和部门领导审核把关后，方可提交业务管理、财务、法律部门和分管领导审核。二是明确各部门审查职责、审查流程和期限，合同承办部门负责内部全面审核。物资采购部门负责审核合同事项及采购方式是否符合国家招投标法律法规及公司采购管理规定，合同实质性内容是否与采购结果一致。业务管理部门负责审核业务管理范围内的专业性、技术性合同条款。法律部门负责审核合同签订依据、内容、形式是否符合法律法规与公司规定，合同条款是否完备、严密、准确等。三是加强合同文本审核，明确审查重点。审查合同条款内容是否合法，合同主要条款是否完备，权利义务是否明确，是否满足交易需求进行约定，语言表述是否存在歧义，合同签订和用印是否规范。四是建立学院合同管理员队伍，强化合同审查把关，加强合同签订督办，防止合同超期和倒签。

（4）大力开展合同管理数字化建设。一是与财务系统集成方面，合同在经法系统起草时无资金预算无法发起合同起草流程；二是与ERP系统集成方面，ERP采购订单生成后，相关信息推送至经法系统，合同生效后，合同编号、服务供应商和资金支付比例等合同基本信息再回传至ERP，基本实现信息数据的双向互联互通；三是初步实现了经法合同内外网移动办公应用，合同审核更加便利快捷。

（5）开展合同管理提升培训。针对不同合同类型、业务、主体的需求和特点，以合同风险识别、评估防控为基础，开展多层级、体系化的合同管理提升培训。充分发挥利用国网学堂平台作用，组织线上培训，发放合同管理相关书籍，切实提升相关人员合同审查水平。

（三）强化合同履约过程管理，严肃监督考核

（1）强化合同管理与学院经营业务的融合。一是推进合同管理嵌入到物资、工程、培训、信息化等业务管理中去，促进合同管理与学院经营业务的融合；二是以推进业法融合为工作导向，主动适应学院经营发展新要求，深化数字化、智能化、信息化管理理念，建立融合法律、专业管理、财务、审计监督、纪检监察的大合同监督检查机制。

（2）加强履约过程管理。一是强化合同履行计划管理，合同签订生效后，各合同承办部门根据项目里程碑计划、现场实际需求、生产运输周期及合同约定交货期，编制梳理合同履约计划，合理倒签工期，及时与服务商联系，定期跟踪合同履约状态；二是严格合同验收支付，履约过程重要节点和履约完毕，由合同承办部门及时组织服务商和业务管理部门验收或第三方机构验收并签字确认；三是规范合同变更流程和依据，明确非实质性内容进行更改，合同签订数量和金额增加不超过 15%，可以直接签订补充协议；实质性内容变更，或增减幅度超过 15%，重新履行采购程序。

（3）加强违约行为过程法律保障。履约过程中出现违约、突发公共事件等，及时组织相关部门提前介入，及时采取有力措施，同时强化证据留存意识，及时止损。及时对违约事件分析与通报，及时进行典型案例教育，加强类案指导，充分发挥警示惩戒作用。

（4）完善违约问责与考核评价机制。一是完善合同违规责任追究制度，规范问责标准，强化问责刚性，严格追责；二是开展合同管理运行评价，将合同签订和履约情况纳入部门业绩考核；三是强化对评价结果改进情况的反馈与考核，根据相关监管要求及时改进完善合同管理工作，提高合同管理水平。

三、项目实施效果

“事前预防、事中管控、事后补救”的“全链条”式合同管理机制建设实践后，经过持续优化，形成了成熟的合同管理机制。学院始终坚守契约的平等、诚信、责任等价值，严守商业伦理和道德，推动合同管理机制不断健全、制度不断完善、流程不断优化，达到了预期的效果，有力保障了学院稳健经营。

（一）合同审核质效显著提升

合同审核依托经法系统的全程在线办理，统一合同文本的使用和清晰的合

同审核流程有效节约人力成本，合同流转时间较之原线下审核缩短了 50%，解决了泰安校区原来异地签字审核带来的不便，平均流转时间缩短为 3.7 天，合同管理“三道防线”作用的发挥更加充分，合同承办部门专业审核把关能力显著提升，形成了权责清晰、各负其责、齐抓共管、协同联动的良好局面。使合同条款更加规范，更加符合项目实际，合同审核质量显著提升。全年合同上线率 100%，合同审核率 100%，切实做到了“应审尽审、应核尽核”。

（二）合同管理更加精益规范

合同管理由原来只注重合同文本审核“一点”向合同起草准备和履约过程“两头”延伸，形成了合同谈判起草、审核、签署、履行支付、归档和评价全过程闭环管理机制，实现了业务全部覆盖、流程全面规范。同时，日常监督、专项检查与年度检查相结合，有效避免了合同与招标文件不一致、合同超期倒签、随意变更和不充分履约等违规行为，合同方的服务更加优质及时，实现了对我方有利但又能为对方获益的“双赢”。

（三）合同违约风险逐年降低

通过重大经营行为前瞻性研究和合同风险清单，在合同订立前期充分预测合同履约风险。通过下发法律意见书、法律合规风险提示书等措施，规范学院经营管理行为，及时消除风险隐患。通过违约过程法律保障，及时止损。既有防范风险的先手，又有应对和化解风险挑战的高招。合同风险可控、能控、在控。全年未发生因合同违约事件造成的经济损失，有力保障了学院稳健经营。

世界一流财务公司总体目标下的合规管理路径研究

中国电力财务有限公司

一、中国电财合规管理面临新形势和新要求

建设世界一流企业是全面建设社会主义现代化国家的重大任务，是新时代赋予中央企业的光荣使命，也是一项国家战略。国家电网公司坚持高标站位，系统谋划，有力有序持续推进世界一流企业建设，中国特色国际领先的能源互联网企业建设不断取得新进展。为落实国家电网公司加快建设世界一流企业的决策部署，主动融入国家电网公司发展战略，中国电力财务有限公司（简称中国电财）确立了大力推进世界一流财务公司建设的总目标。

（一）世界一流财务公司需要一流的合规管理

为早日全面建成世界一流财务公司，中国电财制定了加快建设世界一流财务公司行动计划，确立了2025年基本建成“产品卓越、品牌卓著、创新领先、治理现代”的世界一流财务公司和2030年全面建成“产品卓越、品牌卓著、创新领先、治理现代”的世界一流财务公司的目标，最终实现核心竞争力大幅提升，经营实力、服务实力、科技实力显著增强，成为现代财务公司样板。世界一流财务公司的建设给当前中国电财经营管理的方方面面指明了新方向，提出了新要求。合规管理作为“治理现代”和“平安电财”建设一项重要内容，需要主动瞄准新方向，跟进新要求，迈出新步伐。

（二）严监管给中国电财带来了明显的合规管理压力

近年来，我国金融行业监管机构对金融机构的监管力度持续加大，监管检查和监管处罚成为加强监管力度的重要手段，因合规问题受到监管处罚的银行机构不胜枚举，2021年中国银保监会全年处罚国内银行保险机构3870家次，处罚责任人员6005人次，罚没金额合计26.99亿元。2021年中国人民银行全年共检查银行业机构600家，完成对365家违规机构的行政处罚，罚款2.61亿元，处罚个人697人，罚款1611万元，两项合计2.77亿元。监管部门公开的行政处罚案由，绝大部分都是涉及合规问题，合规已经成为一条监管红线和底线，监管对中国电财的合规管理提出了高标要求。

（三）中国电财合规管理要积极对接国资委对央企合规管理的新要求

加强合规管理，是打造法治央企、建设世界一流企业的重要保障。为加快

建设世界一流企业，2022年国资委修订印发了《中央企业合规管理办法》。中国电财需要按照国家电网公司的统一安排，加快对接国资委对央企合规管理的新要求，加快对接国家电网公司合规管理工作的新部署，积极深化合规管理工作，努力实现高质量发展，积极为国家电网公司加快建设世界一流企业作出电财贡献。

二、合规管理需要仔细厘清的几个基本概念

尽管监管和实践对合规管理十分重视，但对合规管理相关的理论探讨相对不多，实践中对合规管理往往存在认识不清、认识片面和认识不足的问题，因此，有必要先从基本概念入手，对合规管理和相关管理工作从理论上进行辨析，厘清它们之间的联系和区别，进一步厘清各自工作界面。

（一）合规、合规风险和合规管理

合规的内涵和要点。合规是指使商业银行的经营活动与法律、规则和准则相一致。简而言之，合规就是合乎规定，其要点是知规懂规，合规首先对“规”做到心中有数。目前来看，中国电财合规管理中的“规”至少应包含四个层面的内容：一是普遍适用的法律，二是行业层面的监管规定和要求，三是国际条约、国际监管机构或具有引导性国际自律性组织制定的法规、协议、准则，四是国家电网公司和中国电财制定的规章制度、业务文件等。有效的合规管理首先要求对以上四个层面的内外规内容作出准确解读和充分消化，如果解读和消化不到位，缺乏或甚至不了解相关规定，则大概率会引发合规失控、经营失范的问题。

合规风险概念和要点。合规风险是指商业银行因未能遵循法律、规则和准则而可能遭受法律制裁、监管处罚、重大财务损失或声誉损失的风险。把握合规风险的内涵需要重点把握合规风险的危害。合规风险作为银行机构风险管理的核心，管理不善会导致多种严重后果。一是法律制裁，二是监管处罚，三是经济损失，四是声誉损失。

合规管理的概念和要点。合规管理是商业银行的一项核心风险管理活动，商业银行合规风险管理的目标是通过建立健全合规风险管理框架，实现对合规风险的有效识别和管理，促进全面风险管理体系建设，确保依法合规经营。把握合规管理的内涵需要重点理解合规管理的三个特性要求：一是全面合规，二是有效合规，三是持续合规。

（二）合规管理与风险管理

通常而言，商业银行的风险管理对象主要包括信用风险、市场风险和操作风险“三大风险”，此外还包括流动性风险、战略风险、利率风险、国别风险、声

誉风险、信息科技风险和其他风险。厘清合规管理和风险管理的关系可以从两个方面来把握：一是合规管理与风险管理的关联性。合规风险与信用风险、市场风险、操作风险和其他风险有较强的关联性。操作风险往往由合规风险引发，并可能导致信用违约即信用风险，甚至引发更大范围的市场风险。合规风险相对三大风险而言是更为基本的风险。二是合规管理与风险管理的区别。从风险容忍度上看，“三大风险”可以设定各自的容忍度，而合规风险的容忍度是零，必须合规。从风险的成本抵补上看，“三大风险”可以计入成本，可以考虑偿付避险和用资本去覆盖，而合规风险难以计入成本，难以用资本去覆盖。从风险的影响动因上看，信用风险、市场风险很大程度上源自外因，而操作风险有内因、外部欺诈、内外勾结的情况，而合规风险主要是商业银行内部行为主导，内因是主导。

总体而言，合规管理定位为商业银行一项核心的风险管理活动，合规管理具有基础性，是风险管理的基本要求，合规是底线。风险管理则要求采取定性和定量相结合的方法，对各类风险进行识别、计量、评估、监测、报告、控制和缓释。相对而言，合规管理偏基础、偏执行层面，风险管理偏管控、偏技术层面。从监管实际看，监管部门的监管遵循风险为本理念，严守不发生系统性金融风险的底线是其监管核心目标，为实现这一核心目标，监管部门在具体监管中往往把监管重点落到合规监管上，合规监管成为监管的重点。

（三）合规管理与内部控制

合规管理主要着眼对不合规行为的管控，通过对合规风险的识别、监测、检查和报告，合规培训的开展，合规文化的培育，违规惩戒的实施等方法，确保内部组织和人员严格遵循法律、法规、准则和内部规章制度，合规管理是“主动依法合规经营”，同时也是“主动管理合规风险的动态循环过程”。

内部控制的起源于财务管理领域的内部牵制概念，当代的内部控制理论以《内部控制整合框架》（COSO）为基石，内部控制被定义为是一个由企业董事会、管理层和其他人员实施的过程，旨在为下列目标提供合理保证：一是财务报告的可靠性，二是经营的效果和效率，三是符合适用的法律和法规。我国商业银行内部控制要求与当代内部控制理论保持了一致，内部控制是嵌入商业银行经营管理过程的一个“动态控制过程 ”，商业银行的内部控制不是一个独立的存在，而是与合规管理等风险管控活动有机结合。

合规管理与内部控制有着密切的关系。一是合规管理与内部控制含义相通、作用相辅。二是合规管理与内部控制目标相近、实质统一。三是合规管理与内部控制的内容相似、过程相联。四是合规管理与内部控制方法趋同、切入点一致。

三、中国电财合规管理的框架模型

通过对合规管理相关工作的理论辨析，我们在研究中初步勾勒出了一个可供参考的中国电财合规管理框架模型，简单概括为“三个抓手、三项保障”。其中，“三个抓手”是指抓实事前制度建设、抓好事中机制运行、抓严事后监督整改三大要点。“三项保障”分别是落实合规管理的组织保障、文化保障和技术保障。

（一）构建合规管理事前、事中、事后的全程动态循环

抓实合规事前制度建设。合规管理要“制度先行”。制度建设主要包含两方面的工作内容：一是要建立以基本制度、业务管理制度、专项合规管理制度等为主体的分级分类制度体系，同时根据法律法规、监管政策变化以及实际执行过程中发现存在的问题及时对规章制度进行修订完善，保证外部法规政策转化为内部规章制度的及时性、完整性、准确性，保证公司内部规章制度对各项业务风险控制的有效性、及时性，做到“外规内化、内规优化”；二是要组织开展对各类制度的宣贯、培训和学习。合规首先要知“规”懂“规”。制度培训要常态化，培训学习要全面覆盖各类制度，特别要重点开展好对新制度的培训宣贯。制度培训要全员覆盖，从高管到员工都要有与工作要求相匹配的培训学习安排，要重点对新员工、新换岗人员、新任管理人员、高风险部门人员和关键岗位人员的培训。

抓好合规事中机制运行。事中运行机制主要包括合规识别、合规审查、合规防控、合规报告、合规举报等工作内容。一是要建立合规风险识别评估预警机制，定期收集整理经营管理活动中的合规风险，建立合规风险数据库、案例库，对风险发生的可能性、影响程度、潜在后果等进行分析，对典型性、普遍性或者可能产生严重后果的风险及时预警。二是要将合规审查作为必经程序嵌入经营管理流程，要加强重大决策事项的合法合规性审查审核，要强化综合职能和业务管理部门对职责管理范围内的合规审查，落实各层级的合规审查责任。三是强化部门协同，形成合规防控合力。通过加强部门协同建立合规管理的“三道防线 ”。合规管理第一道关口在前台业务部门，业务部门的专业管控就形成了合规管控的“第一道防线”。合规管理部门位于“第一道防线”之后，通过合规审查等方式形成相对独立的“第二道防线”。审计监察部门通过对“第一道防线”和“第二道防线”的合规性审计、检查、督导形成了相对独立的“第三道防线 ”。四是落实好合规风险报告工作，包括全面、真实、及时、完整地报告合规风险，明确合规风险报告的频率与路径。五是保障落实好合规举报机制，设立违规举

报平台，公布举报电话、邮箱或者信箱，按照职责权限受理违规举报，并就举报问题进行调查和处理，同时对举报人的身份和举报事项严格保密，不对举报人进行打击报复，对举报属实的举报人可以给予适当奖励。倡导诚信举报，鼓励真实、及时、源自身边的反馈和报告。

抓严合规事后监督整改。事后监督整改主要包括合规评价、合规考核、合规检查、合规整改和合规问责等工作内容。一是要定期开展合规管理体系的有效性评价，针对重点业务合规管理情况适时开展专项评价，把内部部门和内部单位合规管理工作情况列入年度专项绩效考核。二是要组织专业条线和独立审计监察等条线的合规审计和检查。三是强化对违规问题的整改，确保“真改、改到位”，通过扎实整改健全规章制度、优化业务流程，堵塞管理漏洞。四是建立违规行为追责问责机制，明确责任范围，细化问责标准，针对问题和线索及时开展调查，按照有关规定严肃追究违规人员责任。要建立内部部门和内部单位违规和员工履职违规行为记录制度，将违规行为性质、发生次数、危害程度等作为考核评价、职级评定等工作的重要依据。

（二）落实合规管理组织、文化、技术三项保障

落实好合规管理的组织保障。一是明确了党委、董事会、经理层在合规管理中的职责，指出党委发挥把方向、管大局、促落实的领导作用，董事会充分发挥定战略、作决策、防风险职能，经理层切实履行谋经营、抓落实、强管理职能。二是提出企业主要负责人作为推进法治建设的第一责任人，应切实履行依法合规经营重要组织者、推动者和实践者职责。可以根据需要设立合规管理委员会和首席合规官，对主要负责人负责。三是明确了业务及职能部门、牵头部门、监督部门在合规管理中的职责分工，业务部门是本领域合规管理责任主体，负责日常相关工作；合规管理部门牵头负责合规管理工作；纪检监察机构、审计、巡视巡察、监督追责等部门在职权范围内履行监督职责。

落实好合规管理的合规文化保障。合规文化是合规管理的重要保障。合规文化建设可以从领导专题学习、合规培训和宣传教育三个维度，以具体多样的方式方法推进。一是合规管理要纳入党委法治专题学习，推动领导人员强化合规意识，带头依法依规开展经营管理活动。二是建立常态化合规培训机制，制定年度培训计划，将合规管理作为管理人员、重点岗位人员和新入职人员培训必修内容。三是及时发布合规手册，组织签订合规承诺，强化全员守法诚信、合规经营意识。

落实好合规管理的技术保障。合规管理需要信息技术的坚强支撑保障。合规管理需要建立合规管理信息系统，系统建设可以围绕以下四点推进：一是将规

章制度、合规案例、合规培训、违规记录等纳入信息系统；二是运用信息化手段将合规要求和防控措施嵌入流程；三是加强合规管理信息系统与财务、核心业务、采购等其他信息系统的互联互通，实现数据共用共享；四是积极利用大数据等技术，加强对重点领域、关键节点的实时动态监测，实现合规风险及时预警、快速处置。

四、推进一流合规管理建设的路径建议

（一）党建引领，用合规文化凝聚合规合力

合规建设必须坚持党建引领。要发挥党建引领在合规文化建设中的主导作用。合规文化建设是合规管理的重要保障，合规文化对员工行为具有示范、引导、规范作用，这种作用通过其他举措和方式往往难以实现。合规不能局限于制定了多少制度，推出了多少措施，要着眼于全体员工合规理念的树立和合规行为的养成。只有将“合规人人有责、合规创造价值”“时时合规、事事合规、人人合规”等合规管理理念灌输到员工的头脑中，使合规成为大家内心的信念，“内化于心，外化于行”，才能保证干部员工在经营管理和业务操作中不违规，避免“口头合规”“表面合规 ”。

（二）压实责任，抓层层协同密织合规防线

要明确各级合规责任。要积极落实“管经营必须管安全，管业务必须管合规”的要求，在领导班子安全责任“两个清单”中，明确相关合规管理责任的清单内容。班子成员的合规安全责任清单任务要分解落实到全员安全责任清单中，班子带头，各部门、各单位、各岗位依次跟进，层层压实安全责任，层层落实“心中有敬畏、行事有底线”，层层树立“防控风险人人有责”，层层践行“合规管理从我做起”。

（三）科技赋能，以智能应用提升合规效能

提升对合规制度管理的技术支持。适时组织开发制度库管理模块，建立制度库，实现合规制度体系管理的智能化应用，实现按照制度业务类型、制度效力层级、制度有效性等多个维度的分类检索，以及对制度数据进行全文关键字检索；利用制度库进行制度全流程管理，制度立项、审查、废止等流程环节均在制度库中完成。为方便学习与执行，从总部到基层设置授权可查人员，通过加水印、限制下载渠道等方式强化制度保密管理。提升合规管控的数字化技术支持，加大系统刚性管控是解决屡查屡犯问题的有效途径，需要组织对屡查屡犯问题的专项梳理，并在业务系统及中后台系统中进行优化，实现系统的刚性控制，从根本上杜绝屡查屡犯问题。

（四）深入排查，抓隐患消除补齐合规短板

认真开展隐患排查。坚持“风险导向”，组织重要领域关键环节风险点排查，定期发布风险点清单，为管理条线和业务条线开展日常合规管控提供便利。定期开展隐患大排查和合规风险识别工作，检查评估各部门、各单位、业务条线、客户、产品、员工中是否存在潜在隐患和风险，动态掌握内外部审计、外部监管发现的违规问题和合规风险事件。

扎实推进问题整改。突出“问题导向”，全力抓问题整改，确保问题“真改、改到位”。整改一要“治标”，针对发现的问题和潜在风险，立即采取措施纠正，“未雨绸缪”防止因小失大；二要“治本”，对于普遍性的合规问题，要针对产生问题的根源，切实采取措施进行系统性、全面性的整改，通过修改完善相关制度、调整规范操作流程，嵌入信息系统控制，实现“制控”“程控”和“技控”，真正消除合规隐患，补足合规短板。

严格开展合规问责。要建立健全合规问责配套制度，严格开展合规问责。问责的目的在于处罚、惩戒违规失职行为责任人，警示教育干部员工，进而增强全员的合规责任意识。

（五）建设机制，着眼长效筑牢合规屏障

合规管理贵在坚持、贵在长效。要着眼长效，积极开展建立健全合规建设长效机制的探索：一可以持续强化“学讲懂”，建立常态化制度学习宣贯机制；二可以持续强化“专业检查”，建立常态化专业管理检查机制；三可以持续强化“审计监督”，建立常态化审计体检工作机制；四可以持续强化“专项整治”，建立常态化专项问题整改提升机制；五可以持续强化“考核问责”，建立常态化问题考核奖惩机制，通过长效机制建设，真正建立起“不想违”“不敢违”“不便违”“不能违”的合规管理长效约束，使依法合规和“不越底线、不碰红线”成为全体员工的自觉行动，永葆中国电财基业长青。

二、创新经验

合规管理创新经验

国网北京市电力公司

合规管理是企业健康持续发展的生命线。为贯彻落实国务院国资委《中央企业合规管理办法》和国家电网公司合规管理各项要求，国网北京市电力公司（简称公司）深化合规体系建设，创新开展多层次、全方位合规宣教，借助“互联网+”打出系列组合拳，推出形式多样、喜闻乐见的合规宣传教育活动，打破了传统合规宣教模式，有效提升干部员工合规管理意识和能力，形成公司特色合规文化。

一是发布“漫画说合规”8 期。组织法律顾问手绘漫画，图解合规知识和管理要求，在“法治电网”公众号发布“漫画说合规”8 期，点击阅读量 5500 余次，受到广泛好评。二是出版《漫画说合规》。系统解读合规大事件、合规的起源、合规本土化、电网企业说合规、重点领域说合规、合规运行及保障，形成公司特色合规宣传手册。三是制作合规宣教视频 9 期。出品《合规行为准则》宣贯 MV，由员工创作和演唱；制作专题动画，宣传合规工作机制，解析典型案例；拍摄专题片，结合主营业务宣贯合规最新要求。四是制作合规有声课件 8 期。由法律顾问配音讲解合规管理知识和要求，突破传统培训班受众人数限制，有力支撑全员合规培训，有效推动合规管理知识宣传普及。

电网企业基于合规管理体系的“业”“法”融合管理

国网天津市电力公司

一、背景和目的

国网天津市电力公司在建立合规管理工作机制的基础上，积极探索基于合规管理体系的“业”“法”融合，构建合规管控运行融合机制，推动合规管理体系有效运转。

二、主要内容

运用流程管理等理论，借助 PDCA 管理工具，将法律法规与业务管理要素相融合。试点先行，探索业法融合有效途径，推广完善，建立融合机制，推动合规管理“三道防线”融合贯通。

三、主要创新点

一是专业协同。打破专业壁垒，专业人员合规意识得到激发，合规管理作用得到认可，成功打造合规文化。

二是防控风险。查找法律风险点 157 项，进行法律审核论证，规范服务承诺标准，18 项业务在市政服务网站上线。

三是夯实基础。统一基础业务表单，简化业务环节和资料，提高业务管理规范性，满足合法合规要求。

四是成果推广。成果操作性、实用性极强，对国家电网公司系统各省公司同质化业务具有极佳的推广、复制效果。

四、成果应用及初步成效

该成果已在国网天津市电力公司全部营销领域应用，运检、建设应用覆盖面达到 30%。建立营销合规工作组，有效解决了电力设施迁改申请主体合法性等重大合规问题。合规管控运行融合机制经合规管理实施细则制度固化并常态运转。

合规体系下的营销项目精益管理创新与实践

国网天津市电力公司营销服务中心

一、背景与目的

国网天津市电力公司营销服务中心（简称中心）坚持以习近平新时代中国特色社会主义思想为指引，贯彻习近平总书记在天津考察指示精神，深入学习习近平法治思想，持续深化市场营销领域合规管理，实现公司市场营销专业在新时代背景下法律风险识别、防范、化解能力的全面提升。

二、主要做法与创新

2020 年，中心通过深度调研，查摆剖析问题，启动营销项目合规精益化工作，建立总部通用制度落地模式创新机制，打造“天津范式”。三年以来，中心坚持以机制健全评价管理成效，主要采取以下措施：一是提升项目立项效率，建立项目立项预审机制。二是提高项目实施质量，建立会商评审机制，创新市场营销信息诉求搜集平台，实现多业务融合。三是规范项目过程管理，细化省公司级营销项目管理流程、规范。四是防范法律风险，以制度固化两级合规工作组机制。五是实现管理闭环，建立合规监督检查和后评估机制。

三、取得成效

一是深化“业”“法”融合，营造合规文化，市场营销专业人员管理观念发生深刻转变。二是创新机制方法，助力顶层设计落地，提高制度质量，解决通用制度“不落地”和“落不了”等执行难题。三是聚焦效率效益，规范营销专业管理，实现项目质量可控在控，经营风险有效防控，投资效益效率能控。

架空线路巡视过程中的工作资料留痕合法性研究及外力破坏证据搜集指导

国网天津市电力公司滨海供电分公司

一、背景

随着全民法律意识的提高及公司依法治企的逐步深入，法治规范融入业务前端，法律保障嵌入业务流程在企业发展中起到至关重要的作用。

二、目的

基于专业需求，我们选取了高压输电专业，通过跟随专业巡线、检修，结合目前外力破坏的司法实践案例，分析法律风险点，予以调整和完善，以实现法律与核心专业的前端融合。

三、主要内容

基于输电专业巡线及电力设施保护工作的主要内容，通过现状分析，深入挖掘实际工作中的法律风险点，提出风险管控措施及管理建议。同时形成外力破坏事故发生后索赔证据清单，指导一线人员第一时间保存证据。

四、创新性

此次研究是业法融合、滨海公司合规管理的举措之一。具体入微地结合核心专业直击管理风险要点、痛点，具有可操作性及极强的指导意义。

五、应用情况

外力破坏证据搜集指导已经应用到滨海公司处理外力破坏事故的实际工作中。其他管理性意见，运检专业已结合本专业特点持续改进完善中。

六、初步成效

此类事故的处理及诉讼，在滨海公司已形成完善机制，成果明显。滨海公司主动起诉的此类案件胜诉率、执行率均为100%。

“互联网 + 印章”智慧管理系统项目研究报告

国网河北省电力有限公司

为防范印章保管不当、监管松懈、私自违规用印带来的法律合规风险，国网河北省电力有限公司研发了“互联网 + 印章”智慧管理系统，通过物联网技术有效规范印章管理。

智慧印章管理系统通过物联网技术打通了实体印章—信息系统—印章使用人之间的信息交换，实现了印章的智能监管。该系统主要具有以下特点：

一是安全防护。印章终端将印章安装在智能闭合锁内，未完成线上用印审批，则不能按压用印，确保了印章使用的安全管控。二是用印留痕。印章终端安装了两个高清鱼眼摄像头，在用印的一瞬间，同时拍下用印人和用印文件，并将拍摄照片、用印时间、GPS 定位地点等数据上传公司内网云存储平台。三是互联互通。印章终端内嵌物联网卡，通过无线信号和公司内网智慧印章管理系统相互联系。用印人完成系统用印审批后，系统发出无线信号，用印人必须在特定时间和用印次数内对完成用印。

2020 年 10 月，“互联网 + 印章”智慧管理系统完成开发和测试，国网河北省电力有限公司省市县三级 12 家单位将合同专用章试点应用，实现了合同专用章的信息化、智能化管理。

电网企业违规警示案例库

国网山西省电力公司

一、背景及其工作目的

近年来，行政机关全面推行“双随机一公开”执法，外部监管日趋严厉。为进一步加强公司合规管理，国网山西省电力公司（简称公司）法律部搜集整理电网企业近几年被行政处罚的违规案例 40 个，梳理、汇总形成《电网企业违规警示案例库》（简称《违规警示案例库》），有效防范业务违规风险。

二、主要内容及创新性

《违规警示案例库》旨在以案释法，有效指导各单位剖析风险成因和管理问题，从每一起违规案例中吸取教训，自觉遵章守纪，树立“合规从业、合规立身”理念，主动识别、避免合规风险。

《违规警示案例库》主要涉及安全环保、电网建设、财务税收等重点业务领域，各个领域以“违法行为类型”维度进行划分，每个案例包括案涉单位、行政处罚决定文书号、简要案情、法规索引等内容。

三、应用情况及初步成效

《违规警示案例库》经公司董事长批示，组织有关部门开展集中学习宣贯，通过《党委中心组学法参考》《合规信息简报》动态发布，组织开展重点业务典型案例说讲活动，在公司月度例会上分别由财务、安监、设备、营销、建设、法律部负责人以案说规，针对具体纠纷案件或违规案例，剖析风险成因和管理问题，加强警示教育。公司各级单位也应用《违规警示案例库》，开展了宣讲活动。

国有企业混合所有制改革合规操作手册

国网山西省电力公司

一、背景和工作目的

混合所有制改革是新一轮国企改革的重点，也是国企改革三年行动的一项重要任务。为进一步厘清混合所有制改革的理论基础和政策脉络，国网山西省电力公司法律部系统研究学习 5 部法律法规、45 份政府文件、15 本学者专著，历时 5 个月，经过 10 次讨论、20 稿修改，编制完成《国有企业混合所有制改革合规操作手册》（简称《合规操作手册》）。

二、主要内容及创新性

《合规操作手册》包括基本知识、政策解读和实施操作三部分内容，重点针对混合所有制改革相关易混淆概念、股权设计和企业治理结构调整、健全市场化经营机制和激励机制、实施混改操作流程等方面，采取一问一答的方式梳理分析，将重要的概念、原则、政策进行全面解读，系统解答了混合所有制改革相关的重要问题。

三、应用情况及初步成效

由于混合所有制改革专业性、政策性强，各部门、各单位通过集中学习和深入研讨《合规操作手册》，进一步理解和掌握了改革内涵，夯实了理论基础。《合规操作手册》也为各部门、各单位积极参与和依法合规推进混合所有制改革提供了有力的支撑。

规范行为指引　厚植合规文化

国网江苏省电力有限公司南京供电分公司

一、背景及目的

根据《关于进一步深化法治央企建设的意见》《中央企业合规管理办法》《中央企业合规管理指引（试行）》《国家电网有限公司合规管理办法（试行）》等文件的精神，全面推进“三全五依”建设，提升依法治企能力和合规管理能力、有效保障公司依法治理及合规经营是中央企业的重要工作内容。

国家电网有限公司作为公用事业领域的中央企业，已经初步建立合规管理体系，颁布《国家电网有限公司合规管理办法（试行）》，并构建了合规制度框架；国网江苏省电力有限公司下发《国网江苏省电力有限公司合规管理实施细则》，对下属企业合规管理体系建设提出明确的要求。国网江苏省电力有限公司南京供电分公司（以下简称南京公司）作为国网江苏省电力有限公司的分支机构，模范践行合规理念是南京公司全体成员的责任。

二、主要做法及创新性

电力供应面向社会，服务于社会生产和居民生活，具有公用事业性质，公司的行为将影响众多利益相关者的利益。南京公司合规要求从利益相关者保护的视角出发，规范自身的行为，利益相关者的权益既是公司工作的出发点，也是落脚点。每一个单位、每一个部门、每一位成员，都要时刻遵守和执行。2020年，南京公司编制并发布《公司成员合规行为指引手册》，旨在指导员工更好地贯彻落实合规管理要求。

《公司成员合规行为指引手册》是南京公司对合规管理的细化要求，致力于在合规意识层面给予启发，在合规管理执行层面给予指导。要求南京公司全体成员理解并掌握合规理念以及要素，知悉每一合规领域的合规要求，以符合国际通行规则、较高的商业道德和标准服务客户，关注公共利益，使南京公司在依法开展经营活动的同时，能有效防范合规风险，培育合规文化，并维护良好社会形象。

该手册覆盖8个通用合规领域和8个重点合规领域，每个领域包含合规要求、典型案例、行为指引等部分，为公司全体员工自觉践行合规要求提供了行动指南。

三、应用及成效

为落实业务部门第一道防线职责，南京公司积极开展合规管理培训，2020年度线上培训2次、线下培训8次，实现合规培训全员覆盖。同时，通过发放指引手册，引导员工主动学习合规知识，掌握合规管理技能，提升识别应对合规风险的能力，推动“合规立身”深入人心。

随着合规管理的深入推进，全员合规意识和认知水平不断提升，法治意识不断增强，流程执行顺畅有效，经营管理更加合法合规。

合规管理体系在基层落地的创新实践

国网浙江省电力有限公司

国网浙江省电力有限公司以嘉兴海盐县供电公司为试点，从优化组织架构、搭建合规风险库、编制合规手册、营造合规氛围等方面着手，促进合规管理体系在基层落地，全面提升合规管理能力。

一是搭建合规管理网络，压实合规管理责任。在合规管理委员会下增设7个重点领域工作小组和1个合规管理监督小组，打造以重点领域合规管理小组为“大网格”、以业务部门加党支部为“小网格”的基层合规管理网络，落实合规工作职责，合规管理组织体系不断完善。二是一评一库一册，建立风险识别预控机制。梳理历年巡视巡察、审计发现的问题，通过专业机构设计测评模型框架，组织员工开展合规风险测评，建立合规管理风险库，编制各领域《合规管理指导手册》，明确各环节的合规要求、合规依据和合规风险，合规风险识别预警能力有效加强。三是强化三道防线，推动合规管理机制运行。加厚第一道防线，将四眼原则[1]贯穿业务流程，建立业务分级审核制度。垒高第二道防线，加强合规管理人员合规培训，让合规管理人员参与到各领域合规风险识别及合规指导手册编制过程中，提升合规管理能力。拓宽第三道防线。加强职能部门条线检查信息共享，实现一次检查多线监管。合规管理监督小组实施随机检查，并赋权考核，以高压态势提升合规刚性执行力度。

[1] “四眼原则”源于西门子的管理制度，又称“四眼”管理原则，是指所有的重大业务决策都必须由技术主管和商务主管共同做出决策，以保证运营战略能平衡商业、技术和销售等方面的风险。

协同规范　推陈出新
提升重大决策合法合规性审核质效

国网浙江省电力有限公司

一、背景目标

国网浙江省电力有限公司（简称浙江公司）秉承“走在前、作示范，打造示范窗口”的理念，全面贯彻国网通用制度，落实吕海平总法律顾问提出的重大决策合法性审核工作浙江要先试先行的要求，在制度宣贯落实、涉法审核能力提升、审核流程信息化等方面，创新“细化审核要点、固化审核流程、优化审核效率”三大重要举措，主动试点、开拓探索，切实推进合法性审核工作，提升审核质效，控制决策风险，努力实现重大决策合法合规性审核率“高质量、高效率的 100%”目标，助推具有卓越法治力的法治国网建设，保障企业发展行稳致远。

二、主要创新内容

（一）“清单、指引、案例库”三位一体细化审查要点

（1）建立审核内容细化清单。浙江公司结合本单位 2017 年以来三重一大决策议题实际，从会议类型、申请部门以及典型议题表述三个维度开展分析形成“浙江公司合法合规性事项清单”试行稿，以确保“重大议题应上必上、合法合规性审核应审必审”。

（2）编制重点事项审核指引。浙江公司通过梳理各类事项审核要点，选取部分重要事项进行总结归纳，编制专项指引，如涉及职工切身利益类、对外投资类重大决策合法性审核的等，共计提出审核要点建议 15 项，罗列审查依据（法律法规、规章制度等）112 项，以便法律顾问查询使用，提高审核精准度。

（3）构建典型审核事项案例库。结合公司三重一大决策议题情况，全面梳理重大项目、重大资金安排、员工奖惩、省管产业单位改革等事项的典型合法合规性审核法律意见书，组织评选优秀法律意见书。通过专题会议、专项培训等方式进行学习宣贯，交流互通。

（二）“事前、事中、事后”全过程固化审核流程

（1）试点将审核流程嵌入协同办公系统。决策前，通过信息化系统的创新，公司将重大决策合法性审核纳入协同办公上会议题申请流程，实现了意见审查

及审核申请书、法律意见书在协同办公系统流转。对法律意见书实施线上、线下同步登记管理、备案归档制度，严格实行一文一号、一文一档，做到审核结果痕迹化。

（2）列席决策会议实施审核。决策时，根据浙江公司相关议事规则以及三重一大决策制度，公司本部总法律顾问以及各下属单位法律归口管理部门负责人常态化列席本单位涉法事项决策会议，发挥法律顾问对重大决策中的重要作用。

（3）实施协同监督开展事后管控。决策后，公司在重大决策执行阶段，继续开展合法性监督，对审查工作形成闭环管理。除将审核率纳入对标指标体系进行管控外，公司还将重大决策合法性审核制度执行落地情况纳入企业负责人年度绩效、依法治企检查、审计、党风廉政建设责任制考核以及巡视巡察中，形成合力开展事后监督。

（三）“分级审查、时限管控”双向发力优化审查效率

（1）分级区分审核方式。审查方式主要以内部法律顾问书面审查为主，辅之以调查研究、外委咨询等审查方式，必要时通过召开座谈会、论证会的形式开展审查。试点开展重大决策事项分级，将所有审核事项分为三个等级，并逐级设置对应的审查方式，如一级事项需“外委咨询＋书面审查”、二级事项需“内部会商＋书面审查”、三级事项仅需书面审查。

（2）分段管控审核时限。浙江公司为兼顾审核工作科学性和效率性，按照制度规定的Ⅰ类和Ⅱ类事项，明确合法性审核时限，遇有复杂事项可视情况延长2至5个工作日。公司按照前述分级，设置审查时限，对三级事项要求在2天内完成审查工作，二级事项在4天内完成审查，一级事项在五至七天内完成审查工作。

三、应用情况及初步成效

浙江公司及各下属单位全面执行国家电网公司的制度要求，在重大决策合法性审核工作中，先试先行、协同规范，不断探索、推陈出新，形成典型经验5项，制定下发相关文件2项，组织开展培训314人次，围绕“实用性、实效性、实际性”构建了重大决策合法性审核的知识库、案例库和人才库。

2022年度，浙江公司系统各单位对重大决策事项进行涉法审查并针对涉法的决策事项审核出具法律意见书3511份，完成重要文件合法合规性审核2120份，完成重要商务合法合规性审核咨询2987份，合法性审核率达到100%，全面适应了依法治企与合规管理的要求，有效防范了公司经营管理中的合规风险。

深化“无违章单元”合规文化创建
建立“安全互保、责任共担”反违章工作机制

国网福建省电力有限公司

一、背景与目的

国网厦门供电公司在省管产业单位试点开展“无违章单元”合规文化创建活动，健全合规长效机制，提高安全执行力和安全共担互保自觉性。

二、主要内容

1. 强化正向激励导向，深化合规文化创建

建立科学的评选体系，精细化制定激励措施。设置合理的评选标准，强化红线意识和底线思维。畅通规范的评选流程，确保评选质量。设立评选专项奖励，助推合规文化建设。

2. 严抓现场安全管控，健全合规业务防线

多措并举做到“四个管住”（管住作业计划、管住作业队伍、管住作业人员、管住作业现场）。研发反违章智能机器人，提升安全管理效率。

3. 优化合规机制建设，建强长效保障体系

深化产业单位企业能力建设。健全分包队伍进出管理机制。落实劳务分包队伍“三固定”要求（人员固定、基地固定、安全例行工作固定）。

三、创新性

自主研制的反违章智能机器人，已取得国家实用新型专利，相关软件已于国家版权局登记软件著作权，为国内电力施工领域首创。

四、应用情况及初步成效

（1）安全管理基础进一步夯实。在“四不两直”安全督查中，产业单位承接施工作业现场无违章率由 48.15% 提升至 79.41%。

（2）反违章智能机器人已全面应用于施工作业现场，并具备市场推广条件，计划于近期正式上市销售。

以合规文化建设为抓手促合规管理提升

国网湖南省电力有限公司

一、背景、目的

随着全面依法治国和国企改革的进一步深化，合规管理和增强合规管理执行力已成为事关企业兴衰的关键点，特别是国家有关国有资产监管、安全生产、生态环境保护、重大投资决策等方面的监管要求日趋严格，对国有企业依法合规经营管理提出了新要求，因此，加强合规管理对公司意义十分。公司资产规模大，管理链条长，要实现高效治理，必须深入开展依法合规管理，持续推进企业管理能力提升。公司员工作为合规管理的最基础一环，必须不断提升自身合规管理认知能力，国网湖南省电力有限公司（简称公司）以加强合规文化建设为抓手，不断提升合规管理能力。

二、主要内容与创新性

将合规文化纳入公司发展战略和新时代治企兴企理念中统筹谋划和推进，引导合规文化由外部监管向内生需求的转化，从“要我合规”向“我要合规”“我能合规”转变，树立“全员主动合规、合规创造价值”的理念。通过开展多样化合规文化建设活动，提升全员合规提示，促进合规管理水平提升。

（一）利用各类媒介、开展多种形式合规文化宣传

（1）与人资部、组织部、专业部门齐心配合，将合规培训纳入公司各类管理人员、专业管理培训班、合规负责人、合规联络人等培训计划，在公司整体上形成多层级、体系化的培训格局，推动合规培训全覆盖。

（2）在省、市、县、班组四级的各类人员中开展“学制度、讲制度、考制度”主题活动，将合规管理办法及要求列入全体员工均应该掌握的通识类清单范围，并组织开展全员制度考试，提升全员合规意识。

（3）通过全省法治文化阵地进行合规文化辐射教育，公司荣获全国“七五”普法中期先进集体和2016～2020年全国普法先进工作单位。在长沙、衡阳、党校（管理培训中心）、技术培训中心等创新开展法治文化示范阵地创建工作并打造成公司法治文化辐射基地。建设“一板、一长廊、一书吧、一咨询室、一基地”为主要载体的法治文化（合规文化）示范点。

（4）优选内外部法律专家成立合规宣讲团，覆盖所属县公司和供电所，实现

精准普法。优选资深法务专家、业务骨干组建法律“宣讲团”，开展专题宣讲、巡回宣讲活动。省市县三级单位成立讲师团、普法志愿者等队伍15支，形成了针对不同专业、不同层次的兼职培训师队伍。

（5）利用“湖南电网法治资讯”微信公众号，8小时之外持续宣传。利用线下培训方便性、广泛性，进一步提高广大干部员工合规意识和岗位履职能力。

（二）注重利用典型案例，做好正反两方面教育

把典型案例学习作为重要抓手，利用典型案例生动性、典型性、现场性特点，广泛开展典型案件会商、典型案例汇编、指导性案例编发、案件庭审旁听等活动。编发推送38期司法典型案例解读，“以案释法”以身边案教育身边人，引导员工办事依法、遇事找法、解决问题用法、化解矛盾靠法。

（三）结合“转观念、抓作风、强落实”主题活动、提质增效主题活动，省市县三级广泛开展了依法合规主题活动

此项成果被刊登在国网工作动态，在2020年法治央企验收总结会议、2021年法治工作会上被表扬。

（1）从2018年起在公司本部每年开展依法合规培训专题活动（已连续三年），邀请外部监管机构授课，培训情况向公司各级单位直播。2020年在省、市、县三级开展依法合规月主题活动，形成学法清单和“依法合规”专题问题清单，加强各层级人员法律法规、规章制度学习；系统性开展违规问题治理。

（2）在公司本部进行依法合规专题讲座，在各级单位开展合规专题培训，组建专家团队，对株洲、益阳、常德、湘潭、怀化、衡阳、湘西等15家地市公司开展“送法上门”活动，对依法合规理念开展全方位、立体化传播，有效地提升了依法履职意识。

（3）开发合规管理等法治精品课程，将合规培训纳入各级新员工培训、科级干部培训班、优秀青年培训班等管理类培训班必培内容。

（四）注重加强合规经验交流、学习优秀合规管理经验

（1）积极开展“走出去”和“引进来”活动，向合规管理经验丰富的外部单位学习，赴湖南建工集团、中铁五局开展合规专题调研，撰写合规管理调研报告呈公司领导，获得高度肯定。

（2）邀请省委党校、省监察委、省高院、省司法厅、省市场监督管理局、法制日报等单位资深专家送法上门，将公司合规管理经验介绍给相关专家，在《法制日报》（湖南版）[1]刊登公司法治建设成果。

---

[1] 2020年8月1日，《法制日报》更名为《法治日报》。

（五）建设智慧法务平台，将合规管理精准推送至告知广大干部员工

2020年起与北大英华科技公司合作开发建设智慧法务平台，涵盖法律法规、制度、合规等多项功能。平台已完成基本功能开发并上线运行。

三、应用情况及初步成效

合规管理是国企适应新形势、防范化解重大风险的重要保障，国网湖南电力在国家电网公司领导下，坚持全面覆盖、顶层设计、多措并举、持续提升，培养合规文化，引导合规文化由外部监管向内生需求的转化。将合规文化纳入公司发展战略和新时代治企兴企理念中统筹谋划和推进，从“要我合规”向“我要合规”“我能合规”转变，树立了“全员主动合规、合规创造价值”的理念，在公司整体上形成多层级、体系化的培训格局，推动合规培训全覆盖。

通过现场教学、送法上门、实地参观、法治竞赛等线上线下结合的方式，分层分类开展普法（合规宣传）活动300余场，覆盖10万余人。

多措并举，从源头防控、化解反垄断合规风险

国网湖南省电力有限公司

一、背景、目的

2018年《反垄断法》实施十周年之际，根据《深化党和国家机构改革方案》和关于国务院机构改革方案的决定，组建国家市场监督管理总局，负责反垄断统一执法，整合了国家发改委、商务部、原工商总局的反垄断职责，2021年11月18日国家反垄断局挂牌。2022年《反垄断法》修订，加强反垄断执法保障，强化了垄断行为的法律责任。2023年国家市场监督管理总局发布《制止滥用行政权力排除、限制竞争行为规定》《禁止垄断协议规定》《禁止滥用市场支配地位行为规定》《经营者集中审查规定》四部反垄断法配套规章，细化了反垄断法的有关规定，优化了监管执法程序，强化了有关主体的法律责任。在这样强监管的大背景下，电网企业作为自然垄断的公用企业，接受的反垄断调查、诉讼和投诉也越来越多，这给电网企业带来越来越深刻而广泛的影响。国网湖南省电力有限公司（以下简称国网湖南电力）针对系统内单位反垄断合规风险频发现象，从加强反垄断合规宣传开始，通过找问题、抓整改、促提升、重沟通、强应对等一系列工作，建立了反垄断合规领域合规管理的闭环管理流程，不断提升公司反垄断合规管理能力。

二、主要内容与创新性

（一）广泛开展反垄断合规宣传，从源头防控反垄断合规风险

（1）邀请市场监督管理局反垄断与反不正当竞争专家多次开展反垄断合规宣传（已连续开展三年），授课对象包括国网湖南电力领导干部、党委理论学习中心组、本部全体员工、各反垄断业务部门的骨干；并将课程直播覆盖至全省6000多名职工。

（2）法律部主持编制反垄断法治精品课程，在各级管理人员培训班、营销专业培训班、供电站长培训班等多种培训班中，进行反垄断知识系统宣讲。省公司法律部对各地市公司法律人员再次培训，形成反垄断专业培训讲师团，由讲师团在基层进行一体化授课。

（二）主动对接外部监管部门，与外部监管部门建立良好联络机制

（1）主动对接省、市、县市场监督管理局，通过建立常态化联系机制，建立了与市场监督管理部门的良性沟通机制。定期与反垄断局、价格监督检查和反不正当竞争局专家沟通，了解市场监管的最新要求，并及时反馈给公司专业部门，将公司管理要求控制在监管要求之下。

（2）各市县公司均固定一名专门联络员，负责反垄断信息的上传下达，及时上报各行政执法机关对单位开展的执法行为。

（3）邀请市场监督管理局等监管机构，来公司调研、座谈，请电力行业的专家向市场监督管理局的专家讲授电力知识。

（三）在全公司系统开展反垄断专项治理活动，并持续整改提升

（1）及时提示风险并持续深化垄断行为专项治理。在2018年第一次被立案开展调查时，法律部立即发布《国网湖南省电力有限公司关于滥用市场支配地位的法律风险提示书》，要求公司各单位、相关部门立即采取措施排查风险、整改问题、加强宣贯，全面梳理公司可能面临的反垄断合规风险。

（2）联合省市场监督管理局，召开公用企业限制竞争和垄断行为专项治理工作会议，发布《国网湖南省电力有限公司关于印发垄断行为专项治理工作方案的通知》，对公司经营活动可能产生的反垄断行为、制度、文件等进行广泛排查，并限期治理。排查涉嫌垄断行为26项并全部完成整改。

（3）将反垄断合规审查关口前移，各单位涉及客户、市场竞争、设置审查审批的制度、文件、通知、公告、方案，下发前应进行法律审核。

（4）建立反垄断风险常态评估机制，法律部联合专业部门定期对客户投诉多、反响大的文件、规定进行评估，审查是否有违法违规情节。

三、应用情况及初步成效

国网湖南电力多次成功应对反垄断调查和处罚，形成一套较为成熟的反垄断违规事件报告、应对措施及应对方法。反垄断化解的典型案例在电力行业具有一定影响力，在国家电网公司法治专业会上作典型发言，典型经验被刊登在国家电网公司工作动态。

成功应对湘潭公司反垄断行政处罚、长沙公司“三指定”、长沙浏阳田金键表计纠纷案件等。前两者是将违规风险和处罚力度控制在了最低层面；后一个纠纷案例，通过诉讼的方式，成功解决了市场监督管理局的调查处罚。

以制度建设推动 公司新管理体系落地见效

国网江西省电力有限公司

国网江西省电力有限公司（简称江西公司）以国家电网公司发展战略为引领，按照“战略＋运营”管控模式优化、“三项制度”改革等决策部署要求，持续完善实用管用的制度体系，强化制度刚性执行和监督考核，确保公司决策部署不折不扣地落到实处，全力保障公司新管理体系合规运行。

一、实施背景

为保障新管理体系合规运行，江西公司强化制度建设，发挥公司制度建设综合审查委员会的作用，加强对制度合法合规性、统一协调性、实操性及可行性等方面综合审查，针对经营管理中发现的问题提出制度建设意见，及时堵塞制度漏洞，实现经营评价等核心制度操作的合规、透明、公正。

二、内涵与做法

江西公司紧扣省级电网企业直接承担的安全、社会和经营管理责任，一体化地构建系列管理制度，同步实施合规管理变革举措，保障新的管理体系合规运行。

（一）以制度建设推进内部合规管理机制建设

（1）强化制度合规性审查。省市两级规委会全面成立并有效运作，全年召开两级规委会 51 次，审议制度 115 项，在制度合法规范性审核方面发挥核心作用。涉及“三重一大”等 61 项重要规章制度，均提交本单位决策会议审议，有效提升制度文本质量。强化制度计划管理，坚决杜绝制度制发的随意性。组建职代会规章制度专委会，推动劳动规章制度民主管理，依法维护职工权益。

（2）强化制度协调统一。积极适应公司改革发展和内外部环境变化，围绕市县公司同业对标体系、市县公司及直属单位工资总额核定体系、企业负责人业绩评价体系等，有序推进制度立、改、废工作。开展制度体系深度梳理，强化制度分类规范管理，形成涵盖 23 个专业 1104 项管理制度体系表。为解决制度重复、交叉、空白等问题，尝试将操作规范、其他规范性文件纳入管理体系，实行一体化管理。

（3）强化制度规范操作。吸收制度执行者、制度监督者参与制度制定，推进制度制定、执行、监督检查有序衔接，源头上防控制度操作性不强的问题。规范制度文本，明确工作职责，通过编制流程图、制度宣贯手册、作业指导书等，提高制度可操作性。规范制度评估，选取人资、互联网两个专业共100项规章制度开展评估，发现问题33项，提出整改建议33条，不断发挥优质高效的制度对公司新管理体系的引领和推动作用。

（二）以制度建设推进法律合规风险防范

为进一步加强风险防控能力建设，提升干部员工合规意识和底线思维，夯实合规风险防控基础，公司编制了《国网江西省电力有限公司法律合规风险防范指引》（简称《指引》），针对社会触电、电气火灾、工程建设、劳动用工、配合政府停电、知识产权保护中的主要风险提出防范措施，宣贯相关规章制度和法律法规，指导员工依法有序开展各项工作。

（1）全面摸排理风险。通过基层调研、座谈交流和数据比对等多种方式梳理出公司在社会触电、电气火灾、建设工程、劳动用工、配合政府停电和知识产权保护六大领域风险，经各专业部门共同会商甄别出与公司经营管理最密切、影响最大的风险点。

（2）有的放矢定措施。《指引》针对不同风险问题“量身定制”风险提示，列明法律依据，提出具体可行的防范措施，将对应任务与责任细化到具体部门、岗位，强化专业部门第一道防线职责。部分风险点还结合现实典型案例，通过“以案释法”，加强员工理解与认识。

（3）齐抓共管推落实。通过印刷发放、线上学习和组织培训等多种形式对《指引》进行宣贯，指导员工严守业务边界、行为边界和法律边界，促进风险防控从部门“各自为战”转变为多部门“各司其职、横向协同”的防范模式，形成工作合力和良性互动，不断提升公司风险防控能力。

（三）以制度建设推进经营工作的合规评价

江西公司通过修订市县公司同业对标、工资总额核定、企业负责人业绩考核等三个核心管理办法，将其应用到经营工作的合规评价之中，按各单位概念收益增长率和增加值排序评价，体现“比进步、比变化、比增量”。概念收益的评价对象，主要针对市级供电公司、县级供电公司和供电所（中心）三个层面，实现了所有经营单元全覆盖。

通过上述三项制度优化，江西公司构建了以综合经济指标——概念收益为核心指标的新的管理体系，同业对标、工资总额分配、企业负责人业绩考核这三大核心制度实现了高度关联、有机统一，制度操作上更加简约、透明、公正。

与此同时，公司先后出台一系列规章制度，强化以业绩为导向评优秀、评先进。公司每年按照直属单位、市县公司企业负责人考核、同业对标等成绩排名，自动生成综合业绩优秀单位、先进单位（进步快）、优秀县级供电企业、先进县级供电企业（进步快）等荣誉奖项，配套给予不同额度的工资奖励，并在职代会、公司网站上大张旗鼓表彰宣传。这种荣誉靠贡献、靠业绩、靠进步的评先方式，时刻鞭策激励各级班子不敢懈怠、不甘落后。

（四）以制度建设强化合规管理举措

为发挥核心制度体系的作用，在优化合规工作机制、压实主体责任等方面，推行了一系列的配套合规管理措施。

理顺市公司供区合规关系，固化市公司经营核算基础。供电区域是公司服务地方经济社会发展的“责任田”。长期以来，江西 11 个设区市设有 12 家地市公司，其中 8 家供电区划与地方行政区划不一致，严重影响新的管理体系合规运行。为此，公司强化制度建设，出台一系列管理制度，按照地市供电公司供电区划与设区市行政区划对应原则，下定决心、周密部署，克服安全稳定风险，历时一年，于 2020 年 2 月完成了供区调整。这一举实现了全省供电区划和行政区划完全一致，办成了过去想干而没干成的一件大事，不仅为做好内部经营核算、提升经营管理水平奠定了基础，而且为密切政企合作、更好地服务地方经济发展创造了良好环境。

（五）强化管控措施推进制度高效执行

一是强化制度宣贯力。推动领导干部带头学习制度，将制度管理纳入党委中心组、领导干部学习班、青干班、骨干班等学习内容。充分发挥各专业部门在制度宣贯中的主体作用，开展专业、专题、专岗培训，全年分专业新建培训教材与题库千余套，培训共计 2 余万人次。组织“通用制度活动月”“理、学、守”规章、“人人学流程”等专项活动，营造学习制度良好氛围，进一步提升员工合规意识。

二是强化制度执行力。高质量完成规章制度执行情况自查工作，查找整改问题 362 项。强化流程管控，将制度要求纳入各业务流程、融入各关键环节，避免制度、管理“两张皮”。依托职代会规章制度专委会，建立联系基层多点调研跟踪改进机制，实时掌控制度落地执行效果。推进制度执行检查标准化、信息化、常态化，确保用制度管人、管事、管流程。

三是强化制度监督力。从制度层面落实国家电网公司巡视组问题整改要求，建立整改责任制，全面完成整改任务，先后制定 57 项制度和规范性文件。将制度管理情况纳入业绩考核、同业对标、法治企业成熟度评价，加强与审计、监察、企协等专业部门协作联动，建立“5+1”协同监督工作机制，重点解决“跨部门、跨专业、跨层级”等管理交叉、业务职责不清、流程不畅、考核不严等问题。

总的来说，江西公司通过强化制度体系建设，保障了新的管理体系合规运行。其背后遵循了供电企业的本质规律和内在特征，尊重了干部员工的人性追求，这是贯穿所有变革调整的“两条主线”。该体系建立后的2019、2020年两年，省公司不再向市公司下达年度的安全生产、经营管理目标，也不再下达具体的“量价费损”指标，但效果比之前的管理模式更好。实践证明，核心制度体系形成了一套“没有指标、胜有指标”的管控模式，建立了一个“不进则退、慢进也是退”的赛马机制，搭建了一个“公平竞争、自我展示”的合规管理平台，能够让每一个单位、每一个领导班子尤其是主要领导的思想水平和管理智慧得到充分展示，让每个领导班子都不敢懈怠，都在追求尽可能好的目标；各部门、各单位“不得扬鞭自奋蹄”，自发干、主动干蔚然成风，促进了企业本质发展。

三、实施效果

2019年以来，江西公司通过一体化构建以同业对标、工资总额核定、企业负责人业绩评价、可控成本管理为核心的制度体系，同步实施合规管理变革举措，保障了公司新的管理体系合规运行，使公司的管理体制机制更加顺畅、更加科学，干部员工的思想观念、精神面貌发生了积极变化，履行安全责任、社会责任和经营管理责任的能力和水平明显提升，诸多历史遗留问题得以解决，内外部发展环境进一步优化。

（一）公司系统各项工作更加务本务实

在新的管理体系下，公司系统的干部员工更加深刻地认识到电网企业的社会属性和企业属性，以及直接承担的安全责任、社会责任和经营管理责任；认识到坚强的电网和高素质的员工队伍是电网企业的“两个根本依靠”；认识到电网企业始终要以统筹兼顾、综合着力的思想，提升党建引领、安全驾驭、社会责任履行、经营管理“四个能力”。

（二）提升了驾驭安全的能力和水平

在新的管理体系约束下，各级各层面更加坚守安全这一“红线”，明白安全是履行经营责任、提高概念收益的基础和保障，都在围绕安全本质，强化安全意识、安全能力、安全装备、安全作风建设，基层班组长和现场工作负责人自主保安全的责任心更强，现场“防触电、防高坠、防倒塔（杆）、防误入、防窒息（中毒）”的组织措施和技术措施更加完备。2020年，公司220千伏及以上主变压器跳闸次数减少 87.5%，220 千伏及以上线路故障停运率下降 42.2%。

（三）实现了企业经营质效明显提升

一是概念收益增幅高于售电量增幅。在理想状态下，各经营单元的概念收益增长率应与售电量增长率相匹配、相一致。但 2019 年公司的概念收益同比增长超过 20%，高于售电量增幅 9.57 个百分点。其中主要原因是，在新管理体系的激励下，各级各层面都在挖潜增效，尤其是自从 2019 年开始的电力市场营业整顿成效显著，自我查纠各类问题 13.2 万个，已累计追回各类损失近 8.5 亿元。由于此项工作的有力推进，促进了概念收益增长率大幅高于售电量的增长，而且有效规范了供用电秩序和员工工作行为，社会各类窃电问题大幅减少，自身管理问题也大幅减少。二是公司线损指标持续下降。2020 年购售同期综合线损率为 4.0%，较 2019 年综合线损率下降了近 2 个百分点；全省供电台区线损由 2019 年底的 5.3% 降至 3.45%，基本消灭了高线损和负线损台区。三是直属单位经营意识、效益意识、服务意识明显增强。2020 年实现利润 1.05 亿元，同比增长 1.24 亿元。

（四）促进了网前违法供电等历史遗留问题解决

由于历史原因，江西存在十几年甚至几十年的 38 个违法电价优惠区、286 个小水电违法网前供电，涉及居民用户近 7 万户、企业二百余家。该问题的存在既扰乱了供用电秩序，又造成国有资产严重流失，同时滋生黑恶势力和腐败。另外，由于电网建设上长期投入不足、管理缺失，供电质量和服务质量问题突出，社会反响大。目前绝大部分已整治完成，在经济上每年可增加增值收益亿元以上。随着上述问题的解决，加之全省供电区域的理顺，赢得了各级党委政府和社会各界的充分肯定，各地相继在电网建设、用电市场整治等方面出台相关配套制度，为公司持续健康发展、更好地服务地方经济社会发展提供了保障。

（五）公司发展步入了良性循环的轨道

一是统筹做好了改革和稳定工作。建设新管理体系中，尤其是调整工资分配体系、调整供区关系，改革力度大，涉及范围广，影响职工多，但广大干部员工对新的管理体系由衷认同、自觉拥护、全力支持。二是厚植了风清气正的企业生态。新的管理体系中“概念收益”指标突出了组织单元的主体责任和团队意识，强化了职工之间、单位之间的协同合作、监督提醒，既提升了工作绩效，又堵塞了管理漏洞、减少了管理上的违规行为，甚至从深层次压缩了滋生腐败的空间和可能，违纪问题大量减少。2020 年立案数下降 38%，公司形成了心齐气顺、风正劲足的良好局面，迈上了跨越式高质量发展的新征程。

地市公司重点岗位合规风险防范手册

国网四川省电力公司

一、背景

一是合规管理是企业建设的重要内容。国家高度重视企业合规管理，国务院出台《中央企业合规管理指引（试行）》，要求中央企业全面加强合规管理。国家电网公司印发《国家电网有限公司合规管理体系建设工作方案》《国家电网有限公司合规管理办法（试行）》，全面启动合规管理体系建设。

二是合规管理是防范风险的根本途径。随着法治社会建设深入推进，对公司规范运营不断提出新要求。只有持续深化合规管理，坚持依法合规经营，才能有效防范重大风险。如何强化公司整体合规风险防范能力，尤其是提升基层员工合规素质，是公司合规管理面临的最大问题。

二、目的

一是切实增强风险防范能力。《国网四川省电力公司地市公司重点岗位合规风险防范手册》（简称《手册》）将覆盖电网经营各领域，把合规风险防范贯穿于公司经营管理各环节。借助《手册》切实提升基层人员合规管理素质，推动公司风险防控能力全面增强。

二是逐步创建企业合规文化。树立全员“合规立身”的价值导向，营造合规氛围，将合规管理理念融入生产实际，引领员工从思想自觉上升为行为自觉，促进合规理念扎根落地。

三、主要内容

《手册》系统梳理了地市公司普遍设立的25个部门680余个岗位，对照合规管理十大业务，筛选出重要专业18个，重点岗位133个，实现核心业务100%覆盖，形成133个重点岗位（详见附件）。《手册》从重点岗位所涉及的职责、合规风险、风险类别、风险等级、防控措施等内容出发，梳理出国家法律法规、政策规定及行业准则共200余部，公司各级规章制度1300余项。同时，以问题为导向，从审计、巡察反映问题频次多、不良影响大两方面入手分析合规风险，共梳理风险1757条、整改措施5000余条，有效指导员工防范合规风险。

四、创新性

一是创新梳理地市公司重点岗位合规管理依据。建立合规管理依据“双审核”机制，全面梳理业务流程、职责清单，组织业务专家、律师团队审核，确保合规依据全面、准确。

二是创新梳理一线岗位合规风险及整改措施。以问题为导向，梳理明确关键环节的合规风险，并逐一提出有针对性、可落地的对策建议，显著提升基层一线合规管理水平。

五、应用情况及初步成效

（一）应用情况

一是对推动公司构建立体合规风险防范机制有重要影响。该项目进一步深化了各部门对本专业相关法规制度的理解与认识，变被动纠正为主动辨识防范，并积极推动《国网四川省电力公司合规管理实施细则（试行）》细化制定，全方位促进公司合规体系建设完善。

二是本项目对有效提升基层单位合规管理水平有重要支撑。本项目提出一系列优化内部制度体系、加强合规培训、强化监督等建议受到公司高度重视，研究编制了《供电服务典型负面清单100条》《合同管理操作手册》等资料，促成相关工作依法合规有序开展。

（二）初步成效

在本课题的调研成果基础上，公司严格“对表打卡”，全面深化触电防治，取得良好成效。一是全面排查，系统整改。坚持问题导向，对照《手册》落实排查，发现警示标志类、线路绝缘化差等问题2800余处，并建立“问题、责任、整改”三个清单，全面督促完成整改。二是创新宣传，强化意识。激发基层活力，累计出动抢险车开展“大喇叭”防触电宣传活动276次，发放资料1000余份；举办“安全用电·万里行”巡演进农村活动10次，以舞台小品、单口相声等形式，让群众在欢笑中牢记安全用电知识。三是建强机制，巩固成果。将人身触电防治纳入整治漠视侵害群众利益长效机制建设方案，形成动态排查、整改机制，不定期抽查线路隐患、巡视、整改记录，确保管控质效。

附件

地市公司重点岗位名录

序号	部门	岗位数量	重点岗位名称
1	办公室	6	文书管理
2			档案管理
3			政策研究与企业体制改革管理

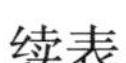

续表

序号	部门	岗位数量	重点岗位名称
4	办公室	6	信访与值班管理
5			保密及信息管理
6			制度管理
7	发展策划部	5	电网规划管理
8			项目前期管理
9			投资计划管理
10			综合统计和科技环保管理
11			节能减排与线损管理
12	财务部	7	资金结算及集中支付管理
13			债权债务管理
14			资金管理
15			税收与稽核内控管理
16			工程财务管理
17			资产产权管理
18			预算管理
19	安全监察部（保卫部）	6	输配电安全监察管理
20			变电安全监察管理
21			交通安全与消防管理
22			劳动保护与职业卫生管理
23			基建与营销安全监察管理
24			应急管理与综合管理
25	建设部	6	参建队伍管理
26			施工招投标管理
27			工程建设造价管理
28			工程建设质量管理
29			工程建设安全管理

续表

序号	部门	岗位数量	重点岗位名称
30	建设部	6	工程建设协调管理
31	经济技术研究所	2	规划评审室主管
32			技经室主管
33	党委组织部（人资部）	7	培训管理
34			绩效管理
35			福利管理
36			薪酬管理
37			劳动用工与员工配置管理
38			机构编制与劳动定员管理
39			干部管理
40	党委党建部（工会、团委）	5	党员教育管理
41			组织民主管理
42			组织建设管理
43			团青管理
44			宣传及品牌管理
45	纪委办公室	2	案件查处管理
46			党风廉政建设管理
47	互联网办公室	4	大数据应用管理
48			技术与建设管理
49			网络与信息安全管理
50			商务拓展管理
51	电力调度控制中心	13	调度安全管理
52			调度项目与培训技术
53			调度控制室主管
54			调控运行管理
55			地区停电计划技术

续表

序号	部门	岗位数量	重点岗位名称
56	电力调度控制中心	13	配网停电计划技术
57			水电及新能源技术
58			负荷预测与经济运行技术
59			保护、安全自动装置技术监督与运行技术
60			自动化室主管
61			自动化管理
62			网络与信息安全技术
63			地区调度班调度值班长
64	运维检修部	15	技术监督管理
65			大修项目与技改项目管理
66			实物资产管理
67			技术经济管理
68			电压无功线损及电能质量管理
69			变电运维管理
70			变电检修管理
71			二次设备检修管理
72			输电运检管理
73			配网运检管理
74			电缆运检管理
75			配电带电作业管理
76			设备质量管理
77			电力可靠性与资产全寿命周期管理
78			配网项目管理

续表

序号	部门	岗位数量	重点岗位名称
79	营销部（农电工作部）	13	用电检查及高危客户管理
80			计量管理
81			电力需求侧及能效管理
82			分布式电源及自备电厂管理
83			营销业务质量管理
84			电费电价管理
85			优质服务与客户管理
86			营业业务管理
87			营销项目管理
88			网络信息安全管理
89			营销综合管理
90			农电综合管理
91			乡镇供电所管理
92	物资部（物资供应中心）	9	授权采购管理
93			电商化采购执行管理
94			合同履行管理
95			合同结算管理
96			物资仓储管理
97			质量监督管理
98			供应商关系管理
99			废旧物资处置管理
100			物资监察与信息管理
101	信息通信分公司（数据中心）	2	信息工程建设技术
102			通信工程建设技术

续表

序号	部门	岗位数量	重点岗位名称
103	综合服务中心	14	餐饮服务管理
104			车辆与综合管理
105			后勤服务保障管理
106			小型基建及工程管理
107			后勤资产管理
108			媒体关系与舆情监测管理
109			新闻宣传与对外联络管理
110			品牌标识管理
111			新闻采编
112			离退休管理
113			法律纠纷管理
114			政策法律研究与法律保障管理
115			制度与合规管理
116			合同管理
117	审计部	3	经济责任审计
118			工程管理审计
119			内控与信息审计
120	水电运检中心	14	发电安全监察管理
121			党群综合管理
122			人力资源与财务综合管理
123			行政事务综合管理
124			技术监督管理
125			大修项目与技改项目管理
126			实物资产管理
127			运检计划管理

续表

序号	部门	岗位数量	重点岗位名称
128	水电运检中心	14	水电调控技术
129			通信运检技术
130			自动化系统与运行技术
131			水电检修班班长
132			水电集控运行班班长
133			电站运行班班长

重点领域合规管理指南

国网四川省电力公司

一、研究背景

十八大以来，党中央、国务院对合规管理高度重视，国务院国资委先后发布了《中央企业合规管理指引（试行）》《中央企业合规管理系列指南》等重要文件，国家电网公司和国网四川省电力公司（简称公司）也开启了合规管理体系建设之路，先后出台了多项合规管理规章制度。但合规意识仍有待提升，对合规的理解仍需加强，迫切需要对重点领域合规风险进行梳理，制定相应的风险防范措施，为构建公司合规风险防范体系提供研究支撑。

二、研究目的

一是推动公司及各级单位深入落实各专业有关法律法规、监管规定及规章制度。《国网四川省电力公司重点领域合规管理指南》（简称《指南》）针对 9 个重点领域收集了国家及四川省相关专业法律法规及政策规定，公司系统两级现行有效规章制度，为持续提升合规管理水平提供了有力的依据支撑。

二是引导公司及各级基层单位成为依法合规主体，提升合规管理水平，持续推进企业科学、健康发展。《指南》系统分析了 9 个重点领域的主要合规风险，并结合典型案例进行分析，提出应对措施，对各单位优化管理流程及管理举措、构建专业合规风险防范体系、系统提升依法合规水平有重要意义。

三、主要内容

《指南》选取安全环保、供电服务、电网建设、劳动用工、物资采购、财务税收、调度控制运行、网络安全与数据合规、知识产权等 9 个重点领域，从专业管理概述及其合规管理内涵、专业管理合规组织架构、合规风险管理、合规评估与报告、合规队伍建设、合规培训及控制依据清单 7 个方面，逐一识别人身安全管理、电网建设项目环保、95598 客户投诉业务处理、电网建设涉及的项目决策与科研、电力现货市场交易、采购文件编制、纳税核算管理、事实劳动合同关系、知识产权权属管理、信息系统网络安全等 47 个方面共计 137 项合规风险，并结合具体案例，提出应对措施，为加快提升电网企业依法合规水平奠定重要基础。

四、创新性

一是系统分析9个重点领域所涉及的重点风险，确定风险级别，并结合案例进行分析、归纳和总结，逐一提出合规性分析和针对性建议，为公司下一步构建合规风险库及进一步完善风险防范机制打下坚实基础。

二是全面梳理9个重点领域依据的法律法规、监管规定、规章制度等，有利于各专业系统掌握并组织学习，为合规管理水平提升打下坚实的基础。

五、应用情况及初步成效

一是专业部门合规管理"第一道防线"作用得到有效发挥。《指南》的编制采用专业部门与法律部门合作的方式，深入贯彻"第一道防线"的要求，深化了专业部门对本专业的法律法规、规章制度的理解和认识，在识别主要合规风险、制定应对措施的同时有力促进专业合规管理水平提升。

二是推动公司构建合规风险防范机制。《指南》对9大重点领域所涉及的重点风险领域从关键控制点、控制依据等5个方面，结合案例进行分析，为公司下一步构建合规风险库及进一步细化风险防范机制打下坚实基础。

三是促进公司合规文化培育。公司相关专业根据《指南》总结的合规风险，组织开展各类专题合规管理知识培训160余次，参培12 186人次，全员合规风险意识和管理意识得到普遍提升。

四是推动业务合规管理水平提升。公司发策部、运检部等11个部门以《指南》为指引，进一步细化完善管理规范、作业指导书等共计30余册，梳理业务工作中风险点及难点，指导业务工作合规开展。发策部、财务部等9个部门开展风险排查、整治专项行动20余次，督导业务流程合规调整，整治49项环境保护隐患，解决电商物资采购和收货等问题70项，消除已发现的全部输电通道隐患78处，指导工程项目问题整改800余项，消除网络安全合规风险与隐患，规范营销稽查，全面提升了各专业业务合规管理水平。

电网企业以防范风险为目标的运营合规管理

国网重庆市电力公司

一、成果简介

为推进法治央企建设，促进企业发展战略落地，防范化解重大风险。国网重庆市电力公司（简称公司）以防范风险为合规管理目标，构建“六维一体”运营管理机制，打造具有电网企业特色合规管理体系。法治央企建设的工作目标得到全面贯彻，重点领域风险得到进一步防范化解。

二、主要创新点

（1）明确“全面覆盖，全员参与；全程管控，突出重点；预防为主，惩防并举；加强协同，强化联动”合规管理原则。

（2）搭建合规管理架构。落实“三会一层”和总法律顾问职责，成立以企业主要领导为主任的合规管理委员会，建立合规管理“三道防线”。

（3）培育合规管理文化。营造合规文化氛围，发挥关键少数合规带动作用，发布合规倡议，开展多样化的合规培训，发布合规信息专刊，全体员工签署合规承诺书。

（4）固化合规管理标准。建立以合规管理办法为核心，相关配套制度为补充的“1+*N*”重庆电力合规管理制度体系，建立合规管理会议制度等十项制度机制。

（5）建立合规风险库。突出重点领域，加强业法融合，识别合规风险，发布公司《合规风险库（2020 版）》，配套制定出合规风险预警单等操作表单，助推合规管理的落地运行。

（6）推动合规管理运行。深化合规审查审核机制，发布合规风险预警，明确规范违规事件处理问责流程。共开展合规审查审核 488 次，合规预警提示 142 次，处置合规风险事件 17 次。

电网企业合规管理体系构建与实践

国网辽宁省电力有限公司

合规管理是党中央、国务院为应对深刻变化的国内外形势、实施全面依法治国的重要举措，是国家电网公司持续推进全面深化改革、实施新战略的重要保障。当前，政府在投资管理、价格核定、营商服务、物资采购、工程建设等方面的监管日趋规范，对企业合规运营、市场化、透明度、高效率方面提出更严要求。公司作为大型国有重点骨干企业，要严格遵守法律法规，提升合规管理水平，发挥"六个力量"作用，防范化解重大风险。

《电网企业合规管理体系构建与实践》管理创新成果，主要依据《中央企业合规管理指引（试行）》《企业境外经营合规管理指引》，参照《企业合规管理体系　指南》，在国家电网公司合规体系建设的总体框架下，以建设"免疫系统"和"自愈体系"为目标，构建符合自身实际的合规管理体系。明晰合规管控组织领导、管控重点、构建合规管理组织架构和职责界面，推动"三道防线"履职尽责，夯实合规制度基础、塑造合规企业文化、坚持依法运营，强化关口前移、事前防范和过程控制，充分发挥审计、巡察等监督职能，提高应对和处置合规监管风险能力，全面提升电网企业规范化管理水平，持续提高公司法治力，为公司战略落地提供坚强法治保障。

探索试行合规审查实操指引

国网内蒙古东部电力有限公司

一、背景目的

作为“第一道防线”，专业合规审查能否做实直接关系合规管理的有效性，为此国网蒙东电力编制试行《合规审查工作指引》，探索了专业合规审查实施路径。

二、创新做法

一是明确合规审查对象。将营销、运检等 20 个专业 69 项核心业务编入“专业合规义务与风险清单”，确保审查对象重点突出。二是明确合规审查分工。根据“送审分离”要求，划分送审人、审查人、签发人职责，避免“自己干、自己审”及责任推诿等现象。三是明确审查意见要求。制定审查意见模板，固化审查结论类型，根据不同对象区分使用台账登记和意见书两种形式。四是明确审查监督内容。将制度执行、违规操作等纳入监督范畴，通过审查台账、违规调查等方式，对合规审查情况进行监督。

三、应用成效

一是合规审查工作机制初步形成。通过确定审查要点、明确审查要求、强化审查监督，形成了可操作性强的工作机制。二是“第一道防线”作用得到发挥。通过“一岗双责”落实专业合规要求，形成稳定的审查结构和工作方式，促进了专业部门发挥合规作用。三是合规管理效益逐步显现。2020 年，企业违规风险得到有效控制，客户投诉同比减少 20%，诉讼案件同比下降 3.5%，未发生重大违规事件。

以合规管理为切入点　多措并举压降触电人损案件

国网陕西省电力有限公司

根据内部合规及外部合规要求，分析因何种原因导致触电人损案件的发生。内部合规风险分析：一是电力器材选型不当、质量有瑕疵，施工设计缺陷或未按标准施工，造成电力设施未达技术、安全规范标准。二是保障安全的技术装置、措施、标志缺乏或较为薄弱。三是电力设施超期超负荷运行，对周围环境的变化未及时做出反应，造成缺陷严重且未及时消缺。外部合规风险分析：一是社会公众对电力安全意识淡薄或严重缺乏。二是监护人没有尽到对未成年人的监护责任。三是电力企业以外的电力设备产权人或维护管理人疏于维护管理。四是在电力设施保护区内违章作业的大量存在。五是负有电力行政管理职能的行政部门监督管理不力。

针对“经营者”的确定、树木清除的权限、警示标志的责任主体三个风险点，陕西公司采取加大宣传、加大巡查力度、运用新技术防范措施、加强对用户电力设施和操作的监控事前预防措施；及时受理报案、勘察现场、收集证据、积极进行调解调查，尽快结案的事中处理措施；增加人损保险额度、提高服务质量、加强普法宣传的事后处理措施，全方位地压降触电人损案件。

陕西公司围绕“以人为本”的思想，上下一心、协同合作，结合公司合规建设，开展触电人损案件压降专项行动，增强全员法治意识，压降了触电案件数量，强化了企业合规基础工作，案件压降成效显著。本项成果所总结的优秀经验已成功在公司系统内推广应用。

以“4339”保障体系为基础的合规管理体系建设

国网甘肃省电力公司

国网甘肃省电力公司创新提出“4339”保障体系为基础的合规体系建设思路，即突出“四个统一”，健全合规管理组织保障体系；做到“三个全覆盖”，构建合规文化保障体系；建立“三个体系”，完善制度合规管理保障体系；紧盯“九大重点领域”，建立合规风险防范体系。通过不断强化细节管控，增强公司合规经营意识，自上而下落实合规管理工作职责，充分发挥业务部门、合规管理部门及监督部门“三道防线”作用，把合规体系建设纳入公司整体发展战略，贯穿决策、执行和监督的全过程，将合规管理及合规风险防控渗透到公司生产经营各个环节。推动各项监管要求和管理制度落实到位，加强对各类经营管理风险的科学预防和有效控制，实现“四个确保”（确保全员合规经营意识不断增强，确保各层级合规职责有效发挥，确保内控制度执行力逐步提高，确保全面风险防范能力显著加强），切实在公司范围内形成“人人讲合规，处处显合规，事事重合规”的良好氛围。

健全电力交易合规机制，防范市场建设合规风险

国网青海省电力公司

一、背景

面对当前的电力发展新形势，青海电力市场交易需适应新的市场环境，规避可能遭受的法律制裁、监管处罚、财务损失或声誉损失风险，自觉维护省内电力市场交易秩序，依法合规开展电力市场交易工作，保持于公司发展改革稳定大局，才能促进电力市场的长远健康发展。

二、目的

建立健全电力市场交易合规风险管理工作机制，明确工作职责和工作措施，加强电力交易工作各环节全流程风险防控，促进相关法规政策和公司规章制度得到有效贯彻执行。及时发现和掌握公司电力市场交易工作中面临的潜在合规风险，提前采取防范和化解风险的措施，避免违规事件发生，为公司发展提供良好的环境。

三、内容

紧抓关键环节合规风险控制。在交易组织环节，遵循公开、公平、公正的原则，不强制规定交易对象、电量和电价，及时披露市场交易信息。在交易合同环节，按照监管机构和公司有关要求，平等协商，规范签订交易合同，杜绝无合同交易。在交易的执行和结算环节，严格按照已经签订的交易合同执行，准确透明，规范执行各类电价政策。

四、创新性

（一）建立工作机制

从开展电力交易合规风险管理的重要意义、工作目标、工作原则、工作机制等方面编制形成《青海电力市场交易合规风险管理工作机制》，核心内容主要包括抓好关键环节的风险控制、加强重要岗位的风险防控、定期开展风险防控、强化风险处置机制等四个方面。

（二）建立合规风险库

为促进电力交易人员对风险的识别和判断，青海电力交易公司根据历年来电力监管机构的检查结果以及各类内外部审计工作中发现的问题，建立了针对市场注册管理、交易组织、合同签订、市场交易信息管理、新机并网及转商运管

理、廉洁工作等10类51项合规风险库，明确风险点、提供风险依据和判断规则，并提出管控措施。风险库实行动态管理，随时根据工作需要和政策要求进行修改和增删，为电力交易人员依法合规开展工作打下坚实基础。

五、应用情况

（一）强化风险防范意识

将合规管理要求全面嵌入电力市场交易全过程中，对照政府相关文件要求以及《青海电力交易中心有限公司合规风险管理工作机制》，动态开展合规自查，实行公司、各部门、人员分级管理，明确合规风险责任人和整改时限，不定期开展合规风险抽查，并按照完成问题整改时限做好问题跟踪及督导，切实做到合规风险隐患早发现、早消除。

（二）定期开展风险防控

一是每季度开展风险自查结果进行核查，确保自查责任落实到位，并举一反三，杜绝同一类问题反复出现。在风险识别的基础上，持续加强重要岗位的风险防范意识，提高交易中心整体风险识别能力，实现合规风险全过程管控。二对监管报告和各类巡查中反映的问题严肃整改，整改完成后，及时报告有关各方，积极向监管机构沟通并取得认可，争取工作理解和支持。

六、初步成效

编发《青海电力交易中心有限公司合规风险管理工作机制》建立10类51项合规风险库，根据工作机制按季度开展了电力市场交易过程中各节点各流程合规风险自查和抽查，年内共查出交易合规风险问题20项，涉及交易组织、交易合同签订、交易结算、交易系统功能完善、交易环节存在第三方干预等，青海电力交易中心有限公司设专人进行风险问题跟踪，实行问题销号制，每季度对未销号问题和新发现问题进行分析研究，制定相应的整改措施，落实整改时间、落实负责人，力促所有问题消化在自我规范强化管理阶段。电力交易合规风险管理工作的开展，大力提升了交易工作人员的风险防范意识，提高交易中心整体风险识别能力，实现了合规风险全过程管控。电力交易合规风险管理工作的开展，强化了青海电力市场依法合规、公开透明开展交易业务的能力，为青海电力市场健康良性发展奠定了坚实的基础，为青海电力公司打造了良好发展环境。

以合规理念法治方式
推进公司治理体系治理能力现代化

国网宁夏电力有限公司

党的十九届四中全会提出坚持和完善中国特色社会主义制度，推进国家治理体系和治理能力现代化，对新时代完善中国特色现代企业制度提出明确要求。国网宁夏电力有限公司在公司治理体系和治理能力现代化中坚持“两个一以贯之”，持续开展以合规理念、法治方式运营企业、防范风险、化解矛盾的探索实践，确立依法合规体系构建指导思想及三项基本原则，即坚持全面从严治党和依法从严治企相结合、坚持法治建设和合规管理相融合、坚持健全完善制度体系和推进体制机制创新相耦合，构建“163”依法合规管理体系。“1”即坚持国家电网公司战略目标“一个核心”；“6”即健全完善六个治理体系，构建高效运行的法人治理体系、完善精简实用的规章制度体系、健全科学规范的依法决策体系、建立有效运转的合规管理体系、构筑权责明确的依法监督体系、筑牢支撑有力的组织保障体系；“3”即着力提升三项治理能力，着力提升抵御风险能力、依法合规能力、改革创新能力。通过探索有效的依法合规管理方式，健全完善与国家电网公司战略目标相适应的全方位、全覆盖、全过程的具有中国特色的现代公司治理体系，该课题研究成果已细化为具体工作任务并逐项落实，取得了良好的推广效益。

同质化推进省管产业单位依法合规运营

国网宁夏电力有限公司

近年来，国家电网公司高度重视省管产业单位依法合规建设，提出了将省管产业单位打造成公司和电网高质量发展重要支撑和“第二梯队”的工作要求。国网宁夏电力有限公司（简称宁夏公司）落实相关工作要求，创新性提出“同质化管理、一体化保障”的法治及合规体系创建目标，及“223”（两个抓手、两下降、三提升）工作思路，通过“建体系、牢基础、强支撑”，提升省管产业单位法律合规整体风险防控能力。一是建立完善权责清晰、全面覆盖的规章制度体系，厘清管理界面和职责分工，源头释放管理效能。二是细化重点领域专业管控措施，建立健全重大决策合规合法一体双层审核机制、合同“六统一”全流程管控机制、案件“五位一体”层报审核管理机制，多措并举夯实管理基础。三是加强业法融合及合规支撑，开展省管产业单位内控及合规专项提升行动，落实现场巡回指导及通报制度，定期发布案件月报及法律事务季度通报，加强评价结果应用，内外协同强化落地执行。通过上述举措，构建了省管产业单位三层级依法合规管理体系，整合资源组建法律及合规保障一体化服务团队，这不仅实现了省管产业单位依法合规管理理念及模式的创新，还显著提升了其规范运营水平。该成果已在宁夏公司所属各省管产业单位进行推广应用。

建立现代企业合同管理体系项目

国网信息通信产业集团有限公司

一、背景

为推动中央企业全面加强合规管理，2018年国资委印发《中央企业合规管理指引（试行）》（国资发法规〔2018〕106号），2019年国家电网有限公司印发《国家电网有限公司合规管理办法（试行）》（国家电网法〔2019号〕784号），2019年国网信息通信产业集团有限公司（简称国网信通产业集团）发布《国网信息通信产业集团有限公司关于印发合规管理体系建设工作方案的通知》（信通集团办〔2019〕124号）。同时，为贯彻落实《关于做好清理拖欠民营企业账款的补充通知》（国资厅发财评〔2019〕56号），并为有效解决国网信通产业集团存在的应收应付问题，拟建立和完善长效的管理机制，完善的合同管理体系是该长效管理机制的重要组成部分。

二、目的

根据前述背景，国网信通产业集团成立建立现代企业合同管理体系项目，旨在转变发生风险后再控制风险的“滞后”合同风险管理手段，增加合同签订前、履行过程中风险控制手段，建立完善的合同风险管理体系，优化合规管理体制机制，提高合规管理质效。截至2022年末，集团应收账款净额89.57亿元，其中，系统外应收12.58亿元，较年初压降0.24亿元，压降率1.88%；应付账款110.26亿元。为有效防范在合同履行过程中存在的财务风险、管理风险及法律风险，提升依法经营能力，促进国网信通产业集团应收应付问题的解决，成立该项目。

三、主要内容

本项目通过尽职调查、合规风险分析及风险诊断，形成合同管理风险分析报告，完善合同管理相关制度并全面落实合同管理体系，形成规范化的管理流程，并对国网信通产业集团及所属单位开展合同管理体系培训。

（一）形成合同管理风险分析报告

通过对国网信通产业集团及所属单位的合同管理风险进行全面识别和总结，形成《法律风险分析报告》和《合规风险分析及建议报告》，梳理出合同管理风险共计61项，为风险确定级别及处置方式。

（二）完善合同管理制度，优化合同管理体系

国网信通产业集团将合同风险管理纳入企业内部管理机制，通过全面梳理各相关部门的合同职责、所处环节的风险识别要点及控制要点、实际操作注意事项等，有针对性地制作了合同管理流程中涉及各个部门的制度规范和工作指引，包括合同前期和中期管控制度 8 项，完善已有制度 3 项，配套制度指引 10 项，并针对制度提供了完善的操作流程图及表单，全面建立符合集团实际的合同模板库，通过建立及完善合同风险管理制度，确保合同风险得到有效管控。

（三）形成子项目调研报告

针对当下热议的美国长臂管辖、新冠疫情对合同的影响、先期履行、民法典等 9 大热点，结合国网信通产业集团实际操作的问题建立子项目，提供调研报告。

四、创新性

（一）有效将合规、风控、内控三大体系有机结合

该项目将国网信通产业集团及所属单位的特殊要求与多年合同合规管理经验相结合，将法律法规等合规要求与国网信通产业集团及所属单位的实际业务操作相结合，将合规、风险控制、内部控制三大体系有机融合，避免了不同管理体系管控方式不健全，导致各体系工作流于表面、无法与业务结合的问题。

（二）全流程、系统化、动态性的合同合规风控管理体系

该项目实现了合同风险及时发现、有效识别、科学评估、快速控制的目的，使合同风险管理从“事后控制”转变为“事前控制”和“事中控制”。

（三）涵盖合同风险中的管理风险、运营风险、合规风险、内控风险

该项目的研究成果全面涵盖合同风险，不再以合同条款为管理主要对象，而是转变为以合同部门为风险管理对象，通过明确合同管理职责，确定合同管理技巧，加大合同管理监督，实实在在地将合同管控融入部门文化建设中。

（四）全员参与

改变合同风险是法律部门职责的传统概念，将合同风险控制责任扩展为全员参与的系统工作，通过各个部门有效分工协作，实现良好的事前和事中风险控制效果。

五、应用情况及初步成效

（一）应用情况

2020 年 11 月底，国网信通产业集团编制合同管理体系的各项制度、流程、工作指引。该项目于 2021 年第二季度开始正式应用落实。

（二）初步成效

在该项目的调查研究过程中，国网信通产业集团各部门通过梳理合规管理过程中存在的问题，采取有效措施进行针对性解决，并试点实施该项目的初步研究成果。2022 年末“两金”96.46 亿元，较年初压降 1.27 亿元，其中应收账款压降 0.13 亿元、存货压降 1.14 亿元，首次实现“双降”并均达近三年最低值。“两金”占收入比重 53.57%、占资产比重 23.19%，均优于同行业上市公司平均水平（58.84%、32.03%）。2022 年末 3 年以上应收账款较年初压降 0.39 亿元、压降 4.97%，系统外应收账款较年初压降 0.24 亿元、超额完成国家电网公司下达的不增长目标，存量内部往来账款压降 61.55%、超额完成了压降 50% 的目标。同时，统筹推进民企账款清理工作，累计支付民企账款 98.23 亿元，严防拖欠和舆情风险。

加强动态合规管理　助力金融科技行稳致远

国网数字科技控股有限公司（国网雄安金融科技集团有限公司）

近年来，国网数字科技控股有限公司（国网雄安金融科技集团有限公司）（简称公司）积极发挥自身优势，按照“面向主业、产融结合、以融促产、协调发展”的要求，创新发展能源金融科技，极大地推动了电力普惠金融发展，成为服务实体经济发展的新引擎。公司充分发挥法律、合规、风控、审计、纪检巡察一体化优势，并将合规管理作为企业创新发展的核心竞争力，构建具有互联网特色的动态合规管理体系，实现金融科技创新业务坚守底线、不越红线、构建防线“三线共防”，不断将合规风险管理作为促进金融科技业务又好又快发展的内在动力，走出了一条稳健经营与开拓创新并重之路。

一、守正创新，组织体系机制成熟定型

（1）组织优化。一是统一合规管控。公司建立了金融科技业务发展与合规风险管控两个职能协同部门，业务开展由战略发展部管理，法律合规和风险防控工作由法律风控与制度建设部统筹组织开展。设立专门的金融合规风控岗位，严控金融科技合规风险。二是重点加强金融持牌类业务合规管理组织搭建。严格对标监管要求，完成征信公司等持牌主体内部合规职能及队伍建设，征信公司设置合规专职部门、岗位和专业人员，主动对接监管机构，合规管理的独立性进一步加强、重要性进一步凸显。三是推行合规经理制度。印发公司《合规经理管理办法》，面向金融科技业务推行合规经理制度，充分调动所属各单位合规管理的积极性、主动性，压紧压实合规管理责任，确保合规管理要求落到实处。

（2）体系健全。一是不断深化全面、全链（穿透）、全程（全周期）的动态合规管理体系。全面系统梳理金融科技业务合规管控风险点，迭代更新合规指标评价体系，由法律风控部门独立开展合法合规审查，实现合规从源头抓起，全过程动态管控。二是健全持牌类金融业务合规风控体系规则，推进企业征信等持牌业务稳健开展。持牌业务开展严格遵循公司制定的合规风控流程，实现动态合规风险管控体系的扎实落地。按照中国人民银行发布的《征信业务办法》要求，加强信用信息的采集、整理、保存、加工、提供、信息安全等全流程合规管理，明确征信业务边界、加强信息主体权益保护。对企业征信业务执行全口径合规审查，除获得用户明示授权同意外，不得以任何方式向任何人、任何机构提供涉及用户的源数据。

（3）机制完善。一是实施四项机制。建立前置会商、合规分类审查、风险提示整改、不定期执行检查等闭环管控机制，印发《金融科技业务合规审查指引》《数据业务合规审查指引》《合作引入资管产品合规性审核基本标准》《金融科技业务网红直播合规要点》等专门针对金融科技业务的合规审查规范性文件，并动态修订更新，加强对合作金融机构的遴选准入管理。二是建立非现场监测和现场检查相结合的合规风险管控机制。研究分析金融市场波动情况，会同金融科技事业群对上架资管产品实施专项跟踪监测，每日监测净值波动、每周动态评估；每季度对业务产品风险运行情况开展定期排查；结合监管政策开展金融科技业务适应监管自查自纠专项核查；对暴露的问题通过补充相关制度规定、限期销号等方式开展整改提升，有效保障公司稳健运营。三是建立健全"电 e 金服"平台业务流程规则，强化专项合规风险管控。公司积极响应国家电网公司大力推动"电 e 金服"平台业务发展的要求，在推进业务发展的同时，联合外部律师团队及时开展"电 e 金服"平台的合规性评估工作，从平台机构合作、营销推广、数据管理等方面梳理、整改平台合规风险点，以确保平台依法合规运营。专项制定《"电 e 金服"平台业务合规审查指引》对平台业务实行分类和全面审查，要求"电 e 金服"平台产品上架遵循"五项原则"，即完成监管备案、产品分类清晰、产品信息线上展示及时准确、一站式线上化贯通办理、数据回传即时准确。同时，完善平台服务协议、隐私政策、平台规则以及授权委托协议，确保平台在收集、处理数据时合法、正当、必要。四是建立公司合规审查专家小组机制。印发公司《合规审查专家小组工作规范（试行）》，聚合公司内外、系统内外各领域相关专家，对金融科技业务等重点领域、重大复杂事项的合规问题进行审查，为公司决策提供参考依据。

二、合规引领，树立稳健发展理念

为了确保公司金融科技发展战略、任务、目标和路径正确，符合国家政策要求和监管导向，有效规避金融科技法律合规风险隐患。根据金融科技业务合规风险特征，结合发展实际，明确了严明发展定位、严守发展理念、严塑发展模式、严格适应监管、严选合作机构"五严"合规发展理念。

（1）严明发展定位。着眼于公司金融科技发展顶层设计，紧密围绕国家电网公司战略，聚焦核心主业，避免定位偏离主航道的风险。近几年来，公司始终坚持平台化定位，坚持金融科技的科技赋能本色，以更审慎务实的态度规划布局。坚定围绕场景赋能、渠道赋能、数据赋能、技术赋能，全面彰显公司不可或缺的科技平台定位和连接价值。

（2）严守发展理念。坚定以服务电网主业，以及服务产业链上下游为根本，推动电力普惠金融和绿色金融发展。

（3）严塑发展模式。重点发展具有能源电力普惠性场景化特色的融合类业务，配套发展支撑类业务，深挖场景连接和数据价值。

（4）严格适应监管。作为央企金融科技发展样板，公司坚定顺应金融创新和监管并重的发展思路，主动拥抱和服务监管，积极参加人民银行开展的金融科技监管沙盒试点，在适应监管上，有监管规定的，要符合监管要求；没有监管规定的，要适应监管导向。在未持有相关金融牌照（业务许可）的情况下，对于需要持牌开展的业务，均通过与相关机构合作的方式开展。公司对金融科技创新业务始终保持审慎原则，能在行业风险暴露、专项整治和新监管规定出台前，及时坚决否决多个不符合监管导向、存在重大风险隐患的业务，如各地金融资产交易所发行的产品、信托理财、互联网存款等。

（5）严选合作机构。摒弃机构信仰，对合作金融机构实行遴选机制，对存在风险隐患的机构审慎开展合作。始终坚持直接对接监管、拥抱监管和独立的合规判断。

三、技术驱动，数字化风控提供坚实保障

一是深化建设应用“1+3”大数据风控平台（即一个风险交易实时决策系统，全域风险监测预警、风险量化、业务审计三个子系统），依托大数据风控技术，实时提示、阻断风险交易，监测预警公司内外部异动信息、金融风险事件。加快全域风险监测预警子系统在金融科技业务单元的推广应用，通过监测合作机构异动、产品异常、监管处罚、行业风险事件、互联网舆情等风险预警信息，及时告警和处置相关合规风险，提升风险应对效率与效果。二是推进公司合规管理系统建设。通过数字化手段，建立法律法规库和合规资料库，优化金融科技等业务合规审查流程，嵌入合规审查标准，实现审查意见反馈和交互，金融科技相关产品上架后，进行合规风险监测、预警、识别、处理，目前，系统已建成合规审查、合规培训、合规资料库、合规风险提示等功能模块，切实推动公司合规数字化转型。

四、行动自觉，培育全员合规、主动合规文化

（1）进一步加强合规宣导，发挥“合规创造价值”理念的引领、熏陶作用。公司在金融科技领域持续推进建设“合规、诚信、专业、稳健”的合规文化，全员合规理念逐步由被动遵从变为自觉践行。金融科技从业人员对金融监管规则和内部规章制度的敬畏心不断增强，普遍树立了“不越监管底线、不踩制度红线、不碰违法违规高压线”的合规意识。

（2）加强合规培训及合规文化建设。为进一步提升员工合规意识，将金融科技以及数据征信业务合规理论与实务讲解，合规制度及工作要求作为公司领导人员能力提升、“青马工程”、新入职员工等培训重要内容。结合最新监管政策以及金融科技强监管模式，组织多次合规专题培训，由外聘律师从法律适用等方面对相关规则和案例进行解读，对金融科技以及数据收集、存储、使用、处理、共享、转让等方面涉及的法律问题进行深入讲解。同时，公司多次派员参加国家电网公司合规培训及数据业务合规等事项的研讨。

五、履职求效，合规管理运行成效显著

公司稳健开展金融科技业务近五年来，始终坚持主动拥抱监管的理念，依托不断优化完善的合规管理体制，严格落实国家电网公司党组“面向主业、产融结合、以融促产、协调发展”的明确要求，推动能源金融科技平台运营服务实体经济、产品服务场景化创新提升电力普惠金融价值、数字科技赋能金融机构等多个目标落地，未发生合规风险事件，实现了又好又快发展。尤其是国家电网公司数字化产业链金融服务平台——“电 e 金服”平台正式推出至今，帮助产业链上下游中小微企业切实获得普惠金融服务，节约了融资成本，其大力促进产融、融融协同，更好地推动金融服务实体经济和普惠金融发展的突出价值，获得了社会良好反响，获得了行业高度评价。公司金融科技业务发展将始终把依法合规放在最重要位置，积极拥抱监管，突出自身特色，坚持稳健经营，全力打造央企金融科技创新样板。

合规管理人员工作手册

国网物资有限公司

一、工作背景

《国网物资有限公司合规管理实施细则（试行）》规定公司及所属公司应配备与工作需求相适应的专（兼）职合规管理人员。合规管理人员负责开展本部门、单位合规管理的具体工作，是公司加强各业务领域合规管理的重要骨干力量。公司2020年度合规管理重点工作计划将加强合规管理人员队伍建设列为一项重点工作任务，要求各部门、各单位指定熟悉合规要求、精通业务情况、工作认真负责的员工作为合规管理人员，建设一支嵌入业务一线的合规管理队伍，形成合规管理要求及时准确传导落实的畅通渠道。为帮助合规管理人员掌握自身工作职责要求，促进合规管理工作规范开展，公司编制了《合规管理人员工作手册》，指导合规管理人员开展具体工作。

二、主要内容

《合规管理人员工作手册》梳理了合规管理人员负责的转发落实公司合规管理工作要求、收集宣贯本业务领域合规要求、闭环管理本业务领域合规风险、组织开展本部门单位合规培训、办理合规审查与提交合规审核工作、合规管理相关材料的编制报送和文档管理等六项主要工作，明确了相关办理流程和注意事项，并提供了合规培训记录、违规事件通报等工作材料模板。

三、工作亮点及成效

一是助力合规管理人员“桥梁纽带”作用发挥。手册明确了合规管理人员职责权限和工作内容，强化了合规队伍责任意识，有效指导了合规管理人员履职尽责，持续强化了合规队伍工作能力，有利于提高合规管理队伍整体作战效能。

二是助力合规管理“第一道防线”作用发挥。手册有效帮助了各部门、单位合规管理人员了解自己需要“做什么”，应当“怎么做”，如何把本部门、单位合规管理工作开展好，是合规业务部门发挥合规管理“第一道防线”的“参考书”“对照表”。

三是助力营造浓厚合规文化氛围。通过手册的编制和宣贯，进一步增强了各部门、单位对合规管理的认识，深化了“合规立身”、合规从业的理念和价值观，织密了合规风险防范“安全网”，筑牢夯实了公司合规管理工作基础。

建立规章制度业务审查机制及标准

英大泰和人寿保险股份有限公司

一、工作背景及目的

合规管理的本质是“遵循性”，即通过采取适当的管理手段促进公司及员工行为遵循法律法规、监管规定、内部规章制度以及道德准则。如果将法律法规看作是维护国家、社会基本公平及秩序的规则，监管规定看作是维护行业运行的基本规则，那么企业内部规章制度就是维护公司正常运行的规则，是企业落实国家政策、行业监管规定、实现企业经营目标的重要手段，内部规章制度的质量直接影响着企业的经营效率。

为推动实现合规管理目标，提升规章制度质量，英大泰和人寿保险股份有限公司（简称公司）在规章制度管理中推动建立业务审查机制、完善合规审核机制，实现“应审必审、应审尽审”和“应核必核、应核尽核”。

二、创新性分析

（一）传统工作程序存在的问题

公司原有规章制度制定流程遵循了基本的工作程序，即业务部门起草、向相关部门及执行单位征求意见、相关部门会签或审核、规章制度审查委员会审议、履行其他决策程序或公司领导签发。程序虽然完整，但执行中存在以下问题：

（1）制度起草部门的意见全局性不够。制度起草部门为了尽快推行新制度，在表达意见时容易仅关注新增或修改条款，缺乏对规章制度依据的政策的溯源性、制度间的协调性、内外部检查发现问题整改的有效性等情况的整体认识。

（2）法规部门在制度审核中的意见缺乏支撑。在规章制度会签审核阶段，相关部门更倾向于站在部门角度提出会签意见，法规部门作为规章制度归口管理及合规管理部门，在审核制度时需要站在公司角度发表意见，在业务部门意见缺位的情况下，法规部门的意见缺乏管理支撑和技术支撑。

（二）新建立工作程序及标准

为提升公司规章制度质量，落实《国家电网公司合规管理办法（试行）》、公司《合规管理办法》关于推动建立业务审查机制、完善审核机制的工作要求，2020 年公司在原有规章制度制定流程中增加了制度起草部门业务审查环节，并将业务审查内容标准化。

（1）调整规章制度制定流程。起草部门完成制度起草及征求意见工作形成终稿后，在提交规章制度会签、审议程序前，需对起草的规章制度出具业务审查意见，填写《承办部门规章制度审查意见单（试行）》，审查通过后发起相关部门会签及后续工作程序。此举最大限度地保证承办部门充分考虑制度的溯源性、制度间的协调性、内外部检查发现问题整改的有效性等情况。

（2）制定业务审查标准模板，指导起草部门履行审查职责。公司制定了《承办部门规章制度审查意见单（试行）》，作为起草部门业务审查的标准模板，起草部门需要从6个方面21项指标出具具体的业务审查意见。6个方面包括规章制度遵循性审查、规章制度程序性审查、规章制度协调性审查、规章制度废止情况审查、规章制度风险管控有效性审查以及规章制度宣贯计划。具体包括：

1）规章制度遵循性审查。审查制度的制定依据以及差异，包括监管规定、上级单位制度、公司政策文件等。

2）规章制度程序性审查。审查制度的体例、文字、征求意见情况、部门负责人及分管领导审核情况等，涉及劳动者切身利益的，还需审查履行民主程序情况。

3）规章制度协调性审查。审查制度文本上下文、与其他部门上下游制度之间的协调性。

4）规章制度废止情况审查。审查制度依据的政策文件、上下游制度是否存在已废止以及管理的事项是否已不存在等情况。

5）规章制度风险管控有效性审查。审查制度管理的工作在纪检监察、内外审计、安全检查（调查）等过程中，是否存在不执行制度，或执行制度不到位导致违法违纪、风险事件等情况。

6）明确规章制度宣贯计划。要求起草部门拟定规章制度印发后的在公司内网发布的计划以及制度宣贯计划。

三、成果应用情况

2020年是公司实施规章制度业务审查机制的第一个完整年度，实现了规章制度业务审查率100%、规章制度合规审核率100%，提高了公司规章制度的质量，为公司实现合规管理目标起到了积极的作用。随着公司业务不断发展，规章制度业务审查机制也将不断细化、改进。

（一）推动完善合规管理三道防线职责，落实“管业务就必须管合规”的合规管理原则

公司建立规章制度业务审查机制，是落实“管业务就必须管合规”的具体工作措施，是完善合规管理三道防线管理职能的具体举措，为一道防线业务部门

建立业务审查机制、提升管理水平提供了指导。

（二）规章制度审查审核双达标，推动提升规章制度质量

2020 年，公司在规章制度管理方面实现业务部门业务审查率 100%，法规部门合规审查率 100%。业务部门从仅重点关注规章制度的推进进程和重要修订条款，逐步向综合评估规章制度的遵循性、协调性、可执行性、问题整改的有效性等方面转变，推动提升了规章制度质量。

（三）与时俱进、不断改进，提升业务审查机制质效

随着业务的发展以及技术的更新，业务审查、合规审核等工作流程不断改进，审核标准逐步细化，管理目标更加精确。公司将深化创新成果，与时俱进、不断改进，提升业务审查机制质效，推动专业工作精益规范。

创新手段、整合资源，持续推进业务合规风险预警体系建设

英大长安保险经纪有限公司

英大长安保险经纪有限公司（简称公司）全面贯彻落实国家电网公司合规管理工作要求，立足业务重点领域，聚焦监管关注重点，加强对政策法律环境分析，应用大数据手段，发挥专业协同力量，动态跟踪研究业务合规风险，加强风险提示，强化警示教育，健全完善新型业务事前审查机制，全面推进业务合规风险预警体系建设，为防范化解金融风险攻坚战提供坚强保障。

一、工作背景

外部监管形势对业务合规管理带来新的压力。“金融监管”形成合力，持续加强穿透式监管，监管处罚范围不断扩大、处罚力度不断升级，同时对互联网业务等新领域的监管政策也加速研究修订，监管总体呈现高压态势。公司需要认真把握监管要求，适应监管环境变化，加强保险行业新形势下合规风险分析与应对，助力公司业务健康发展。

新型业务发展对业务合规管理带来新的挑战。当前保险市场新产品、新模式不断涌现，保险应用场景日益丰富，公司紧跟市场发展步伐，加快新产品研究、新技术应用、新模式建设、新市场开拓，公司业务合规风险防控也面临新的挑战，新型业务涉及技术、财务等多方面创新，合规管理保障工作也需要不断创新管理手段，丰富保障维度，增强管控能力。

大数据应用发展对业务合规管理带来新的机遇。大数据应用逐渐广泛，发展优势愈发明显，为强化合规管控提供了有力工具。在此背景下，公司积极开展合规管理大数据研究，探索并应用开展大数据业务合规管理实践，将业务合规风险监控预警与大数据研究有效融合，不断提升业务合规风险管控能力和水平。

二、主要做法

（一）加强内外部形势研究，加强业务合规风险提示应对

一是关注行业政策变化做好风险应对工作。持续加强监管形势分析，认真研究政策法规要点，做好业务合规风险应对工作，编制《关于行业实施车险综合改革的风险提示》，对车险改革指导意见进行简要分析，同时提出改革过渡时期

准备的应对工作，有效防范业务合规风险和执业责任风险。二是动态跟踪业务形势及时开展风险提示。结合经济形势、行业发展动态、业务开展实际，有效识别业务合规风险。2020 年受新冠疫情影响，部分客户及保险公司经营波动加大，付款能力下降，违约风险增加，公司全面梳理应收账款业务，编制《关于业务应收账款的风险提示》，提出风险应对建议，加强业务应收账款法律保障工作，防范交易对手违约风险。三是持续强化业务合同法律风险管理。组织开展公司合同法律合规风险排查工作，分析公司整体合同管理领域的法律合规风险，研究编制《关于防范合同违规管理法律风险提示书》，有针对性地制定应对和管控建议并推动落实，切实防范合同法律风险。

（二）跟踪监管处罚形势，强化业务合规风险警示教育

一是有效收集监管处罚信息。加强对中国银保监会监管处罚信息研究，利用大数据统计分析技术，全年共收集监管机构发布的监管处罚信息 1794 条，涉及处罚金额 24 447.02 万元。二是多维度开展数据分析。以处罚信息为数据基础，围绕地域、金额、处罚形式等方面多维度开展数据统计，查找高频违规行为，分析处罚原因，以数据化模式，开展合规风险提示，使保险行业监管处罚情况提示更具规律化。三是选取典型案例开展警示教育。定期收集分析行业违规处罚典型案例，选取人保违规、新媒体平台销售保险产品、水滴筹虚假宣传、异地承保等行业热点事件或典型案例，深入剖析案例发生缘由，联系公司业务实际活动，编制案例启示，通过“以案说法”的形式，进一步增强从业人员合规意识。

（三）整合协同专业资源，健全新型业务审查工作机制

一是不断优化业务合规风险管控组织体系。成立新型业务前置审查小组，在秉承独立性、客观性、审慎性、专业性的原则下，对新型业务运作方式、商业模式的可行性、风险合规、市场前景、效益预估等方面进行全面分析和科学评估，综合审查并出具审查意见，进一步加强新型业务管控，为新业务合规开展提供有效支撑。二是全面开展新型业务事前审查。我国金融科技应用总体走在世界前列，法律法规和风险监管尚无经验可借鉴。对于互联网业务发展，公司秉持审慎态度，坚持依法合规原则，贯彻法治精神，全年组织召开风险合规审查会议 14 次，对第三方合作平台和合作的互联网保险产品以及互联网保险产品宣传材料进行风险合规审查。三是推进业务合规审核与业务开展同部署、同开展。公司有效提升业务合规审核效率，建立新业务同部署同开展机制，为新业务合规开展保驾护航。针对履约保证保险、英大长安 App 引流、产业链金融平台设立、职工互助会以及保证保险数据传递等 10 余项重点业务问题进行合规审

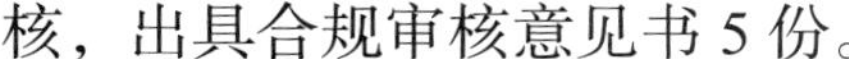
核，出具合规审核意见书 5 份。

三、工作成效

公司全面推进业务合规风险预警体系建立健全，不断优化业务合规风险管控效率效果，为公司高质量发展提供有力支撑保障。一是业务合规风险识别能力有效增强。立足实际业务，以行业政策法规要点为研究基础，以行业发展形势为研究方向，发挥法律合规专业优势，加强业务合规风险识别、及时评估和控制，积极进行合规风险提示应对，确保重大业务领域的合规保障到位。二是业务合规风险警示作用切实发挥。通过收集保险监管机构违规处罚数据，编制监管处罚违规通报，将法律法规、内部规章制度、监管形势分析及案件分析等工作紧密结合，使从业人员对行业违规行为和行业法律法规有了进一步认识，法律风险意识和契约意识得到有效加强，促进了公司业务健康发展。三是业务合规风险事前防范能力显著加强。积极适应行业发展转型的趋势，持续优化风险合规组织体系，健全新业务审查工作机制，不断强化互联网保险经纪业务审核工作，为开展新型业务提供有效的法律合规支撑工作，牢牢守住不发生系统性风险底线。

多维精益关联交易管理防范公司合规经营风险

英大国际信托有限责任公司

一、工作描述

根据国家电网公司对金融发展“根植主业，服务实业，以融强产，创造价值”的定位，英大国际信托有限责任公司（简称公司）加快产融协同嵌入式发展，持续深化融融协同，努力提高服务电网“支撑度”和金融业务“协同度”，公司展业模式决定了合规开展关联交易的必然性，以及规范关联交易管理的重要性。公司自 2020 年重组纳入上市公司后，面临的监管形势发生较大变化，公司经营需要同时满足银保监对信托公司以及证监机构对上市公司及其子公司的双重监管要求。

为适应上市后合规管理的新环境、新要求，实现高质量转型发展，公司加快强基础、补短板，进一步完善关联交易管理工作机制，多维精益管理关联交易，控制关联交易风险，确保公司关联交易全面满足银保监机构及证监机构在审慎核查、审批决策、信息披露、审计监督等方面的要求，促进公司安全、稳健运行。

二、内容创新

公司关联交易管理秉持“新、专、简、严、效”的管理要求：

（1）在“新”上，制定关联关系认定标准，滚动更新关联方名单。一是以穿透审查为原则，由公司关联方归口管理部门从认定系统内单位角度进行关联关系认定，制定了证监、银保监双监管条线下两套并行的关联方名单，定期更新、确保合规。二是在业务拓展过程中，由业务部门和中台部门依据关联关系认定标准及时识别新的关联方，并报备关联方归口部门动态完善关联方名单，形成了闭环管理机制，提升了公司关联方名单的完整性和有效性。

（2）在“专”上，依托公司治理结构，自上而下设置专委会、归口部门和业务部门设专人实施关联交易专项管理。公司董事会下设关联交易专业委员会，统筹协调公司关联交易的管理，检查监督公司关联交易控制情况。公司构筑“一个部门综合把关、多个部门分口负责”的关联交易管理体系，各部门配齐关联交易管理专责具体负责关联交易的综合管理和部门管理工作，并由专人对接上市公司信息披露相关事宜。

（3）在“简”上，简化关联交易审议程序，“一次审议、逐笔审批”。针对公司关联交易每年笔数较多的实际情况，在保证关联交易审批依法合规的基础上，简化审议程序，由公司董事会专业委员会在披露上一年年度报告之前对公司本年度关联交易预计金额进行审议批准，并授权经营层对预计额度内的关联交易逐笔审批。此外，为防范关联交易超额执行，关联交易归口部门对关联交易进行日常监测和定期统计，当关联交易实际发生金额将要超出预计金额时，及时履行审批程序增加本年度关联交易预计金额。

（4）在“严”上，严把关联交易认定口径，严格履行前置审批要求。一是公司开展信托业务或固有交易，按照穿透原则和实质重于形式原则进行资金与运用的双向核查，确定是否构成关联交易，并在交易报审时明示，未经关联交易审批，后续流程不得开展；二是关联交易审批层级原则上与业务审批层级一致，但不低于业务审批层级。

（5）在“效”上，建设信息化管理双系统，提高关联交易管理质效。公司依托现有经法系统和新核心业务系统，建设（改造）关联交易管理双系统，系统功能包括：一是关联方名单维护功能。实现名单线上录入和更新，为关联交易校验提供支持。二是关联交易提醒及信息维护功能。多层级多环节设置关联交易提醒，一旦触发关联交易，必须进行关联交易相关要素维护，实现关联交易全过程管控。三是关联交易审批功能。将关联交易审批嵌入业务审批流程，由同一合规专责完成业务审批和关联交易审批。并根据公司关联交易相关业务量大、发生频繁、时效性高的特点，个性化建设关联交易审批、信托预登记审批和立项审批合并流程，实现系统留痕和一次性审核，并实现系统自动抓取信息，直接生成 json 文件发送报送专员完成中信登报备工作。四是关联交易统计和监测功能。通过“关联交易归口”字段抽取双口径关联交易台账，完成年内新增和年内清算关联交易统计等工作。

三、工作成效

（一）合规管理质效显著提升

在现有关联交易管理组织体系下，各部门各岗位权责明晰，确保关联交易高效管理。关联交易管理归口部门发挥关联交易指导、审查、预计及日常监测等综合管理职能，董监事会办公室、交易承办部门、审计稽核部和信息技术部在关联方识别确认、关联交易认定实施、内外部专项审计及关联交易线上系统建设等方面分工协作，实现了关联交易全链条闭环管理，有效防范公司关联交易风险。

（二）合规保障能力明显增强

一是公司紧跟监管要求不断完善的关联交易管理制度，在关联方及关联关系、关联交易及定价、关联交易审批及报送、关联交易统计监测与披露、关联交易审计等方面做了全面细致的规定，进一步完善了公司制度体系，为保障公司经营合规提供了制度支持。二是持续提升关联交易管理系统建设水平，通过信息化手段对关联交易定量分析，实现合规工作强制运行和全过程控制，强化了公司整体的合规运作流程，提高了公司合规管理效能。

（三）合规意识普遍提高

随着关联交易管理的不断深入，主要部门及专门人员发挥示范作用，以点带面、以专带全，带动公司整体对关联交易合规的关注和重视，激发了公司员工尊重规矩、敬畏规则、依法合规展业经营的内驱力，合规意识普遍增强。

合规管理创新经验

国网英大国际控股集团有限公司

为深入贯彻落实法治国网建设和金融业务法律合规风险防控部署，加快构建制度完备、覆盖全面、管控科学、运转高效的合规管理体系，国网英大集团以合规风险为导向，识别重要流程和重要风险，梳理具体合规要求，形成了5项合规管理创新经验成果。

《合规管理手册》明确了合规管理目标和基本原则，构建了合规管理体系、三道防线，规定了重点领域环节合规义务。《合规风险库》从重点业务领域出发，对合规义务、合规风险及其控制措施等进行评估和描述，是金融合规风险排查的"对照表"，更是金融业务合规审查的"工具书"。底线清单则是对容易导致重大和根本性合规风险的合规义务或风险行为的描述总结。其中，上市公司领域合规风险库（含底线清单）共梳理了信息披露等7个方面42项合规风险；数字金融领域合规风险库（含底线清单）共梳理了各单位上线不同金融业务145项合规风险；产融、融融领域合规风险库（含底线清单）共梳理了关联交易等方面38条合规风险。